文库

西洋教育通史

雷通群 著

时代出版传媒股份有限公司
安徽人民出版社

图书在版编目（CIP）数据

西洋教育通史 / 雷通群著. — 合肥 : 安徽人民出版社, 2018.8

ISBN 978-7-212-10219-7

Ⅰ. ①西… Ⅱ. ①雷… Ⅲ. ①教育史 – 西方国家Ⅳ. ①G519

中国版本图书馆CIP数据核字(2018)第179201号

西洋教育通史

XIYANG JIAOYU TONGSHI

雷通群 著

出 版 人：徐 敏　　责任印制：董 亮

责任编辑：任 济 王大丽　　特约编辑：鲍鹏紫

出版发行：时代出版传媒股份有限公司 http://www.press-mart.com

安徽人民出版社 http://www.ahpeople.com

合肥市政务文化新区翡翠路1118号出版传媒广场八楼

邮编：230071

营销部电话：05511-63533258 0551-63533292（传真）

印 制：河北盛世彩捷印刷有限公司

（如发现印装质量问题，影响阅读，请与印刷厂商联系调换）

开本：710mm × 960mm 1/16 印张：26 字数：374千

版次：2019年3月第1版 2019年3月第1次印刷

标准书号：ISBN 978-7-212-10219-7 定价：60.00元

“兰台学术文库”编者按

中国学术，昉自伏羲画卦，至周公制礼作乐而规模始备。其后，王官失守，孔子删述六经，创为私学，是为诸子百家之始。《庄子》曰：“道术将为天下裂。”孔子殁后，儒分为八；墨子殁后，墨分为三。诸子周游天下，游说诸侯，皆以起衰救弊、发明学术为务，各国亦以奖励学术、招徕人才为务，遂有田齐稷下学宫之设。商鞅变法，诗书燔而法令明；始皇一统，儒士坑而黔首愚，当此之时，学在官府，以吏为师，先王之学，不绝如缕。至汉高以匹夫起自草泽，诛暴秦，解倒悬，中国学术始获一线生机。其后，汉惠废挟书之律，民间藏书重见天日。孝武之世，董子献“罢黜百家，表彰六经”之策，定六经于一尊。其后，虽有今古之分、儒释之争、汉宋之异、道学心学之别、义理考据之殊，而六经独尊之势，未曾移也。

及鸦片战起，国门洞开，欧风美雨，遍于中夏，诚“三千年未有之变局”。当此之时，国人震于列强之船坚炮利，思有以自强；又羡于西人之政教修明，思有以自效。于是有“变法守旧之争”“革命改良之争”“排满保皇之争”，而我国固有之学术传统，亦因之而起变化。清季罢科举而六经独尊之势蹙，蔡孑民废读经而六经独尊之势丧。当此之时，立论有疑古、信古、释古之别，学派有“古史辩”与“学衡”之争，学说有“文学革命”“思想革命”“文字革命”“伦理革命”诸说，师法有“师俄”“师日”“师西”之分，众说纷纭，莫衷一是，百家争鸣，复见于近代。

民国诸家，为阐明道术、解救时弊，著书立说、授课讲学，其学术思想，历久弥新，至今熠熠生辉，予人启迪。然近人著作，汗牛充栋，多如恒河之沙，使人难免望书兴叹，不知从何下手，穷其一生，亦难以卒读。因此之故，我社特精选最具代表性之近人著作62种，分为6辑，依次出版，俾读者略窥学术门墙，得进学之阶。此次选辑出版，虽未能穷尽近人学术之精品，难免有遗珠之憾；然能示人以门径，使人借此以知近人学术规模之宏大、体系之完密，亦不失我社编辑出版“大家学术文库”之初衷。

此次出版，为适应今人阅读习惯，提升丛书品质，我社特对所选书籍做了必要之编辑加工。总体说来，约有如下诸端：

一、改繁体竖排为简体横排；
二、核查各书引文，改讹正误；
三、规范各书之标点符号用法，为一些书加新式标点；
四、校改原稿印刷产生之错字、别字、衍字、脱字；
五、凡遇同一书稿中同一人名有两种及以上不同写法者，一律统改为常用写法。

除以上所举五点之外，其余一仍其旧，力求完整保持各书原貌。

然限于编者之有限学力，书中疏漏之处，在所难免，尚祈广大方家、读者诸君不吝批评斧正。

戊戌仲夏上浣，鲍鹏紫序于丰台晓月里

目 录

第三编　近世的教育

第四编　晚近的教育

第五编　现代的教育

序

西洋教育史一科，现制是自高中师范科以迄师范大学暨大学的教育系，均为必修的学程。又况一般的教师乃至办学人员，为洞达整个教育发展之渊源计，及鉴往策来计，有不能不假手于史的研究之一途。是则此种书籍，不惟占学科中之要位，抑亦为教育者所以开扩眼界、增广学养上须臾不可离者也。惜坊间梓行之本，多出于佶屈聱牙之译，或为头绪纷纭、意见百出之编，使学者始而茫然，已而欠伸，未经卒业即已中辍。盖非史实之羌无价值，良由译者、编者缺乏淹贯之才，未能领学者批却导窾，使其有游刃之余地也。

余历在国内诸大学兼任西洋教育史与中国教育史两方之教授有年，每于学期开讲之始，无论中国史或西洋史，均先定系统，有根有干有条，然后着叶，期使上下数千年，缅缅如贯珠。虽自愧铨材，而于治史一道，窃信以为有执简御繁者在也。居恒叹今之所谓“典型的”（Typical）教师，治学不以其全而以其偏，将每时间之讲料割裂太碎，临上课而始獭祭，虽举出参考书累累，无乃令学者益觉晦涩不通欤？此种学风并此种教法，旦暮间必须变革。今吾编此一部《通史》，匪特为学人说法，抑亦为教者说法矣。

夫一部教育史，正如一道河流，虽其间偶有激湍、有回澜，而一泻千里之势，决不能以“抽刀断水”之法治之也明矣。故本书之编，纯用“夹叙夹议”体，上始希腊，下讫苏俄，分每期、每国乃至每派、每系的教育详细论列，中于新进的美国教育，尤三致意焉。每期的教育，均以总论起，而以总评终，使读者了然于每一期教育的最大趋势何在，派生何种特征，于当时之社会、政治、经济、宗教等有何关联，与前期及后期之教育有何种呼应与伏脉。因此，读者在一览之下，便入于相当理解之途，执此种要领以罗贯诸种事实与诸种思想，正如网之在纲，不甚费把持记忆之力。此可认为本书之一大特色。

犹不只此。历史之任务，一面固在罗陈实在性，他面尤贵究明价值性。假令徒偏于前者而忽于后者，则虽史实之叙述井然，终亦成为一种“目录学”、“姓名学”乃至“家谱学”而已。古来的教育事实与思想之中，吾人实不能不分出“遗蜕”与“精意”两者审辨价值。今使聚古来恒河沙之教育事实与思想，而以现代性、实用性两种价值标准照烛之，斯可辨认何者为不适于当代之需而成遗蜕，何者为仍有留存斟酌之必要的精意（或公例）。所以本书之编，对于价值稀薄之事实与思想内容，往往故意叙述从简，若认为精彩所在处，则又不惜钩玄索隐，以补历来的教育史书之所未逮。以故书中之若干部分，大可兼充“教育哲学”、“教育思潮”、“比较教育”等学程之参考资料。此可认为本书之又一特色。

其余种种特别之着眼处，读者谅能看到，无需编者喋喋。本书之成，资料采自英文、日文两种参考书籍颇多，略难殚数。如 E.P.Cubberley 之 *History of Education* 及 P.Monroe 之 *Source Book of the History of Education* 与 F.P.Graves 之 *A History of Education*，乃至 E.H. Riesner 之 *Historical Foundation of Modern Education* 及 *Nationalism and Education Since 1789* 等书中，均有多少采撷。若乃日人渡边氏之《西洋教育史讲义》与大濑氏之《欧洲教育史》正续两卷，则供本书之组织与体裁上的一种参考。至于材料上之力求适切，字句上之力求平易，线索之力求明了，全部纲领之力求一贯等，则悉出编者之私裁。惟是全书字数既多，范围又广，其中挂漏与舛谬之处，知所难免，切盼海内教育同志，勿吝他山攻错之劳！

雷通群于广州国立中山大学，二三〔1934〕三、一八

绪　论

第一章

教育史的意义

（一）教育史研究之二途

教育研究上可分二途：一为教育之学的研究，一为教育之史的研究。前者是单根据教育事实的本质，以阐明内部的构造，或考究其中当然的关系，固不问其时间性的历史渊源如何，空间性的社会关系如何。后者则非以概念的一般的本质为主，却从一定的时间或空间上所发生的教育事实为主，以阐明教育发展的过程。

一切学术研究必有特殊的对象，例如，物理学则有物理现象，化学则有化学现象，伦理学则有道德的事实，社会学则有社会现象等均是。然则教育所研究之对象果何在？曰，即在教育事实。教育事实云者，是指个人对个人、个人对社会、社会对社会间所发生的教育事实言。而此种事实具有独特性，俾与其他事实有区界；既非道德的事实，亦非学术的事实，更非物理或化学的现象。教育事实既具有此种特性，所以教育研究成为独立的学科。

又同是事实之中，有属于过去的，有属于现在的，有属于本国的，有属于外国的，因此，教育事实究受时间性（历史的）与空间性（社会的）所限制。不拘特殊事实的限制，单从一般事实上引伸原理与规范者，是属于“教育学”的任务；只从事实上的过程，以研究其发生次第或因果关系者，则属“教育史”的任务。

（二）教育史的领域

广义的教育研究，既分为学的组织与史的组织二途，亦即是教育史与教育学成为对等关系。教育既属文化之一种，故教育史亦即是文化史之一种，当与关于文化之其他方面的宗教史、道德史、美术史等并列。教育史既认为文化史中之一部，则其次所当检讨的问题，是教育史的内容究当如何。欲圆满答复此问题，须先考究一般历史的内容果当如何。关于此点，虽有种种异议，但承认历史是以阐明“对象的变迁发达之次序”为目的者，则不谋而同。例如，道德史则追究古来道德的事实之进步发达；宗教史亦探究宗教的事实之发达程序是也。同样，教育史之目的，既非在于从理论上探究教育目的与方法之果当如何，亦非在于研究各国教育之特殊现状，乃在于从过程上研究历史的发展次第。

惟是“教育事实”之内蕴，又包有两种要素，其一为教育之理论方面，其一为教育之实际方面。前者是关于教育之理想或方案等一种思想或学说，此乃构成教育事实之奥柢者；后者是根据上述的思想或学说而使其具体化与特殊化者，例如，实地教学、教材、设备、制度等均是。教育事实之内容既如上述，则可明教育史之任务乃在于“叙述教育之理论或实际的变迁发达之次序”矣。此种理论或实际若为某教育家所倡导或实施时，须将其人的生活、人格、事迹等，与教育事实一并考究。

第二章

教育史的任务

据前章所说教育史的意义，仍未能将教育史的基本概念尽量阐明，故本章转从任务方面阐发其全盘概念的余蕴；因为说到教育史的任务，则教育史的性质愈易了解故也。

教育史的任务何在？一言蔽之，只在将教育史所期之目的充分达到而已。然则，教育史之目的果何在？曰，惟在照前章所述，“究明全体的教育事实之变迁发达的次序”而已。所谓“全体的教育事实之变迁发达的究明”云者，其中又须分作以下各方面的解释：

（一）为教育理论的究明

此处所谓理论是属广义的，即除教育学说以外，兼指一般的教育思想或思潮言。盖教育的实际，乃依据其内部构造的“观念体系”（Ideologie）而生，在此种“观念体系”未发为事实时，已可从间接上预想其实际性何如矣。故关于教育理论之本质的叙述，当为教育史的任务之一。

（二）为教育之实际的究明

教育理论是属于内部的观念体系，而此种观念体系现形于一定的时间、空间上者，则成为外部构造的教育之实际。教育之实际是泛指某一国某一时代的教育方法、教材、制度及设备的实况等而言。其中，当然又要兼从家庭教育、学校教育、社会教育三方面综观全部性。

（三）为教育事实之变迁发达次序的究明

变迁发达的次序云者，比如将甲时代的教育与乙时代相比，谛观其异同，以明教育事实进步之过程何若者是。此种究明诚属教育史之最要任务，因为历史性的研究，其本来目的即在于前后的比较也。至于比较上所用的方法，不能不用“辩证法”。

（四）为关于教育家的叙述

此处所谓教育家是广义的，包括教育实际家、教育思想家、教育学者、教育行政家而言。无论在某一时代，或为新教育法之发明者与实施者，或为建教育之大功可为一世模范者，或倡一种新思想与新学说者，更或对于教育制度与法规等，能自出新机轴者；此种人的生活、性格与事迹，均宜加以适切的叙述。此种叙述之所以必要，其理由有二：（1）因本人的理论或行为已属一部分的教育事实；（2）因彼辈原属教育事实之创造者或关系者，故不能不认为事实发生之一种原动力，例如，19 世纪有一位大教育家裴斯泰洛齐，彼于教育思想与实际两方面，均有重大影响，故论当时新教育的成行，虽然一部受时代性的影响，但若昧于裴氏本人的生活、性格与事迹等，究不能完全了解当时教育的真相。

（五）教育史的任务之一，乃在描写时代的特性

时代特性的描写，不惟在教育史上觉得重要，即在一般历史上均觉重要。大抵历史的一般任务，可赅括为三：（1）在事实（剧情）的阐明，（2）在人物（登场者）的阐明，（3）在时代特性（剧场的背景）的阐明。教育史上亦当叙述教育事实的时代特色。大抵每一时代有一特征，例如，中世纪的教育特征是在于宗教主义的，十七八世纪

的教育特征是在于唯实主义的，即其一证。

（六）教育史的任务之一，又在于描写某时代的社会特性

教育史既究明时代的特性，非再进一步究明社会的特性不可。社会的特性云者，即指教育事实所由发生的环境，亦即是指某社会或某国家的特质上所致的影响。

大抵无论某一社会或国家，均有一种民族的特质，此与自然环境上的特质相结合，遂构成特有的国体、政体，乃至风俗习惯与道德经济等机构，其与教育事实有深切关系无疑。教育既为社会的事象之一，故各种教育方面之表现社会的特色，自属意中事。然则教育史中，若漫将教育事实混杂敷陈，不深究何种事实具有何种社会特色，是未得竟其任务。

以上是单为研究的便利计，将教育的任务析为六种要素耳，其实六者是浑然合为一体，构成整个的“教育事实”，自不待言。因此，当分述六种要素时，仍有阐明各方面的交互关系之必要。

现将“教育史的概念”下一总括的叙述，可得到如下之定义：“教育史云者，是藉以上六种任务之进行，以究明古来的教育事实，经过如何变迁发达而至今日”者也。

第三章

教育史的研究法

（一）教育史研究的意义

教育史的研究，有二种意义：（1）为从新编著教育史书籍时作斟酌批评的研究；（2）为单读既成的教育史书作知识收获的研究。凡专门家所考案的，是属于前者，学生间所用的，是属于后者。本书之所谓“教育史的研究法”，是指后者而言，即是指自己一家的教育史编著的方法而言。以下再将此点简单述之。

（二）教育史研究的方法

教育史的研究，亦与其他一般的历史研究同，其着眼之点有三：（1）为个别的事实内容之深究，例如，亚里士多德的教育说如何、基督教教育的内容如何之类。（2）为全体的教育事实之组织的认识，例如，古代希腊的教育如何、近代的教育如何、近代美国的教育史如何之类。（3）是关于教育变迁发达的认识。此三种研究法，虽其间有共通之点，但亦各有不同，兹再将此三者应用的步骤分述于下。

（1）个别的事实之内容探究法。此法之应用上当分三种步骤：

（A）第一步先用归纳法，将与问题有关的史料多数搜集；（B）第二步用批判法，将所搜集的资料加以比较、分析及批判，以辨别其真伪、轻重、本末，择其本质的与必然的，而舍其非本质的与偶然的；

（C）第三步要用记述法，认本质的与必然的为事实之真正内容，从而记述之。

（2）全体的事实之组织认识法。此当先认明个别的事实之交互的联络，其次当认明个别的事实与全体间之有机的关联。其步骤当分为三：（A）第一步为材料之搜集，当照前用归纳法；（B）第二步为材料的精选，亦当照前用批判法；（C）第三步为事实之关联的全体的组织之认识，当用本质洞观的理解法。此时要发现诸种事实的中心原理，以说明事实间的因果关系。

（3）教育事实之变迁发达的认识法。凡欲说明事实之进化发展状态，不得不用辩证法。辩证法云者，是一种特殊的论理方法。教育事实之变迁发达云者，即指其由甲状态以移于乙，由乙状态以移于丙的过程言，此决非偶然的变迁，必有内在的可变性存焉。黑格尔之“正”、“反”、“合”的辩证法，大可说明此中理由。今就具体的史事而论，例如，由中世纪基督教神本主义的教育，渐变为近代初叶的人文主义教育，再变为十七八世纪的实用主义教育，此种变迁必有不能不变之理由存在。辩证法云者，是任取一对象（例如，中世纪的基督教教育），谛察其内部状态的长短（正），次认识其短处何以能为后起的事实所补救（反），最后乃认定新旧两事实之关系（合）。研究教育事实之变迁发达，既为教育史的任务之一，故教育史上有时不能不采用辩证法。

（三）教育史组织的顺序

以上单言教育史的研究法，至于教育史组织的顺序，究以如何为最适，吾则认为照以下的顺序组织可算最适。

（A）第一段当为教育事实的背景，即当时的社会性（包括时代性与文化性）与民族性的叙述。因为必先明白此种社会性与民族性，方能理解其上层建筑的教育事实真相；（B）第二段当为此种背景所产生的教育实际与其内部构造的教育思想之叙述。教育的实际，当包括家庭教育、学校教育、社会教育三方面并述之；（C）第三段当为教师制度的叙述；（D）第四段当为关于教育家的人物、事迹与学说等叙述；（E）第五段可加以价值的批评。

至关于世界教育史编纂的顺序，此处亦有一言之必要。

大抵东西两洋的教育，其系统既各为独立的，且发达的程序亦不同，所以两者不能单照上古、古代、中世纪、近代的次第，混合而并论之。实际上，在近代以前，两洋的交通极少，故教育上的关系亦自然极少。惟至近代以后，交通始渐频繁，文化之交换亦密，始有将两者教育的关联处说明之必要。

第四章

教育史的价值

（一）历史的一般价值

欲明教育史有何价值，须先明历史的一般价值为何。历史的价值，简析之可为以下诸点：

（1）为认识事物变迁发达之次第的价值。

（2）为认识某种事实是属于某时代的知识价值（此正犹吾人能辨认某种磁器或字画是属于某朝代的遗物相同）。

（3）藉过去之认识，使吾人更深切明了现在之真相的价值。

（4）既知过去与现在，使吾人具某程度的预见，可免未来覆辙之祸的价值。第四种价值，可认为是从历史的必然性上来的。本来关于历史的“循环性”与“直进性”两者，分成两种学说的派别，意见尚难一致。照德国西南学派的哲学家，如文德尔班（Windelband）、李凯尔特（Rickert）等，均认历史的事实以一次为限，无复演性，竟以个性记录学看待历史矣；但历史究可认为有某程度之通例性、必然性。因此，认识过去实含有预测未来的价值存在。

（5）历史的研究又有情意陶冶的文化价值。盖与伟人杰士的人格、生活、勋业等相接触，固能使人发扬蹈厉；又与美感的宗教的文化相接触时，亦能使吾人之情操意志纯化。此虽属间接的价值，究不得算为文化科学之历史的本质价值，但历史之有情意陶冶的作用，是不能否认的。

（二）教育史的价值

教育史之在形式上是具有上述之一般的历史价值。此外，又因其在内容上则具有特殊的“教育”内容，故更生出特殊的价值。现将此种特殊价值作如下之分析：

（1）第一种价值是在能满足吾人学术研究的兴味。此是属于一种形式的价值，盖为学问而研究学问，其目的本属纯粹的、高尚的，单得到知识欲的满足，吾人已觉无上的快感。

（2）第二种价值是在于教育研究上的裨益。吾人藉教育史之研究，一面既洞悉过去的教育理论与实际如何，并经过何种变迁而始至现在的状态，从此可得教育上“当为的概念”，其裨益诚非浅鲜。

（3）第三种价值是在于社会的认识。教育既属社会之一事象，又属文化之一肢体。故吾人在教育史研究之过程中常着眼于社会的背景，故大有裨于广大社会的认识。

（4）第四种价值是在其可为教育家修养之资。教育史上恒揭载伟大教育家的传记，吾人因此得详其行状性格而发生油然的感兴，或出于直接的摹效，或供吾人间接的反省，其有资于修养之价值殊大。曷不观裴斯泰洛齐，其对于全世界教育家之感化力如何；又不观赫尔巴特，其促进教育学的研究及科学的教育学之组织等，亦属显而易见。

（5）第五种价值可包括其他如：（A）文化研究上的价值，（B）历史研究上的价值，（C）社会学（社会进化论）研究上的价值等一并言之。文化研究上的价值云者，是指吾人在研究教育学者之思想或学说时，既洞悉其世界观与人生观，而他面又可了解关于真、善、美等一般概念，此大有裨于文化之研究无疑。历史研究上的价值云者，盖指历史的研究既常注重文化史方面，而教育又为文化之一肢体，所以从教育史上得到许多补助。社会学研究上的价值云者，盖因教育史上恒叙述古今社会的组织与变迁，故于社会学本身的研究上大有贡献无疑。

以上除第一种为形式的价值之外，其余自第二种至第五种可算为教育史之实质的价值。

第一编　古代的教育

第一章

总　论

（一）西洋教育史的区分

普通的西洋史大抵依据年代而作适当的区分，本书姑且分为古代、中世纪、近世、晚近、现代五期。兹加以解释：（1）所谓古代，是指自有史以来至纪元第5世纪为止，以年代论，即由纪元前七八百年间至纪元后476年西罗马帝国灭亡为止。（2）所谓中世纪，是指自纪元476年西罗马帝国灭亡至纪元1454年东罗马帝国灭亡为止，即由第5世纪至15世纪，约有千年之长。（3）所谓近代，是指自15世纪后半以迄18世纪之终，即自1454至1800年间。（4）所谓晚近，是特指19世纪一期言。（5）所谓现代，是专指20世纪，包括欧战之前后言。因此，本书乃将西洋的教育划作古代教育、中世纪教育、近世教育、晚近教育、现代教育五大编。不过此种区分，颇属机械的，只可视作研究上一种便利计，若认为文化史上的适当区分法，则不免大谬。因为文化究属具体的、流动的性质，到底不能划归于机械的年代之范畴。所以，本书区分的大体，虽依然仿照历史的年代区分法，但关于内容方面则不一定依照年代叙述。其中，有古代的事实特记入中世纪者，亦有中世纪的事实附入近世者。如就基督教的教育论，若单依照年代，本属于古代的，但追究其内容，乃属于中世纪的性质，所以，文化史与教育史上，均应以之归入中世纪最妥。又如初期人文主义的学者，以年代论，自不得不认为属于中世纪的人物，但就内容言，彼辈实具有反抗中世纪的性质，所以，总不能不认为是近世的教育关系者。更从反方面观察，假如东罗马帝国的教育，从年代言，虽属于中世纪的，但从内容言，则不出古代教育的范围。本书是依据此种主义以定教育史料叙述之次第。

（二）古代教育的概观

本书所谓古代教育者，是专指希腊教育与罗马教育言，自然属于有史以后的事，若夫先史时代，可置之不论。但关于原始的基督教教育，依据上述文化史之特质的理由，所以不收入本编，特于中世纪的教育中详论之。

第二章

希腊的教育

第一节　总论

（一）希腊之建国及兴亡

据希腊著名之古典《伊利亚特》（*Iliad*）与《奥德赛》（*Odyssey*）二篇诗，可想见希腊民族在纪元前十二三世纪间已有相当的发达。希腊民族者，本属雅利安族（Arian or Aryan）之一种，其中尤以多利亚人（Dorians）与爱奥尼亚人（Ionians）为最有势力。当此两族移殖于伯罗奔尼撒（Peloponnesus）半岛，建设“都市的国家”（City-states）时，正属纪元前17世纪间的事。此种国家以多利亚族所建之斯巴达（Sparta）及爱奥尼亚人所建之雅典（Athens）为最著。

斯巴达国势之繁盛较先于雅典，因为在纪元前9世纪中叶斯巴达有贤人莱库古斯（Lycurgus）出，制定法律，巩固国势。又因在纪元前5世纪之初期，曾与波斯大战3次，其名誉更高。但其后竟为马其顿所败，迨纪元前2世纪中叶，遂沦为罗马之属国矣。

雅典的发达较斯巴达略后，在纪元前6世纪间，有梭伦（Solon）氏出，制定新法，救济贫民，与波斯战而胜之，更且纪元前5世纪时，大政治家伯里克利（Perikles）出，尊重民权，振兴海军，奖励学艺美术，遂呈希腊文明的黄金时代。但自伯罗奔尼撒战争以后，该国与斯巴达交仗，一胜一败，竟为马其顿所败，最后更被罗马并吞。统计希腊的全盛时期，乃在于纪元前四五世纪间。

（二）希腊民族的特性

希腊民族中，若精细观察，则多利亚族与爱奥尼亚族性质各异，不过两者中仍有大同之点耳。此大同之点可分为三：（1）希腊民族是身体强健、元气盛旺、才能卓越、思想明晰、爱自由独立、好创造，与对于善与美具有无穷兴味的民族。此其所以能创造独特而优秀的文化，使学问、文学、美术达于灿烂辉煌之境。希腊民族之为文化的民族，单观奥林匹亚竞技日的举动，已大可证明。此种竞技是自纪元前776年始举行，是以运动竞技的比赛及文艺作品的发表为主，此中大有发扬国技的意义，迄今尚成国际参加的大运动。（2）希腊民族又为“现世主义的”。此点是与印度民族、犹太民族等“超现世主义的”大异。因此，其生活理想即在于现实生活中求之。然而在现实生活中，其理想果在何处？曰，是在于事物之“调和”中。调和云者，即得到诸要素之全体的均衡之统一状态也。道德上之止于至善，艺术上之止于至美，即为此种调和理想之表现。吾人认定现世主义为希腊民族特性之一，试观其在宗教上则以祖先崇拜及多神教为主，在道德及生活理想上，则以现实的诸种要素之调和为主，便可了然。（3）希腊民族又为团体本位的民族。团体本位云者，亦即是社会本位、全体本位之意，认综合的全体，其价值是超乎分析的个人之上。因此，视一般的子弟直接隶属于国家，要受一种公民教育或社会教育。此种风气，在斯巴达的军国民教育中尤属显而易见。试观希腊之战胜波斯，乃由其全民族结为一体所致，便见其视全体的价值为超越于个人以上矣。

（三）希腊的社会状态

于希腊诸种社会事情中，首当注意的是其阶级的组织。本来社会上阶级的组织，并非古代希腊特有的现象，即如罗马、印度以及东洋诸国，亦各有特殊的阶级组织存在。但希腊社会的阶级究如何区分？其中是分为自由民、平民、奴隶三阶级。自由民者，即是希腊之公民，亦即是希腊之“中心阶级”（The Élite）、贵族阶级，享有社会的、国家的一切自由与权利，以支配平民及奴隶。平民者，是先被征服的土著居民，因其早已投降于希腊民族，故处于半奴隶状态，得从事于农工等生产事业，但无参政权。至于奴隶，则直如马牛之可以被主人买卖，专从事于劳动，亦犹蜂窝中之工蜂然。

统治阶级之自由民与被治阶级之平民及奴隶间，不特政权悉划归于第一阶级（即中心阶级），并且被治阶级不能享受教育的权利与一般文化的恩泽，甚至不同阶级之间不许通婚。此种阶级悬隔的情形，惟有印度之“种姓”（Caste）的组织差堪比拟。印度的种姓组织是基于婆罗门教，区分人民为四种：（1）婆罗门种（Brahmana）是指僧侣而言；（2）刹帝利种（Ksatriya）是指王族或武士而言；（3）吠舍种（Vaisya）是指平民即农工商而言；（4）首陀罗种（Sudra）是指奴隶而言。在种姓不同的印度人间，是不通婚姻、断绝交际、不共饮食，凡犯此者谓之自贱其种，褫夺权利。且职业上亦缘种姓之差而有天然的划分，成为世袭。然则希腊与印度，其阶级组织之谨严，可称世界两个典型国。

希腊因有此种阶级组织，故教育上亦生出阶级主义。自由民因为专从事于军事与政治，绝对不从事于职业与劳动，故生出许多悠闲，可以用之于社交、运动及诸种制作上。且自由民视其教育为一种人格的装饰品，绝非为谋生而求学，故又产生一种“自由教育”（Liberal Education）。试观“学校”二字，其语源在希腊为“schole”有“悠闲”（Leisure）之义，更可见惟有悠闲阶级的自由民，始得入学校之门墙矣。虽则奴隶阶级之中，亦未尝无相当之学问家，但彼辈究不是由学校教育所栽成，只可认为是由独学的结果；且彼辈教主人的子弟时，特称为“教仆”（Pedagogue），更含有一种贱业之意，其境遇殊可悯。

（四）希腊教育史的区分

叙述希腊的教育史，普通可分三期：（1）第一期是指纪元前第9世纪以前的教育，即所谓希腊先史时代的教育。（2）第二期是指纪元前4世纪言，此期为希腊全盛时代。文化与教育最能表现纯粹希腊的色彩，亦称古典时代。（3）第三期是指纪元前第4世纪中叶至第6世纪间言，亦称民族时代。此期希腊始被马其顿国夺却霸权，其后竟成为罗马之领属，希腊人只兢兢于苟延残喘，保存民族固有的文化，因此，又可认为希腊教育之衰亡期。

此三期的教育，以下只就古典时代及民族时代详述之，至于先史时代的教育，以其过涉杳茫，姑且从略。

第二节　斯巴达的教育

（一）斯巴达人的特性及国情

斯巴达既具有如上节所述希腊民族的通性，若再与雅典人相比，则更觉其具有以下三种特性：（1）气质刚健，习尚纯朴，寡言实行；（2）特强于国家观念；（3）其生活中心，特重身体的、情意的两方面，非如雅典人之偏于智的方面，故对于文学艺术等殊觉兴味缺如。

斯巴达的国势虽在全盛时代，亦仅以九千之自由民（贵族），内则要支配十二万之平民及二十万之奴隶，外则要防御强敌如波斯及其他诸国等，故军事与国防当为全国最关心之事。

（二）斯巴达的教育理想

斯巴达的教育，是以上述之希腊民族特性、社会组织，加以本族特有种族特性及国情为背景，构成教育之上层建筑。故其教育理想，乃在于意志教育之完成及国家有为的人物之培养，此与雅典全盛期之偏重于文雅的陶冶大异其趣。而此种意志教育之内容，亦不外在于造就军国主义式的战士耳；详言之，即在造就活泼勇敢的军士及可为军士之伴侣的女子而已。然则斯巴达的教育理想，是彻底的国家主义与军队主义之结合性，而此种教育理想之发生，又因其国情不得不尔。

若问军国主义的战士，究应具有何种资格？则可作以下的答案：（1）体格须强健；（2）意志须巩固，富于爱国的热忱与具有牺牲之决心；（3）须具有遵守纪律、绝对服从国家命令之美德，及军事的实际能力。所可注意者，是在此种武断的教育政策中，仍具有美的人性之陶冶理想在内。

（三）斯巴达教育的实际

欲知斯巴达教育的实际如何，须先知该国著名的立法家莱库古斯（Lycurgus，820 B.C.）所制定的《教育法》（*The Law of Lycurgus*）如何，因为该国的教育实施完全根据此种立法案。至关于莱氏的事迹，可参考普鲁塔克（Plutarch，为希腊著名的传记家）所著的《英雄传》。

（1）生儿的检查

斯巴达的男子初生，须以酒洗其身体，以验其抵抗力如何，然后携至国立试验场，受公吏的严重检查。倘认为发育完全体格强健者，始命其父母养之；倘认为虚弱不具者，则弃诸山麓的洞穴中，其后地方人民有视为过于残忍，特为之收养者。

（2）母养时代

健全的男儿自初生至满 7 岁间，称为“母之子”，特在家庭中由精于育儿的保姆抚养。但女子则在家庭中抚养的时期，较男子稍长。此期负教育责任者，有三种人：即母亲、保姆与教仆，但国家仍加以监督。此期教育的注意事项如下：（A）注意养护与体育，（B）使其惯于粗食，（C）为之讲祖先勇敢的传说，（D）使之尊敬长者，（E）锻炼胆力，例如，盛燃灯火，以养成不怕火的习惯；又故意置之暗处，养成不怕黑的习惯之类。

（3）共同教育所时代

男子 8 岁始离家庭而移居于国立的共同教育所，此是一种兵营式的寄宿舍，特由国家任命的“监督者”（Paidonomos）施以教育。监督者之资格，是由斯巴达人中选其最良善、最有能力之长者充之。

共同教育所之教育，是分为少年组与青年组（实亦可称为壮年组）。少年组是以 8 岁至 17 岁为止，青年组是 18 岁至 30 岁止。少年组是将儿童分为若干队，择年满 20 岁之青年，勇敢而有气概且善于思虑者为“队长”（Iren），受监督者之命令而指挥各队儿童。自 8 岁至 11 岁间，专重身体的锻炼，头发须短剪，更使其跣足步行、裸体游戏，同时养成服从之德。至 12 岁，则军队式的教育更加严格，简直是一种“硬教育”。关于衣食住方面，每年仅给与外衣一袭，不准着内衣，沐浴即在河中，严禁温浴与涂油。夜则睡于芦荻或藁杆所制之粗床褥，冬夏均不许戴帽。食物既恶劣而又稀少，因此奖励窃事。少年等往往承队长之命，往窃蔬菜及其他食物，以窃技精巧不被人察觉者为上乘，因将来为军人时有窃粮之必要也。但若手技拙劣，被人发觉者，则受严罚。此外，为练习能忍受痛苦计，有时故意加以鞭挞，往往至于流血之惨。

以上是单关于身体及意志方面之陶冶，至于文化方面之陶冶，亦非绝无。例如，食后则由队长唱歌，鼓励民族精神；行诸种问答，以为知能及德性训练之资；在长老或监督者之下诵诗或奏乐，以为情操陶冶之资。音乐取其雄壮活泼律调极高者，以其有鼓舞精神之效。吾人观斯巴达的情意教育，觉其与今日一般的主智教育迥异矣。

青年组的教育是从 18 岁始。儿童自离少年组以入青年组时，已作成人看待，许其蓄须发、携武器。此期教育当然是严格的军事教育，以教授武器的使用法、战术及实地教练等为主。

青年达 30 岁时，则许其娶妻，经营家室，但多数仍住于公共的兵营，教育少年子弟，或防戍边塞，极少宿于家者。

（四）斯巴达的女子教育

照斯巴达的法律，虽女子亦要负国家防御的义务。因此，其教育之严格略与男子同；用严格的体操与雄壮的音乐，以养成健全的身体及热烈的爱国心，加以容貌之美、节操之贞，使不愧为贤母良妻的资格。

第三节　雅典的教育

（一）雅典人的特性及国情

雅典人除具有希腊民族的通性外，又具有许多特性，尤其是与斯巴达人相比时，应注意下述诸种差异点：（1）与斯巴达人之质朴刚健相反，而为轻快易变的，不肯墨守旧形式。故能利用地势，使通商贸易繁盛。（2）社会性及爱国心虽强，但较斯巴达人更富于个人的自觉心，酷爱自由。此种特性的表现，即为共和国家之构成，开现代民主政治之端绪。（3）重知识及审美之性特强，故产生文化上的伟人。哲学艺术界，均有不朽之成绩传世。倘认斯巴达人是胆汁质的民族，则雅典人正与之相反，而为多血质的民族。

论其国势，内则自由民仅十二万余，而奴隶有数十万之多，其统御之难，略与斯巴达同；对外方面，亦介于斯巴达、波斯及马其顿之间，地位颇不安定。但雅典原在半岛之南，三面濒海，故不能单采斯巴达的陆军本位制，而兼注意海军方面。

（二）雅典的教育理想

论雅典的教育理想，单就其养成良善有为的公民一点，是与斯巴达无异；但此仍属形态上的相似，至其内容上总有多少异趣。即其教育理想，非单如斯巴达之专养成战士或军人，乃在养成有文雅的教养之公民，即善与美兼备及个性发挥的自由人。综括言之，即是对于斯巴达之武断的而为文雅的，对于斯巴达之划一的而为自由的，对于斯巴达之实际的而为理想的，对于斯巴达之视国家为最高威权主义，则特重个人的权利与人格。

文雅的国家公民云者，是指各种性能之调和发展的人而言。所谓诸种性能之调和发展，即是个人之表现善与美诸种价值，此乃个人的理想状态。舍此，则所谓自由人的意义，实无从想出。总之，雅典的教育思想，无论认其是在国家公民之养成，或是善美兼备的文雅人之养成，更或在诸种性能调和发达之国民之养成，结局是同一的，盖此三者乃一物之三面也。

上述的教育理想，可述为与黄金时代雅典人的世界观及人生观相符，此点可从柏拉图及当时的思想家之思想中看出。但是，雅典的实地教育中，未必能将此种理想实现。即如古典时代的教育实际，虽然带有此种倾向，但大部仍与斯巴达相同，未能尽量发挥雅典人固有的理想，只可认为于斯巴达教育之外，加入少量的文雅性而已。因此，可见理想与实际之极难一致。

（三）雅典教育的实际

斯巴达人视教育纯属国家行政的事务，几乎完全不许个人的自由裁量。但雅典人关于子弟的教育，除由国家规定主要的大纲外，其余关于就学的义务，只以通告父母为止，并未尝积极干涉；至于教科方面，除规定音乐与体操为必修外，其余悉听学者之自由。此可见较于斯巴达，更为尊重个人的自由权利。

雅典古典时代的教育是根据贤人梭伦（Solon，640 ~ 558B.C.）所制之宪法为基础。至于个人所受教育之期，可分为三期：（1）家庭教育期，（2）学校教育期，（3）公共教育所期。

（1）家庭教育期

男子自初生以至满 7 岁间受家庭的教育，以身体的陶冶为主。在幼儿时代，负教育之责者则为母亲、乳母、保姆三种人。乳母、保姆大都雇斯巴达妇女充之，因斯巴达妇女特长于育儿也。但其教育方针，则纯由父亲之意决行。其保育方法是置儿童于自然状态中，使其身体得达完全的发育。

（2）学校教育期

儿童满 7 岁则离母亲或保姆之手，而由教仆管理，带其入学校。而学校又有二种：一为体操学校，一为音乐学校。前者是公共的游戏场，后者是私立的音乐堂。体操学校是崇奉武神赫耳墨斯（Hermes），习游戏、跳舞、竞技（竞走、高飞、投圆盘、投枪、角力等）。音乐学校则歌颂美神缪斯（Muses）、智神阿波罗（Apollo），以弹筝、读书（如荷马的诗、梭伦的宪法等）为常课。然则体操学校是体格的锻炼所，而音乐学校是广义的文化教育所，合两种教育机关，以图身心之调和发展者也。但音乐学校之意义，并非如今日之狭义的解释，除音乐之外，尚含有智的、道德的、宗教的意义在内，所以，诗歌、剧曲、雄辩、科学等亦包在其中。

此种学校教育继续至 16 岁。除入校学习外，儿童在家庭中尚由教仆教以读、写、算及礼仪作法等。读写算的教育当时尚未成为学校之必修科，纯听个人在家庭之自由学习，亦因雅典当时交通尚未频繁，故此种教科仍未成为急切的需要也。自 16 岁始，儿童离开教仆，入一种“高等体操学校”（Gymnasium），直至 18 岁，继续两年间，练习军事或竞技。其主要学科，则为交战、弓术、骑马、闲游、竞技等。此处有同年辈，又有成人与政府所派的公吏及体操教师等，负指导之责。两年间之高等体操学校教育，可视为下述之公共教育所一期的教育之准备。

（3）公共教育所期

此为一种自由民的集团，凡青年在高等体操学校经过两年的训练，身体与德性上证明已备自由民的资格时，则记名于自由市民的名册中，送入此种公共教育所，其目的以军事教育之完成为主。入所时，须宣誓如下：（A）尽忠于国，（B）敬神，（C）守国民道德的传说，（D）不辱神圣的武器，（E）救护战友等。入所最初之年，在兵营中卧起，并在市的附近扎野营，此时学习军器的使用及处理国家大事，历尽严格的军队训练。自 19 岁至 20 岁间，多在远方宿营，同时参列宗教的社会的祀典。至 20 岁，则集团生活告终，教育期间已完满。但此后仍须如常在学校或集团中，抱此种觉悟为终生的修养。

（四）雅典的女子教育

雅典的女子教育，其严格程度较逊于斯巴达。虽亦同样以良妻贤母之养成为主旨，但其教育内容则只养于深闺中，由母亲或保姆教以纺绩、缝纫、编物、唱歌、宗教仪式，及普通的礼仪作法等而已。此实由于男尊女卑的观念而来，故雅典的妇女地位较低于斯巴达。

（五）雅典与斯巴达教育的比较

两国的教育，可说是异同参半，兹总括而比较之。

（A）共通点：（1）教育的终极目的，均在于善良有为的国民公民之养成。（2）陶冶之主要手段，在于广义的音乐与体操之采用。（3）训练上均在于长老之尊敬、顺从与爱国精神之涵养。（4）均重视家庭教育与公共教育所的训练。（5）均重视军事训练。（6）均无职业的教师之任用。（7）教育均为民族的、人本的、审美的。（8）教育之客体，均以自由民一阶级为限。

（B）相异点：（1）教育目的之公民训练的内容，在斯巴达则注重军国主义的战士本位的，没人格的；而雅典却重文化方面，个人自由的倾向特强。（2）陶冶的方针，在斯巴达是偏于身体的、意志的方面，智的方面极忽视；雅典则图身心之多方面的调和发展。（3）国家对于教育的干涉程度，在斯巴达是强力的、彻底的；雅典则多委于父母的自由，干涉只属最少限度。（4）斯巴达教育，虽亦具有美感的成分，但究是偏重爱国的、道德的教育方面；而雅典却贯彻审美的与自由人格的教育。（5）教科方面，则斯巴达重体操过于音乐；而雅典则音乐与体操并行。（6）训练上，则斯巴达强人以机械的服从；而雅典则重理解的服从。（7）斯巴达只采本国本位的强国主义，缺乏人道的要素；至雅典的教育中，却具有公共的人道的倾向。（8）关于女子教育，斯巴达则极端重视；而雅典则略觉轻视。（9）斯巴达是绝对不许自由民以外的阶级人民就学；雅典则偶或许之。

第四节　民族时代的教育

第二节所述古典时代的教育，照本书的次序，是认为第二期的（因第一期先史时代的教育是略而不述），此期最能保存希腊的特色。但古典时代的教育，至纪元前第 4 世纪时，社会情形大变，文化亦异，因而教育亦不能不改观。以下特将变迁次第简述之。

此处所谓希腊的民族时代云者，是指希腊人民被外族征服，仍保存其固有的民族精神而说。此一期的时期，计自纪元前 336 年希腊成为马其顿的属邦始至纪元前 146 年，更与马其顿同被罗马所灭，直至纪元第 6 世纪为止。然则民族时代云者，是指失国之后单作民族的存在之意。

欲明古典时代的希腊教育如何变迁，及其结果的希腊末期之教育情形如何，此非探究其原因所在之社会事情与文化之变迁不可。盖社会之上层建筑的教育之变迁，乃由于其基调或背景之变动而来也。

（一）教育背景之变动

教育背景之变动又可分四方面述之。

（1）为希腊社会事情与国家事情之变化

溯自纪元前十一二世纪间，斯巴达与雅典均开始建设，至纪元前七八世纪间，两者俨然构成“都市的国家”。斯巴达与雅典最初均为王政，其后斯巴达形成贵族政治，雅典却变为共和政治。迨与波斯交战获胜，两国遂同赴于强盛。然自纪元前 5 世纪中叶以至 2 世纪中叶间伯罗奔尼撒战争、波斯战争、马其顿战争等相继而起，卒使两国渐失其霸权，最后竟失国家之独立地位。辗转彷徨的希腊人，至此渐失其光明之路与自由独立之心，对于国家与人生大起怀疑，于是兴味的中心遂由客观的世界转于主观的世界。此为主观主义、个人主义的思想所由发生之真因。此种倾向，试观乎诡辩派、斯多葛派、伊壁鸠鲁派等哲学，便可见人心之趋向何如。

（2）随文化与工商业的进步，个人的自觉之念渐强

其中如雅典的人民，受民主的共和政治之影响，自由平等的思想特别显著。但民众的自由平等思想实未受理性的规正，只为一种感觉的自由平等耳。故诡辩论者一出，大受雅典之民众欢迎。

（3）自与外国交通贸易繁盛后，异邦的风俗、习尚、文化等次第输入，古典时代的希腊文化已失其纯粹性，国家的道德与信念，因此隳弛。希腊文化至此，遂成变调的。

（4）是唯物思想之抬头

希腊因工商业之发达，富量渐增，工商的平民阶级之势力日大，故市民的价值判断标准因而大变。——以前单从身分或阶级为判断价值之标准，今则因多数资产家之发生，遂以富之多少而判人民价值之高下矣。此种社会的人生观之改变，不能不使典型的希腊社会组织崩坏。以前的唯心主义、精神主义、理想主义，今则竟让步于新兴的唯物主义矣。

（二）民族时代的教育思想

古典时代的希腊教育理想是国家主义的、团体本位的，同时是情意的、文雅的、精神主义的。但至民族时代，则因教育背景之变动，而成为个人主义的、感觉的自由主义的。试观诡辩派、斯多葛派、伊壁鸠鲁派等的教学，便可明了。例如，诡辩派谓“人为万物之尺度”，此即认个人的主观为判断事物的价值之标准也。斯多葛派及伊壁鸠鲁派亦均是个人本位的。又诡辩派谓“法律道德均为人则，是由人类任意所造的，故虽破坏之亦无妨”，此即否认文化之绝对性，与古典时代的一般思想大异其趣矣。更如诡辩派谓“人生之目的，除计及个人的幸福繁荣以外，别无所希冀”，伊壁鸠鲁派亦言“善者即是个人的

快乐”，此均可视为唯物的、个人的、感觉的自由思想之教说，其与古典时代主张无条件的为国尽力之教说正相反对。因此，民族时代的种种自私自利的怪现象，实为古典时代所梦想不到。例如，自由市民之避免征兵、拒绝纳税及宗教仪式之怠慢等，均是其证。

（三）民族时代的实际教育

此时代的实际教育之变化，如关于教育内容（科目与教材）、教育机关、教育方法、教育者等各方面，均与古典时代相异，此亦由教育背景一变，促成教育理想之迁移而来。兹特分为教育内容的变迁、教育机关的变迁、教育方法的变迁与本职的教师之出现四者述之。

第一，教育内容（科目与教材）的变迁

古典时代的教育内容是以音乐、体操两科为主，即是以情意方面的陶冶材料为主，智的教科不大重视。但入民族时期，则智的教材一跃而增高价值，其中尤以私立的青年学校为最显著。最初只重哲学与修辞两科，其后加入文法，成为“三学”（Trivium），再加入音乐、几何、天文、数学的“四科”，最后至亚历山大利亚时代，遂成“七艺”（Seven Liberal Arts）。若问哲学与修辞两种新学科，何以特见注重？此盖因哲学能满足个人之深奥的研究兴味，且能教人以处世的方针。在个人主义盛行时，欲从主观的内部的求出安心立命之所，势不得不向哲学（尤其是实践哲学），此理之当然也。至于修辞学之重视，乃为辩论的练习起见。

教育上科学的内容虽增加，而军队的教练反形衰颓，此盖因祖国既亡，政治上已无可希冀，既无防卫国家之需，更无拥护主权者之必要，故军队的教练成为无用矣。军队教练之忽视，试观下述的公共教育所之衰颓便可证明。

第二，教育机关的变迁

在古典时代，雅典虽有体操学校与音乐学校，但斯巴达尚无正式学校。在“学校”的教育机关尚未普及时，教育唯藉家庭、训练所、集团、贤人之宅（学塾）等场所行之。但至民族时代，则学校簇簇新兴如雨后春笋，于是公共教育所次第衰颓。

（1）公共教育所之颓废情状

雅典之公共教育所的形态，虽经马其顿侵略后仍复保存，不过其内容已大变化。此时已非如从前之限于自由民间，作为自 18 岁至 20 岁两年间的义务教育，却变为任意可入矣，又自伯罗奔尼撒战争后，竟缩短年期仅为 1 年。且教育之内容，亦非以军队的修养为主，却以智的修养为主。且公共教育所原为雅典之自由民的集团，不许他色人等入学，其后次第竟许外国人入矣。纪元前 100 年间，外国人之数反多于雅典的市民，是亦一奇观也。其时不特废除军队的教练，并且废体操一科，变为竞技的、娱乐的场所。

（2）各种学校的新兴情状

旧的教育机关既废弛，于是新的"学校"迭兴，例如，修辞学校、哲学学校等均是。此种当然是属私立性质，即为修辞学家与哲学家所经营者。从今日的眼光看察，此概属专门性质。既属专门学校，自然不是一般市民的初等教育、普通教育机关，乃为有志家之高等知识的传授所。修辞学校以教文法、修辞为主，哲学学校以教哲学为主，此种知识在当时是认为处世上所必需的。当时著名的哲学学校有四：（A）柏拉图设的厄加的美（Academy）学校，（B）亚里士多德设的利森（Lyceum）学校，（C）斯多葛派的学校，（D）伊壁鸠鲁派的学校。厄加的美学校自创设者柏氏逝世后，其徒斯彪西波继之，教授柏拉图派的哲学。其中是以柏氏的国家论、理念论（本体论）、人性论、道德论等为主，其学风是为超越的理想主义，为现代理想主义的哲学之源泉。利森学校经亚氏创建后，十年间即废，所教授者是亚氏的哲学，在本体论上是特采"内在说"，在本体论之外，兼教人性论、道德论、政治论等，其他诸点，是与柏氏的哲学大同小异。亚氏的学说中，最堪注意的是包含有进化论的思想之一点。斯多葛学校，为安提奥库斯所建，以讲授学祖芝诺（Zeno）的哲学为主。"Stoa"原为"装饰的柱"之义，因此派在雅典所设之学校以饰施之柱中，故名。伊壁鸠鲁派的学校，是由学祖伊氏所创，氏在自己的庭园讲学，其门徒多寄宿于公共教育所，以通学为常。此两学派专以实践哲学为其内容，故其学均不出伦理学、政治学之范围外。斯多葛派是主张合理的生活，以“寂然不动心”为修学鹄的；伊壁鸠鲁派则主张一种快乐说，以求“寂静的快乐心”为修学鹄的。故前者近于克己，后者近于乐天。

（3）雅典大学

所谓“雅典大学”者，是后世将上述诸学校集为一所而成之大学也。自纪元前200年间，始有此种倾向，至罗马时代始完成。罗马时代，哲学学校与修辞学校已受公费的补助，而哈德良与安敦尼两帝最热心从事于雅典大学之经营。故至纪元后，雅典大学竟有如中世纪的大学之观，而公共教育所渐废弛，恰如中世纪的学生团体然。雅典大学虽盛极一时，但因反对基督教而触查士丁尼帝之怒，至纪元529年竟被封闭。至是希腊教育之命脉遂斩。

（4）亚历山大利亚的大学

希腊民族本在地中海沿岸各地殖民，但从文教方面观，其最著名者是在对岸的埃及亚历山大利亚城所设之大学。此地的文教，溯自纪元前323年迄330年间，由托勒密家历代帝王所开拓与奖励而来。托勒密一世帝在城中设图书馆、博物馆及大学（Academy）。此期的大学与今日的大学殆无异趣，学生是藉公费而研究。托勒密二世帝则搜罗亚里士多德的文书及其他书籍。托勒密三世帝则搜集雅典中纷散的希腊悲剧原本。亚历山大利亚一隅对于文教上的贡献，犹不止此，并且采用亚里士多德的研究法，使天文学、地理学、数学等大进步。曾测定地球之周围与其直径、太阳与赤道之距离、岁差之进行等。亚历山大利亚大学最初是采用柏拉图派的哲学，迨基督教传入，斐洛则将基督教与犹太教调和，而初起新柏拉图派的哲学。初期的基督教的神父，来此就学者不少。但至纪元64年，遭回教教徒的侵略，遂归于衰颓。其时图书馆等被破坏，藏书悉充公共浴场的燃料，计藏书之富，竟能供给四千浴场以六个月之燃料云。

第三，教育方法上的变化

在古典时代，实际的智能是从生活的行动而习得，专重训练式的教育。但至诡辩派兴起以后，则变为“主智的教育法”，即单藉耳（听讲）目（读书）两官，以获得概念为主之教育法。诡辩派藉讲演与回答而传授知识，遂生一种“概念的知识之传授法”（即注入法）。此种教育法，本随文化的发达有必然的趋势。盖为教学经济上所必需，但其弊在于与生活分离，单授抽象的死知识。现代的生活教育与作业教育等，正为矫此弊而起。

第四，专业的教师之出现

本来斯巴达国中无所谓教师，均以具有实地的体验之国家的长老或先辈负教育之责。迨文化渐发达，智识技艺上生出专门家，故在古典时代之末期，有专业的教师出现。而诡辩派实为最始之教师，彼辈以“智者”自任，为知识之贩卖计，收学费以教青年子弟。

以上是民族时代的教育状况，与古典时代异趣，故希腊教育亦不是各时代千篇一律的。

第五节 希腊的教育家

（一）毕达哥拉斯

（1）略传

毕达哥拉斯（Pythagoras）以纪元前582年生于萨摩斯岛（Samos），大约死于纪元前500年间。传说是幼时独学于乡间，稍长，游历埃及，专习数学，又旅行小亚细亚，后入斯巴达研究莱库古斯的法律，后转至意大利南部之多利亚殖民地的克罗托内（Crotone）。其居克罗托内时，在社会上、政治上、学术上声望颇隆，设一校以教弟子，从游者众，遂成毕达哥拉斯学派。其后被民主党所逐，逃至梅塔蓬图，客死于斯。

（2）根本思想

氏的宗教观与人生观，盖得自青年期在埃及与小亚细亚地方旅行之际，富有东洋的色彩。例如，灵魂轮回之说是其一端。此种教说，是承认人之精神（即灵魂）因受罚而处于肉体的监牢中，迨肉体死，则良善的灵魂升天，不善的灵魂则不许升天，仍贬在下界受罚，易言之，即人体仍不能不被幽闭于兽体中。此可视为勉人为善、以图精神纯洁之说。

（3）教育思想

氏之教育理想，在于道德之完成。其德目是在于尊神、敬亲、重法律、守秩序、笃信于友、保持社会的正义、持己以节制、廉洁及勇敢。此种思想，原属斯巴达人的理想，故毕氏的教育理想可认为具斯巴达的特色。

关于实地教育上，可从克罗托内学校的状况而窥之。此校专收容自 12 岁至 17 岁的儿童，以最初的 3 年为预科，管理上极严肃，学生不能见先生之面，隔帐听讲，质问与发声均所不许，只许沉默谛听，此盖藉以试验学徒之克己力也。经此种试验及格，始许为本科生，得与先生面接，得将口授者笔记，亦得质疑与陈述意见。

学校生活是一种严肃的伦理宗教的生活。以服从规律、节制饮食为主，衣服须简朴，学生均须入共同的宿舍。不纳学费，只纳些少的宿费，由共同的会计支出。学科以宗教、音乐、数学三者为主。音乐用以养调和的精神及使情操纯洁，数学视为哲学的、伦理的陶冶上所必需。盖毕氏视数理不特为道德之根本，且为宇宙万有之根底。

此外，氏在教育上对于自由民与奴隶、希腊人与外国人间严加区别。总括其教育思想，除不甚置重体操一点外，其他诸点是完全与古典的希腊风气相符。

（二）诡辩派

（1）诡辩学派的意义

“诡辩学派”（Sophists）一语的来源，本有“智者”或“贤者”的意义，最初起于纪元前第 5 世纪后半，世称为“哲人运动”，势力极盛，盖指 Sophism 为哲学中之一派别也。但因其末流徒逞诡辩，或流于放纵，被世所讥弹鄙薄，故以“诡辩家”称之。

（2）诡辩派在文化史上之地位

诡辩派在希腊文化史上占极重要的地位。从一方面观察，此派生值希腊的变迁期，在变迁期以后的希腊民族时代言，则可谓希腊新文化实产生诡辩学派。亦犹今之无产阶级学者，本由资本主义社会产生，但今后若社会主义的社会实现时，亦可认新社会实产生无产阶级的学者与思想家。

从表现上观，诡辩学派的业绩似属于怀疑与破坏两点。但从另一方面言，又不能认为无建设或创造的价值。盖彼辈虽属怀疑与破坏，但其主观主义、个人主义、感觉主义、自由主义、相对主义等，从辩证法上言，实为一种新价值、新文化创造之媒介，于人类全体之文化发达上大有贡献。因为社会进化的过程，是在于“正”、“反”、“合”，而诡辩派实在于“反”的立场上，大有贡献于文化。

（3）诡辩派的主要人物

此派代表的学者，实际普罗塔哥拉（Protagoras）与高尔吉亚（Gorgias）二人。普氏以纪元前 485 年生于雅典殖民地色雷斯之海岸阿布德拉，至纪元前 415 年逝世，其职业是为雄辩术的教师，彼所抱的哲学思想是由古代的哲学家赫拉克利特而来。乃属一种“万物流转”的思想，因为万物皆流转，故世上并无绝对的、悠久不变之物。彼应用于浅薄的思想于认识上及法律道德上，以为从未有客观的普遍的真理之存在。所谓真理者，只是各人的信仰，故曰，人也者，万物之尺度也。所谓“人”者，是指经验的实在的个人而言；“万物”者，是指学问、道德、法律、宗教等一切文化而言；“尺度”者，则指价值批判之标准言。此种新说是与现代美国派“实用主义”（Pragmatism）的哲学有相契之点。但此种思想，当时明明为雅典所不容，故普氏被雅典所逐，逃至西西里岛。惟是此种新说，即代表主观主义、个人主义、相对主义的思想，对于当时将届动摇期的希腊人，实与以无限的刺激。

高尔吉亚以纪元前 440 年生于西西里岛之里昂提尼，与普氏同属主观主义、相对主义、虚无主义的学者，但其死期是不详。曾习物理学及恩培多克勒的哲学，精于雄辩术。纪元前 427 年，曾奉使命赴雅典。氏之思想，可分为三点：①世界向无实在之存在；②即认为有存在，吾人亦无从知之；③纵认为能知之，亦无从传达于他人，盖言语只是一种符号，非实物故也。此种思想，虽同属于主观主义、相对主义，但推到究极处，是较普氏更进一步。

（4）诡辩派与教育

以上虽非教育学说，但其思想自然影响于教育的理想上，其结果是：①由国家社会主义变为个人主义，②破坏文化的绝对性，使法律、道德、宗教、学问上的威权等均摇动，一切均归于相对主义、便宜主义。此派在教育史上生出两种重要事项：①专业的教师之开始。②主智的教育方法之开始。此派的教育，大有碍于希腊文化，使社会人生趋于歧途，是希腊失国后入于民族时代的先导思想。尤堪注意者，此种异端邪说，非倡自雅典市民，而均出于殖民地的人。

（三）苏格拉底

（1）略传

苏格拉底（Socrates）是一个雅典的自由市民，以纪元前470年生，纪元前399年殁。父为雕刻师，母为产婆。少时依雅典的国法受一定的教育，其后继父业，但因心向学问，终习几何、天文与哲学。其在哲学上对于巴门尼德之所谓“真理是不变”一言，大有感动。在40、42、48岁时，以雅典自由民的资格，曾三次赴国难，战时曾救一伤兵，可谓良善的模范的市民。

时雅典的国运已超过成熟期渐入于变调期，加以诡辩派的思想学说流行，正属危险期。苏氏欲挽堕落的人心，故以青年的道德教养、见识的养成为己任，认教育为一生之目的。但并未曾设校收费，只是立于街衢或树荫，随处用其问答法的教学。因苏氏之貌不扬，加以敝衣破帽，往往跣足立于街巷，度量恢宏，不拘小节，时人多目之为愚人，亦有称之为大贤。氏严于自律，无论对己或对人的伪恶均严加矫正，或痛击社会的腐败，或嘲骂贵绅与强豪，尤其对于以智者自居之诡辩家邪说流行最为痛恨。

氏以若是之严苛态度，卒招小人之怨，有墨勒图斯者，诬告苏氏以三种罪名：①侮慢本国的神，②信奉异端的神，③假教育手段以蛊惑青年。时雅典的法律，对于侮慢国神而信奉异邦之神者处死，故审判官捕苏氏投狱，宣告死刑。又值当时政治家阿尼图斯与辩论家莱康提出不利的证据，遂成定谳。门徒克里同曾劝苏氏献金自赎，逃亡于他邦，苏氏拒之曰："遵守国法，实市民的义务"，竟从容服毒而逝。

（2）教育理想

氏之教育思想，在造就有德之人。所谓有德者，乃对于善的概念有明确之认识者也。盖氏之伦理思想，在于"智德合一"，即知之真则行之笃也。然则所应认识之善，其内容为何？氏以为，其中包括身心的健康与有为的人物交际、父母兄弟家庭间的雍睦、服从于组织完善的国家等，此均为人生幸福之源泉，明乎此者即为有识，有识者亦即为有德者。氏之教育理想，不外在智德圆融的陶冶。

（3）教育方法

氏之独特的教法厥为"问答法"。问答法本为智识之钥，真智既得，氏则认为同时可以成就德性，故遂视问答法为德性涵养的法门。

氏之问答法，可分为消极与积极二方面：①消极的问答法亦称为"反问法"（反语的问答法），即从里面使听者自觉其无智或谬误之法。即是预先假定听者之言论或意见为正当，从各方面演绎之，以验其价值，若是，则发现其不彻底或自相矛盾之点，然后指出其无智，使之自觉，以促其积极追寻真智之向上心。氏因此自信"余毫无所知，只认识自己之无知"，斯言也，固为当时以"智者"自居之诡辩家而发，抑亦证明氏之以"真理的爱慕者"自任矣。②积极的问答法亦称为"产婆术"，氏盖因其母曾为产婆，故有此称。前之反诘法，可认为是逆势的演绎法；而此种产婆法，可认为顺势的归纳法，两者可以连用。即与人交谈时，从其人所已知之例推及未知之例，最后则归纳为普遍真理之法。例如，从酒醉之人不能统率三军说起，推言其不能为儿童之保护者，或家事与农事之监督者，因亦不适于为人之仆与友。归纳此种经验的事实，因达到"无节制究属恶德，节制即是善"。此即是利用问答以启发人心固有之智，自小而大，故曰"智识之产婆术"（Mäeutik），世间特称之为"苏氏的归纳研究法"（Method of

Inductive Investigation)。氏尝曰:“余非授人以智识,乃使智识自己产生之产婆”,正为此故。关于训育上,氏特注重“与善人交”。此虽似属老生常谈,但曾子亦有“以友辅仁”之说,可见交友在道德上感化力之大。

(四)色诺芬

(1)略传

色诺芬(Xenophon)是雅典人,生于纪元前444年,殁于354年,是苏格拉底之爱弟子。氏在哲学上与教育思想上,虽无独创性,但在其所著二书《苏格拉底回想录》、《开洛波德亚》(*Cyropaedeia*)中叙述教育意见,因此,在伦理学史与教育学史上,实为不容忽视之人。《开洛波德亚》一书是以居鲁士王子(此由波斯王居鲁士之名来)为主人公,假托波斯的教育,以自述其教育意见者。

(2)教育思想

该书之言,大致如下:波斯早已注意于子弟的教育,其教育场特称为“阿哥拉”(Agora),是一广场。“阿哥拉”本为树木之意,该地是与商街远离,附近有王宫及贵胄的邸宅,该地共分4个教育区:①少年教育区,②青年教育区,③壮年教育区,④老年(兵役已完者)区。(以上是对于教育场所的理想)此处的少年与青年日出即行聚集,老年者则除正式的集合日以外,随时可聚集。但青年者夜间须在阿哥拉附近睡宿。集团分为各阶级,共设队长12人;少年的队长,选老年者充之;青年的队长,选壮年者充之。少年教育以养成公正之德为主眼。日间由队长监督,使不流于盗窃、暴行、诈欺、诽谤等,其有不正行为者止之,无谢恩之念者则诫之。教以克己、顺从及摄生,使起居动作适于礼仪。例如,就食则从长者之命,以胡椒涂面包而食,各备一杯,渴则掬河水而饮。武艺上,则教以挽弓投枪。此种教育,至十六七岁为止。(以上是少年期的教育)

自十六七岁至二十六七岁间,每夜宿于阿哥拉的周围,当警卫之任,且实行克己的修养。日间听长者指挥,练习各事。每月侍从国王

行猎数次，一以充警卫之任，一以实地练武。此时须早起，驰驱山野间，练习能耐寒暑。（以上是青年期的教育）

自 27 岁以后 25 年间，编入壮年组，仍须服从长上的命令。有时实行野外的演习。波斯的官吏均从壮年组选出。（以上是壮年期的教育）

50 岁以上则为老年者，监视国家的大事，从事于少年的教育，并选举官吏。

（3）女子教育上的意见

氏关于女子教育的意见，则在其所题为《经济学》一书中，假借伊索玛哥斯晓谕其新娶之妻的口气，述主妇的本分如下："吾人的结婚，正为尽人生之大责起见，即生育子孙，以防种族之灭亡，并以奉养吾人之晚境。女子是以治内为本职，男子在外所获之生活资料，女子须妥为保管。其余则为子女之养育与饮食、衣服等事。男女之分业，是由神所赋与的身心构造机能之差异而来，无可畔越。"伊索玛哥斯并以妇道比于蜜蜂的女王。

观此，可见色诺芬是表同情于古典时代的教育，尤心醉于斯巴达的教育制。彼虽因身为雅典人，不敢遽离本国而赴斯巴达，然常与多利亚人相接近，又使其子留学于彼邦。所以，其教育理想亦在于尚武与尊德，而于智育方面多忽略，是亦因当时雅典的教育确有所偏，故有此矫枉过正之论。

（五）柏拉图

（1）略传

柏拉图（Platon）原名为"亚里士多克尔"（Aristokles），生于雅典贵族之家，父名阿里斯同，为卡德鲁斯王之裔，母为梭伦之血胤。"Platon"一语原指胸广而体格优美者言，因氏体格优美，其祖父戏以此名嘲之，遂行于世。氏生于纪元前 427 年，殁于纪元前 347 年。少时曾受雅典自由民的完全教育，特长于体操及诗文。后习赫拉克利特的哲学与数学，20 岁始入苏格拉底之门，师事者八年，故为苏氏高弟。师殁，周游埃及与麦加拉等地。纪元前387年，归雅典而设私塾。至纪元前367年，遂至叙拉古（Syracusal）。谒意大利王狄奥尼修一世（Dionysios），陈叙政见，批王之逆鳞，王命捕之，卖为奴隶；卒为“犬儒学派”所赎，始恢复自由。迨纪元前361年，狄奥尼修二世即位，复陈政见，会王与义弟不睦，志不得行，空归雅典。尔后绝意于政治，专以著述及授徒为务，设学园于雅典之近郊阿加德米，讲学不取报酬，其教学法一为连续的讲演，一为启发思想的问答，世称之为“阿加德米学派”（Academics）。

（2）教育思想

柏氏之主要著书有二：①为《理想国》（*Republic*），②为《法律篇》（*Nomoi*）。二书皆为对话体，即仿其师之问答体。但言论的体裁虽仿于师，而思想则与其师大有径庭。盖苏氏循循于道德之矩矱，而柏氏则致意于人生之优美与快乐的增进；苏氏仍不脱畏神与畏国法的心理，而柏氏则直描写其自然的合理的国家观。《理想国》一书实世上最早的乌托邦思想，盖折衷于斯巴达与雅典两种国风而描写其世外的理想国，假托一少年梦游其境，历历均出于有计划的新制。至于《法律篇》乃属晚作而未底于成者，较前书多有改制之点。兹综合二书而揭其教育理想如下。

氏认教育之极致在于造就“理想的国家之一公民”，其资格在能于政治或军事上粉身报国。易言之，柏氏盖主张极端的国家本位主义、团体万能主义。何以有此种主张？盖彼视个人无独立的价值，惟存在于国家上而成“浑一体”始有价值；且认人生之终极目的，在于实现最高的理念（Idea）之“善”，而国家即为最高理念之实现机关，故个人不离却国家，以图目的之完成。

氏认其所谓“理想国”的构成之要素，乃在于三种阶级的调和统一。此三阶级乃成于天然的，是由个人之禀赋而来，因以金银铜三质为喻：①具金质者则为哲学的政治家，使居统治地位而构成所谓“哲人王”（Philosopher-king）的阶级，亦即孟子所谓“劳心者治人”或“君子者所以治野人”之意。②具银质的则为军警，使居辅治地位。③具铜质的则为农工商等劳务者，使居被治地位，亦即孟子所谓

“劳力者治于人”或“野人者所以养君子”之意。此种国家观究从何而生？则由于其心理学观中区分人。类具有①理性，②气概（意志），③欲性（感情）三种性质而来。气概（意志）与欲性（感情）均属盲目的，但因其具有力量，是不可废的；气概足以守国，欲性足以从事经济生产。但徒有此两种性质之人（即与军警及农工商相当），仍未足以治国，必须藉理性（即与哲学的统治者相当）之指示方向乃可。此种理性，乃由神赋畀于人者，具有透彻的理性，惟哲学家始能，故政治家非同时兼具哲学家资格不可。

总之，柏氏的“理想国”是使贤明的哲学家长国，其下则有军人捍卫及产业家提供物资。必俟三者之协力互助，乃可以实现理念的至善。而教育上是在造就能助成此种国家活动之文化人为主。教育上之所谓调和发展者，在精神方面，则意志与感情均受理性之支配而统一，肉体方面，则达到善与美的调和。此可谓之文雅的、自由的教育理想（Liberal Education）。

（3）教育方法

柏氏的国家观，既有上述的阶级观念，故其教育观亦主张对于第一、第二两阶级必使受教育，第三阶级则仅使其粗知通商之道耳。现在将其关于第一、第二两阶级之教育意见划分五期说明之。

第一期，是指自初生至满6岁的教育言。其教育溯及于结婚以前，承认国家选择配偶之责，使身心优秀之男女结婚，所生子女为国家的公有，收容于公共教育所，教育权悉操于国家。此点与斯巴达之风气相近，至其注重结婚资格，则俨有“胎教”或“优生”之意义。最初三年的教育，以身体之运动为主，精神方面则使其快活温和。3岁至6岁间，许其与年龄相当的自然的游戏，同时导至于业务的倾向，且继续一定的游戏，使不致频频更改，以为品性陶冶的手段。此期的精神训练，以倾听良善的童话为最有益。7岁以后，始分男女，行个别的教学。

第二期，此期由7岁至十六七岁，是学校教育期，以体操及文艺两种陶冶为任务。体操的教材有角力、舞蹈、猎狩、战法诸技。角力所以发达四肢腰部，使不至于畸形；舞蹈所以调和身体各部运动，使其优美；猎狩非单以捕获鱼鸟为事，乃使惯于骑马、射猎、发纵鹰犬诸技；战法包含弓术、投术、以楯战斗、全装战斗、马术、进军术、回转术、造营术等。此等体操，不徒在增进身体锻炼力与优美，且与精神方面调和。文艺方面的陶冶教材，包括读、写、算与音乐。最初先习字母，从视觉听觉两方面精细辨别，以为文法教学的简单基础。读法则诵荷马之诗，写字以迅速为主，算术则用为理性教育之手段。音乐则以精神的调和发达为主，凡不德的文学与不良的音乐均所禁忌，以其有碍于道德的陶冶。

第三期，此期由十七八岁至 20 岁，与共同教育所期相当。此期为军事教育期，最初是继续前期，授以读、写、算及几何等，但此亦非出于强制，乃视青年的自然性向，而决其将来方针者。此期的学业成绩不完全者，一生只为兵士阶级，以捍卫国家为务。

第四期，是自 20 岁至 30 岁，为高等教育期，择青年中有特才者，从事于学术研究，教科以高等程度的算术、几何、天文、音乐为主，其目的在理性之陶冶与精神之调和。

第五期，自 30 岁至 35 岁，此为理念（即最高之善）认识的教育期。氏以为人类最高之性能即为理性，居国家最高地位的政治家当为哲学者。教育之最高阶级是在养成理念透彻的哲学者。此期教育是施于达 30 岁者，以 5 年为期，学科为哲学，其目的在于认识理念、了解事物之真正的调和、培养德性的根本。教育完毕，则选为国家最高的官吏，在职 15 年，至 50 岁为止。若在 30 岁时被选，则只为下级官吏。

以上是《理想国》一书中所述的政见。至于《法律篇》则更有以下诸点的修改：①由 3 岁至 6 岁的儿童集于寺院，由官选的保姆教育之；②废止前述对于 30 岁以上的人所施之哲学教育，直使哲学家为国家最高官吏；③对于文学方面，加以严重的监视。总之，一般是倾于保守的色彩，较斯巴达的教育尤难行。

（4）关于女子教育的意见

柏氏关于女子教育的意见，略与男子同，只是程度略低，而质则无别。承认战争为国民之任务，女子亦有学习之必要。只关于运动的种类及战术的练习等，因为性的差异之故，略为轻减而已。

（六）亚里士多德

（1）略传

亚里士多德（Aristoteles）以纪元前384年，生于希腊殖民地色雷斯（Thracia）之斯塔吉亚（Stagira）。父名尼各马可（Nikomachos），为马其顿（Makedonia）王阿敏塔斯（Amyntas）之侍医，且精于自然科学，祖父亦业医，实为家门高贵的自由民。少年时代，对于自然的研究极有兴味。18岁赴雅典，师事柏拉图，前后20年；师殁，仍居雅典约12年，其后渡小亚细亚，与女子赫尔米亚（Hermeias）结婚。纪元前342年，马其顿王菲利普（Philip）以礼聘为王子亚历山大（Alexander）之师傅，声名大噪，时王子年甫十三耳。迨亚历山大王即位后，复归雅典，从事于著述与讲授，利森（Lyceum）学园之设即在此时。因其率学生逍遥于绿荫下，讲论一切，故世称为“逍遥学派”（Peripatelik）。但有时或因听者甚多，或因材料与思想新奇有表明之必要，更或因行精密的科学研究，时实行继续的讲演。大王殁后，有反对马其顿一派，诬彼为背叛国教，乃避难于卡尔西斯（Chalcis），至纪元前322年，殁于此地，年62岁。遗稿虽在其门人德奥佛拉斯多斯（Theophrastos）之手，但未及上梓而门人殁，窖藏甚久，传至罗马之世始发现。惜腐蚀过半，已不堪用。其著书甚多，最著者为“论理演绎法”，名为《工具》（*Organum*）及《政治学》（*Poritika*）等，其中有关及教育者。

（2）教育理想

氏的教育理想，是由于其伦理观念而来。彼以为，人类活动的目的是在于“善”（道德），即在于“幸福之获得”。而幸福获得之途，乃在于本体之实现。人类之本体为何？曰，是为理性。此理性为神所赋畀，在人类中是为神灵的。总之，理性之发挥即为道德，亦即是幸福。但人类除理性之外，尚有感觉的官能和欲望等，此不得不由理性统御之、纯化之。因此，调和的生活实属必要的，斯为第二种道德的形态。

氏更论国家对于人生的价值，谓人为社会的动物，国家对于个人之道德的实现上（即幸福的获得上）是有补助残缺之效用。国家之所以设种种制度，无非为对于个人保护与助长之故。人生之目的及个人与国家之关系既若此，故教育亦不能不特从此点考虑，即教育当谋国民完成其道德生活。

此种教育理想观，一面虽尊重国家社会，但并非如柏拉图及斯巴达之偏重国家的价值，而忽视个人的价值也。亚氏的见解，与其师之差异点即在此。

（3）教育的方法

亚氏关于实际教育的意见，当从其所著《政治学》中窥之，计分五期如下：

第一期，是指初生至5岁的教育言。此期以身体之养护及良好习惯之形成为主眼。注意于食物，使身体强壮及能耐寒暑，如此养成之良〔好〕习惯是为将来服兵役之基础。对于学问与作业等，此期则不主张加入，因恐有碍身体的发达。即如游戏及故事等，亦经教育监督者许可始用之。

第二期，是指5岁至7岁的教育言。此期只令儿童观察他人的学业，养成他日就学的习惯，至于各科教学的实施仍认为太早。此期特别注意者，是在精神之养护，与不使见闻社会的卑劣事情、言语、绘画、故事等为度。以上两期，均属家庭教育时代。

第三期，是指7岁至14岁的教育言。此期可视为公共教育之始期，以体操的陶冶为主，积极谋增进儿童的强健与勇敢。

第四期，是指14岁至17岁言。此期继续前期的体操陶冶，更加入智的、精神的陶冶。但亚氏却不主张身心并劳主义，因为精神的疲劳，固有碍于身体的发达，而身体的疲劳亦有碍于精神的发达。

第五期，是指自17岁至21岁言，此期为真正教育的完成期，比于前期，更加适当的学科使智的陶冶益深，且为便于从事特殊业务的人计，施以专门的教育。

在此五期中，亚氏是特别认定自7岁至21岁的教育，当依据国家的方针而行，受国家充分的监督。其教育主义，则为道德主义与国家尊重主义，绝对注重国民德性的完成。其德目乃在于节制、勇敢、顺从三者。至于科目则为读书、写字、体操、图画四者，此处将“图画”加入教科中是特堪注意的。

总括以上的实际教育意见，是始于身体的养护，次及习惯的形成，终于理性的陶冶，是以此三阶段为基准的。

（七）普鲁塔克

（1）略传

普鲁塔克（Plutarch）者，以纪元50年生于希腊之喀罗尼亚，至125年死，是希腊民族时代之唯一的教育思想家。但因其久居罗马，故世人竟认其为罗马人。其祖是一著名的雄辩家，其父则为学者兼道德家。青年时，曾游雅典，就阿摩尼奥斯（Ammonius）习哲学；阿氏一面属于斯多葛派，他面又属于柏拉图派的哲学家。其后曾旅行埃及与意大利。当图密善（Domieianus）帝时，设校教授哲学、文学、历史等，其著书则有《名人传》（汇集希腊、罗马46名人而成）、《道德论集》、《家庭教育说》三者。其著书皆用希腊文。

（2）教育思想

氏之教育意见，可从其遗著之《道德论集》中窥之。彼以为教育之目的，是在于道德的体验。欲达此目的，须注意于①天性（即自然）、②教授（即理性）、③习惯（即练习）三者。盖彼以为原理是从教授与学习中来，而实行则从练习与使用中来也。关于实际教育思想中，最可注意者是其《家庭教育说》。彼以为儿童的教育当由家庭的母亲或优秀的乳母当其任。及长，须为之选善良的教师。家庭教育既毕，须使其听社会上的哲学家、道德家演说，并使之诵诗歌，以为“自己教育”之资。氏此种“家庭教育本位”的主张，是与昆体良的“学校教育本位”的主张正相反。

氏在各种教科中最重视者是哲学。其言曰：“欲保全精神健康，唯藉哲学始能，亦犹欲保全身体之健康，有需于医药与体操也。”彼所谓哲学，是指实践哲学即“伦理学”而言。此外并重文学与体操两者。

关于训育，则采合理主义，以连续施行鞭挞及体罚为深诫，认赞赏与叱责为最良的手段。

以上是单于自由民的教育，至关于女子教育的意见则如下：

（3）女子教育意见

氏认女子在家庭的本分是在摒挡家务与教育子女，此种任务其价值是与男子的任务毫无二致。故对于女子的教育不得不注意，所以主张各科的教学中，即如数学与哲学等，亦须施之于女子。

总之，氏的教育说只属折衷的，并无创见，大致可认为与柏拉图、亚里士多德等同揆。

第六节　希腊教育的总评

吾人叙述希腊教育既竟，可综评其特征为十三项如下：

（一）教育之对象是以自由民为限，而平民与奴隶无与焉。（二）一般是视教育为人格的装饰品，至若生活准备的职业教育反视为自由民之所不屑。（三）古典时代及其以前的教育是专重团体本位的、国家公民的教育。其内容是以军事的、道德的、多方面的陶冶为主。但至民族时代，则基调一变而为个人主义的、安心立命主义的教育，其结果是哲学成为最重要之学科。（四）古典时代的教育机关是以家庭及公共教育所为主，正式的学校尚不多见。但至民族时代，则诸种学校并兴，高等教育亦在此行之。（五）古典时代以前，尚未有专业的教师出现，只由国家的长老或贤人等当其任。至民族时代，教师始成专职。（六）关于教育方法上，则古典时代以前专重生活实践的教育，即训练式的教育法。但一入民族时代，则流为主智的、概念的教育法。（七）古典时代的训育法，大都以严肃为主，即出于一种“硬教育”方式。但民族时代，则忽变而为“软教育”方式矣。（八）就一般而论，女子教育是比于男子教育大有逊色。不过斯巴达是较雅典稍为略重女子教育而已。（九）关于教科上，单就一般的市民教育言，则仅课以体操、音乐及简单的主智的学科；至高等教育一段，则有文法、修辞、哲学乃至几何、天文等。乃至希腊末期，则有所谓“三学”（Trivium），即指文法、修辞、论理三主要科言；“四科”（Quadrivium），即算术、几何、天文、音乐；“七艺”（Seven Liberal Arts），即文法、修辞、论理、音乐、算术、几何、天文等名称，交迭流行。（十）统计希腊时代，实可认为未有严密意义的教育学说出现。（十一）真正的教育技术亦未出现。（十二）系统的学校制度亦未成立。（十三）地理、博物、物理、化学等实科尚未完成，其他实业的、职业的学科均未发达。

但在此处所举十三种特征之中，须知古典时代与民族时代大有径庭，当区别而理解之。综括其一般的美点，是在于人本主义的（此与中世纪之神本主义异）、民族的、国家的、善美的、多方面的（指雅典言）诸点。至其缺点，则在于教育单以自由民为限，而缺乏人道的要素，略偏于男子教育而女子教育不得均衡发展诸点。

第三章

罗马的教育

第一节　总论

（一）罗马之建国及其兴亡

罗马人以纪元前735年前为自国之纪元元年，亦即为其建国之岁。最初的罗马（Roma）只为中部意大利台伯（Tiber）河岸之一都市，即名“罗马市”，其后由市发展始成“罗马国”。当时的意大利半岛（Italian Peninsula）中，除拉丁系的罗马人外，布加流域则有盖利亚人，其南则有爱德利亚人，中部则有萨姆尼人，南部沿海地方则有希腊人的殖民市。但罗马人逐渐征服四邻，最初建一王国，自纪元前509年颁布共和政治，每年从贵族中选出总领（Consu）2人，使总裁行政、司法与军政等，另有元老院、贵族院、军士会等，执行国务。

其后贵族（原住者）与庶民（后来者）间曾起纷争，但他方面则国威大震，始而平定意大利全部，既而征服地中海沿岸，更进而为东方诸国之远征。大政治家如恺撒（Caesar）、屋大维（Octavianus）等辈出，遂蔚为大国。屋大维自征服埃及而归国，被推为帝，受奥古斯都（Augustus，尊严者之义）的尊号，总揽文武全权，表面虽行共和政，内容实已成帝政矣。自是而后，史家称为“帝政的罗马期”。当时罗马的版图，东至幼发拉底河，西至大西洋，北自多瑙、莱茵两河以迄黑海，南迄亚非利加北岸一带。大罗马帝国之名，由是确立。罗马帝国经过长期的隆盛，至科莫德斯帝（纪元 180 至 192 年）时，内忧外患迭兴渐呈衰运。所谓内忧者，是指军队之跋扈言；外患者，是与诸邦之战争及北方日耳曼蛮族之入寇等。虽至君士坦丁帝时，略成中兴之局，但自 392 年以后，国威不能再维持，遂分裂为东西罗马矣。

（二）罗马人的特质

罗马人种种特质，可分析如下：（1）为实际的（意志的），此点与希腊人（尤其雅典人）之美的、思索的（哲学的）倾向异趣。（2）为注重雄辩术，此亦由当时社会事情使然，认为自由民所必需的。（3）为方面的，此与斯巴达人之偏于一方面者相反，对于各方面均颇关心。（4）为道德的，尤以尊亲敬神之念特强。在交际上则友谊颇薄弱，以小事相约时亦用证书。（5）是富于勇敢、智谋及爱国心，此所以能形成伟大的国家。（6）度量宽宏，尊重正义，故能建设世界性的大罗马帝国。根据以上诸种特性，所以，罗马人无论在政治上、军事上、法律上、土木上、建筑上均有遗迹留于后世。

（三）罗马的社会状态

罗马的社会组织与希腊相似，均为阶级的。国民分为两种阶级，即自由民与非自由民。所谓自由民，是指原住者言，其中又分为贵族（Patricus）与细民（Plebs）两者；非自由民是包括移住者与奴隶在内。

贵族中又包含狭义的贵族与武士阶级两种人。前者最初是由家系而定；其后则包括高官高位的人在内。此种贵族阶级穿一定的服装、着长靴，从社会上的地位言，则在演艺场中占特殊席位，有举行宗教仪式的特权；在政治上则有元老院议员之选举权与被选举权。武士阶级即为地主，养有马匹，得为国事乘马出入。其特权则与贵族同样，在演艺场占有特殊席位；又因官秩升进上无限制，故渐跻于元老院议员的席位。只有一点与贵族异，即是在服装上佩窄狭的带。但后来，此两种阶级的区别渐至不可辨认矣。

自由民中的细民阶级更分为二：其一为中流人民，其一为狭义的细民。中流人民以服兵役为主，虽有被选为官吏之权，但实际上殆无跻高官者。细民是指一般的战士，其身份以携带轻便的武器为主，此即表示其不甚占重要的军人位置。至于非自由民的阶级，是由奴隶及罪犯等构成，并无何等权利，只从事于生产、缴纳人头税，战时则从事于辎重运输的兵卒等。总之，罗马的自由民，其义务在于战争、政治与祭事，与希腊同，此乃古代一般的习惯。

此外，罗马亦与希腊同样行家族制度，以夫或父之男子为家长，统率其妻子，兼尽家庭内之宗教仪式主持者，即具有僧侣的任务。家长权是极大，妻与子女均须绝对服从之，凡离婚及子女之结婚与家事裁判等，悉依家长之意志而行。不宁唯是，妻子有不道德时，家长有杀妻或驱逐子女之权力。但罗马的妇女却享有相当的尊严；在结婚的宣言有云："我与尔有同等之尊严"，即就家中之席位而论，亦与以最神圣的位置。

（四）罗马教育史的区分

研究罗马教育者，通常区分为上古时代及古典时代两期。上古时代是指自有史以来至纪元前 2 世纪（即纪元前 146 年）而言。古典时代是指其后言。何以认纪元前第 2 世纪为两期的分界线？此因其时正是希腊的灭亡期，以前则在教育上发挥罗马特有的文化，其后则因"希腊主义"（Hellenism）输入，使纯粹的罗马教育显然改色，前后判为两期故也。

第二节 上古的罗马教育

上古的罗马，可分前后两期，计至纪元前第 6 世纪以前为王政期，其后则为共和期。

（一）王政期的教育

此期因生活质朴、文化单纯，故教育亦甚单简。即家庭与社会为唯一之教育场所，别无正式的学校。教育之客体与希腊同样，均以自由民为限，其目的在实施自由民的教养，至于教育内容在养谦逊、廉耻、忍耐、威严诸德，他方面则授以家长的市民的必需的生活经验。

从教育之实际状况言，子之初生，循宗教仪式，置于父之膝下，但教养之与否悉听为父者之自由。一旦欲教之使长成，则为父者须亲示模范（女子则由母示范）。即是儿童年长，为父者随所往须与之同行，以作实地示范教育。此点不是主智的，乃是生活本位的、训练的教育，儿童可藉此陶成德性，获得市民的经验。此种教育继续至 15 岁，以后则加入公共生活，从事于军事政治等国务，至 60 岁始免。至于女子教育，则由母负责，其注意点在思虑周密、心性温和、志操高洁等。

（二）共和期的教育

此期的教育，可认为王政期的延长，故在根本精神上无大差。不过教化的理想更高，其样式亦更进步，学校已出现，此可为注意之点。

自由民教育的主要目的，在使其体得祖先传来的习惯、国民固有道德，此外则施以卑近的智育与体育。德育上，除注意前述诸项外，更重摄生与质朴。为父者藉言语、模范、实事等，以教其子；或告以伟人的勋业、战争的故事及宗教谈等，以鼓舞其道德心及爱国心；又偕赴宴会，使习自由民所需的礼仪。智育上，则用著名的《十二铜标》（*Twelve Tables*），以教读法及写法。体育上，则有游戏、投枪、战斗、骑马及游泳等，其后则加入文法、修辞、法律等。《十二铜标》者，是纪元前 5 世纪之中叶所制定，即将亲族法、相续法及其他各种法律刻于 12 块铜板上，揭于罗马市中央的“公所”（Forum），以供众览。此为古代罗马的法律，亦即构成《罗马法》的基础。

此种自由民教育继续至 18 岁，至此时则认为一般教育完毕，直入公共生活。其欲为法律家或雄辩家者，尚须就专门教师习之。

在纪元前 450 年间，似已有学校之设，但当时的学校皆属私立的，只为家庭教育补助的机关。学校的构造式是极简单，只有檐而无壁，恰如天幕式的学校，从外面可自由窥见内部，每设于两道相会之处。教师由奴隶充当，特称“利德拉托”（Liferator=Teacher of Letters），在社会之地位甚低。政府对于此种私设之校纯采放任主义，凡对于就学年龄与一校所收容人数，及其他教育上诸问题等，毫无法律规定。至关于教师与学校之选择及教学方法如何等，悉由父兄自决。又因学校既属私设，故不得不征收学费以资维持；然因教师人数日多，招生渐出于竞争，而学生亦乘机有抗缴学费者，教师从而有提起公诉请求追缴等怪现象。

欲知此时代的教育实情如何，可参阅普鲁塔克的《名人传》中之《大加图传》（*Cato the Elder*），自然明了。据该传所载，当时一般的父亲，以教育自任，虽有精通文法的奴隶，亦不委以教育之责。其教育内容非仅授以文法及法律等，且教以投枪、斗技、骑马、游泳及抵抗寒暑等，更留心于用语上；决不与儿童同入浴，盖以窥见人之阴部为不道德也。

第三节　古典时代的罗马教育

(一)希腊文化输入的影响

古典时代是指从共和末期以至帝政期而言。此期的罗马，在政治与经济上大发展，现实世界性的“大罗马”。但在思想上与文化上则反呈危机，丧失国民固有的精神，已兆衰亡之征。而其主要原因，却在希腊文化之流入。

本来在纪元前2世纪以前，罗马早已混有多少的希腊文化色彩，但自2世纪中叶(146年)，希腊竟成罗马之属国。两国间结成直接的关系以后，希腊文化直如奔流，注入罗马矣。但此时所输入者，究属何时代的希腊文化？此非古典时代的希腊文化，乃属民族时代的希腊文化。希腊民族时代的文化特质果何如？曰，此与希腊上古之健实的文化(即团体主义的、客观主义的、主意的精神主义的文化)大异，却为个人主义、主观主义、唯物主义的。易言之，即具有感觉的自由主义之人生观。罗马的思想界与实际生活上，因受此种影响不得不大改变。照前节所述，上古的罗马人具有健实的文化，为实际的、国家的、勇敢的民族，今受希腊影响，渐由国家的而变为个人的，由道德的而变为主智的，由实际的而变为人文的，由精神的而变为唯物的，由理性的而变为感觉的、自由的基调矣。其结果是，道德衰颓、风俗淫靡、奢侈成习，个人的、感觉的、自由的思想横溢，一般是流于轻浮的、形式的。例如贵妇人等，往往纵情肆欲，竟有争为娼妓者。

虽当时未尝无忧国之士，欲匡救恶潮以防国难，或驱逐希腊的学者，或将鼓吹新思想者处罚，或封闭学校，或设新律例，以干涉宴会或禁妇女之美装等，但希腊秕风之输入有滔滔不止之势，以迄于罗马之亡。此外，尚有原因促罗马之亡者，即日耳曼蛮族之侵入也。若以前者为内因，但此当为外因，但此问题俟以后再述。

（二）古典时代的罗马教育

外来的思想，既使罗马人的世界观与人生观一变，又因希腊的教学法陆续输入，于是罗马的教育不能不根本改变。其变革之要点，约可分以下三方面述之：

（1）教育理想上的变化

上古的罗马教育理想原在善良有为的自由民之养成，故注重军事的、政治的、辩论的陶冶内容，一般是注重实际的道德的方面。但至古典时代，则教育思想渐由国家主义变为个人主义，由客观主义变为主观主义，实际的教育一变而为雄辩家之养成，军事的、道德的陶冶衰退，主智的、文学的陶冶盛行；简言之，教育理想偏于主智的雄辩家之培养及个人的形式主义之完成。因此，伟大的雄辩家辈出，例如，西塞罗、普鲁塔克、维吉尔等，均是其人。本来雄辩家之养成，即在古典以前期，亦属重要的教育理想，盖自由民既关心于政治，自不得不视辩论术与修辞学为必要。不过在古典以前期，雄辩是与军事的、道德的陶冶并重，至古典期则雄辩与主智的、文学的陶冶并重。前者之终极目的在于实际人物的养成；后者则只在形式的文化人之养成而已。

（2）教育实际上的变化

上古的罗马极重家庭教育，至古典时代则家庭教育衰颓，盖因为父母者陷于骄奢，不以失德为可耻，耽于竞马与观剧，委子女教育于奴隶婢仆之手，使儿童习闻无用的故事，习见漫无拘检的行为。

但家庭教育虽衰退，而主智的学校教育反呈发达。其原因有二：（1）因父母以亲施子女的教育为麻烦，（2）因知识教育的发达之故。当时的学校分初等、中等、高级三段。初等学校称为 Ludus，收容六七岁至十一二岁的儿童，学科为读书、习字、算术等，读书上授以《十二铜标》的法律及其他的格言与诗文等。算术为重要科目之一，最初以手指习算（即屈指之关节而计算），其后则用金属制的算盘（或用一种石子计算）。习字则以铁笔写于蜡板上，如希腊然。此种初等学校是由前述的私立学校发达而来。

中等学校是收容12岁至16岁的少年，特称为“文法学校”（*School of Grammaticus or Grammar School*），亦为私立的。所教者是关于文法及文学等，包含拉丁语、希腊语在内。希腊语的诵习，在纪元前240年间，只为一般僧徒欲知希腊仪式者所学，迨希腊学术西渐，希腊语遂登学校的讲坛矣。故昆体良等竟认为语学的教授当自希腊语开手。

至帝政期，此种学校中有藉政府之补助而维持者，且教文法、修辞、哲学、算学、天文、几何、音乐等之“七艺”。

高等学校（Rheforical School）是属专门性质，收容十六七至十八岁的青年。其中又分三种：（1）以修辞为主者，（2）以哲学为主者，（3）以法律为主者。修辞学校是习修辞学、辩论术等；哲学学校则教哲学、论理学、数学、物理学等；法律学校则除讲义之外，加以讨论。至十八岁时，受此种教育已毕，则入社会生活。

最后，略述罗马政府对于哲学与修辞学徒等之排斥或奖励等经过情形。纪元前161年，元老院认哲学徒与修辞学徒对于国家有害，遂决议驱逐。至195年，图密喜帝亦发同样命令。但此种驱逐令实际上毫无效力。反之，哈德良与安敦尼等竟支出公费，拥护希腊与罗马的修辞学者而奖励其研究。并且，安敦尼及古拉第等，对于医师、修辞学家、文法学家等竟豁免其租税与赋役矣。

古典时代的训育，可认为是逐日弛缓。甚至学徒有不遵师命、公然反抗，而父兄竟许容之者，此误解自由主义之一弊也。纪元前2世纪间，有罗马人柏罗滋所作之《柏基狄斯》一剧，有如下之描写：“今日的儿童未及7岁，教师稍欲触其手，则怒举书板以相抗。教师若以此诉于其父，尔时父反嘉称其子善于防卫危险，而责师之愚，不应欲触其子之手也！”此剧或者形容太过，但总可知当时的训育已非严格的而为弛缓的。

（3）女子教育

上古罗马的女子，照前所述，在家庭中有相当的尊严，在法律上亦与未成年的男子受同等之待遇。其时女子的教育以情操及道德方面为主，知识的教育尚未发达。但至古典时代，则因受社会一般的影响，女子的权利次第提高，教育的内容亦更深且广。

第四节　罗马的教育家

罗马国民的伟大性究在于实际方面，其对于理论方面则兴味索然，所以，伟大的政治家、雄辩家、军事家等虽多，而无著名的学者。准此理由，其在哲学与教育方面缺乏独创的学者与思想家，理论上亦少可述，实无足怪。兹仅述代表的教育家四人。

（一）西塞罗

（1）略传

西塞罗（Marcus Tullius Cicero）以纪元前 106 年生于罗马贵族之家，至纪元前 42 年死。早年已受优良的教育，学诗于诗人阿尔基达。稍长，历修伊壁鸠鲁派、新阿加德米派、斯多葛派等的哲学；又学希腊雄辩家德谟斯梯尼的雄辩术，并研究法律。其后，游历希腊与小亚细亚而归，所学益博，以雄辩家及政治家的资格继续活动。晚年，因与安敦尼不睦，竟被暗杀。

（2）教育意见

氏在罗马教育界是为最初鼓吹希腊式的教育者。兹从其所著《雄辩论》（*De Oratre*）摭述其教育意见如次：

氏以为教育之目的在于养成雄辩家。但当时所谓“雄辩家”之一概念，其意义是较今日更广，即在今日所谓雄辩家的资格以上，加入著作家、政治家、经世家等资格。简言之，即在具有广泛的教养之人，既具文学上、思想上、政治上诸方面的知识，更加长于辩才。故从内容上言，可谓为高等的思想家、政治家、经世家之养成。此实代表当代罗马人的理想，非西塞罗之单独提倡也。此种理想的雄辩家，应具下列的资格：①具有关于事实的广泛知识，②具有能驰三寸之舌、使人感动的力量，③有洞悉他人的心情之必要，④须注重急智与优美等。此处所举②与③两条件，纯属雄辩家所必需的技术，独有①的条件是泛指文学、思想、政治各方面的资格言。

（3）教育方法

氏谓欲养成此种人，有二要件：①为天禀，②为教育（或学习）。学习上以关于技术上之练习或记忆为主，此虽属必要，但一般的知识究属其中之根底，所以更觉必要。彼承认，知识之启发乃属理性陶冶的手段。理性开展之途，当从最初的潜伏性，加以内省（思索）与学习，使其自然开展。在学习上，当利用年龄相等的儿童之竞争心与游戏性，或使其摹仿，或使其观察，或使其考究。此均当自幼时开始。以上是一般教养的方法。至于辩论技术特别修养的方法，彼则主张当以法庭的案件为练习的题材，更注意于声音、呼吸及舌的运动，加以作文的练习等。

此外，氏更注重道德及宗教的陶冶，关于训育上，谓教师之态度宜宽严得中，体罚只宜用作最后的手段。以上是西塞罗的教育意见之大要，此中应特别注意其与希腊的教育家之意见相异处。

（二）鲁弗斯

鲁弗斯（Gaius Musonius Rufus）者，生于纪元前 1 世纪间。其关于女子教育的意见，颇有可述之点。氏所著之《女子教育论》（*On the Education of Woman*）是主张男女的教育必须同等，其理由有三：（1）因为无论男与女，均愿成为有智虑之人，不愿为蠢人。（2）从正义上言，男与女亦均认其为同样必要。（3）勇气亦为男女同样必需的。此处所举之睿智、正气、勇气三者，本为希腊人所尊视的德性，且为人类之三德，其需要之也，实无男女之差，所以氏主张同等的教育。但所谓同等云者，亦并非指机械的划一而言。氏以为男女间之性质自然相异，例如，男强女弱，所以男子特适于体操、军事及户外的职务，女子则适于纺织及家事等，此方面的教育是不能不异。但除此以外，关于智性及道德的教育，则有同等程度的必要云。氏据此种见地，遂主张女子亦应施以男子同样的德育，为理性陶冶之方便计，当授女子以哲学的陶冶云。

（三）塞涅卡

（1）略传

塞涅卡（Lucius Annaeus Seneca）者，本为西班牙（当时罗马的属地）之科尔多瓦（Cardava）人，以纪元前 3 年生，至纪元后 62 年死，年 65 岁。幼随父至罗马求学，为斯多葛派之学者，因而驰名，为尼禄（Nero）帝之师，参与枢机。但因当时罗马之世道人心，陷于极度的委靡颓唐，而帝则残忍成性，氏本其所学，思有以格君之非，帝卒不悟，反信宦官之馋，处以死刑。氏仍体斯多葛学派之道，未及临刑而已自刃。

（2）教育思想

氏以人性中具有理性，此乃由神而来，故能为万物之灵长。但他方面却有与理性相反的情欲，所谓道德云者，即指理性之控制情欲（或完全灭却），以几于神的生活而言。故教育之能事，即在抑制情欲、发挥理性，完成道德的生活。此乃氏之根本思想，亦即其教育理想。

（3）教育方法

氏关于教育方法上，不外主张用适度的训育与教学。在训育上，教师须体中庸之德，使态度宽严得中，平时宜用忠告，至无效时始加训诫、非难、惩罚等。但行惩罚时，勿乘一时之愤怒，由轻而严，当如医师之治疗疾病然，须使儿童锻炼，从情欲之节制以趋向于理性之善。

教学之终极目的，亦不外在于道德的陶冶，故不宜徒使儿童滥读多书，只须令其充分理解，以图内部的发达及实地生活的周到之故。不特关于道德上的善恶，即关于贤愚，亦视注意之如何而决。

以上是认儿童之活动性、发展之能力与自学之能力等为教育上之主观的基础，从而论及后天的注意与教学的必要。

至对于教学法，则有以下的见解。其一是关于语言的教学，彼则主张外国语与本国语并课，外国语是从希腊语始。在教言语时，彼以为儿童未了解文字以前，不宜强以文字的名称或缀字等相聒噪，反不如用象牙制的文字，使儿童习知用法，盖此为儿童所喜玩弄及注意者。此可视为一种直观教学法。

其次是关于读书、习字、文法等教学。教读书时，不宜求速，习字最初宜将字本复写，其次则临摹道德上的格言。至于文法，因为是极难的，故主张最初即当从优良的教师学习。儿童稍长，则除上述诸科目外，宜授以音乐、几何、天文、哲学等。盖音乐能使一般的举动合节，几何能养成对于事物作简单明了的论证之习惯，哲学有使理解力臻于高深的效力云。

当时，关于学校教育与家庭教育两者之利害得失已成问题，氏则注重学校教育方面，其意见如下："令儿童道德的生活陷于危险，不特学校为然，即家庭亦有然。盖因家庭教师或奴隶等，往往误其教育方针也。若谓学校教育，对于个别的儿童不能充分注意，斯亦不尽然。因为师生间本无终日终夜同居之必要，只视教师之人格何如，倘得优良教师，其感化自易。然而，学校毕竟比于家庭易聘良师也。且公共的学校能奖励道德之根本的名誉心，使儿童惯于社交、友爱等种种高尚生活。"观此，可见其特置重学校，与其他多数教育家之偏重家庭教育者不同。

关于训育上，彼则反对体罚，因其是主张"性善论"，笃信教育之有效也。故在儿童管理训育上，认为可以籍名誉心的刺激及赞赏鼓励等手段，使儿童善化。

氏关于体罚反对之理由有三：①体罚只可施于奴隶，不可施于自由民，盖体罚为粗鄙的、不名誉的，非可施于自尊心极高的自由民。②儿童之性能，既不能从训诫谴责上矫正，虽施体罚，毕竟亦难期必改。③教师果能得正当的教育途径，亦无取乎再用体罚。①是从名分上，②是从儿童心理上，③是从教师的手腕即教育的力量上，氏是根据此三种理由而反对体罚的。

最后，再述昆体良的教师论，此见于《雄辩术原理》之第二卷中（该书共十二卷）。其概要分为以下十项：（1）教师对于学童，须具如父母的感情。（2）教师既不可自陷于恶，同时亦不应许他人陷于恶。（3）教师固不可流于严酷，亦不可过于宽，盖过宽则招侮，过严则招嫌忌。（4）教师有常举嘉言懿行相问答之必要。（5）教师不可愤怒，但对于儿童所应矫正之过失又不可默视。(6)教学上须平易，关于劳务上需忍耐。(7)对于学童质问，有迅速解答之必要；在学童无质问时，教师宜自发问。(8)对于学童之成绩，须施以适宜的赞赏，但慎勿过度。(9)有矫正缺点之必要时，教师勿流于刻薄或加以非难。(10)教师每日应将注意之事谆谆告于学童。

第五节　罗马教育的总评

罗马教育亦与希腊同样，有上古时代与古典时代之分。上古时代则为生活的教育、训练的教育、国家主义的教育、实际人物养成的教育，同时注重情意的、道德的陶冶，且以家庭教育为本位。但至古典时代，则生活的教育一变而为言语文学的教育，国家主义变为个人主义，客观主义变为主观主义，实际的人物养成变为文学的、形式的人物养成，情意的道德的、陶冶变为主智的、技术的雄辩家之养成，家庭教育本位变为学校教育本位矣。

但统计此两期中，罗马的特色有不变之点如下：(1)体操的陶冶不甚重视，而辩论修辞的陶冶极端重视。(2)教育时期，一般是以至18岁为止，其期间是较短。(3)公共教育所的教育是无甚可观。(4)一般的教育是不免带有阶级性。

兹将罗马教育与希腊教育相比，分析两者之异同如下：

(甲)类似点：(一)罗马上古的教育与希腊古典时代及其以前的教育有相同的倾向，例如，团体本位、客观本位、军事教育之重视，生活的实际的教育，道德主义的教育，教育内容之单简，学校教育之未盛等，均是两者之共通点。(二)罗马古典时代的教育与希腊民族时代的教育间有类似之点。例如，文学的、形式的陶冶之隆盛，个人的、主观的风潮之流行，体育的、军事的教育之衰颓，高等教科之所谓“七艺”的采用，生活的教育变为言语文学的教育，训育上一般废弛，职业的教师日多并形成教育上的分业等均是。此外，更有两国完全相同之点，即教育均以自由民为限，纯属于阶级性的。

（乙）两者的差异点：（一）希腊的教育实施时期长；而罗马的教育实施时期短。（二）在希腊则盛行共同生活的公共教育；而罗马则无此。（三）希腊的教育，以审美的倾向最强；罗马教育则以实际的倾向最强。（四）希腊教育（尤其是普通教育）非学校本位的；而罗马则学校教育极盛。（五）希腊的教育理论思想中颇多可述；而罗马殆可认为无独创的教育思想。（六）希腊则国家对于教育大采干涉主义；罗马则几全委于个人，国家似乎毫不干预。

要之罗马教育的特长是在实际方面，其中尤以政治教育、辩论教育为杰出。至其缺点，则在于国家不甚致力于教育，及体育与公共教育之废弛，一般流于个人主义的色彩。

卡伯莱（Ellwood P. Cubberley）教授在其所著《教育史》（*History of Education*）有言：“罗马人之长处，即为希腊人之短处；罗马人之短处，又即为希腊人之长处。”此言诚有况味。盖希腊人之所长，在于想像力、审美性与理想性，而其所短在于政治的头脑与实际的手腕。罗马人则拙于想像思索，而长于实行。此两种民性长短相补，乃构成现代欧美之文化。故前者之贡献，在于文学、哲学、美术方面，后者之贡献，却在于法律、政治、军事与工艺方面。由是推之，则两者教育之得失，可概见矣。

第二编　中世纪的教育

第一章

总　论

（一）新旧民族及诸国家之兴亡

“中世纪”（The Middle Ages）云者，从政治史上的划分言，是指自纪元 476 年西罗马帝国之灭亡开始，以迄纪元 1454 年东罗马帝国之灭亡为止，前后约计一千年的时期言。但在文化史上的划分，不能不与此略异。本书所言中世纪的教育，其时期是较前述者稍后，乃始自纪元 529 年雅典大学被封闭时，以迄 15 世纪欧洲人文主义运动初兴，由神本的教育一变为人本的教育期为止，简言之，即至近世之初期为止。

此期在政治史上、文化史上有种种变动。民族与国家间新陈代谢，兴亡之迹极显著。照前章所述，罗马民族以智勇征服四邻，建设世界的大帝国，厥后分为东西，西罗马帝国先亡，而东罗马帝国后亡。罗马既亡，代之而兴者则为日耳曼民族（Germanos）与萨拉森帝国（Saracens）。日耳曼民族亦称条顿（Teuton）族，乃雅利安（Arian or Aryan）族之分种，久居北方之日耳曼森林中，为蛮族的生活，至纪元 4 世纪（375 年）间遽南下，其结果是建设西哥特王国、温达尔王国、法兰克王国、东哥特王国等。又就他方面言，住居阿拉伯之萨拉森（Saracen）民族，至 7 世纪时开始活动，竟绵亘波斯、阿拉伯、西班牙等地方，而建设萨拉森帝国。至于日耳曼之一支系的盎格鲁撒克逊人与诺尔曼人，则有英法等处分设王国。此诸族与诸国家间，虽盛衰兴亡不一，然结局是罗马帝国灭亡，日耳曼族征服欧洲，后为英法德诸国发展之基。

（二）日耳曼民族的特质

日耳曼最初是未开化的野蛮民族，以猎狩战争为事。但天性勇敢，体力刚健，团结心强，爱情纯洁，富于义气，尤有敬爱妇女之美风。其征服罗马，即由罗马而吸收文化，计自纪元第5世纪以迄12世纪间，可认为日耳曼人吸收罗马文化亦即基督教文化之期。但其内部生活（即世界观、人生观等）亦非完全同化，该民族之根本精神与特性实未尝变也。迨其成熟时，则从新创出现代文化与基督教之文化分道扬镳。关于此点，德国鲍尔生（F. Paulsen）教授有言："日耳曼民族在中世纪之前半期，虽皈依基督教，而未尝与之同化。只是一个表面的信者。"又曰："其皈依基督教，即为其开化之始。原来寺院是代表天国的，然日耳曼人未尝与寺院生活同化，反从事于凡俗的愉快生活，以战争、征服、移住为事，所希望者为力与富，耽于游戏竞技，盛唱恋爱之歌。"又曰："且日耳曼人欲从阿拉伯人、希腊人、犹太人之手，夺取其科学"，"要之中世纪之日耳曼人，以基督教为教师，恰如儿童着老人之服。"

（三）中世纪的社会状态

若将中世纪的社会状态与希腊、罗马的社会状态相比，当发现以下诸异点：（1）希腊、罗马的社会是自然的、人间的、现实的，而中世纪的社会因以基督教的宗教为基础，所以属于人为的、理想的（天国的）。（2）从社会之有阶级性一点言，中世纪虽与希腊、罗马时代无异，但彼此间阶级之内容则不同。希腊、罗马的社会是以王侯、贵族等居支配地位，而中世纪则以僧侣一阶级居社会之最上层，支配其他阶级，此种社会组织与印度婆罗门之阶级组织（Caste）相似。僧侣阶级之下则为武士阶级，再次则为平民阶级。此种社会组织渐至近世，则王侯次第占势力，自然改变矣。（3）国家的地位，因宗教的势力而下落。在希腊、罗马之世，国家被认为最高之善的标准，有绝对的价值。但至中世纪，则以天国为真正的理想国家，而现实的国家不过为其补助手段耳。此在“神本主义”的世界观之下不得不然。

（四）中世纪的思想倾向

中世纪的思想倾向，其与希腊、罗马时代不同之点有五：（1）希腊、罗马是人本主义（人文主义）的，而中世纪完全为神本主义的。此即人生观的基调，不在于“人”而在于“神”。（2）希腊、罗马时代，文化之最高价值与中心价值是在“道德”，而中世纪则在于“宗教”。因此，僧侣是居社会之最高地位而为支配者，国家之价值遂下落。（3）希腊、罗马均属现世主义的，价值均从现实中寻出，所以从美术上、肉体上发现美点，从人性之调和中发现教育理想。而中世纪则为未来主义，即视价值乃在于死后的来世，现实世界的本身是无价值，只视作未来的天国生活之准备时始有价值。（4）视人生具有宿罪，故厌恶人类之自然性，以脱离人性而入于神性为理想，从而倡禁欲主义，又从而轻视体育与雄辩等。（5）教权的、他律的思想倾向极盛，此因视人性为卑贱、以绝对的神为标准而来。此点正与希腊、罗马之自由主义相反。

总之，中世纪思想之特征，可以神本主义、宗教中心主义、未来主义、性恶的、教权的、他律的诸点括之。

第二章

基督及基督教

从历史的年代言，基督教之传播于西欧，是自纪元 1 世纪至五六世纪间之事，此当归入古代史中。但从文化史上言，则基督教之盛行却属中世纪以后之事，所以归本章讨论。

（一）基督略传

基督之原名为耶稣（Jesus），其称“基督”（Christ）者，乃一种尊号，在希伯来（Hebrew）语有“救世主”（The Saviour）之义。基督以纪元前 4 年生于希伯来族之犹太国耶路撒冷（Jerusalem）郊外之伯利恒（Bethlehem），父名约瑟（Jeseph），母为处女玛利亚（Maria）。据《新约·马太福音》所载“圣母玛利亚感圣灵而生基督”。此亦与中国《诗经》所说姜嫄“履帝敏歆”而生后稷，及颜征在祷于丘尼山而生孔子等传说同样神秘。幼随父至寺院，受宗教教育，再三赴耶路撒冷以扩见闻。此外并未受何种人为的教育，只因天才卓越，故藉自修成一完人。彼因神之默示，觉自己之天职乃在于“人类之救济”，年三十始出而传道。所至之地，说教、救贫、疗疾，使不幸者得所慰藉。但以其反对犹太之旧教而创一神教，变国家主义而为世界主义，以为天神不仅爱犹太人，自然触犯犹太教徒之忌。彼等视新宗教为异端，以为背叛国教、邪说诬民，诉之于罗马官吏彼拉多（Pilatus），卒磔之于十字架而死，时年 33 岁，传道仅四年耳。

基督以目不识丁之渔夫，仅受二三年非正式的教育，卒成伟大的雄辩家、深远的思想家、崇高的宗教家，已足证其精神修养工夫，有非常人所能者。况以四年的传教，而感化力如此之大，更不能不服其具有非凡的教育家之资格。

（二）基督教的根本思想

基督教最初之教说本极简单，大致不过如下："在天之神，其爱人类也，亦犹父之爱其子，故人当善体此意，以诚心敬神、爱人、悔罪。"但自基督死后，竟藉保罗与其他的使徒热心传布，信者日广，其教说亦渐有组织，成为今日流行的一神教。研究基督教的思想，当从以下四个重要观念把捉：（1）万物之根源在神，万物为神而存，神亦即存于万物中。此即承认神与人本来同一，人能表现善与美之理想，即为神性之摹写。（2）人类在神之前均为父子关系，当无贵贱、上下、贫富、男女、国籍等关系，一律平等。此种平等思想适与希腊、罗马之阶级的人生观相反。（3）人类一面要敬神，一面要爱同胞，以为天国生活之准备。此种博爱主义是与从前之爱有差等的思想异。（4）为耶稣与神及人三者的关系，耶稣为神所差使，为赎人类之原罪起见而受磔于十字架，故神与人及耶稣为"三位一体"。人非信仰耶稣以受神之恩惠不可。以上是基督教之世界观与人生观之大概。

（三）基督教的教育思想

基督教教育的理想是根据上述的世界观人生观，以养成"宗教的人格"为主。在使人性中具有的神性（本体）实现，以达到最高的道德状态，所谓达于最高的道德状态，适于神之宠召者，果为何种人物？曰：信神、爱邻、守正义、沉静而具诚意与热情，为德性坚固的人物。易言之，即结合宗教道德与宗教之美的人物。此种理想的人物，以心理学的术语表之，即情操与意志充分修练的人物。民族时代的希腊与古典时代的罗马，单养成主智的、文学的、长于辩论修辞的人物，正与此异趣。

（四）基督教教育方法

教育方法则偏于禁欲的、束缚的、训练的方面。盖基督教之人生观本为二元的，轻视俗性的人而尊重神性的人，故视肉体方面为罪恶的而压抑之，特别助长精神方面，自然不能不用克己的禁欲主义、训练主义。但教育之客体，则较希腊、罗马时代更为扩大，不限于自由民，实在无论平民、奴隶、男女老幼乃至外国人，均视为教育之客体。此实由人类平等的观念而来。但教科之范围未免太狭，只课以简单的读、写、算、祈祷与赞美歌而已，体育是完全忽视，盖因基督教最初的教育纯属情操主义，对于知识与体育方面并不置重故也。至于方法上，则多用问答法。

第三章

中世纪前半期的教育

中世纪前半期与后半期的教育性质大异。前半期无论生活上、思想上、社会组织上，均为纯粹的基督教色彩；后半期虽仍不脱基督教的基调，但社会事情上与文化上，渐成近世的色彩，故教育上亦见市民教育、武士教育等特殊分化，故两半期实不可同日语也。

第一节　基督教的教育

中世纪前半期盛行的教育是为基督教徒而设的教育，简称为“基督教教育”，但他方面亦未尝无世俗式的教育出现。本节特将两者分别叙述之。

为基督教徒而设的教育，又可分为家庭教育与学校教育两者，而学校教育之中，又有问答学校、僧庵学校等名称，以下顺序述之。

（一）家庭教育

基督教徒的教育最先在家庭中施之。即授与宗教的知识，或藉父母的模范，或听宗教伟人的事绩，以养敬虔、忠贞之德。为母者视其子女乃由神所赋与于基督者，故以圣母玛利亚保育基督为家庭教育之模范。教科为祈祷、赞美歌及简单的读书、习字、作文等。

（二）问答学校

“Katechumanat”一语，本来是“问答”的意思，即是师生间藉交互的问答以学习关于信仰的学科之制度。此种教育机关之设，最初的目的并不是为儿童教育起见，乃对于异教者准备为基督教徒起见，使其辨认该教的真理，将来要参加遁世的生活。所以，受此种教育的学徒，特称为“Katechuman”，是“洗礼的志愿者”之义。其中又分三级：（1）初级称为“预科生”，（2）中级称为“本科生”，（3）高级称为“候补生”，即特别选出将受洗礼者。此种学校的教授特称为“问答训导者”（Catechizer），将基督教的本义口授。因为此种学校单以宗教生活之准备为目的，不教普通的学术，并且初期的基督教并未设有他种学校，所以信教的父母，若觉自己的家庭中未能充分教读、写、算等科及高尚的学术时，自不得不送其子女入异教的学校。实际上，当时教徒的子弟入异教的学校，习古代学者之书及希腊、罗马语者不少。基督教的人生观虽与希腊、罗马人不同，但并未尝拒绝传统的学术，反搜集此种教化材料，使其与教理同化。但此极非易事，反因而生出纠纷与争斗。

问答学校起于亚历山大利亚，其后盛行于小亚细亚地方，逐渐加授高等的神学科，专以培养传教师为务。亚历山大利亚的问答学校是最著名的。此校最初亦单施洗礼预备的教育，其后因基督教与希腊文化接触，遂不得不施行高等教育，更因觉有使教义成为学理化及养成传教师能引导教徒入教之必要，所以，渐授哲学、几何、天文、文法等高等学术矣。

（三）僧庵学校

僧庵学校是发源于僧庵制度（Monastery System）。此种僧庵实为“宗教家的修道场”，纪元1、2世纪时，见于东方诸国（如埃及与小亚细亚等）间，初时与基督教并无何等关系，单为禁欲主义者之清净的修道场。但至第3世纪时传入基督教徒之间，彼辈往往结庵于山阿、谿间、沙漠等处，励行祈祷、默想、禁欲、苦行等类似半仙的生活，冀得真正的神性的生命。但此种孤独生活场所，其后渐变为僧徒公共修养的机关。第4世纪中叶，巴哥美乌士在埃及尼罗河三角洲之达奔尼岛所建之僧庵，是最著名的，共有修养者1400人。

僧庵制度厥后逐年繁盛，次第扩充及希腊、意大利，西欧诸国，及叙利亚、巴勒斯坦等处。僧庵之目的当然是在基督教的修行。但修行的内容何如？此可归结为以下四项：（1）励行禁欲主义。（2）独身生活，即断绝家庭与一切世俗间的交涉，守纯洁之德，从事于精神修养。（3）超越物质的利害，故入庵者须抛弃一切财产，纯作共产主义的生活。（4）对于尊长，须绝对服从。彼辈日常的职务，大概为宗教文书的搜集与阅读及记录的抄写等。每人在庵中是别居一室，单独卧起，只在食膳、祈祷、会议时始聚集。

僧庵发达以后，始附设“僧庵学校”（Monastic School）。据历史所载，则至9世纪时，各僧庵均设有此种学校矣。最初的目的，只收受预备为僧侣者，施以宗教的教育。但其后兼收俗人，因特称僧侣准备为“正式生”，俗人为“外舍生”。收受之年龄无一定，但8岁以下的儿童不得为“正式生”。修业年限亦无一定，其中有8年至10年者。因为兼收俗人，所以，后来入学者并无贵族、僧侣、庶民等区别矣。

教授大概由先进的僧侣充之，亦有使上级生代教下级生者。教法多用问答，实行记忆本位的教学。教科是因时代而异，普通以读书、写字、唱歌为主，其后加课希腊语、拉丁语等。但欲修高深学术者，则教以文法、修辞、哲学、算术、几何、天文、音乐之七艺。此种自由科，乃指自由人所修之教科言，在希腊末期及罗马时代已有之。

训育上一般是严格式，积极的抑制、禁欲与干涉。对于不守秩序、不勤勉与不注意的生徒，竟认鞭挞为必要的手段。其他更课以监禁、绝食等惩罚。此种僧庵学校最盛期，是自8世纪至10世纪间。

（四）其他的学校

除僧庵学校，当时向有“监督学校”（Cathedral Schools），即是在主教（Bishop）驻在地所设之学校。对于此种学校发达上最有贡献者，乃密塞地方的主教克鲁狄更（Chrodgang）。普通所谓监督学校者，大概为僧庵学校的内舍，为专教“正式生”而分离者，是以宗教家之养成为主要目的。

此外，尚有“村落学校”（Pfarrschule），是设于教会所属各牧师驻在的村落。此种学校是与僧庵学校殊趣，专教一般人民的子弟以读、写、算及基督教之初步，故从某方面言，亦可视为世俗学校。

（五）圣本尼迪克特派的教育

此派的教育内容，当然是属于僧庵教育中之一例，不过因其甚著名，故特述之。圣本尼迪克特派（Benedict School）者是6世纪以后极盛大的教团，施行僧庵式的教育。此派之创设者圣本尼迪克特（St. Benedict）纪元480年生于意大利贵族之家，至548年死。氏自15岁始隐于山，居住多年，励行基督教的修养，至529年出山，在那不勒斯近旁的山中建一寺院，迨此寺院渐著名，僧徒多集，乃定圣本尼迪克特制度及修业的规条，施行僧侣教育。其规条分为三项：（1）凡欲为僧侣者，先试习一年间，不合格者令其还俗，唯留合格者，使对神发誓，终身为僧侣生活。（2）凡愿为僧侣者，须尽纳财产于寺院，终身不娶，服从一切命令规条。（3）凡为僧侣者，须寄宿于寺院。

此种僧侣生活中所执之职务，除礼拜仪式之外，从事于耕作、慈善事业及少年教育等。其后更加入土地的开垦、学术的攻究等。此举大受世间之欢迎，故创办不及一世纪，此派的寺院数竟达二百五十所以上，其范围除意大利外，扩及英、法、比、奥及瑞士等国。

第二节　本期的世俗教育

中世纪虽以宗教的教育为主要色彩，但对于普通人民子弟的世俗教育亦未尝无之。

（一）世俗教育的发达

世俗式的教育在前述之僧庵学校、村落学校中已见其端绪，即僧庵学校中之外校所收之外舍生是有此种教育的色彩，尤以村落学校更富于世俗教育的要素。虽则此种教育仍不脱宗教的基调，但自 8 世纪以后，情形大变。在中世纪之后半期，所谓市民教育或庶民教育等益盛，此亦是庶民阶级既抬头成为必然的需求。而振兴此种教育之首功者，当推查理大帝。

（二）查理大帝与教育

查理大帝（Charles the Great）亦称为查理曼帝（Charlemagne），更或称加尔（Karl）大帝。帝以 742 年生，父为法兰克国王希宾（Hippin）。其为人颇勇敢，及继位为王，以古代罗马帝国之再兴为理想。实现此理想计，一方面讲武，他方面又修文，在文事方面则保持日耳曼民族之旧习，努力于基督教之普及传播。其对于教育之大关心与奖励，正为此故。

大帝既以一方面传播基督教，他方面保持条顿民族习惯为两大志帜，故以兵力征服蛮族之不肯信奉基督教者，其功颇伟。至纪元 800 年圣诞节，列席于罗马会堂之礼拜席上，得教皇之许可，戴西罗马皇帝之冠。自即帝位后，趁军国之多暇，乃倾心于教育事业。一则为本身修养计，一则为日耳曼民族教化计，礼罗世界学者，以身下之，同时揄扬于国中。兹分析大帝在教育之功绩，大略如次：

（1）宫廷学校之开设

当时王族、贵族辈类多不学无术，帝乃礼聘英国高僧阿尔琴（Alciun），使设校于宫中，以教王族、贵族辈，帝自率皇后及三皇子二皇女执弟子礼。学科为文法、修辞、算术、天文、辩证法（论理）、神学等，希腊语与拉丁语同时复活。

（2）教育普及之企图

大帝为谋基督教发达与庶民教化之普及，乃特别奖励僧庵学校、村落学校等之庶民教育，谋读写算等智能学科之普及。

（3）义务教育制之颁布

大帝不特认教育有普及之必要，且认有强迫之必要，故于纪元802年前发令如下："父兄有送其子弟入学校习文学之任务，非俟其学习完成，不得令其辍学。"此令虽未见大施行，但总可认为世界上注意义务教育之嚆矢。大帝在不反对基督教的范围内，同时积极奖励国民的教育，故励行日耳曼语的教学，以期爱国心之养成。因此，对于偏施基督教的教育而不顾及国民教育的学校，则下令封闭。此点可谓卓见，实开后代国家与学校脱离宗教支配之端绪。

（4）学术技艺之保护与奖励

大帝对于一般的学术技艺亦加保护与奖励，不遗余力。例如，搜集罗马之名书、探究上古之遗迹及采取古代教化之精粹等，均其一端。且于亲裁万机之余，躬自勤学，虽饮食间未尝废卷，卒能精通拉丁、希腊诸语，即如文法、修辞、论理，天文、博物诸科，靡不涉猎。

总之，大帝对于教育之伟功是在使教育成为世俗化、普及化一点，尤其在于建设国民的义务教育之基础。

（三）阿尔弗雷德大王与教育

较查理大帝稍后，而在本期教育史上不能忘者，则为英吉利之阿尔弗雷德大王（Alfred the Great），大王以纪元848年生，900年崩。12岁时，本不喜读书，其母课以一诗，谓苟能暗诵无误当赏以一书。自此大王遂热心于诵诗读书，学力大进，卒能将《圣经》之大部分翻译为盎格鲁撒克逊语。

大王在教化上之功绩，大致如下：彼深慨英国当时僧侣之无学，乃聘他国之名僧、学僧等使为大僧正，奖励一般僧侣的学术，开通俗的教育之途，为建设宫廷学校计。自捐其收入之八分一。此外，更将拉丁语的良书翻译为英语，同时奖励僧庵学校，及尽力于历书之编纂等。

大王关于通俗教育上曾言：“英吉利的青年，须教至一般能读国语的程度，其欲跻更高之地位者，又须加习拉丁语”。又其劝学之言有曰：“生而具有自由之人，不可不习悉读书与写字之法”。大王日常的生活是极守规律的，可谓才德兼备之主。施密特（Schmidt）教授评大王之人物有言：“经五十六战而胜之阿尔弗雷德，为立法家，为国王，为贤人，为基督徒，为男子，为夫，为父，同时不愧为大王。”

第四章

中世纪后半期的教育

第一节　教育基调的变动

中世纪之后半期，比于前半期，在社会、思想上有不少的变动。盖因中世纪之后半期乃为近代之过渡期，故表面上虽觉中世纪的色彩仍浓厚，但从辩证法的考察，未尝不觉其间已蕴酿近代的种种萌芽。兹分论本期的主要特色。

（一）社会基调的变动

前半期的社会组织纯以基督教为纽带，并未生出若何变动。但自十一二世纪之神圣战争即十字军发生后，就生出不少的动摇与变化。其变化之一，即是社会的纽带之宗教威权隳弛，宗教的社会组织渐呈崩溃。其理由盖因经十字军的结果，欧洲人的眼光藉与异国的自然及人事之接触而开扩，以前所未周知的风俗、习惯、制度、法律、文物、社会等，至此而大明，于是，恍然大悟基督教的社会不是世上唯一的、真实的社会矣。

其变化之二，则为经济生活之勃兴。盖经十字军之结果，海陆的交通渐开，始知各国各有特殊的产物，生出有无相通之必要，因此，促成交通与贸易之频繁、工业之振兴与经济生活之隆盛，都市亦从而发展。

其变化之三，则封建制度之发达。盖自中世纪之后半期，经过十字军之远征，其有军功者自然受封土以作酬庸，遂使诸侯之势力坐大，拥有兵马与土地之全权矣。在此种封建制之下，君臣之名分益严，家臣式的武士制以盛，所以，教育上亦特有武士教育之出现。

（二）思想界的变动

基于上述社会上、文化上的变动，思想界亦同时起变化。宗教上的信仰，从前只属盲目的迷信，至此则变为合理的、批判的信仰。“经院哲学”一派，正因此种理由而起兴。

宗教的信仰既变，故全体的世界观、人生观亦生动摇。从来视为绝对神圣的、万能的基督教之神，经十字军战争后，已证明并无何等神力表现，至是对于基督教的世界观、人生观不能不抱疑惑矣。此种思想之变调，虽其中有社会的原因存在，但大原因仍由于东方文化之直接输入。所谓东方诸国是指阿拉伯、犹太、希腊等言，其中受犹太、阿拉伯等之数学、天文学、法学，希腊之科学、哲学等影响甚大。

（三）新教育之勃兴

社会事情与文化基调既变动，故新教育亦勃兴。例如，（1）都市中世俗教育的学校之出现，（2）武士教育之出现，（3）大学教育之出现等，均为前半期所无。今依次述之。

第二节　都市的世俗式教育

（一）市民教育的来因

都市的世俗式教育，亦即是市民教育，其发生之原因实由后半期社会之变动，亦即是由于工商式的都市之发达而来。盖自十字军兴以后，都市适当交通贸易之冲，故工商业大见发展。其结果是市民的富量增加，社会上的地位自高，或反抗领主，或捐金而享受特权，渐成独立阶级的资格。现代的资本阶级之抬头，实滥觞于此。

市民生活之特征乃在于工商业的、近代的，此与希腊罗马时代之人本主义相近，而与中世纪前半期之神本主义大异其趣。此种生活集团自然有要求世俗式的教育之趋势，于是市民学校如春笋之勃现。

（二）市民学校之勃兴

市民教育中本可分为二种：（1）为市民中之上流阶级（即工商业经营家）的教育，（2）为手工业团体的子弟教育。盖当时之都市人民，实际上分出此两层阶级。为上流子弟而设之学校，则有（1）拉丁学校（Latin School）、（2）公众学校（Public School）、（3）文法学校（Grammar School）等。为手工业者的子弟而设之学校，则有（1）基尔特学校（Guild School）、（2）德语学校（Deutschschule）等。

拉丁学校是以教拉丁语为主，旁及读法、书法、文法、赞美歌等。此种学校即为现在德国的中等学校之基础，实为德国的特产。1262 年，吕贝克始设此种校；1267 年则布烈斯罗设之；1289 年则汉堡市设之。至于公众学校是起于英国，大体与拉丁学校相同。例如温奢士达、伊东、哈罗、惠斯民士达、腊庇等，均属此种性质之学校，其创设期均在 14 世纪至 16 世纪间。迨 17 世纪新设察特哈乌士校，共成 6 间公众学校。至于文法学校，亦起于英国，比于公众学校更适于近代式的教育，其科目中竟加入法兰西语。

至于为下层市民所设之基尔特学校，以收容艺徒为主，其教科为读、写、算、信札等。

此种学校之教学法概用“谙诵法”，即先由教师将教科书之字句反复朗诵，使学生记忆之或笔记之，其后再加以分解及说明。此盖因书籍稀罕且极价昂，各学生不能尽有，故用此种方法。

训育上一般是严格的，以体罚为常事，学生视学校为苦人之具。但遇庆节，则或演剧，或作种种游戏，以尽一日之欢。学费是由各生自备，但有些学校对于贫苦学生亦有补助衣食费者。教师多由僧侣充当，与宗教学校相同。亦有大学生为家贫起见，充当此种学校教师以得学费者。盖当时之教育权仍握于僧侣之手，故市民与僧侣的教师间常生轧轹。

第三节　武士教育

（一）武士教育的来因

武士教育实为欧洲中世纪之一种教育。其来因有二：（1）因封建制度发达而生武士制，为谋“武士道”之保存及发展起见，自不得不采用此种特殊教育。在封建制度之下，君主与武士之关系是异常密接，故武士教育之主旨在于养成主从的道德。（2）武士阶级既兴，当时纯粹宗教式的教育不适于此种新社会的要求，故不能不采用新教育。盖当时教育之特色，乃在神本的、出世的、信仰本位的、无差别无阶级的、自然与日耳曼之民族性，社会组织及现世主义等不兼容，所以，不能不采用特种教育。不过，武士教育毕竟非完全反对基督教主义及中世纪的一般倾向，只是从中加入日耳曼民族的特性，使两者结合融和耳。

武士（Knight）之名，本由骑马出战而来，故亦译为“骑士”。中世纪的骑士制之起源，实在查理大帝御宇之后。本来，骑士之名已见于罗马时代，但罗马的骑士是指地主言，与中世纪之骑士名同而实异。

（二）武士教育之理想

武士教育之最盛期是在 12 世纪。其时之武士教育理想在养成高尚勇敢之人格，对于神与君主及贵妇人等尽武士应有的本分。此理想之中，实包含以下二种要素：（1）对于神的方面，是含有宗教的出世的色彩，（2）对于君主及贵妇人方面，则含有牺牲性命等入世的现实的色彩。前者是于基督教的信仰而来；后者则为日耳曼民族特性之暴露。

（三）武士教育之实际

关于武士教育之实施，可分三期述之。

第一期，是自初生以至七八岁间，此为“家庭教育期”。此期专由母亲注意于宗教道德的陶冶及身体的养护方面。德目是在顺从、郑重、尊敬等。

第二期，是自七八岁至十四五岁间，此为“宫廷教育期”。本期教育以礼仪作法之修习为主。即是入君主的宫廷或随高尚的宗教家，朝夕奉事主人与主妇，其间学习言语、作法、将棋、作诗、音乐等，或出城外修习竞技、角力、马术等。总之，所习者不外是事人之道（即信义与礼让）及其技术。

第三期，是由十四五岁至 21 岁，此为“扈从时期”，故特称为“武士之从者”（Squire）。其教育之内容，则为奉侍妇人、学将棋、偕主人散步、与主人共猎、纵鹰、切肉、携葡萄酒等；或为主人敷床，或替主人更衣；卧于主人之侧。总之，所学者不外奉事主人之礼。他方面更习骑马、游戏、射术、击剑、游猎、将棋、作诗等，即所谓武士之“七技”。至 21 岁时，则在庄重仪式之下执行宣誓，始许正式加入武士之列。其誓词有六款：（1）守武士的信条，（2）去邪，（3）尊敬妇人，（4）保护基督教，（5）惩恶，（6）扶弱。

（四）女子教育

以上是指武士阶级中的男子教育言。此外为武士预备良妻计，所以，对于武士阶级的女子教育亦有相当注意。教育之场所是以城内为限。教育内容，除纺织、编物、裁缝等外，课以音乐、会话、舞蹈、读书、习字，乃至祈祷、赞美歌、礼仪作法等。其中能通“七艺”者极少，总之男女的学问素养多属浅薄。

最后，武士社会中，有所谓“恋爱教育”者，无论男女间均有之。男子的恋爱教育是在第三期之末行之，即是择定一个妇人（普进是较自己年长者），从而学习恋爱之道，或作恋歌，或赠情书，固不问与该妇结婚与否，均须事之终身。

关于女子的恋爱教育，则读恋爱诗，且与男子交际，以体察恋爱之道。

（五）武士教育的变迁

武士教育之盛时，具有英雄本色及浪漫的风致。迨 12 世纪后，则渐衰颓，流为形色的，失却勇壮、活泼及英雄之气概。所以，骑马、投枪、击剑等练习只属皮毛，偏重社交术，冀博妇人之欢心。武士之盛唱恋歌，乃属 12 世纪以后的风气。

第四节　大学教育

（一）大学教育的勃兴

在中世纪后半期的教育史上，更有一可注意之点，是为大学教育之发达。普通的人以为学校教育发达之途序，必先从初等教育始，次及中等教育，最后乃及于大学教育。殊不知事实适得其反。西洋的大学教育是最先发达的，其次及于初等、中等教育。即中国亦然。此种现象之原因，一由经济事情而来，二由于政治的、社会的关系而来。

从经济上言，一般民众因困于财政，故初等与中等教育发达甚难。然而，需要大学教育之上流阶级因饶于财力，故易实现。从社会上及政治上言，一般民众因为无参与立法行政之权，所以虽属无学文盲，亦可以苟安。然而，上流社会因为要在政治上活动，所以不能不习学艺，又因居于社会之上风，不能不有人格之装饰品的教养。既有此种关系，所以大学教育最先发达。

（二）中世纪大学的由来

照前编所述，欧洲的古代已有大学的组织，例如，雅典的大学及亚历山大利亚的大学是也。但中世纪的大学，既不是古代大学的后身，亦不是接续古代的来脉。中世纪的各大学，乃由以前既存的高等学术研究所或僧庵的组织等扩充而来。此种大学多与王侯、寺院、教皇等有深密的关系，在其管辖之下而发达的。

中世纪大学设立的运动，最先起于西班牙。此因西班牙当时为阿拉伯人（即回教教徒）的势力范围，而阿拉伯对于学术研究极有兴味，故到处设立学校。例如，彼等在 11 世纪时，所设巴格达（Bagdad）、巴比伦（Babylon）、亚历山大（Alexander）、科尔多瓦（Cordova）等学校均是。此种学校是属低级的单科大学（专门学校）程度，与今日之学院（College）相当。此种学校所授之学科，则为算术、几何、三角、物理、天文、生物、医学、论理学、哲学、法律等。此种学校虽与下述之意大利、法兰西等的大学无直接的联络，但总可认为中世纪之一种最古的大学。

（三）中世纪著名的大学

中世纪之所谓大学中，其最古者，当推意大利之萨莱诺大学（Salerno University）。此大学最初仅为医学校，乃犹太人所设，故一向以医学著名。其后加入哲学与法律二科，至 1231 年，始经政府正式公认为大学。其后继设者，则为意大利之博洛尼亚大学（Bologna University），其前身为法学校，至 1158 年，腓特烈一世时始授以大学之特权，其后增设哲学、神学、医学三科，不过神学、医学两种不甚发达，只以法科著名。最盛时，学生有12000人。意大利除此两大学之外，尚有帕多瓦大学（Padova University）与那不勒斯大学（Naples University）等，前者由博洛尼亚大学分出，后者由萨莱诺大学分出。

法国之巴黎（Paris）大学是中世纪之最著名的大学。此大学本由监督学校发达而来，至1180年既经路易七世之公认，其后至1198年，复得罗马教皇之公认。此大学以神学为最著名，文科是早有的，其后加入医学与法科，完成为综合大学，以迄于今。到12世纪时，英国的牛津大学（Oxford）始设；13世纪时，则剑桥（Cambridge）大学始设，二校均仿巴黎大学而设者。至14世纪时，则德国之布拉格（Plag）大学始设，继之者则有威因（Wein）、海德堡（Heidelberg）、科隆（Köln）、埃尔富特（Erfurt）等大学。其他若法国之奥尔良（Orléans）、卡奥尔（Cahors）二大学，瑞典之隆德（Lund）、乌普萨拉（Upsala）二大学，挪威之克利斯坦尼亚（Christiania）大学，丹麦之哥本哈根（Copenhagen）大学等，亦均属14世纪之产物。至15世纪，则德国维尔茨堡（Würzburg）、莱比锡（Leipzig）、罗斯托克（Rostock）诸大学，次第设立，于是各国竞设，而大学教育日臻于隆盛。

（四）大学的组织

中世纪大学的组织是一种“集团”制，试观拉丁语之Universitas，即为团体之义，即指学生与教授之集团而言。最初不过为私人间一种结合，为学术研究之自由团体，未必与教会或政府有何关系，但其后渐成正式教育机关，始受教会与王侯之认可及保护。因此，中世纪既成形之大学，以综合的组织为其本体，多数分文科、神学科、法科、医科四者。但文科最初仅为神、法、医三者之预备而设，以“七艺”之教授为主，是预科性质耳。然则中世纪的大学可认为神、法、医之“三学院制”。此外，又有另加入“数学部”者，但实际上每一大学只以一科为特别著名。例如，萨莱诺之医科、博洛尼亚之法科、巴黎大学之神学等均是。而神学科尤为当时所重，以其为宗教家之养成上所需也。

大学所分科目，在法科则有民法、寺院法等，医科则翻译希腊、罗马、沙拉仙人、犹太人、萨莱诺人等的医学书，神科则读《神学大全》等著作。当时的学风是墨守旧章，并非从经验的事实上探究根本的真理，学生之学习法亦以书籍之摹写、讲义之笔记等为主。欧洲现在的大学与专门学校，学生将讲义笔记时写字仍极端整，实受此时代的影响。但后来则加入讨论式的教学。

当时大学的学位，共分为四种：（1）最低级的学位称为 Bacralaurlus，是入学约二年而得者。（2）第二级为 Licentia，此得第一级学位后再经一年的研究而得者。（3）第三级则为 Magister。（4）第四级则为 Doctor，此普通是得第二级学位后再经三年而得者。

至于当时大学职员的划分，计有四级，有普通的教授，有分科大学长，其上则有总长，最高则有监督。学长是由教授互选而来；总长是由分科大学会选举中选出，但其后则仅由各分科学长轮流充之；监督是由教皇任命者。大学是有自由的特权，故学生犯规时，大学得自己裁判而处罚。

第五节　各种教团的教育

（一）中世纪后半期的宗教团体

中世纪是宗教的教育最盛之期，即教育之发达，亦多藉宗教家之手。但在中世纪之前半期，宗教团体中以圣本尼迪克特派为最有力，不过此派往往择一定的场所建设僧庵学校，故未能使教育在空间上推广范围。然而，至中世纪后半期，则有遍历诸国，使教育在空间上推广的宗教团体出现。此种团体，世间特称之为“托钵僧”，例如，下节所述之方济各会及多明我会均是。此种托钵僧团体，其遍历诸国，谋宗教与教育之扩张，其动机果何在乎？曰，是在于基督教及其教育势力之挽回。照前所述，中世纪之后半期宗教之威权已渐隳弛，其教育亦渐衰退，而市民教育与大学教育等世俗式教育次第抬头。故此种团体起而挽救，其内容是在宗教之拥护，其方式则变僧庵学校之固静的而为周流的。

（二）方济各会与其教育

方济各会（Franciscans）是由意大利高僧圣方济各（St. Francis of Assisi）于 1209 年所创的，是当时托钵僧的团体之一。此教团至 1212 年始经公认。此团的教徒，既无家庭与财产，亦无一定之住所，只藉托钵以游行世界，安于贫困，养成谦逊之德、真心事神。其职务一在宣传基督教，一在致力于幼者与贫儿教育。

（三）多明我会与其教育

此派教团由圣多明我（St. Dominic，1170 ～ 1221）所创，至 1217 年经教皇公认之又一种托钵僧团体。此派与前派之从事于贫民救济及少年教育者不同，是专致力于中流以上阶级的高等教育。意大利之博洛尼亚大学、法国之巴黎大学、英国之牛津大学等，皆此派之根据地。因专从高等教育上活动，故其中多著名的学者。此外，则努力于科学的研究，供给大学及其他高等学校以教官，在市府中倡设僧庵学校，编纂教科书及教学法书等，其裨益于教育界不少。

（四）共同生活的同胞团体

共同生活的同胞团体（Brethren of the Common Life）者，是由热心的宗教家聚居于一家，或经营共同生活，互相告诫，研究神学，在僧院的规定之下修业，欲成优尚的基督徒之一教团也。此派最初之组织者格鲁特（Gerhard Groot）以 1340 年生，是荷兰德文达（Deventer）一富豪之子，以 1384 年死。此派在 1384 年开始建设之校，名为“共同生活之宅”（Hieronymians），分设 45 家，迨文艺复兴运动由意大利输入荷兰时，增至 3 倍之数，且加入人文学科。各国的希腊语、拉丁语、希伯来语等教师，多由此派供给之。文艺复兴时代的著名教育家如伊拉斯谟（Erasmus）等，则为此派之高足弟子，而斯图谟（Sturm）等则为其伟大教师。

此团体与托钵僧团体之差异点是在，除绝对必要之外，不许向公家托钵，只从事于作业与劳动，实行自给自足的生活。其修业之内容，即以祈祷、宗教研究及作业三者为主。作业者包括手艺、造园、耕耘、渔猎、书写等，其目的在于经费之筹集。

此派的团员当时所抄写之书本，现在尚有存于各国公私图书馆者，成为极珍重之遗物。又此派的运动逐渐扩及于女子方面，故有女子同胞团体之设。

总之，此派将教育与劳动结合，且为生活全体的训练，从现代的见地上言，可认为作业教育、生活教育、行动教育等之源泉。

第五章

经院哲学及犹太与阿拉伯文化

本编第三、第四两章，已将中世纪一般的教育尽述。此章所讨论者，只是经院哲学及犹太的阿拉伯文化与中世纪教育之关系问题。盖此三者的关系甚密切。

第一节 中世纪教育与经院哲学的关系

（一）经院哲学的真相

经院哲学（Scholasticism）者，是起于10世纪直至中世纪之末叶极流行的一种哲学。其特征是在藉希腊哲学，尤其是亚里士多德的哲学，以说明基督教的教理，即是欲从理论上证明基督教的独断。要不外是欲调和基督教与希腊哲学间，或信仰与理性之间，树立一种合理的神学。质言之，可认为继“教父哲学”之后，成为基督教中之第二种奴隶哲学。

然而，中世纪毕竟何以特需要此种哲学？此中理由有三：（1）因日耳曼民族特有的性质表现。此种特有的性质，照前所述，是现世主义与自由主义。但基督教是出世主义的、彼岸主义的，是两者之间本不相投，其最初之皈依基督教实在是出于盲从。且日耳曼人本为自由精神极盛旺的民族，因此，对于基督教的独断决不能保持绝对的信仰。其结果是为自由精神所驱遣，不得不构成合理的信仰，此经院哲学之所由生也。（2）因受希腊哲学的影响。希腊哲学具有深远的理论，其世界观及人生观亦成伟大的体系。日耳曼人与此接触，自合脾胃，于是欲将此种哲学与基督教调和，而得合理的信仰，此为经院哲学第二种起因。（3）因基督教的理论浅薄，且富于独断性，不餍当时的人心之故。原来基督教最初本为极简单的宗教，只经各使徒等次第使其理论化，至第 9 第 10 两世纪间，竟有所谓“教父哲学”出现矣。然而此种理论依然不餍人心，盖因现世与彼岸、自然与神、肉体与精神、牺牲与幸福相反的概念，到底不是基督教本身及其奴隶的教父哲学所能解释净尽。其结果是引起经院哲学者的异想，欲援深远的希腊哲学，使基督教义成为理论化矣。此派的学者，如安瑟伦（Anselm）、埃里金纳（Erigena）、阿伯拉尔（Abelard）等，是皆以神学家而兼哲学家的资格，由是出世。

经院哲学的内容兹无详细叙述的必要，只引上述诸学者之言论，以窥其内容之一斑。埃里金纳曰：“真的宗教，即为真的哲学；真的哲学，亦即为真的宗教。两者的差异点只在哲学以考究为主，宗教以信仰为主。”此是认哲学与宗教同一的。安瑟伦则证明神之存在曰：“凡物皆有原因，溯其原因，则达于唯一的最高原因，此最高原因即是神”；又曰：“神是绝对完全的、美满的，所以不能不承认神之存在。”观此，便可见经院哲学之独断处。

（二）经院哲学与中世纪教育

此派哲学对于中世纪的教育，生出下述的三种影响：（1）既使基督教成为合理化，遂亦使教育成为合理化，从而在理性的陶冶上大有影响。但从反面言之，此派又因扩大怀疑的精神与批判的精神，有损于基督教特长的情操陶冶，使教育流为形式的。（2）对于大学之勃兴亦有重大影响。因为此种哲学成为当时学术研究上之中心问题，引起许多讲学团体与会合，与大学之创办（尤其以神学科为然）有关。（3）此种哲学又成为高等教育上的教科，对于近世科学的陶冶之勃兴有重大影响。

第二节　中世纪教育与犹太文化的关系

（一）中世纪教育的要素

若将中世纪的教育解剖，则见其是由基督教与希腊、罗马文化之二要素构成。日耳曼民族是采集此二要素，以自己固有的民族性为纽带而捆之，始成为以上历述之种种教育形态。但异国的文化亦有影响，尤其东方诸国如犹太、阿拉伯的文化影响最大。盖东方诸国与欧洲最接近，尤以十字军战争，犹太、阿拉伯等与西欧诸国交通频繁，故其文化亦直接输入西欧。

（二）犹太的教育特色

犹太既为一种族之名（The Jews），亦为一国之名（Judaca），乃希伯来族之一种。其国早奉“一神教”，视自己的种人为受上帝之特别眷顾。最初是以家庭为唯一之教育场所，父母视子女为神国之一成员，故对于男子则施以严格之宗教训练，随父讲诵圣经；对于女子则由母亲教以纺织、染色、割烹诸种家政。除家庭教育外，则有“预言者学校”，专以传授神学的教化及宗教仪式为主，但入此种学校的人甚少，且程度甚低。其后法律上编成摩西（Moses）的“经典”（*Joshua*，即《旧约》中之前五卷，世称“摩西之五经”），成为新制度的基础，于是预言者的地位遂由“经典学者”（Sopherin）起而代之。经典学者与各教会联络，专以“法律”之保存、解释、教授等为事，于是又有“教会学校”（Synagogue）出现，对于犹太之宗教、道德、文化等大有贡献。教会的“领袖”（Sabbi）将经典之释文集成“经传”（*Talmud*），斯又为犹太人的生活、学问、教学上的威权。其教学法之特色是在专凭记忆，师生间不带教科书，而用“对话法”行之。此种记忆的教育，兼重视觉上、听觉上、筋肉上的记忆，故对于课须为不断的暗诵与反复，教师更用种种方法唤起学生之兴味与注意。此种记忆的教学法，后由亚历山大利亚的犹太学校输入于基督教的问答学校，再传于中世纪及近代的学校。

（三）犹太文化与中世纪教育的关系

犹太的文化中为吾人所应注意者是在宗教与学艺两方面。以言其宗教，则专奉唯一之保护神名耶和华（Jehovah or Yahweh），是为“一神教”之典型。此神之代表者即为国王，故国王是奉承神之意旨，以施行政治及教育。基督教是从犹太教所出之一新宗教，实可证明其本来的一神主义。就此点言，中世纪的教育是与犹太文化有间接的关系。以言犹太之学艺，则凡数学、天文学、法律学等，均于中世纪的西洋教育有重大影响。盖犹太人在亡国之后，散在于各地，到处建设学校、教育子弟、从事于著述，故其学艺广播于欧洲。且彼辈更翻译希腊与阿拉伯之学艺，自为教师，与犹太的文化一并宣传于各国。

第三节　中世纪教育与阿拉伯文化的关系

（一）阿拉伯国势发展的过程

阿拉伯（Arabia）位于亚洲之极西，为世界最大之半岛，占小亚细亚之重要位置。其民族犷悍，在其国祖穆罕默德（Mohammad）降世以前，该国的教育、政治与科学等事迹，实无从考知，可称为浑沌期。但自穆氏降世以后，次第发达，其最盛期是在第七、八世纪。回教始祖的穆氏，生于纪元571年，卒于632年，不特在世界史上占重要位置，且在教育史上亦有相当位置。因彼既为阿拉伯之教主，同时在政治上、教育上、科学活动上均有关系。其在宗教上能使人信仰者，理由极简单，盖彼尝言：“除唯一神之‘天帝’（Allāah）以外，无有他神，而穆罕默德即为天帝之代表者。”彼之宣传宗教，积极实施其扩张手段，遇不得已时仗剑而战，实为最神圣之义务。凡为信仰而牺牲者，一达彼岸，则享受快乐生活，若乃信心不坚，将来难免受严酷的责罚。原来阿拉伯人具有勇敢不挠之气质，加以此种信念之灌输，其力益强大。故彼辈奉此教育而奋斗，卒至绵亘亚、非、欧三大陆，使广大的上地归其势力之支配下。

（二）阿拉伯文化的贡献

阿拉伯的文化中为吾人所应注意者是在回教及其学术。以言其宗教，此实由折衷基督教与犹太教而成之一神教，认天帝为其最高的、绝对的圆满之神，而穆氏为唯一之预言者，圣经《可兰》（*Koran*）经为唯一之教典。《可兰》经实为阿拉伯人学术上与生活上之源泉，盖为此经之注释与研究计，自然令神学、法律学、言语学及文法等发达。然则阿拉伯学术发达之来源，亦可认为是自宗教的动机启之。

关于学艺方面，著名者则有数学、天文学、哲学、物理、化学、医学、法律学等。阿拉伯在各地建设学校，以教此等学科。其学校之有名者，即为巴格达、科尔多瓦等大学，当时欧洲各地负笈往学者不少。科尔多瓦大学为欧洲中世纪最古之大学，在前章已述之矣。

尤有一事堪注意者，则犹太人在欧洲教育界之努力，实由阿拉伯人促成之。盖自回教经非洲而入欧洲时，在西班牙一带占得学术上之重要地位，尤以科尔多瓦大学为当时技术、文学、科学之中心。犹太人受此种刺激，故渐倾心于欧洲方面，多在科尔多瓦大学修习哲学与其他诸种科学。结果是进步的犹太人，值欧洲基督教国人民未甚开化之际，已将希腊及阿拉伯的哲学翻译，充当哲学及其他科学的教师，故对于欧洲文化之进步裨益良非浅鲜。

第六章

中世纪的教育家

中世纪的教育家，大多数可认为宗教家或神学者，殆无一人可认为正式的教育学者。因此，彼辈只就种种宗教观或神学说上间接述其教育意见而已。兹顺序以述其主要的人物。

（一）克莱门

克莱门（Titus Fravius Clemens）者，雅典人，以 150 年生，215 年死，是教父时代之著名的神学者。时潘泰洛斯（Pantaenus）创设问答学校（Catechism）于亚历山大利亚城，氏从之学，后继其任。关于神学上、教育学上，氏有以下之言论："犹太之教律及希腊之哲学等，皆为世界进步之一阶段，只是到达基督教之准备。"又言："人类是神所创造使其肖己者，故彼等无论陷于任何罪恶，亦能据正义与爱的教育而救之。"又言："教育者，是使人体认神之正义与爱。"

（二）阿达曼蒂斯

阿达曼蒂斯（Origeines Adamantius）者，亚历山大利亚人，生卒年月不甚确，大约生于纪元 185 年，卒于 254 年间。少习希腊语、数学、文法、修辞、论理、神学等，稍长，入问答学校，受克氏之教，氏卒，继任为教会监督，且热心从事于教育。其后受德西乌斯（Decius）帝之迫害，被捕，以身殉道。其教育意见如下：（1）教育目的在使人为神的人。(2)教师自己不能实行者，不可以之教人。(3)教师须使学生自己观察考究。(4)教师既授学生以智，同时须矫正恶习。

(三)克里索斯托

克里索斯托(John Chrysostoms)者，以纪元347年生于叙利亚(Syria)之安提克(Antiochia)，至407年死。早年入山研究《圣经》，业成，于381年出为安蒂奥克教会之执事，并从事于教育。后为君士坦丁教会之大监督。其教育要旨有言："基督以神之子，为谋人类之向上而下降人世。故世之为师者，欲谋学生之向上，亦不可不厕身于学生之地位。""基督对于教徒未尝明示一切，只暗示真理，使教徒自行发现。故为师者亦当效之，凡学者之所能为，无取乎教师之代庖。"

总之，氏是主张以基督为模范，效基督教的教义以教儿，并且承认母亲是最良之教师，故重家庭教育。

(四)奥古斯丁

奥古斯丁(Aurelius Augustinus)者，以纪元354年生于非洲迦太基(Carthago)国之村落那美德，至430年殁。少时，性粗暴，放荡不羁，其母忧之。虽曾研究希腊、罗马的学术，但不得满意，卒为基督教之信徒。其后回非洲，被推为希波(Hippo)之监督，建罗马加的力派(Roman Catholic)教会。著有《忏悔录》。

氏之教育理想在使人与神结合，达到真正之和平与幸福。故曰："人而无神，是最可哀；盖无精神的肉体谓之死尸，无精神的人谓之死人。"故其教育意见是主张用新旧两《圣经》，以涵养宗教精神，且以希腊语、希伯来语等为手段。教科上则承认读、写、算、历史、博物等，均为《圣经》之理解上所必需。但反对修辞学一科，谓其教人以诡辩，有流于恶德之虞。至于哲学，单取其合于基督教义者，其他则均排斥。

在教学方法上，则主张以下诸点：（1）引起学生的兴味；（2）教学上须具有活气。在训育上，则主张：（1）人性本是恶的，唯灌输以基督的精神始能改善；（2）须避免名誉心之刺激，使儿童谦逊；（3）威吓与体罚均有害，故不可用。

（五）阿尔琴

阿尔琴（Alciun）者，英国之高僧，以纪元735年生于约克（York），至804年死。受查理大帝之知遇，襄助其教育事理，已如前述。少时习拉丁语、希腊语、希伯来语，且长于神学与数学。其在教育上之功绩，可略举如下：（1）兴办宫廷学校，（2）组织学者团体，（3）在圣马丁建设著名的学校，（4）编纂文法、修辞、论理学（即所谓三艺）等教授书。

其教育理想是在于“得睿智以发扬道德”，而其方法则在循一定之阶段以得睿智。至于教科，则用文法、修辞、论理学、算术、几何、音乐、天文等。哲学则认为积有上述的修养后，是属学科中之最高者。

（六）毛路斯

毛路斯（Robanus Maurus）者，以纪元776年生于德国之美因兹（Mainz），至856年死。少受僧庵学校的教育，师事阿尔琴，大获信任。后回德国，818年被推为富尔达（Fulda）之僧庵学校校长，声名鹊起。至847年，被推为美因兹之大监督，大致力于教育的改革。

氏之教育目的在养成高尚的基督教，其手段在于理解《圣经》之真义。其言曰：“睿智之本源、内容与其完成，皆在于此中（即指《圣经》言），以其出于至高万能者之口也。”为了解《圣经》之预备计，氏则主张授以七艺。故又曰：“文法者，七艺之基础，所以习正确的语法及缀法者，修辞为语法之巧妙使用者；论理则为学艺之王，所以陶冶理性，获得确实知识；算术使人能从根本上了解《圣经》；几何学使人得到自然现象上的正确观念；音乐所以养高尚的心情；天文学为研究历数的知识上所不可缺者。”

氏更规定，僧侣中之可为教师者应具以下诸种资格：(1)精通七艺，(2)熟悉《圣经》的知识、历史的事实、传统的语法、神秘的符牒等，(3)讲演优美、趣味丰富，能举出明快的定义，(4)能鉴别药品，熟悉疾药的种类。又谓，教学上应注意儿童之能力程度，立在自己活动的地位教学。

(七)维克托

维克托(Hugo de Sient Victor)者，法国之神学者兼教育思想家，以纪元1096年生，至1141年死。1115年，入巴黎近郊之僧庵，一面管理学校，一面从事研究。

其教育理想中最堪注意者，是关于学习要件之说。氏言：“学习之要件有三：即天性、修养、训育是也。天性是指具有善良的自然性言，即是关于知得力与记忆力上，具有优秀的禀赋。修养是使天性发达上之学习要件。知得力是藉讲读与考察上锻炼之；记忆力是从既得的知识之把持上练习。训育当从谦让始，故须使学习者无论对于任何书籍与任何人均不可轻视，又不可夸自己之多智而笑他人之愚。”至于德性上则重质朴与着实，研究上则重直觉等，均有注意之价值。

第七章

中世纪教育的总评

吾人总评欧洲中世纪的教育，可归结为以下五大特质：

（一）为宗教色彩最浓厚的教育

虽则其中未尝无世俗式的教育，及与封建时代相称的武士教育，但此等教育中均仍不脱宗教臭味。故维尔曼（Wilmann）教授言：“中世纪教育是要完全达到基督式的教育。”而此种倾向又以中世纪之前半期为特强。此种宗教本位的教育，是与希腊之审美的教育、罗马之实际的教育均异趣。

（二）为精神集中的、情操本位的教育

精神集中主义是与希腊、罗马时代精神之多方面陶冶主义正相反对。其精神集中之焦点，即在于“神”之一概念，此属于理想主义、未来主义的。既以至高无上之神为信仰之心核，自然是情操的。所以，中世纪之教育，凡对于智的陶冶、身体的陶冶方面，或认为有碍于精神之集中，或认为无关轻重而忽视之。只以对于神之“爱”、“信”、“望”三者为修养目标，以度过谦逊、安静、默念、贫困的生活。

（三）主观主义、人道主义的倾向极强（武士教育是例外）

上古的希腊、罗马是国家主义的、客观主义的，故特重公民训练与军事教育。但基督教则绝对不从此方面鼓吹。主张个人须洞彻自己的主观，从此发现神性，在神之下，是无贵贱、贫富、男女、国籍等之分，只求完成人之所以为人者。教育上既从此种主观主义、人道主义出发，自然唾弃爱国主义的教育或军事教育不顾。虽则希腊之民族时代及罗马之后半期亦属个人主义盛行时代，但希腊、罗马后半期的个人主义，其内容是为经验的、主智的、文学的，而中世纪基督教社会的个人主义，则为超经验的、主情的、宗教的，两者实不可同日而语。

（四）为极端受教权支配的

此点与希腊、罗马之自由的教育不同。中世纪的教育受基督教的教义束缚，凡认为与神之意志相抵触的学术或书籍，殆不许存在，研究上则不许自由研究。教学法与训育法上亦均为威权的，只注重记忆、暗诵与顺受而已。

（五）为教师均属宗教家，教育权能悉司于僧侣之手

此点亦与希腊、罗马大异。从师资上言，则斯巴达是“以吏为师”，雅典是以国家或“贤人”为师，罗马则使“学者”掌握教育实权。独有中世纪，则教权悉由教会与僧侣坚持之，不许一毫自由。再就教育之场所与机关言，则在寺院或僧庵学校行之，即大学亦须经教皇认可，此可见教会有支配政治的权能，故僧侣等为所欲为。

以上五者，是中世纪教育与希腊、罗马时代相差异之点。但希腊、罗马时代之前半期的教育亦有与中世纪时相类似处，兹再分为以下三点述之。

（一）两者均重视道德的陶冶。不过在基督教之所谓道德，其内容是指服从、禁欲、博爱、节操等言；至于希腊、罗马时之所谓道德，乃指健康、勇气、正义、睿智等言。前者可认为出世的、消极的

道德；后者可认为现世的、积极的道德，此其所异也。

（二）两者的教育理想，均在于社会上一方面的人材之养成。此点本来无论何等教育，均有必至之势。但中世纪的教育是在养成“基督教社会”的一员，而希腊、罗马之前半期的教育是在养成“国家社会”的一员。此两者之内容虽非同一，而其仅养成社会一方面的人材则同一。

（三）两者在高等教育上，均视“七艺”为重要的教科。关于此点，在希腊、罗马时代，仅以后半期为限，而前半期则否。

现在总评中世纪教育的长短，其长处是在于宗教的陶冶之注重，及励行一切平等的人道主义教育。至其短处，则可分为诸点：（1）陶冶之观念太偏狭（非属多方面的）；（2）流于出世主义、未来主义；（3）教育不适于儿童天性，未免干燥无味；（4）偏于成人本位的、天国生活准备的教育；（4）流于教权主义的，与自由主义相背驰；（6）教育理论之缺乏。

第三编　近世的教育

第一章

总　论

（一）近世教育史的划分法

所谓近世史，普通是指纪元 1454 年，即 15 世纪后半东罗马帝国灭亡以后而言。但关于时期的划分，则有两种异说。第一说是将广义的近代分为二期，以 16、17、18 三世纪特称为近古，而 19 世纪则特称为近世。第二说是以 16 至 18 世纪为近世，而 19 世纪则特称为晚近，20 世纪则称为现代。余以为第一说不甚妥当，因为“近古”二字极易混淆观听，不如第二说之区分近世、晚近、现代三期，尚觉名实相符。今采第二说，所以本编称为近世的教育，是专叙述 15 世纪后半以至 18 世纪的教育。此中是包括文艺复兴期的教育、宗教改革期的教育、启蒙时代的教育三者在内。所谓近世者，其年限约三百余年，若区分各世纪的特色，则文艺复兴时代是自 15 世纪后半至 16 世纪初叶，宗教改革时代大体是属于 16 世纪，启蒙时代则属于 17、18 两世纪。自启蒙运动发生后，理性主义的世界观、人生观因而抬头，文化的基调一变，其结果是教育界产出唯实主义、幸福主义、个人主义的倾向。总而言之，17、18 两世纪的教育，可认为实利主义时代的教育。

（二）近世社会之思想上、生活上的特征

近世的社会、思想、生活上，比于中世纪有种种异趣，兹析其要点述之。

（甲）近世思想上的特征

（1）由神本的思想变为人本的思想

“人本的”（Humanistic）思想云者，是指生活上、文化上乃至教育上均以人性为指导原理，事事务求适合人类的需要与兴趣而言。此与中世纪之神本主义，即凡事以宗教为指导原理、以天国的生活为理想者异趣。试观近世之“人文主义”一称为“人本主义”便可知，此实由“人性之发现”而来。

（2）由出世的思想变为现世的思想

“现世的”云者，是指形而下的世界、眼前所见的世界而言，与中世纪所假想之天国的世界、未来的世界大异。中世纪是视现实的世界为无价值的、恶浊的，其目的地之天国始有价值。故前者只认为一种手段，后者始认为目的。

（3）由教权束缚的思想变为自由考究的思想

中世纪的思想是受教权与传统所拘束。一入近世，则人类之行动诉于个己之理性与自由意志。固无论想象与思维等，渐渐不受超自然之神所束缚。此点对于科学艺术之发现、新大陆之发现、物质与机械之创造上，大有贡献。

（4）对于自然的、物质的、感觉的方面渐渐重视

此种倾向是由现世主义与自由意志而来，正与中世纪之偏重理想、轻视自然、视物质为卑下等思想相反，此种倾向至十七八世纪为尤显著，教育上之唯实主义、实利主义等即为此种思想之表现。

（5）关于世界的意识逐渐扩大

自十字军兴后，欧洲人已认识东方诸国之存在，再俟哥伦布发现美洲大陆后眼界更扩，于是国家意识与世界观、人生观等均为之一变。

以上是近世思想上之主要特征，均属与中世纪相反的。

（乙）近世社会上的特征

在此方面应注意者，是宗教的社会组织渐崩驰，世俗的社会组织渐巩固。盖中世纪欧洲社会是以基督教义为其组织原理，而教皇与教会为其统一者。虽有封建的王侯，亦受制于教皇，政治上被其干涉。但自中世纪之末叶以迄近世，则因僧侣之堕落，而教会之威权陵替，反之，人类本位的思想与人格的自觉从新抬头，恢复希腊、罗马之旧观，于是宗教势力不复成为维系社会之纽带。从此，王侯中心的政治组织、国家本位的社会组织逐日巩固。尤堪注意者，自古代以迄中世纪间的社会阶级至此亦渐渐崩坏，即昔日之贵族、平民、奴隶等“社会层”次第消灭，而新兴之工商业者阶级已露萌芽，虽则资本主义的经济组织直至19世纪以后始盛。

但是，十七八世纪的欧洲虽觉宗教的社会崩坏，世俗的社会乃至国家取而代之，不过宗教的力量仍有一部分留存，所以宗教的教育仍见相当盛行。

（丙）近世生活上的特征

基于思想上、社会上之变动，欧洲人实际生活不能不改观，于是活现种种新生活形态。此种新生活，可析为以下三特色：

（1）为物质的、自然的生活

近世的生活，是由神本而归于人本，解除宗教上的禁欲主义，向自然的、肉体的、物质的方面进展。试观改革宗教之路德，其本身虽为僧侣，而鼓吹肉食娶妻，则其他可知。且人文主义的教育家亦以希腊、罗马式的生活为理想。

（2）为自由的、自律的生活

所谓自由、自律生活者，是藉自我的人格，以图生活之开扩。盖中世纪的生活，是被宗教束缚内部的心灵，无复自由的人格，活现一种他律的、非自由的生活。照基督教的思想，则超越之神，认人类有宿罪的，仅派遣基督降世为之赎罪，此即承认人类生活有他律之必要。但一至近世，则人类之理性醒觉，恢复固有之人格。于是，在文艺复兴期，则人文主义者极端欢迎希腊、罗马时代的自由生活。在宗教改革期，则主张脱离教会之束缚，个人藉自己之理性，以得真正的自由信仰。

（3）为多方的、调和的生活

所谓多方者，是指能满足复杂的人性，向种种生活方面发展之意。中世纪的生活，是偏于一方的、单调的，即是精神只集中于情操方面，不顾智的发展及自然的、肉体的生活之满足，甚至视审美的、艺术的生活为有害而禁止之矣。此种贫困的、枯寂的、消极的生活自然不能满足人性各方面的要求。近世的生活既趋向于多方兴味之满足，故可认为“调和的生活”。

本来调和的生活是希腊古代的理想，兼“善”与“美”而有之，在精神的、理想的生活中，兼顾肉体的、物质的方面，以达到多元性之统一。此种生活，在近世文艺复兴期开始欢迎。至于17、18世纪，则以实利及幸福为人生之理想，此亦可认为中世纪的人生观之反动。

要之近世之思想上、社会上、生活上的特征，既如上述。其所以构成此种特征之原因，是由于十字军战争、文艺复兴、僧侣与教会之堕落、世俗的思想之发达、人格的自觉之深刻化等，实为其内的、外的诸原因所必然取得之结果。近世的教育，是建筑于此种特征之基调上。

第二章

文艺复兴期的教育

第一节　文艺复兴与人文主义

欧洲的文艺复兴运动，是通行于 14 世纪后半期至 15 世纪间，但其影响于教育之实际上，则在 15 世纪以至 16 世纪初叶。故教育史上之所谓文艺复兴期，大概是指 15 世纪言。下章所述之宗教改革运动，其发生虽较迟，但实不妨认为同时代的。且从文化史的见地言，文艺复兴与宗教改革实有不可分解的关系，故可综括此两者，特称为“文艺复兴与宗教改革时代的教育”。不过此处特照向来的惯例，将两者分述而已。

（一）文艺复兴的真相

“文艺复兴”一语是自法语 Renaissance 译来，指文艺之“更生”或“再苏”之意。“文艺”者，是指文学、艺术言，更精确的，是指学问、道德、艺术、技术等文化之遗产言。但若问当时所复兴之文艺，究竟指何种文艺言？曰，是专指希腊、罗马的文艺言。再问是指希腊、罗马之某一期的文艺言？曰，是专指希腊之民族时代与罗马之古典时代的文艺言。盖希腊、罗马两者，均因时代之不同，从而文化之性质与倾向大异。故欲彻底明了文艺复兴之内容，自然有辨别时代观念之必要。近世之初期所复兴之文艺，是以罗马之古典时代的文艺居多。罗马之古典时代云者，是指罗马之后半期（帝政时代）言。而罗马古典时代之文艺，是与希腊之民族时代（即希腊之末期）的文艺相共通。因此，在近世之初期，罗马古典时代之文艺既复兴，而希腊之民族时代的文艺亦连带复兴。故所谓“文艺复兴运动”者，概括言之，是指希腊之民族时代与罗马之古典时代的文艺复兴运动也。

读者至此，更或发生第三个疑问：即是希腊之民族时代的文艺，既在近世之初复兴矣，而“希腊之古典时代”的文艺，又至何时始复兴？曰，希腊之古典时代的文艺，是待至18世纪末以迄19世纪间，新人文主义发生时始复兴也。盖人文主义有新旧之分，在文艺复兴期（即近世之初期）的人文主义是属旧的，单称为“Humanism”，至18、19世纪所新兴的，特称为“NewHumanism”，是属新的。旧派的人文主义，为脱离宗教的束缚计，故兢兢于求知识的醒觉与理性的解放，所以特先恢复主智式的罗马古典时代之文艺，而希腊民族时代同性质之文艺，亦连带并重。吾人已深知，罗马之古典时代是极端主智的与上古罗马之主情意，主道德者不同。然而，罗马的文艺实在是可以后半期之古典时代为代表，所谓“拉丁文明期”者此也，至于上半期（即上古罗马）则以实行为主，并无何等文艺可言。独有希腊，则在上半期之古典时代，文艺已极发皇，故可分出希腊两期的文艺，与罗马不同。希腊民族时代之主智的文艺，既由旧人文主义复兴之矣；而前半期古典时代之主情意的文艺，则俟18、19世纪的新人文主义始复兴之。研究近世教育史者，须先于此种纠纷处三致意焉。

本编既以研究希腊民族时代与罗马古典时代之文艺复兴为主，然则在近世之初期，人文主义者所复兴之文化内容，究包括何种成分？曰，可分三方面言：（1）是关于言语方面者，即指拉丁语、希腊语、修辞学、文法学、雄辩术等言；（2）是关于审美方面者，即指文学、美术等言；（3）是关于思想方面者，即指哲学而言。不过，其中仍以言语及审美两方面为主，思想方面尚未甚置重。此外，则自然科学与医学等，亦有时加入。

（二）人文主义的真相

“人文主义”（Humanism）者，是指以人类文化为中心之一种观念形态（Ideologie）言，亦可称为人本的、人道的世界观或人生观。此期特以“人类的文化”为思想之中心，是因反对中世纪之以“宗教的文化”为中心而来。在宗教的文化中心之下，一切价值的根源惟在于“神”，至于人类与自然物等均认为无独立的价值。但至近世初期，则人类基于理性的自觉，认自己离却神而有独自的价值矣。人文主义者，即为此种思潮之代表。

从“人类本位主义”出发，于是思想上、生活上生出以下种种特质：（1）反对未来的天国的理想，而以现世生活之完成为理想。（2）不偏重灵魂或精神方面，兼顾自然的、肉体的、物质的方面。（3）不偏于情操之一面，兼顾知识、艺术等多方面。（4）反抗教权的、他律的，而为自由的、自律的。（5）反对禁欲的、厌世的、消极的，而超向于世俗的、乐天的、积极的。一言蔽之，是属“反对中世纪主义”。

人文主义的主张，正如上述，是不特见于理论方面，且追探希腊、罗马的国民，当时确具有此种人文的自由生活与思想，故悬为一般人的思想生活之鹄的而憧憬之。然则人文主义思潮的倾向，是与希腊之民族时代、罗马之古典时代相符，多具以下三种要素：（1）个人主义的，（2）言语的，（3）形式的。就他方面言，则与希腊之古典时代注重国家的道德的方面相反，亦与上古罗马之注重意志方面异。

（三）文艺复兴与人文主义的关系

从表面观，文艺复兴者，是文学与艺术之复现，人文主义者，是一种新世界观、新人生观之抬头，两者间似无何等关系。其实不然，两者究竟有表里一贯的关系。何以言之？因为希腊、罗马之文艺复兴只属表面的运动，而其内容，却包括希腊、罗马之根本精神即人文主义之复现。自反面言之，人文主义的内容之复兴，亦以其形式方面的言语（即包括文艺）之复兴为相待的条件。是则文艺复兴与人文主义两者，诚属二而一、一而二的关系，当认为一元的，不当认为二元的，即当认为一大文化革命运动之表里两面。

若问两者之起兴，孰先孰后？则可言文艺复兴在先，人文主义在后。盖前者为形式（言语），后者为内容（思想），思想或观念形态之获得，必藉言语为手段而始能也。不过，此点只是从理论上推算，按诸当时实情，亦有不尽然之处。事实上，在中世纪的后半〔期〕，人类的自觉已渐趋于尖锐化，反对中世纪主义的倾向既现，故欲摆脱超越的宗教威权，切冀人本主义、人文主义之复现。苟无此种希冀，则虽与希腊、罗马之文学艺术接触，当亦不至若是之欢迎。从此点言，则人文主义又为原因，而文艺复兴则为结果矣。总之，两者是有密切关系，若舍其一，则不能思及其他者也。

（四）两者勃兴之原因

希腊、罗马之文艺之复兴与人文主义之发生，其间有直接与间接的原因。以言其直接原因，则自纪元1453年东罗马帝国灭亡时，住在君士坦丁堡的罗马学者与艺术家因避土耳其之难而返意大利，即在意大利传播希腊与罗马教育，故意大利实为文艺复兴与人文主义运动之先驱者。此可谓之近因或直接原因。至于间接原因则有以下诸点：（1）对于中世纪的文化之厌恶，（2）对于新生活之翘望，（3）宗教势力之弛缓等。此皆在前章第二项以下详说，故不赘。

第二节　人文主义的教育

（一）文艺复兴与人文主义传播之概要

照前节所述，人文主义最初是起于意大利。何以最先起于意大利？此其理由有三：（1）因文艺复兴是先起于意大利。（2）因当时意大利是东欧乃至小亚细亚、亚非利加等交通之冲，且为世界的商业中心地，国内有大都市出现，实为近代的精神最盛旺之区。（3）因意大利人觉得自己为罗马人之后裔，有表彰古罗马之遗风，恢复其教育方针，使被蛮族混杂的言语有复归旧观之义务。有此诸因，所以为人文主义运动之先锋。

意大利的人文主义思想，最先是启于诗圣但丁（Alighieri Dante）。但丁者，以1265年生于佛罗伦萨（Florence），1322年死于拉韦纳。以年代言，实属中世纪的人物，不过其名著《神圣的喜剧》（*Divine Comedy*）中所表现的思想，确可认为人文主义的色彩。例如，（1）本剧中所选之主人公，不是中世纪之基督教人，而为古代之人物；（2）本剧的思想，以罗马之诗人维吉尔（Virgil）为向导者；（3）此中描写恋爱的结事；（4）本剧特别用拉丁语写。因此，无论任何史家，均认氏为人文主义之先驱者。

其次为彼特拉克（Francesco Petrarca），此人生于1304年，卒于1374年。氏酷好古书，积极鼓吹古典的研究，对于柏拉图、荷马极尊崇，且渴慕罗马的英雄。使当时由寺院一手维持的学术再向社会公开，且极端排斥当时神学的、哲学的形式方法。且承认人类的精神，虽摆脱教权，亦自能发挥其伟大势力，故提倡自己的活动与自己的考究。其尊重拉丁语，更不待言，此所以有“人文主义者”之称。所惜者是未能脱“玄学主义”的色彩。

薄伽丘（Giovanni Boccàcio）者，亦当时著名的人文主义者。氏以1313年生，至1375年逝世。早已研究古典，且以古文学之研究为己任。精于希腊语，是能读荷马诗之第一人。其所著《十日故事》在当时意大利刻至97版，时人承认其为“散文家之父”，而但丁则为“诗文家之父”。故氏对于人文方面的影响极大，而对于道德宗教则轻视。更有应注意者，意大利复兴的文艺特色，是属于自然主义、个人主义、理性主义的性质，此点是与英、法两国不同。以是所述意大利三人，虽为文艺复兴之先驱者，但在教育界有大贡献者，则为韦杰里乌斯（Vergerius，1349～1420）、威基乌斯（Vegius，1407～1458）、皮科洛米尼（Piccolomini，1405～1464）、费列尔夫（Filelfo，1398～1481）四人。

意大利的文艺复兴与人文主义，不久渐逾阿尔卑斯（Alps）山而北下，传播于德意志与荷兰。盖因德、意两国的关系非常密切之故。

当时德国的经院哲学尚盛，基督教之学者仍握教权。至 15 世纪后半，德、荷两国的学生曾游意大利的大学而归者，则受文艺复兴与人文主义之新洗礼，卷起风云，于是德、荷等大学亦教希腊、罗马之诗歌及雄辩术等。对于此种运动最有贡献者，是前述之共同生活的同胞团体。此团体的生活基调，本在于宗教道德方面，以遁世的生活为目的，此点是与意大利的人文主义不一致。但其排斥经院哲学，敬慕上古的伟人，及提倡希腊、罗马之古典等，是与人文主义相符。

此时代负北欧人文主义运动之重责者，则有阿格利克拉（Agricola）、伊拉斯谟、温斐林（Wimpheling）等。

欧洲的文艺复兴与人文主义运动最迟者，是法、英、西班牙诸国。其在法国，则因巴黎大学久以神学著名，因此坚持保守主义，且视意大利的人文主义者为排斥宗教道德，而奖励路德的新教主义，故不信任。但法国不久竟为人文主义所征服，盖因当时的国王与贵族等，多搜集古书而翻译之，且文学家蒲第鼓吹人文主义最烈。至于在人文主义的教育上贡献最大者，则有史蒂芬尼父子二人。父罗贝尔・史蒂芬尼，则以注释希腊、拉丁语见称，其子晏利・史蒂芬尼，则以发表关于希腊、罗马之诗人及著述家的研究，大有贡献于人文主义。

英吉利最初亦以保守的、实利的国民性，不易接受人文主义的影响。但至 15 世纪之后半，因与意大利间之交通盛，故英国的青年多留学于意大利，故渐开文艺复兴与人文主义之端绪。英国的贵族富豪多求意大利的古书，此亦为人文主义勃兴之一因，此种倾向逐渐显现，遂有古文学的学校设立。例如，国王学院（King’s College）、伊顿学院（Iton College）等，是其一例。此时英国的人文学者，如托马斯・莫尔（Thomas More）、阿斯堪（Ascham）等，是其代表。

至于西班牙，曾藉阿拉伯人的势力，学术与教育颇盛，不久又随阿拉伯人势力之衰退而衰，故最初是人文主义不发达。但其后与意大利交通，而文艺复兴亦随以入。

以上是欧洲之文艺复兴及人文主义传播之概要，至其影响，则及于社会一般方面。例如，教皇宫中的公文，固采用拉丁语，即民间之书简、演说、冠婚丧祭之文等亦然，甚至人名亦有采用拉丁名者。至于学校教育方面，则重视文法、修辞、拉丁语、希腊语等科，摆脱经院哲学，高等学校逐渐与寺院教会断绝关系，教育理想亦复归于希腊、罗马之美的、调和的陶冶，僧侣亦渐脱僧服，肉食娶妻矣。

（二）人文主义教育的理想

文艺复兴期的教育理想，在养成“精神与身体调和发达，长于言语的技能，富于美的陶冶之文化人”。将此三要素分析：（1）所谓精神与身体调和发达者，可认为反对中世纪之轻视肉体，而为希腊、罗马教育理想之复活。盖在中世纪的基督教教育，只图精神之道德的、宗教的陶冶，至于身体之发达，则不认为教育上一种目的，反视肉体为罪恶之渊薮，精神之牢狱。但人文主义的教育，因置重于自然方面，故视肉体亦有价值，而以体格之完成为重要目的矣。（2）所谓长于言语的技能者，是特重希腊、拉丁之文法修辞，于作文谈话（雄辩）上，能用其秀辞丽句之意。简言之，即是以熟习言语上的知识技能为主。此与希腊之民族时代及罗马之古典时代的教育理想有关，故可认为希腊、罗马之文化复兴。（3）所谓富于美的陶冶云者，是藉文学的教化，以养成身体及精神双方之美的人物为主。身体之美，是指四肢五官之均齐发达言；精神之美，自然是藉古典式的文学教养而得。此当然是希腊、罗马的教育理想之复活。

以上所述文艺复兴期的教育理想，当时无论在何国的教育中均见之，不过各国间略有特殊的色彩耳。例如，意大利则文学的、审美的色彩特别显著，至于道德的、宗教的陶冶略轻；而德、法两国，则特别重视道德的、宗教的陶冶方面。

最后，文艺复兴期教育的通性，是在个人完成主义与人道主义两者。所谓个人完成者，是指个人本位言，与希腊、罗马之前半期置重社会的、国民的完成是不同的。至于人道主义者，是注重一般为人之道，废除两性的差别、国民的差别、社会地位的差别等。此种人道主义，乃由基督教的教育理想而来。总之，15 世纪的教育理想，是在养成“希腊、罗马式的文化人”。

（三）人文主义教育的实际

在文艺复兴期，教育上受人文主义的影响最深者，只以中等以上的教育为限，至于初等教育方面，并未发生直接关系。其原因何在？曰，盖文艺复兴云者，是指高等的文艺学术复兴而言，其与初等教育自觉缘远，至少可认为无多大的直接关系。因此，人文主义专与中等学校及大学结缘。

（甲）人文主义与大学教育的关系

最初受文艺复兴上之影响者，实为大学教育，此就复兴的学艺之性质与程度上言，实有必至之势。盖人文主义之起兴，最初乃由此派学者在大学教授修辞学、诗学、雄辩术等而来。人文主义既输入大学，则大学教育之内容自然变更。昔在中世纪之大学，是特重神学、法律与经院哲学等，今则此种学科被人文主义者极端轻视，而转重诗歌与雄辩术矣。古典文学之最受欢迎者，当以西塞罗的文学为巨擘，所以自 15 世纪末叶以后，人文主义一名为“西塞罗主义”（Ciceronianism）。但表面虽注重诗歌与雄辩术，内容却注意于哲学、历史、实科、艺术等。

意大利的大学最初是根本上轻视哲学，但其后北欧方面，此风一改，虽仍排斥经院哲学，而哲学的本身，未见厌弃，往往授学生以西塞罗的道德哲学、亚里士多德的伦理学，最后竟至习柏拉图的哲学。总之，人文主义的大学教科，是以诗学、雄辩术、文法、修辞、哲学等为中心。

（乙）人文主义与中等学校教育的关系

人文主义是逐渐输入中等学校方面。当时意大利的贵族，竟以保护人文主义者为事，因此建设新式的中等学校，例如，佛罗伦萨、威尼斯、巴德维、帕维亚、威洛纳等之诸侯均是。此种新设的学校中，分为两种：其一是与旧式的大学竞争而设者；其一是附设于大学，以教贵族子弟者。就中最著者，则多为孟都亚侯所设之维多里诺学校。此校设在围绕宫殿的公园中，周围有牧场，建筑殊都丽。其校特称为“怡悦的家庭”（La Casa Giocosa）。维多里诺（Vittorino da Feltre）者，是当时之著名教育家，受孟都亚（Mantua）侯之聘，该校即设在孟都亚，是一种宫廷式学校。维氏自1423至1446年，共经营斯校23年间，所教二王子与贵族子弟及维氏的亲友之子弟，无分贵贱，均在校中共同卧起。其教育理想在“精神、身体及道德之调和的发达，他方面更为实际的、社会的方面之准备”。其教育标语是在养成“适于神与国之义务的青年”。其教育方法则重古典的研究，以拉丁语教学，虽在游戏之际，亦编成拉丁文字而练习之。对于10岁以前的儿童，使练习古典的记忆与诣诵；稍长，则使习高尚的文章。教拉丁文之后，更课希腊文，以研究希腊的诗人、雄辩家、历史家等著作。复次则课以教父的著书及“七艺”。教学〔方〕式重在笔记、翻译、说明等。身体方面的陶冶，则有舞蹈、角力、竞争、跳跃等游戏。

此种“王侯学校”（Furstenschule），至16世纪时，德意志亦始设立，均具有反中世纪主义的人文教育色彩。德国一般的中等学校，即为中世纪的拉丁学校之后身的“文科中学”（Gymnasium），此亦在人文主义发达时，脱离中世纪主义而为近世的。即教科中加入拉丁语、希腊语、希伯来语及修辞与数学等。例如，温斐林所设斯特拉斯堡之人文的文科中学，是其一斑。拉丁学校亦同样渐成为人文主义化。

英吉利的中等学校，以公众学校、文法学校两种为主，其中亦被人文主义侵入。例如，〔体育〕运动之盛行，及拉丁语研究之奖励等，均足证明此种倾向。

第三节　文艺复兴期的教育家

（一）韦杰里乌斯

（1）略传

韦杰里乌斯（Pietro Paolo Vergerio or Vergerius）者，意大利人，生于1349年，殁于1420年。氏生于贵族之家，在威尼斯受初等教育，其次在孟都亚习哲学与希腊语，在佛罗伦萨习法律。业成后，归孟都亚，充市长的家庭教师，又曾执教鞭于孟都亚大学。1400年著《高尚性格与自由学科》一书，此中可窥其教育意见。

（2）教育思想

氏之教育思想，多折衷于昆体良，其目的是在养成“知识、道德、身体三方面调和发达的人”为主。关于道德方面，戒儿童之说谎、排斥肉体的感觉、节饮食、慎睡眠、破除迷信、重视礼仪等。关于智育方面，主张养成高尚优美的言语技能，授以自由科。其他如诗学、图画、物理、医学、法学等，均认为有学习之价值。关于体育方面，则用竞争、角力、打拳、弓术、骑马、跳跃等为身体锻炼的手段，游戏亦认为大有价值。此外，尚言国家应以法律规定教育，在教学应尊重个性，使学生常实行讨论等。

总之氏的教育理想，尚未完全摆脱中世纪的倾向，不过略带人文主义的倾向而已。

（二）维多里诺

（1）略传

维多里诺（Vittorino da Feltre）一名维多里诺・朗拔德尼，亦意大利人，生于1378年，卒于1446年。在孟都亚受教育，转往威尼斯习拉丁语，复归孟都亚设私塾，教人文主义的学科。45岁时（1424年），受孟都亚之聘，设著名的维多里诺学校。

（2）教育思想

氏之教育理想，是在自由教育，以柏拉图之语为原则：“自由人不能用强迫或苛酷的方法教之，精神只能诱发，决不应加以压迫。”其目的是在心身之调和的发达，施以人文的教育，前节既述之矣。

（三）威基乌斯

（1）略传

威基乌斯（Maffes Vegio or Vegius）亦意大利人，生于1406年，卒于1458年。幼时习宗教，青年时代倾向于人文主义，转向古典的研究。后再转归基督教，受罗马教皇的保护，为寺院之监督。

（2）教育思想

氏既具宗教色彩，非纯粹的人文主义者，但其所著之《儿童教育论》大有可观。该书共六册，详细叙述两亲的义务、训练、学习、教学法、教材、职业选择、女子教育等。

两亲之义务，是指对于子女的教育上之注意而言。其一为胎教。氏认教育应溯于出生以前，故父母当慎其品行。尤以怀孕中的母亲，座侧应置优美的绘画、雕刻之类，精神须保持安静，饮食须适量，避免剧烈的运动。又早婚是有害于子孙，故当戒慎。其二为家庭教育。氏以为，婴儿要由母乳养育，倘选乳母时特要慎重。衣食不宜过奢或过粗，须得中庸。睡眠须注意，身体以及早锻炼为宜，迷信须及早辟除，以养成“正信”。入浴之际，须勿破坏其羞恶之情（即言不宜露出阴部等）。戏剧以少观为佳。

关于训育上，氏之主张是与人文主义者同样宽恕的，排斥一般强迫、詈骂、体罚等手段。奖赏与赞辞是属可用的。但最要者，是父兄与教师之模范。

关于学习上，氏之主张以7岁为始期，最初仅使之旁听，在家庭学习时，两亲须负教责，若托于家庭教师，须严选其学力与德性。学校的儿童数，不可过多。为父者须时常探访其子就学之校，而赠物于先生。学科之难易，宜按照儿童之年龄及心意而授与。名誉心须鼓励而利用之。

在教学方法上，氏之主张如次：将所已习者诵读之；与普鲁塔克同样注重自然的性能、教学与练习三者。使学生谙诵诗文而摹仿之。

讨论法是认为可用的。须使学生练习语法。

关于教材上，认为不宜用挽诗或悲哀的文字，叙情诗亦不可多用，讽刺诗中其不伤忠厚者可用。滑稽的作品，其文虽佳，但在学生的思想未有一定以前，以不用为宜。最初宜读《伊索寓言》之类，其次移于诗人的作品，再次可移于悲剧或短歌之类。

关于教科上，氏认音乐、图画、读书、体操等为必要的，游戏亦可。但舞蹈、牌戏、赌博等则认为不可。且认哲学为道德之理解上必需的学科。

至于《儿童教育论》之第三卷，则论及职业之选择；第四卷之末，则论及家庭教育。要之氏之教育意见，受昆体良与普鲁塔克等影响甚大。一般是倾向于保守的，人文主义的色彩是不多，惟其关于调和的与中庸的方面，实际上可认为得当。

（四）皮科洛米尼

皮科洛米尼（Aeneas Sylvius Picolomini）亦当时意大利之教育家，生于1405年，卒于1464年。在恺撒的出生地受教育，后充巴塞尔寺院监督的书记，1442年为弗勒亚烈三世的秘书，复事罗马教皇，最后登教皇之位。在教育上的著书，有《儿童教育论》。其教育理想，在谋身心并行的调和的发达，特重道德教育。亦如普鲁塔克之以自然性、教学、练习三者，造就有德之人。主张体育与精神训练，须及早实施，道德须与学艺并重。须避免软弱的教育，认武器的使用、射剑、投枪、乘马、疾走、游泳、猎狩等为必要。

饮食须求适度，食时须愉快，但勿流于轻躁。音乐在一般教育上有益，但勿近于卑污。关于精神教育上，氏认理解力与推理力的陶冶最重要。哲学为科学之母，母子间是同样重要的。与人交接，勿流于阿谀，择友宜慎，以正直、廉耻、逊让为贵；雄辩力亦极需要，故宜修养。女子以沉默为贵。

关于精神教育的学科，除上述诸科外，更主张教文法、辩证法、修辞学等；几何、算术、天文学等，亦认为有学习价值。教学之顺序，氏认为宜从英雄诗人荷马、维吉尔等始。总之，氏的意见多具古典的色彩，亦有近于人文主义之点。

（五）费列尔夫

费列尔夫（Francesco Filelfo）亦意大利的教育家，生于1398年，卒于1481年。以论及“贵族教育”著名。为贵族教育上首须注意者，在勿选轻薄软弱的教师，恶劣的模范是对于学生有大害；其次须调查学生的能力，以不损害为度。体罚是应力避的；反之，游戏是应奖励的。宜以象牙制之字型，以便于娱乐式的学习。饮食衣服上宜注意，关于学生之恋爱上尤宜戒慎。教学上以悦意学习为原则，学科宜教至上午12时止，下午则使儿童游戏。博弈等宜严禁。为身心之健全计，音乐与舞蹈是最有效的手段。竞走、跳跃、角力等，亦认为在身心修养上有益，更主张猎狩与武器之练习。

氏之主张“从快乐的游戏中学习”的思想，其后竟成“泛爱派”的主要教育思想，且为近代“游戏之教育化”的思想之先驱。

（六）阿格利克拉

阿格利克拉（Rudolphus Agricola）是北欧的人文主义之先锋。以1443年生于荷兰，至1485年歿。曾习古典与人文学，其后在德意志海德堡大学讲授人文学，并从事于《圣经》之研究。所著有《研究方法论》一书，是鼓吹人文主义之专著。此书非从正面论及教学法，只说广义的研究法，但不妨视为教育与教学上之意见，盖学习之反面即为教学故也。

本书是将研究分为“对象”与“方法”两方面言。所谓研究之对象者，是视各人之兴趣能力，而决定其所应习之学科，例如，法律、医学、文艺等是也。至于哲学一科，氏则认为无论谁人均须学习，因其是关于生活的理想之学，且为思想发表之练习上所必需也。彼以为全体的学科应分为二种：（1）关于个人动作者；（2）关于精神之装饰即娱乐方面者。前者如亚里士多德、色诺芬及西塞罗等著作均是；后者即关于娱乐上，此为精神修养不可缺者。且谓知识之内容，须济以雄辩，即言知识之获得与知识之发表两者须相结合。此种研究对象论，实可认为一种教材选择论。

至于研究的方法，彼则分为以下三阶段：（1）知识之理解，（2）知识之记忆，（3）知识之应用。教学上与此相应，故亦分作业的阶段为三：（1）读书，（2）练习，（3）发表。此种学习阶段论，易言之，即是教学阶段论，虽不如赫尔巴特派“五段教学法”之谨严，略流于空漠，但大体上是适合心理的，可认为知识之收获的程序。

（七）温斐林

（1）略传

温斐林（Jakob Wimpheling）者，亦荷兰人，生于1450年，卒于1528年。业成后，曾为海德堡大学教授，后为校长。其著书有《读书入门》（*Isidoneus Germanicus*）、《青年期》（*Adolescentia*）等。

（2）教育思想

氏认教育为宗教的真正基础、人类的装饰品、国家自卫的手段；且认教育之着眼处，应在助长儿童之善性，压抑其恶性。所谓善性者，是指施惠心、企业心、同情心、大量、正直等；恶性者，是指激烈性、易变性、轻信性、好争性、欺诈性、夸大性等言。

教育之道，须先求淑善的教师，以理性、节制、情感，从而长善厌恶。读书为信仰之手段，其顺序当从拉丁语之学习始，次及于文学家、诗人、雄辩家、历史家等著述。文法则认为无久习之必要。西塞罗的雄辩论，是认为大有价值。总之，氏认读书之目的，在于道德、宗教之陶冶。其教育理想，可认为半属基督教之遗蜕，半属人文主义之新型。

（八）伊拉斯谟

（1）略传

伊拉斯谟（Desiderius Erasmus）者，德意志人文主义者中之第一人，以1467年生于荷兰之鹿特丹（Rotterdam），至1536年殁。

自9岁至13岁，学于德文特（Deventer）派之海格亚斯（Hegius）氏，后入巴黎大学，研究神学与文学。其后游历牛津及其他诸地，最后卜居于巴塞尔（Bassel）。极端排斥当时宗教之堕落，并攻击经院哲学，鼓吹人文主义。其著书有《儿童期自由教育论》、《研究方法论》、《儿童须习的礼仪》、《西塞罗学派》等。

（2）教育思想

氏之教育思想，在养成敬虔的、知识丰备的、娴于礼仪、了解道德之义务的人物。教育方法上则重胎教。六七岁时，须由母亲当其冲，一面养护身体，他面则与游戏联络，教以浅近的读书、写字，使知日常所习见的动物与自然界的事物。须力避机械的记忆谙诵。至7岁则离却母亲，由父任其教责。此期当授以《圣经》、教父之著书、希腊及拉丁的书籍与文法等。此外，如神话、地理、农业、建筑、兵学、博物、天文、历史、音乐等，亦认有教授的价值。至于教学之次第，则当自语言之学习始，最初务求正确明了。拉丁语须与希腊语同时并课。关于女子教育，则排斥有害的恋爱歌及小说等。

总之，氏的教育思想，不外籍希腊、拉丁之言语的陶冶及生活的指导，以养成敬虔、知识、德性、礼仪四者兼备之人文主义的文化人。

（九）比维斯

（1）略传

比维斯（Juan Luis Vives）是西班牙的人文主义者，以1492年生，1540年死。17岁时，受严格的宗教教育。1506年，入巴黎大学，从事于古典的研究。其后成为完全的人文主义者。

氏之著书，有《基督教妇女的教育》、《对于伪哲学家》、《知识入门》、《教学科目论》等。最后二书，大有关于教育上。

（2）教育思想

氏之教育理想，在养成“一面具有宗教的信仰，他面适于现世的活动”之人物。故在学校教育上，主张授以宗教、道德及实际生活所必需之智能，对于美育极忽视。但注重体育及感觉、记忆、理解等形式的陶冶。

教育最初当在家庭施之，妻须受夫的指导而习教育之要旨，为父者须视儿童之性能施以适切的教育，且使将来能任相当的职业。学校教育，则认为应由 4 岁始。每一村须设一小学校，每州须设一高等学校。此外，氏又有一种理想的专门学校（Academy）论：其大意谓学校须设在幽静之地，充满基督教的精神，只许优秀子弟入之，因此设定二星期间的“试学”期。凡天性优秀而家贫的子弟，须由国家补助。教师须为专门的，德高学优，且富于教育的修养。至于教育期间，氏则主张分 3 期：第一期自 7 岁至 15 岁，第二期自 15 岁至 25 岁，第三期自 25 岁继续至无限期。

第一期教育，以关于言语的准备教育为主，道德是比于教义更重要。教拉丁语时，即须研究罗马的古典学者之著书。教学用语以拉丁语、希腊语为主，希伯来语当属随意科。近代语则当从交际上自然习得。第二期应授以哲学、修辞学、自然科学、数学等之初步。不用中世纪的方法，使参考古代的学术，就实物而研究。第三期为实习期，当访察实际的工作场，或在家中与长者谈话，将所学的理论与实际连结。其他更使研究虔敬的伦理学、道德哲学、哲学与历史等。在历史的教学上，以研究道德及哲学为终极目的，尤宜置重文化史。地理须与历史联络而教。既积此种学养后，当从事于神学、医学、法学等专门研究。以上是“理想的专门学校论”。

关于教学方法，则有如下之意见：（1）个性须十分尊重。（2）须引起兴味，使自由学习。（3）置重直观与归纳法。（4）由个别而至于全体。（5）由既知推及未知。（6）由易至难。（7）注重练习、反复与综合。

最后，关于女子教育意见，其陶冶理想是在基督教的、道德的基础之上，养成能尽其对夫之义务的妇人。本此见地，氏乃主张女子在未结婚以前，不宜与男子交际，即游戏亦与女子同伴为宜。应教之事项，是关于家政的、宗教的、拉丁语及国语。读者以《新约全书》为主，禁读恋爱小说。

由是观之，比维斯的教育思想，一面是人文主义的，他面仍保留中世纪主义的遗蜕。

第四节　文艺复兴期教育总评

以上是历叙15世纪至16世纪初期的人文主义教育的概况。兹综括之，可得以下七种特色：（一）逐渐摆脱中世纪的神本主义而为人本主义的，亦可认为现世主义。（二）注重自然的方面，奖励体育。（三）偏重言语主义，即视言语科更重于自然科学，并且在言语科中视形式方面更重于内容。因此，希腊语、拉丁语、文法、修辞、辩论术等竟占教科之中心。（四）是为个人完成主义。而其个人主义之特色，又属于世界的个人主义，即人道主义。（五）是为主情主义及审美主义。盖人文主义云者，直可认为希腊、罗马主义之复活故也。（六）具有理性主义的倾向。此点除意大利以外，其他各国尤觉显著。可认为远绍希腊民族时代斯多葛派哲学的系统。（七）教育上一般是主张自由主义，排斥体罚等。

综括文艺复兴期教育的优点，是在：（一）教育基调植于人类的文化主义之上；（二）重视人性之自然方面，奖励体育；（三）渐开自然科学与实科的陶冶之基础；（四）教育方法上渐生近代教育的萌芽。至其缺点，则：（一）本期的自觉，非真属人格上的自觉，乃属回忆古代的一种自觉，因此，发生尚古的风气。（二）为偏于言语主义，关于内容方面竟成空虚。但吾人仍不妨认其为过渡时代，既能引进于近代主义的教育，以达于真正的人格的自觉，斯不能不认为有相当价值。

第三章

宗教改革期的教育

第一节　宗教改革的真相

（一）关于改革的意义

宗教改革者，是16世纪欧洲诸国间以德意志及瑞士为中心之基督教改革的运动。从文化史上观，可认为与文艺复兴的人文主义运动，同属欧洲近世初期之一大文化改造运动。所谓基督教的改革云者，是指对于中世纪之旧式的宗教，新兴一种基督教而言，故特称改革后的宗教为“新教”，以示别于从来的“旧教”。然则宗教改革云者，只是基督教中的一部分矛盾的消除，并非基督教全体的排除。现在苏俄是实行宗教的驱逐，简直扑灭基督教，成为无宗教之国，此与16世纪之宗教改革运动大异。

16世纪之宗教改革的内幕，是在革除中世纪的基督教中不合理之点，而新兴一种合于个人之理性之自由的宗教。然则中世纪的宗教上不合理之点何在？（1）是在神与人之间，尚有僧侣与教会之介在，握绝对的教权，若不得其介绍，则不能自由直入于信仰之途。（2）即暂时忍受此种机关之专制，又从新发生一种人为的赎罪手续，诚属忍无可忍者。盖自中世纪以来的习惯，承认个人若出资购赎罪券，则可得救。易言之，即个人若肯出金钱，则教会可以简单的赦其罪。使得入于信仰之制度。（3）是由于当时教会与僧侣间种种的劣迹。为反抗以上诸弊计，故有改革运动。

然则在改革后所要新设之宗教，其特色又何在？曰：是不须经教会与僧侣的媒介，更不须经购赎罪券等手续，个人是可基于理性作用，只以《圣经》为媒介，直接入于信仰之途。质言之，即由他律主义的宗教转为自律主义的宗教，摆脱束缚干涉的宗教而归于良心本位的宗教，排斥教会本位的宗教而成为《圣经》本位的宗教。此即16世纪之宗教改革的真谛。

（二）宗教改革的原因

原因虽有种种，而其最要者有二：即（1）在对于中世纪之宗教缺点上的愤慨，（2）在于近世个人的人格之自觉。单有前一种原因，则只发生破坏旧教的动机；若无后种原因，则仍未入于新教建设之途径。此种人格的自觉，实为理性主义的自由思想发达之中核。理性主义者，其在人文主义中则见于西塞罗主义的色彩，在中世纪时则见于经院哲学中，更溯而上之，又见于希腊末期之斯多葛哲学中，与苏格拉底、柏拉图、亚里士多德的哲学，亦靡不有其色彩。

理性主义之特质，在本体论上则称宇宙之本体为理性的，在人性观上则认人性之核心为理性，亦即为文化创造之主体。人类因具有此种理性，故可为道德的主体，亦可与最高之实在的“神”相交通。批判与自由，亦即为此理由之作用。

原来基督教一方面是属于感情的，故至中世纪时，其教风流于独断的，为人类理性发达之障碍。然而理性究有自觉之可能，愈压迫则愈要抬头，所以至十五六世纪时，此种理性解放的要求勃发，遂对于宗教加以批判，信仰上要求自由，此宗教改革之所由起。

（三）宗教改革与文艺复兴的关系

从表面上观，文艺复兴是希腊、罗马的文学艺术之复活，此种复活的文艺似与宗教无大关系；又人文主义者，是希腊、罗马之文化，即古代精神之复现，亦似与基督教之改革无大关。然从里面窥之，则两者中实有如下的连带关系：（1）在文艺复兴中，西塞罗的哲学是对于人文主义有重大的影响，由此而溯及希腊之斯多葛哲学，乃至亚里士多德与柏拉图的哲学之复活。易言之，即宗教改革中之理性主义思想，是与文艺复兴中之理性哲学的复兴有密切关系。（2）人文主义既具有世俗主义、人本主义的色彩，此实大有影响于宗教改革的精神。例如，路德之毅然实行肉食娶妻主义，斯足证新教徒之具有世俗的色彩。至其个人自由的思想，亦由人文主义中之主观主义、自由主义而来。此两者之所以有不可分离的关系。

虽然，宗教改革毕竟与人文主义非属同一的。盖宗教改革，一面虽为个人的理性解放，而他面则不但未曾根本舍弃中世纪之神本主义、信仰中心主义，且益发挥其本质。

准此以观，则可见宗教改革之特质，乃在于中世纪的基督教与近世的人文主义（即希腊、罗马的思想）两者之调和。盖宗教改革中之排斥教会与僧侣的媒介，恢复《圣经》本位的信仰，此正人文主义中之希腊、罗马的精神发现。所谓希腊、罗马的精神云者，并不单指肤浅的人类文化而言，乃与深远的最高实在之神有密切关系，此正由基督教的精神而来。

总之，无论文艺复兴与宗教改革，均当归本于近代之人格的自觉，实形成文化改造运动之两面，即从表面观是呈文艺改造的色彩，从内面观则呈宗教改造的色彩，其根源不外归结于人格之自觉一点。此种理性的自觉至十七八世纪益形彻底，遂成启蒙时期。

最后，吾人尚有一种观点，即是宗教改革运动，又不妨认为是由反对文艺复兴与人文主义的形色过于浅薄，故特别提出新的宗教文化。此亦因当时宗教的内在力仍属强大，及人心逐渐不满于人文主义的浅薄形式而然。此点可认为人类之“理性”与“感生”互争主权，结局是两者逐渐达到调和、融合地位。

（四）宗教改革的实际

宗教改革的运动，人皆知其由路德、加尔文及茨温利等而成，但在路德以前，已有类似的运动，故此处特分三期述之。

（甲）路德以前的宗教改革运动

此中又可分出两次运动：（1）为法兰西的瓦尔多派（Waldenses）的改革运动。此派在13世纪间起于法国，奉里昂之瓦尔多（Peter Waldo）的教义之一宗团。主张打破宗教上一切阶级，基督教徒一律平等，非如中世纪教会之隶属于罗马教皇者然。故奉信此派的教徒，非如中世纪的牧师，剃去顶部中心的毛发，其服装与常人无异，从事于手工业，且许结婚。总之，此派的思想与路德相同，乃在于基督教之自然化、现世化、个人自由化。惜时机尚未成熟，其理想竟不能实现。（2）为英吉利的威克里夫（John Wycliff）的改革运动。威氏生于1324年，卒于1384年，乃牛津大学的教授。14世纪中叶，氏曾在亚威宁地方发生宗教改革运动，其理由有二：一因当时罗马教皇干涉英国的内政，二因欲改革基督教之背理及教会与僧侣之腐况。

氏之宗教改革意见如下："向来教会竟认人与神不能直接感通，无论祈愿与救济，均非经教皇与僧侣之媒介不可，此极背理。盖信仰的标准唯在于《圣经》，人可藉此直接与神接触，而沐其恩惠。故即出于教皇之言，倘与《圣经》之意旨相背，吾人实不能信奉之。"此正与路德的思想相同。

氏遂将《圣经》译为英文，以公于社会，派宣教师于各处，宣传自己的教，因大触教皇之怒，竟被免职。氏死后31年，教会竟烧其遗骸成灰，投诸河中。以上二者，可谓宗教改革之先驱。

（乙）路德的宗教改革运动

路德（Martin Luther）者，以1483年生于德意志之艾斯莱本（Eisleben），至1540年死。父曾被选为市会议员，其母贞淑，富于宗教信仰。氏幼时，受严格的教育，14岁时，至马格德堡（Magdeburg），加入共同生活的同胞团，翌年，转往爱森纳赫

（Eisnach），初受人文主义的教育，其自由精神即植基于此时。至1501年，18岁入埃尔富特（Erfurt）大学，深受人文主义的感化。初时本从其父之意，欲为法律家，故先从事于哲学的研究。

1502年，氏始得哲学的（ Bacralaurlus）学位，因此精通亚里士多德、西塞罗、比维斯、维吉尔等人著作，尤爱读西塞罗之书。1507年，学业成绩上居第二名，再得Magister的学位，益专心于法律学的研究。但此时其思想突变，偶因亲友触电而死，遂感人生之无常，蓄志为僧，虽经其父反对，卒入奥古斯丁（Augustin）派的寺院研究神学，且得牧师的职位。1508年，应维滕堡（Wittenberg）大学之聘，讲授辩证法与物理学。至1509年，得神学的Bacralaurlus学位，复应爱尔福特大学之聘。1510年，赴罗马游历，归国后再应维滕堡大学之聘，至1512年，得神学博士学位，且升为学长。但氏关于神学之修养愈深，其改革宗教之决心愈坚，盖因当时教会与僧侣之腐败已达于极度，决难坐视不顾。

偶因教皇利奥（Leo）十世发售赎罪券，藉建筑殿宇为名征集资金，一般愚民争购之。路德遂斥教皇有背《圣经》主旨，遂于1517年10月31日，作59条的檄文，揭于维滕堡寺门。此檄文可认为是对于教皇与教会的一种抗议。

1519年，路德与罗马教皇的使臣在莱比锡的法庭作宗教上的争论；至1520年；教皇竟认路德为异端，宣告破宗，逐出教会。“破宗”者，是当时宗教上最大的惩罚。无论谁人，从教皇受此种罪时，无可救济，只有沦于地狱。1520年2月1日，路德接到破宗状，大为愤怒，竟在公众之前焚烧罗马旧教的法典，且作如下之宣言：“吾人可从直接信仰，接受神的福音与救济，盖因人人皆有自己考究、自由选择自己行为的能力也。故吾人实无受教皇与教会干涉之必要”。

1521年，路德被召至国会，监禁直至翌年，竟至宣告死刑，幸遇萨克森侯的庇护，得免一死，至1522年，被释回家。在狱时，着手将《新约全书》译为德文，实为通俗本《圣经》之嚆矢。至1525年，与加特利娜女士结婚，完全打破中世纪以来僧侣的无妻主义。

路德的改革宗教运动成为导火线，风潮竟蔓延德意志全国，且波及于瑞士、法兰西、荷兰、英吉利等。其中继起的运动，最著名的当推以茨温利及加尔文为中心的瑞士，及法兰西的宗教改革。

（丙）茨温利及加尔文的宗教改革运动

茨温利（Huldrych Zwingli）者，瑞士人，以1484年生，1531年死。夙受人文主义的影响，后就学于维也纳、巴塞尔等大学，充牧师职，继续活动以至于死。早抱宗教改革之念，因见路德既发难，即表赞同，反对教会，宣布自己的新教。官厅乃招茨温利，使与旧教的教会监督之代理者辩论，因其论旨极合于《圣经》的本义，官厅竟认许其新教矣。氏亦与玛利亚女士结婚，与路德同样过世俗式的生活。

加尔文（John Calvin）者，法兰西人，以1509年生，1564年殁，夙习法律，抱人文主义的思想。1532年，以少壮的学者及宗教改革者而赴巴黎，不得振其抱负，甚至被逐，乃逃往瑞士著《组织神学》一书。其后转赴日内瓦，尽力于新教的传布。氏之宗教思想，是“欲集公私僧侣的生活，悉以福音的精神统一之，在地球上建一神国”。

第二节　新教主义的教育

（一）新教教育的立场及其特质

新教主义的教育者，是基于路德、茨温利、加尔文等新教思想而实施之教育也。此为16世纪欧洲之代表的教育，不过16世纪的欧洲，除新教主义的教育外，尚有人文主义的教育与旧教主义的教育两者并存。

新教主义的教育，其与旧教主义的教育之差异点，是在于理性的、个人自由的、世俗的三种色彩。此又即与人文主义教育或希腊、罗马的教育相近似处。但新教主义的教育，仍与人文主义的教育不同，其差异处是在以基督教为核心。简言之，人文主义教育之特色，是在于以人的文化为本位，亦可谓“人本主义的教育”。至于新教的教育之特色，仍以神的文化为本位，亦可简称为“神本主义的教育”。

总而言之，新教者，是理性化、个人自由化、世俗化的基督教也。而此种新色彩，乃由人文主义中得来，故叙述新教主义的教育时，自然大部分含有人文主义的要素。然其教育目的，毕竟在于信仰生活与神的生活，又与人文主义的教育目的异趣。准此，其结论是：“新教主义的教育者，是调和基督教主义与人文主义之一种教育也。”

（二）新教主义教育的理想

本来新教之中，亦分出路德派、茨温利派、加尔文派等，各有特色，但其根本精神，则可归结为以下三大共通点：

（1）新教主义的教育，是在养成具有真正信仰的基督教徒。单言养成基督教徒，则与中世纪无异，盖无论新教旧教，均重宗教的人格与感情的陶冶。然所谓真正信仰者，非指中世纪式之他律的、盲目的信仰，而指良心的、自律的信仰言。

（2）“真正的信仰”之真义，是在非藉教会或僧庵等之媒介，以自己的心眼，从《圣经》中得到信仰，直接与神感通而沐其恩泽。从此点言，新教教育的理想，自不能不置重于理性的启发及科学真理的认识等，即是除感情生活之一面外，还要顾及知识的陶冶之他面。因此，遂与中世纪的旧教教育大有径庭。

（3）视世俗的生活与基督教的精神不相背驰，故在教育理想的内容中，大部分采入自然的、物质的生活要素。易言之，即新教教育的理想，是以僧俗二谛的调和生活为基调，观乎路德等之肉食娶妻，即为其中之楷模。因此，可下最简之定义曰：

“新教教育的理想，一面具有合理的、自由的信仰，他面具有世俗的陶冶，以养成能调和圣俗二谛的生活合于近代的基督教徒为目的。”

（三）新教主义教育的实际

新教教育的理想既如上述，故其实际的教育方法亦与此相应，兹得析为以下四点：（1）既排斥教会与僧侣等媒介者，欲得纯粹自律自由的信仰，故极重《圣经》的教育，认为最高的学科。（2）既注重智力与理性的启培及世俗的教育之完成，故比于以前更置重言语的、实学的、体育的教科。因此，数学、历史、博物、体操、国语等学科，其价值自然提高。（3）既欲实现基督教的理想家，故特置重国民的（下层阶级的）普通教育，与人文主义相反对，希望公共学校（小学校）之设立。此点在路德的思想中尤显著，彼以为国民教育如不普及，则文盲之辈不能亲炙《圣经》，因而不能入于直接的信仰生活。（4）教学方法上是遵从自然律，注重直观教学。至于训育上，则尊重学生的自由，使其乐于受教，排斥苛酷的训育法。此点是与人文主义的教育相共通。

第三节　新教主义的教育家

（一）路德

（1）路德的立场

以上既述路德的传略及宗教改革上的事业，此处特从其教育方面述之。氏本为神学者与宗教家，非以教育为本职，但究可认为优秀的教育思想家与实际教育家。其关于教育之著书有三：①《对于结婚者的言论》，②《劝德国各市长及市会议员建基督教学校书》，③《劝人送子入校说》。

（2）教育思想

氏认儿童是由神所赐的，故为父者对于神之最大任务是在教育其子，使成为“信神者”。不宁唯是，且家庭乃国家之根本，故治国必先齐家，齐家之要道在于教育儿童。氏因此说两亲在家庭教育上应注意之点如下：①为体育。彼则奖励投球之戏，而排斥其他不良的游戏。②为精神教育。彼则主张与儿童谈及关于神的事物，实行祈祷，唱赞美歌，参列宗教仪式，以养成宗教的信念。③为家庭训育。主张宽大待遇，绝对不宜用体罚。且谓无论何种家庭，亦须备《宗教问答》(*Katechismen*)一书。

关于学校教育，彼则有如下之意见："学校之目的，在造就宗教的人物，但同时又不得不施以现世实际生活上所必需的教育。"故彼主张男女均须就学。至于学校科目，第一为宗教的学科，第二为言语的学科，至于实科，亦认为不可忽视。且认历史、辩证法、修辞法及身体的运动均属必要。此处所谓学校教育，不单指小学校，是兼包中等教育言。

关于大学教育之意见，在学科上，彼则谓不宜照从前的习惯，只埋头于亚里士多德的学术研究，须将基督教的学科独立讲授。至于教学法方面，亦认为不应墨守从前的训诂式，宜从自然的事实上学习，此即注重准备的教育方面。最后，对于自小学以至大学的教师，路德是非常尊重的。谓教师品格之贵重，非可以言语尽述，亦非可以金钱购买。又其《述怀》中有言："倘使余被免牧师之职，必为学校教师。"

(3)教育事业

以上只述路德的教育思想，兹再述其教育事业。

①彼特为家庭教育与学校教育计，将《圣经》译为德语，时为1521年至1522年，正在哥达监狱中，经许多困难始译成。译笔纯粹而且平易，实为后世德国的标准语。

②特为家庭教育用，著《宗教问答》一书，共二卷，成于1529年。

③陈请当道设立公共学校。所谓公共学校者，是指特为贫民子弟而设者，是国营性质的。总之，教育家的路德，实为德国初等教育发达史上所不能忘之人。

（二）茨温利与加尔文

茨温利与加尔文，虽亦从事于宗教改革事业，同时于教育上颇有关系。茨温利曾在苏黎世（Zürich）建设拉丁学校二所及神学校一所。且非主张中世纪式的基督教教育，而主张一般基督教的国民教育。且谓教育之要务，除养成宗教的、道德的精神之外，又须授以读书、习字等。且曾著一书，其名为《应如何授基督教教育于儿童？》。

加尔文亦是热心教育之一人。当宗教的论争剧烈之际，彼乃在日内瓦及其他诸地建设许多专门学校（College），是为著名的加尔文派学校，盛行于法兰西，更影响于荷兰、英国、美国。清教徒（Puritan）的教育，即受此派的影响。

（三）梅兰希顿

（1）略传

梅兰希顿（Philipp Melanchthon）者，德国巴伐利亚州布列斯顿人，原名为施瓦泽（Schwarzerd），生于 1497 年，死于 1560 年，父为富于信仰心之武器制造者。而“梅兰希顿”一语，在希腊语中即为“武器制造者”之义。因氏幼时养于外祖之家，其舅莱希林（Reuchlin）乃当时著名的人文主义者，因爱其甥，故以“梅兰希顿”之名名之。

氏最初是在外家从其舅习希腊语、拉丁语与希伯来语。比长，乃入海德堡及蒂宾根（Tübingen）等大学，修语〔言〕学与人文学，并精通神学。其为人温厚沉着，能容与己性相反之友，故与过激性之路德终身缔交。氏具优秀之头脑，1514 年，17 岁时，已得 Magister 学位，执教鞭于蒂宾根大学矣。1518 年，21 岁时，任维滕堡大学教授，教希腊语、拉丁语、论理学、神学等。自此与路德相识，协助路德翻译《新约全书》，以后更助其宗教改革的事业。

（2）教育思想

氏之教育思想，大致与路德同。尊重教师之地位与职责，力言其修养之必要。对于普通学校，认拉丁语为学科之中心，而以希腊语、德语为不必要。教学法上，主张先教字母，然后进于读法、书法。单语须朝夕授之，宜用《伊索寓言》等为言语科教材，由是而进于历史科等。学科是以拉丁语、宗教及唱歌为主。

（3）教育事业

氏对于教育之贡献不在于思想上，而在于事业上。其功绩有二：①在于教科书之编纂，②在关于学制上之献策。彼曾著中等学校教科书甚多，例如，《希腊语文法》、《拉丁语文法》、《辩证法教科书》、《修辞学教科书》、《物理学教科书》、《论理学教科书》等，是其中之最主要者。至关于学制上之贡献，则曾为萨克森侯起草《教育令原案》。此原案是根据以下三原则而成：①学校不可授学科太多（以拉丁语为中心）。②不可使用书籍太多。③学级可分为三年级：第一级授以拉丁语之读写及唱歌；第二级则课以简易的古典之讲读、拉丁文法、音乐及宗教；第三级则课以高等古典，拉丁文法修毕，加以修辞及音乐。

路德对于教育上之贡献，是以初等教育方面为主；梅兰希顿之功绩，则专在中等教育方面。

（四）特罗曾多夫

（1）略传

特罗曾多夫（Trotzendorff）者，原名为弗里德兰德（Valentin Friedland），是宗教改革期之著名的教育家，生于1490年，卒于1556年，因其出生地是德国萨克森州之特罗曾多夫，此其命名之所由来也。父为信仰极深之农夫。16岁时氏曾入僧庵学校，但不久复回家，频频转学，其母责其留校，意欲学成将可为：牧师。但氏竟认母意欲其为教师，从此立志为学校教师矣。1514年，入莱比锡大学，习希腊语、拉丁语，至1516年，得Bacra laurlus学位。其后曾充教师，因宗教问题而失职，乃入维滕堡大学，师事路德与梅兰希顿，业成后，专志从事于实际教育。1531年，受聘为哥尔德堡（Goldberg）文科中学校长，在职继续35年，声誉大著。

（2）教育思想

氏之教育理想，乃从路德、梅兰希顿来，在养成敬神与能为宗教尽力之人。其经营哥尔德堡学校，即本此旨。是校乃私立的，程度大略与“阿加德米”（专门校）相当，励行宗教教育，一面为大学教育之准备，以入神学部为主要目的。

氏谓学校教育之精神，须纯粹为宗教的，须热心授以《宗教问答》，及课以祈祷，其次则重言语教学，此乃宗教的陶冶之方便。其他如实际的方法、修辞（作文）、算术、天文、音乐等教学，亦属必要。

训育上是颇严格的。氏以为学校的教育，当仿最良的国家形式而实施，因此，为维持秩序计，校内特设“监督”。其职掌是警醒学生起床，使出席实行祈祷，巡视室内与寝床的秩序，禁止时间以外的闲谈及奏乐，禁止点火，监督学生一般的行状及就食时的礼仪等。故学生惧监督，尤过于其他的教师。

氏对于一般学生均用同样的处置法，偶一有过，则断然处罚。若属贵族子弟或年长者，欲免罚时，除非改过，则须退校，二者只任选其一。但以上只是保持学校威严的办法，并非训育之全部。此外，氏更与学生谈笑，实行愉快的交际，受护备至，故学生心悦诚服。

氏的训育法中，有一点应特注意者，即在其所谓“自治的训育法”之实施。此法较于现在美国及其他诸国所行的更为严格，虽不免有过重于“裁判”方面之嫌，但既为自治组织之一种，未尝无注意之价值。其自治组织，是由学生中选出市长（Consul）1 人、议员（Senator）12 人、检事（Censor）2 人，任期一月。检事之职，是关于宗教及训育上，遇有不规则者则告发，被告发之学生，在 8 日内，务须预备自行声辩。议员在公开裁判时，是就特别的席位，被告者亦就一定的席位，其他一般学生则就旁听之席。其时，校长特罗曾多夫则为指挥者，占中央席位，视被告之辩明如何，而决定罚法。罚例是分为罚金、禁锢、拘留、笞刑、首枷、断食等。

以外，关于训育上的设施，则有庆节中拉丁语演说的竞争，体育上则奖励角力与竞走等。

（五）斯图谟

（1）略传

斯图谟（Johannes Sturm）者，德国人，以1507年生，1589年死。1530年，曾为巴黎大学之希腊语教授，后7年，为斯特拉斯堡（Strassburg）之文科中学校长，在职45年，以实际教育家鸣于世。

（2）教育思想

其教育思想在养成“信仰巩固，知识丰备，长于辩舌”之人物。教学法上，主张由观察而臻于理解，以旧观念为基础而得新观念，教材须相互联络而教。学科上，视拉丁语、希腊语为最重要，禁用国语。此外，更授以宗教、音乐、修辞、辩证法等。关于训育上，力谋学校与家庭之联络，劝父兄辈参观学校，学生在家时，父兄有代教师尽熏陶之任务。学生一律须住寄宿舍，在监督之下服从共同的规律。体育上，则课以击剑、游泳、猎狩、舞踏、游戏等。

其论优良教师之资格，一在于重公益，二在实践道德，三在学识赅博，而其理想则在于善。故教师须以纯粹动机而行善，不当以名誉心而行善云。可见，氏之教育大抵是采梅兰希顿的精神。

（六）阿斯堪

（1）略传

阿斯堪（Roger Ascham）者，以1515年生于英吉利之约克〔郡〕，至1568年殁。1530年，在剑桥大学之圣约翰学院肄业，充其父所事的贵族之秘书，后且为其女公子之家庭教师。

（2）教育思想

氏之教育思想，受斯图谟的影响甚大。其著书有《学校教师》一册，论及教育上诸问题、教学法、拉丁语教法等。其精采处可约为以下四者：

①谓欲使儿童好学，其法是在于“爱”与“恳切”。吾人不宜单计儿童之现在，须考虑其将来。纵使其现在对于课业不甚得手，但一念及其来日方长，因亦不宜滥施体罚。

②谓鉴别儿童之天性（即真正的人格价值），虽为教师之要务，但不宜单从表面上所显露的学力、记忆、才能遽加判断。因为儿童幼时，尚未显出其真正的聪慧、优秀学力、善良品性等。反之，幼似愚钝之童，其后竟有发挥优越才干特放异彩者。

③欲验儿童果具有学习上所必要的天性与否，氏则举出以下七种条件为鉴别之标准：（a）身体健康否，（b）记忆力强否，（c）心向学问与否，（d）好勤勉与否，（e）好听他人所言之事物与否，（f）好复习与否，（g）希望赏赞与否。

（4）氏认青年是具有放浪性，在教育法因此主张禁止旅行。谓多数之教育家，认旅行在教育上有重大价值，诚属误解，其实有害无益。若往意大利要学 3 年而始得之学问，若在本国只需一年便可学毕。照自己的经验，虽仅居威尼斯 9 个月，但所习得的罪恶，较在伦敦 9 年所习者为尤多。准此，为解免青年放浪的罪恶计，以不使其旅行为最良。

氏认旅行为有害无益，究属片面之词，非确论也。此外，氏的教育意见，尚有重视体育、以自由宽大养育儿童、当重知识之质（判断力）不当重知识之量（记忆）、当重内容而不当重形式等。

（七）尼安德

（1）略传

尼安德（Michael Neander）者，德国人，生于 1525 年，卒于 1595 年。最初欲为商贾，在习业时，因乘马被踬，伤其左腕，改入僧庵。1542 年，入维滕堡大学，听路德的讲义，且受梅兰希顿的感化。其后充学校教师，游行四处，1550 年为埃尔佛僧庵学校校长，名誉遂高。是校在其赴任之初，只有学生 12 人，9 个月后，增至 40 人，次第繁盛。氏终身供职于此校连续 45 年，仅以一身兼全部教学之责。

（2）教育思想

尼安德在教育中可记录者有二点：①在于提倡实科的陶冶。氏认识自然科学的价值，与当时的潮流相反，特重地理、历史、自然科学等的教学。其教法是在将此三科合并教学。②在言语教学上之功绩。氏编纂拉丁语、希腊语等教科书，以便于教学。又述言语教学上的意见如下：“言语的教学上，当使规则简单，同时记忆重要的单语章句。”

其学校之实际教育状况，则收容 6 岁至 18 岁之儿童，以宗教的陶冶为第一，最初教读法、书法、宗教问答等，13 岁始教希腊语，16 岁教希伯来语，至十七八岁，则加授辩证法、修辞学等。总之，受梅兰希顿的影响不少。

（八）弥尔顿

（1）略传

弥尔顿（John Milton）者，英国伦敦人，以 1608 年生，1674 年死。父为信仰甚深的公证人，其母性极慈爱。以年代论，本属 17 世纪的人物，不应列在此期，但因其是英国的清教徒，且其教育思想亦全属新教主义的，故特与 17 世纪之唯实主义者分别列之。

氏初学于圣保罗的公众学校，次入剑桥大学，研究希腊语、拉丁语及上代的诗人、历史家、雄辩家、自然科学家、哲学家等著书。在学时非常勤勉，大学毕业后 5 年间，留居伦敦，潜心读书，且习武术。1637 年母殁后，游历意国佛罗伦萨、拿波里等处，至 1639 年归国。其后聚儿童 23 人于私宅中，一时从事于教育。但值政界多事，遂投身政界，为克伦威尔将军之秘书，在政治上活跃。不幸于 1654 年，竟成瞽目。其名著《天国失亡歌》（*Paradise Lost*）实成于此时。

氏本为诗人及文学家，但同时亦不愧为教育思想家。1644 年，曾著《教育论》（*On Education*），是书成于夸美纽斯离英复归瑞士之时。但因值内乱，故出版搁迟，其后始出世。书中内容，是属通论的性质，特别指摘英国道德教育的缺点，及高唱自由。

（2）教育思想

氏之教育理想，期达宗教的与现世的两方面之完成。如云：“人类因负宿罪致有所丧失，不得不从正道上取偿之；爱神、信神，以达似神的生活，即赎罪之道也”，此是关及宗教方面的陶冶思想。至云：“无论为公人或为私人，在战时或在平时，均须与以完成诸种性能适于世俗实用的陶冶”，此是关于现世方面的教育理想。总之，氏之一般教育的目的，乃在于道德之最高的完成，此中即可明认其新教主义的色彩。

（3）教育方法

氏之实际的教育思想，是从上述之目的中演绎而来。即是欲求对于神之认识以达于最高之道德完成计，不可不熟悉神之所创造的万物，于是生出言语教学之必要。但言语教学，非单以了解一国的语言为止，实有了解各国的语言之必要，由此生出古典研究的需要。且言语的本身，并非教学之目的，其目的乃在于言语的内容。言语的研究，以先藉简单的文化，了解言语的形式为切要，由此进而读书。事物的教学，应从感觉方面及容易的知识开始，言语与事物须合并而教，此是最善而又最高的教学法云。

以上在弥尔顿的教学思想中，吾人可以看见是由言语主义渐进于十七八世纪之唯实主义的倾向，即是表现一种“言语的唯实主义”思想。此大有注意的价值。

氏又发表一种“理想的阿加德米论”，即将阿加德米学校分为4级，收容自12岁至21岁的学生。第一级是12岁至13岁的学级。此级以教国语及宗教为主，及授以拉丁文法之主要规则。在本期所应注意者，若用拉丁文所写的拉丁文法书，不免劳多效少，宜用英文所写的，最初要矫正发音，进授读本，陶冶道德。算术与几何当从游戏式学习之。惩罚是无效果的，不如以示范为主。第二级是自13岁至14岁，当读拉丁的散文，同时养成关于事物的兴味与爱国心。博物、物理、数学等，亦应加入学科中，此外更教地理、天文、气象、卫生等，以为实际生活之资。又有使其听猎者、牧者、渔夫等经验谈之必要。第三级是自16岁至19岁。此时代为道德的、政治的、宗教的陶冶之期。关于道德的教材，则用柏拉图、色诺芬、西塞罗、普鲁塔克等著作。关于政治法律的教材，则用莱库古斯、梭伦、天斯夭尼帝的法典、萨克森与英吉利的法律等。关于宗教的教材，则为神学与教会史。每值星期日，则读希腊文的《新约全书》一节。第四级是自 19 岁至 21 岁。此级因为最上级，故须习论理学、诗学、雄辩术等，更读其他名人的原著。

关于体育上，氏则主张无论平时或战时均须锻炼身体，使用武器。为养成勇者的情绪计，须行角力、军队教练、行军、围攻等。

总之，弥尔顿的教育思想，是于新教主义的基调中，混入人文主义、唯实主义的色彩。

第四节　唯实主义教育之勃兴

（一）新教主义以外的教育

16 世纪的教育界是颇复杂，此期虽以新教主义为主潮，他方则又有中世纪的教育与希腊、罗马精神复活之人文主义教育之并存，更有唯实主义（或实用、实利、实学等主义）的教育之勃兴。此四者是交互影响，呈复杂的状态。

在此种过渡时代，教育界具有若是之复杂趋向，可认是自然的。因为中世纪的文化，至此虽已衰颓。而近代主义的文化，尚未达完成之域，暂时只见古代的文化之复活，然以过去之遗蜕，其不适于现实的需要也明矣。因此，16 世纪之一过渡期中，乃见新旧文化之交替，所以各种色彩均不成为纯粹的，只是夹杂的，诚无足怪。

惟是 16 世纪的教育，渐近 17 世纪，则忽变为唯实主义、自然主义、理性主义等趋向。此可谓为近代主义的趋向之胜利。此种趋向既呈深刻化，教育界之大势亦因宗教的而益趋于世俗的，由人文的而益变为唯实的。虽则 16 世纪之中叶，仍有“厄斯伊达派”的教育出现，可认为中世纪主义之余波，然而反动亦终寝息，大势依然进于近代教育的形态（参照十七八世纪的教育）。

（二）唯实主义教育的勃兴

16世纪的教育，既不是纯粹人文主义的教育，亦不是彻底的唯实主义的教育，只现出一种过渡的、折衷的教育而已。即唯实主义与人文主义相结缘的，可特称为“人文的唯实主义”（Humanistic Realism）。例如，以下所述法国拉伯雷的教育思想是其代表。从来的教育史家，或单认拉氏为人文主义的教育家，或竟认其为唯实主义的教育家，但严密言之，彼实属于过渡的、折衷的学风，不能截然认为专属某一方。究认其为人文的唯实主义教育家，最觉妥当。此外，更可认其为社会的唯实主义、感觉的唯实主义等之先驱。前者可以法国的蒙田为代表，后者可以英国的马加斯德为代表。

1. 拉伯雷

（1）略传

拉伯雷（Francois Rabelais）者，法国人，生于1483年，殁于1553年，是牧师而兼文学家。少时，就学于附近之圣本尼迪克特派的僧庵，志欲为牧师。但彼对于希腊语、法律、医学等甚有兴味，故其后入蒙伯利大学，研究医学，1530年，得Bacralaurlus学位，然以其具有多方兴味之故，不久又转习文艺，1533年，曾作一讽刺小说，匿名出版。所谓《卡刚都亚》（*Gagantua*）与《庞大固埃》（*Pantagruel*）二书，不过从此小说中抽出另刻而成之书耳。此书当时大得美誉，然因属讽刺小说体，嘲骂当时法人缺点过甚，竟致物议沸腾，氏乃不得不作流浪生活。但从此小说中，可窥见其人文的唯实主义之教育思想。

（2）教育思想

氏认自己所鼓吹之人文的唯实主义思想是代表新教育，而指摘中世纪经院学风的、机械的、注入的、形式主义的教育之缺点，斥为旧教育，极端排挤之。其寓言小说中，乃将已受旧教育20年之卡刚都亚与仅受新教育二三年之尤德蒙（Eudemen）相对比，指出其差异点，意欲除旧布新。其中描写之情形如下：

久受机械的、注入的旧教育之卡刚都亚，因自由性消失，知识之启发上大有窒碍，故偶与尤德蒙相遇，顿觉举止羞涩，手足靡所措，类妇人处女，赧赧掩面而逃。若乃受新教育之尤德蒙则活泼、刚健、谦逊、优雅，终非前人所能及。卡刚都亚之父见而大惊，乃聘尤德蒙之师波诺格拉底（Ponocrates），使再教其子。波氏乃偕卡刚都亚至巴黎，单使其从事体育，盖欲使其忘向日从旧教育法中所得之缺点，以便于再教，他面则又励行新式教育。

此新教育的方法，即拉伯雷所认为理想的近代教育法，其步骤大致如下：波氏先注意卡刚都亚之性质与恶癖，每朝使其 4 时起床，摩擦身体。次读《圣经》一节，使之听，是择最能鼓舞感情者读之。在休息时，乃将前日所学者温习。从此观察天象。在穿衣剃面之际，亦继续教学，此间行种种问答，总使其所学能适用于实际生活。其后则有 3 时间的学科讲义。讲毕，出户外游戏，然后就进食。食时，或谈有趣的故事，或就面包、盐水等引古典，以相问答，说明其性质与由来。如此，则可从事物中得到理科上的知识。食后，洗涤手、面与口，行谢神的祈祷。

数学之初步，则用卡片或骰子等，从游戏式学习之。再作几何学、天文学的问答及音乐的练习。授以 2 时间的讲义，如上午的学习之连续。讲毕则出户外，练习体操、武艺、竞走、猎狩、游泳等。在往返之途中，授以博物学上种种知识。归而休息时，则温习日间所学，方就晚膳。

晚食既毕，则唱赞美歌、奏音乐、作数学的游戏。时常访问学者与经验家，听种种言论。归途中，则仰观天象。最后，则行祈祷而就寝。

遇雨天时，讲义虽照常继续，但因不能出野外，故或偕往制造厂参观工业状况，或往法庭旁听审判，或入寺院听说教，或入商店研究商品，或入药肆以得医药的知识。总之，就实物实事，而为有益之学习。一个月必举行远足一次，以得历史地理上的知识。卡刚都亚既受此种教育，竟觉前后判若两人。盖此种新教育理想，乃由直观主义、唯实主义的观念中而来，此点极堪注意。

拉伯雷关于教材上的意见，则见于小说中，有卡刚都亚在成人时，曾遣其子庞大固埃以书简，大致如下：

“为父望尔悉习自然界的知识。例如，栖于河、湖、海中一切鱼类，翔于空中之一切鸟类，生于森林田野之一切草木，东洋乃至南洋所产一切宝玉，地中埋没之一切矿物等”云云。

本来拉伯雷非单注重实学，他方面又尊重上古的文学及希腊语、拉丁语、希伯来语等。更欲使人达到神的生活。综括言之，其教育理想，是在网罗宗教、言语、实科三方面，亦即是在陶成宗教的、人文的、实利的人。

2. 蒙田

（1）略传

蒙田（Michel Eyquen de Montaigne）亦当唯实主义先驱者之一人，以1533年生于波尔多城，为法国贵族之子，至1592年死。少时受理想的家庭教育，6岁时即能操拉丁语，7步入波尔多的中等学校，至13岁毕业。毕业后曾研究法律等，亦曾投身于军队。21岁被选为波尔多市会议员。翌年，其父殁。继承富有的财产，以旅行等生活度日。

（2）教育思想

蒙田是属于“社会的唯实主义”（Social Realism）派。其教育理想，不在养成博洽的文法家，或精熟的拉丁语学者，更非养成贮藏死知识不合经世之用的人物（因此，反对中世纪主义的教育甚烈）。是以养成“能处事接物、进退得宜、具有判断力、能尽一己之责务、情操纯洁、德性高尚的人物”为教育目的。此种思想，是认人类之真价值，与其谓为在知识方面，无宁谓为在实行方面；又同是知识，亦非重在分量之大小，而重在质之精与力之健实。简言之，是承认博闻不如卓见，知之多不如辨之审，以养成善于处权应变之经世家为主。此可谓为实用主义、形式的陶冶主义之教育思想。

（3）教育方法

氏关于实际教育上之意见，是极端注重家庭教育，而反对当时学校式之划一主义的教育，故对于家庭教师资格论之甚详。其要点如下：①家庭教师，非重在学殖之丰富，而重在理解力、判断力之优越；②知识之多，不如道德之高；③须能洞察儿童的个性，以实用上的眼光及教育上技能，导儿童于自学力行地位。此种家庭教师论，实可认为氏之特别的教师修养论。

关于教材方面，不重形式的而重实质的，不重言语的而重实用的。最初授以读书、习字、算术等，进而授以几何、物理、论理即所谓自由的学科，而最重视者却在于哲学，此种哲学是指实践哲学，可为人伦道德之大本者，非指中世纪式的经院哲学言。氏谓无论少年与老年，无论在教育之始或教育之终，均有习哲学之必要。

关于言语教学上，则反对向来的方法，特有如下的主张："言语之可贵，在能知其内容而助自己之发表思想。但向来只为言语而学习言语，为文法、修辞而学文法、修辞，此大谬也。无宁取反对态度，为重言语的内容而学习言语，因重言语起见而学习文法。"又曰："向来的教育，往往舍本国语而学习希腊语、拉丁语，此是谬见。宜以本国语为主，其次则授以邻国语。"氏认此为言语教学上之"直接法"，亦即为实用主义之表现。

关于教学法上，则反对向来的注入主义、记忆主义，而倡直观主义、启发主义。故曰："向来的教学法，徒以教材灌注于儿童之耳官，如水之注于漏斗然。因此，儿童未必能达于真正之理解，只如鹦鹉的摹仿，经口耳上而记忆之。此大谬也。其改进之方法，是在教师先察儿童之性能（个性能力），使其对于事物自行观察、玩味、选择与处理，教师一方面谈话与运思，儿童亦要一方面谈话与运思。"氏因此大主张采用苏格拉底的启发式。

关于训育上，氏则主张"德智并行说"，认惩罚为价值极少，尤反对体罚。关于养护上，则认为既从精神上教育，更须力图身体之发达，因而奖励角力、乘马等。

总之，蒙氏虽以实用、实学为主，但仍未完全脱去人文主义的色彩，试观其以哲学为最高的学科，便可明白。蒙氏与拉伯雷的差异处，是在前者重博学，而后者重在卓识，但此两人均可认为唯实主义的先驱。（参考拙译《孟氏幼稚教育法》一书）

3. 沙朗

蒙田等之人文的唯实思想，当时尚未经世人之十分注意，即教育界的注意者亦少。只有沙朗继承之，以论教育方法。迨至18世纪，此种思想，竟胎生卢梭，可谓收获甚大。关于卢梭的学说，容俟后述。兹先论沙朗。

沙朗（Pierre Charron）者，蒙田之弟子，多祖述师说，其中亦微有变更。氏谓儿童最初之教育者当为母亲，须使儿童从早惯于质朴简单的生活。此种思想是由蒙田来。氏更采用斯巴达的教育思想，谓“国家须使儿童受同样的教育法”。

关于教育目的，亦与蒙氏同样，主张养成“具有道德及理性的判断力、有为良善之人”。故在训育上反对詈骂与鞭挞，谓“须以自由高尚待遇儿童，教以恳切合理之训诫，引起其名誉及廉耻之情，如是始助长其为善之动机，终为有德之人”。关于教学上，有言：“教学非单求学艺之进益，而在睿智（知见）之陶冶；非单造就记忆与想像之人物，而重在判断力、意志与良心。”此明与蒙田同属形式的陶冶主义，故认教多量多种的学科为不当，但谓关于自然及道德的学科最适用。

教学法上，主张用问答法，使儿童自行思想，陈述意见，从而教之。一般上须令其从自己的理性上探究，开以自学之途。

4. 马加斯德

马加斯德（Richard Malcaster）者，英吉利之教育家，世称为“感觉唯实主义”（Sense Realism）之先驱者，生于1530年，卒于1611年，曾就学于伊顿、剑桥、牛津等处，历充中等学校、高等学校校长，继续二十五年间，从事于教育。

在教育思想上，是以“辅助儿童之天性而完成之”为目的。谓幼儿的教育，不宜用古典语，须从国语开始，所以极重国语科。故曰：“余爱罗马，但更爱伦敦；余爱意大利，但更爱英国；余知拉丁语，但更尊重英语。”

以上是单关于国语教育的思想。此外，则主张初等、高等的教育，须男女共学，且视学校教育胜于家庭教育，更谓大学既养成僧侣、医师、法律家，同时亦要养成教师。在音乐教育上，则力言其对于呼吸之价值，体育则认为其为健全的精神之基础。更论及学校建筑及小学教育之强迫制度等。又论初等教育是为智能的基础陶冶，至在高等教育上，则主张课程之分化。关于女子教育，亦有进步的意见。

第五节　宗教改革期教育之实际

（一）初等教育

宗教改革既成，新教主义的教育一起，德国的初等教育界渐渐发达，小学教育有普及的倾向矣。此实由路德的《宗教问答》及《圣经》的翻译与其他之公共学校设立的建议等，与有力焉。即在不能设小学校的村落中，地方的牧师，亦使寺院的看守者为代用教师，施以极初步的教育。此种小学之代用学校，特称为“寺仆学校”（Kusterschule）。1531 年，最初是由鲁贝克地方设有如下之规定：“在村落地方，教会的看守者，须教少年以赞美歌，或代牧师而授宗教问答。”至 1533 年则波美拉尼地方，1537 年则凯仙地方，1538 年则莱比锡地方，1540 年则美因茨地方，1572 年则勃兰登堡地方等，均颁布同样的宗教律。又 1559 年，维滕堡的宗教律有如下之规定：即在小村落，凡属教会的看守者所居之地，必须设德意志学校，授以读书、习字、宗教问答、赞美歌等。此是认寺仆学校与德语学校为同一的。又据 1580 年萨克森州的教育令，则规定“在教会之傍，建筑教室”。

以上单属德意志的初等教育状况，但此种倾向亦见于其他各国。其在荷兰，则新教运动竟使宗教教育与读书、写字等初步教育扩充。其在苏格兰，则在教会监督之下，设有免费的小学校，此实由诺克斯氏之努力而来。至 1616 年，枢密院命各教会管辖区须设小学校，1632 年则苏格兰议会自行决议，更至 1646 年，则通过“各教会管辖区必须设一学校，并任命教师”等法律。

以上是欧洲诸国初等教育逐渐发达的情形。

（二）中等教育

本期德国的中等学校教育，在人文主义与新教主义调和之下而发达。最先是由萨克森州于 1528 年颁布《教育令》，此乃根据梅兰希顿起草的原案而来。德国南部，则斯图谟氏的势力强大，根据其主义，竟在中学校亦教希腊语矣（梅兰希顿则否）。

其在英国，人文主义在中等学校极盛，遂将既成的公众学校改善，此实由阿斯堪、斯图谟等之力。当时学校之有寄宿者仍少。寄宿舍制度，是 5 时起床，6 时至 10 时上课，11 时午膳，12 时至下午 3 时再上课，3 时至 4 时散步乃至自修，4 时至 5 时再授业，5 时晚膳，6 时至 8 时自修，8 时后就寝。本期英国公众学校制度，继续实施至 19 世纪。

其次，再论加尔文派的中等学校（College），此实新教主义的中等学校，其目的是在养成“有学问的信仰家”。故学科上亦并用宗教的与人文的两种。此种学校共分七级。其教育内容，则最初以习字母及缀法为始，然后从法语、拉丁语及宗教问答等，以教读法及文法。由是而读维吉尔、西塞罗等之著书。至第四级，则加课希腊语，使读苏格拉底、色诺芬、波塞多尼尤斯、德谟斯梯尼等古典书籍。或将拉丁语译成希腊语，或从原语上读福音书与书简等。进至最上级，则修习论理学、修辞学等。论理学上多用梅兰希顿所编教科书，修辞学上则习西塞罗、德谟斯梯尼等之演说。又每星期举行雄辩术实地练习 2 次。此种教育，渐传于法国的新教徒间，更普及于荷兰及英美。

（三）大学教育

宗教改革之发源地是在维滕堡。梅兰希顿曾在此大学掌教 42 年，故此大学受新教主义的影响最早而又最多。

1536 年，该大学实行大改革。盖因宗教改革的结果，许多僧庵学校已经停办，乃将其财产拨归该大学之故。但教育方针则为人文主义的。大学既经改革，其结果是哲学的正教授多至 10 人以上，人文主义的学科非常扩张。教学法上全废向来所用的“问答的讨论法”，改用“朗读法”。欲得最下级的 Bacralaurlus 学位，须以文法、辩证法、宗教大意等为必修科。观此则可知宗教改革云者，实为人文主义与基督教之合并。至欲得 Magister 学位，则除照向来研究亚里士多德之外，复以数学、天文学、希腊语等为必修科。至 1539 年，莱比锡大学亦有同样的改革。

在 16 世纪中，有许多新设的大学出现，其属新教主义的大学，则有马堡大学（1527 年）、柯尼斯堡大学（1544 年）、耶拿大学（1556 年）等，此种大学，除向来的大学已经研究亚里士多德之外，加入希腊、拉丁之文艺与数学，更加入论理学、形而上学、伦理学、物理学等。又有许多大学则设史学科，教古代的历史。

大学教育的改革，不独行于德国，即英国亦从剑桥大学开始，牛津大学亦大改革。廷德尔（John Tyndall）与拉蒂梅（William Latime）等，是改革之中心人物。本来英国受宗教改革的影响，僧庵与托钵僧团体因而破坏，一时觉得大学趋于衰颓。并新设的学院逐渐加入，受国王及教会之补助，不久复成盛况。剑桥与牛津两大学自 1535 年脱离罗马教皇的支配，受国王的监督，据同年颁布的规定，则大学职员一律均要信基督教，在学科中，规定学生每日须习希腊、拉丁两语。且改从来的七艺，在文科则须修论理、数学、修辞、地理、音乐、哲学诸科，并须读亚里士多德、阿格利克拉、梅兰希顿等之书。

照当时的学科规定，其在文科，则第一年生以数学科（算术、几何、天文、地理）为主，二年生以辩证法为主，三年生以哲学为主，此经 1549 年所改正的课程。又据 1570 年的改正课程，则一年生以修辞学为主，二年和三年生以辩证法为主，四年生以哲学为主。此外，学生又须时时行讨论问答。如此则得 Bacralaurlus 学位。其次再习哲学、天文学、几何学、希腊语，且常出席讨论，经 3 年后始得 Magister 学位。

其在神学科，则得文科之 Magister 学位后，更要 5 年间继续在神学部研究。每日又须习希伯来语。如此则得 Bacralaurlus 学位，其后 5 年则得神学博士学位。但年龄在 24 岁以上者，则虽不得文科的学位，亦许入学，10 年后始为 Bacralaurlus，但在此期间，非积有与 Magister 相当之修养不可。

其在法科，则经 5 年之后，始为法律的 Bacralaurlus。再经 5 年，则为法学博士。但既得文科之 Magister 者，则仅以 7 年可得法学博士学位。

至于医科，则除非继续 6 年间听讲义，不得为 Bacralaurlus。再经 5 年，则为医学博士。但有 Magister 学位者，则 7 年可成博士。

当时的大学课业，除讲义外，必须参加讨论与讲演。讲义则根据教科书，此不外用希腊、罗马式古典的原书。

第六节　宗教改革期教育的总评

此期在文化史上言，是中世纪的文化未尽灭，近世的文化未完成，实为此两者之抗争、混合融化之过渡期。故上层建筑的教育亦受其影响，而现出以下的色彩：

（一）中世纪式的基督教教育，人文主义的教育，新教主义的教育，人文的唯实主义教育，成为互相对峙之势。

（二）故教育理想，亦分四分式，基督教教育则以中世纪之神本的人格之养成为目的，人文主义教育则以养成希腊、罗马式之言语的、文学的自由人为目的，新教主义教育则欲养成有信仰的凡人，人文的唯实主义教育则欲养成具有实学教养的凡人为目的。

（三）但在实际教育上，基督教式的教育如僧庵学校、托钵僧团学校等教育逐渐衰退，而其相反抗之实用的、实学的教育尚未盛，只有人文的、新教的两种教育最得势。而人文主义的势力则以大学及中等学校为主，新教主义的势力则以初等教育为主，此极堪注意之阵势。

（四）中等学校与大学教育虽盛，但小学校教育尚未就绪，到底不如今日之盛。国民义务教育实际上亦并未施行。

（五）就教师方面言，中等以上学校的教师虽有相当之数，但小学校的教师几乎全不见，此实因尚无正式的师资养成机关之故。当时之所谓教师者，大概由牧师、寺院之看守者甚至兵士等入而充数，故其地位之如何等，实在不成问题。

（六）女子教育，亦无特别可观。

（七）就制度上言，大学的教育权是逐渐由教皇之手移归国王之手，但小学教育权则悉掌于教会之手。虽没有种种的规定，但尚无特别有意义的法律出现，尤以小学方面为然。

（八）至于教育理论的研究方面，关于儿童性虽渐知注意，但尚无大进步。只有直观主义、启发主义、实学尊重的近代思想等，却甚显现，此特应注意者。但教育学说尚缺乏，组织的研究亦未见，只有断片的新教育思想，从经验上或受时代思潮之影响，偶尔倡出而已。

（九）训育上一般是采用自由主义，此实受人文主义的影响来。

（十）所谓教育的专门学者（即教育学者）尚未出现。

更将本期教育之全体综观之，则见中世纪的教育渐变为世俗式的教育，空虚的理想主义渐变为现实的、自然的倾向，此可认为近世主义之抬头，亦属人格的自觉之表现。而其本质，则是对于中世纪之感情本位的而为理性主义的。此种倾向，待至十七八世纪，则成为启蒙主义，现出理性本位的文化与教育矣。

第四章

十七八世纪的教育

第一节　总论

（一）社会状况

十七八世纪的欧洲社会，形成迅速的、异常的变化发达，语其荦荦大者，可作以下的分析：

（1）教皇与教会之权威衰颓，王侯之权力增大，渐成近代的国家组织形态。其间或发生教皇与国王之争执，或国家与国家间开战，更或有新旧教徒间之战争，如“三十年战争”是也。又本期因个人主义的社会思想发达，故个人本位的社会机构益巩固。个人本位的社会云者，是与希腊、罗马之上古的家族主义的社会异趣。

（2）因实利的生活之翘望甚切，故社会生活的内容渐由中世纪式的精神生活而变为近代式的物质生活。其主要原因是由于种种的发现与发明，及交通贸易之发达而来。例如，印刷术之发明及进步、显微镜之发明、寒暑表之制作及全世界交通贸易之隆盛等均是。

世界交通贸易之发达，乃由人类对于世界的眼光之扩大而来。例如，1492 年哥伦布之发现美洲大陆，1498 年达伽马（Vasco Da

Gama）之发现印度航路，1510年至1511年间葡萄牙人之获得爪哇及马六甲（Moluccas），1519年至1522年麦哲伦（Magellan）之世界一周，1543年至1549年葡萄牙人之抵日本，1600年英国东印度公司之创立，1619年荷兰人之占领南洋等，实使全世界成为人类之一大社会。于是，人类的眼界开扩，交通贸易发达，使人心一新，物质的生活欲望扩大。本期社会生活之最大特色，是在于探险、征服、财富与力量。

（3）社会上自然科学之进步发达。其中最主要者，如哥白尼之提倡地动说，吉尔伯特（Gilbert）关于磁力原则之研究，伽利略（Galileo）之新物理学组织，开普勒（Kepler）关于天体运行之研究，及其他关于动植物学上的观察记载之进步等，均属其例。至若学术研究方法之进步上，则有培根（Francis Bacon）之提倡“归纳法”。

（二）思想界的状况

十七八世纪的思想界，与从前最差异之点如下：

（1）是在关于自然研究的思想特别发达。中世纪时，关于自然上并无何等注意，虽偶有注意之者，亦被僧侣与教会所阻，盖恐冒渎神之尊严也。但至十五六世纪，宗教之威权渐弛，人文主义兴对于自然与现实的研究逐渐增大，竟达于极点。种种的自然科学上之发现与发明，均与此种思想倾向有因果关系，其结果是生出自然主义与实证主义。

（2）是在于理性主义之勃兴。“理性主义”（Rationalism）者，照前所述，是从十五六世纪初抬头，追溯其来脉，实远绍希腊、罗马的哲学而来。但十七八世纪之理性主义，不单属于哲学上的理性主义，他面还包含自然主义与实证主义等之“感觉主义”的成分。严密言之，究应与哲学上的理性主义区分，不过两者之共通点，是在于尊重理智与法则。例如，法国之笛卡儿（Descartes），德国之莱布尼茨（Leibnitz）、沃尔夫（Wolf），英国的洛克（John Locke）、休谟（Hume）等，均属此种主义。理性主义的倾向，是主智的、合理的，此点与中世纪的主情主义异趣。但笛卡儿与莱布尼茨是属观念论的，而洛克、休谟等则属感觉主义、经验主义，此二者又不能混同。

（3）是为自由主义、理性主义既发达，益令自由主义更盛。自由主义的思想，实见于十五六世纪的人文主义、新教主义之中。但当时尚为传统的宗教信仰所拘束，未得充分发挥自由主义之特色。但至十七八世纪，则此种思想的热量已达于一百度，实有爆发之势。自由之根源，是在理性。然所谓“自由”之中，又分出两种异彩：①是从感觉主义的理性主义而来之自由，②是从观念论的理性主义而来之哲学的自由主义。但两者在表面通称为“自由”，是无二致。

（4）是为个人主义的思想。十七八世纪中，实为个人主义特别盛旺的时期。本来个人主义，在希腊的民族时代之诡辩派、伊壁鸠鲁派、斯多葛派中，早已倡出。基督教亦以此思想为基调，罗马之古典时代亦然。文艺复兴期中，又包含于人文主义与新教主义之中。故欧洲的个人主义，其渊源甚深，非至十七八世纪突然产生也。但在十七八世纪中，却与理性主义、自由主义相并合，其势力益大。18世纪中之“社会契约说”（Social Contract），实由个人主义而来。

（5）是为功利主义之勃兴。此特指十七八世纪的道德方面，即实践哲学之思潮言，其中尤以英法两国最富于此种思想。“功利主义”（Utilitarianism）者，以生活上之幸福即所谓实利实益为人生之理想者也。此实为以前历述之个人主义、自由主义、感觉主义、实证主义、世俗主义等之综合的产物。

但照哲学史家的分析，是认18世纪的“幸福主义”（即广义的功利主义）有两种：①主张精神的幸福者，②主张物质的幸福者；后者是与英法等经验主义相结，前者是与德国的观念论的理性主义相结。

以上是将十七八世纪的思想分为五种特征，但此五者非分立的，乃属互相关联，而形成一大思想之体系的。此体系实可以“主智主义”或“理性主义”代表之。然则理性主义之影响于当时教育界何如？

（三）十七八世纪教育的概观

十七八世纪的教育，是较于前期更形复杂的，盖因社会生活既复杂，而思想界亦生出多歧性，故教育亦不能归于单调的。兹特析为以下四大系统：

（1）为新教之反动的、旧教主义的教育之复兴，此即指自16世纪之后半所起的厄斯伊达派的教育言，是为16世纪之人文主义、新教主义之反动的教育，因其欲恢复中世纪的旧教主义（Roman Catholic教的）的教育故也。

（2）为自然主义的、功利主义的教育之勃兴。此种教育，可认为是将前述之法国拉伯雷、蒙田等所倡之人文的唯实主义教育之扩充而来，又因其是功利主义的，故更可认为世俗式的教育之发达。属于此种系统者，当以培根、拉特克、夸美纽斯、洛克、卢梭等为代表。

（3）为泛爱主义的教育。此派的教育，其方法是多与洛克、卢梭等相一致，但教育之理想方面则不同。其特色是在“泛爱人类，以谋人类之幸福”为主，即是一种人道主义的教育思想。其代表者为巴泽多、萨尔兹曼、卡姆佩、特拉普等。

（4）为感情本位的宗教教育之发现，此即指法国旧教中之“詹森派”（Jansen）与德国新教中之“虔敬派”（Pietism）而言。二者虽同属宗教主义，但因路德等所倡的新教过于注重理性，而忽视纯粹的感情方面，故特反抗之，而倡纯粹宗教感情本位的教育者，故可视为十七八世纪之主智主义、功利主义之反动的教育倾向。

以上四派，可认为本期教育之主要的类别，容俟下分论之。

第二节　厄斯伊达派的教育

（一）厄斯伊达派的立场

前节既言新旧教徒之间，曾有“三十年战争”之发生矣，此本因政治家欲利用宗教于政治上，因而新教国与旧教国间生出战争的纠葛。总之，欧洲在宗教改革后，无论教徒与教徒间，或国家与国家间，生出不少的新旧之争。此种纷争，不惟在社会上、政治上有然，即教育上亦有然。例如，此处所述之厄斯伊达派（Jesuits）的教育，即是以旧教的立场而反对新教的教育者也。此派得罗马教皇之允许，以旧教之保护为目的，欲扑灭对抗的思想。该团之组织是军队式的，其势极盛，乃属一种保守的、右倾的宗教团。

（二）厄斯伊达派的创始者

此派之创始者为西班牙人罗耀拉（Ignatius Loyola），家世贵族，生于1491年，卒于1556年。其前半生为武士，青年时屡次出战，1520年，偶因负伤就医，忽读友人所赠的《基督传》与教徒的传记，大为感动，决心传播基督教。病愈，遂赴罗马，谒教皇于宫中，1523年，至耶路撒冷谒圣墓。但觉以军士资格，尚无救世教人之道德学问，乃游学于四方，1529年，入巴黎大学，年已37矣。因专修神学与哲学，至1535年44岁始毕业。氏在巴黎大学肄业时，已与友人组织一“耶稣团”（Compania da Jesus），至1540年改为“厄斯伊达教会”，得罗马教皇保罗三世（Paul Ⅲ）之允许，公然向社会活动，自称第一世教长（亦即该团之将军），终生为该团尽力，卒时，教皇赠与“圣者”的尊号。

（三）厄斯伊达派的组织

此教团之成立，既如上述，其组织是与普通的教会不同，直隶于教皇，绝对服从之，因得免税。编成军队式，特为教皇而就行下述之三种目的：即青年教育、旧教之保护、使异教徒改教派。此派之最高权握于“教长”，特称为“将军”，是为终身的官职，授以绝对的权能。其下设有参谋等职。全国成为“教国”（不是政治国），每州为一教区，每州设一知事直属于将军，管掌宗教教育等全体事宜。知事之下设有学院（College）的总长，专司一州内的学校教育，由将军直接任命，总长之下则有学务监督，由州知事任命。此学务监督巡视教区内的学校，调查教育状况，及从事于学生之管理。学生分为若干组，各组交互间设有斥候队，彼此互相监视牵制。

（四）厄斯伊达派的师资培养

此派的学校教师，均由派中的人员选拔而养成之。教员分为 4 级：（1）教授，（2）助教，（3）得业生，（4）试补生。“试补生”（Novices）者，在修满低级学院之一部，再加以两年的宗教的准备教育而来者。“得业生”（Scholastics）者，是修满上级学院之神学科而来者。“助教”（Coaj ustors）是由毕业后积有 6 年的经验者中选出。“教授”（Professi）是由助教中选拔，更施以师范教育者，是终身的教员。大多数是为助教。厄斯伊达派此种师资培养法是有系统的、空前的，就某种意义言，可认为现在师范制度之嚆矢。

（五）厄斯伊达派的教育目的

此教团的目的，是根据 1534 年罗耀拉所组织的“耶稣团”之旨趣而来，即（1）为青年教育，（2）为旧教之保护及改良，（3）为异教徒之改教派。故教育上亦以养成肯为旧教牺牲之理想的团员，即中世纪式的教徒为主。因此，此派一面热心从事于宣教，他面建设学校，教育青年。此派专以中等以上的青年教育为目标者，盖欲养成军官式的宣传员，所以不似新教徒之注重初等教育。

此派的教育，是根据宪法而实施。宪法者，是由 1558 年（罗耀拉死后）制定的，分为十部分，中有关于学制（Ratio Studiorum），即为教育之所本。此宪法经 1599 年的修正，更加确定。

（六）厄斯伊达派的学校

此派的学校，是由低级学院与上级学院两部而成。前者是中等程度，后者是大学程度。但在小规模的学校，只有低级学院。低级学院又分为五级：一级初等文法，二级中等文法，三级高等文法，四级修辞学，五级是专研究古典。在三级之高等文法中，教以言语的形式论及文章论，以拉丁语为主，多少教以希腊语，往往以摹拟西塞罗为能事。自二级以上，则禁用国语。在第四级之修辞级，多读古文，亦习修辞与论理。至于古典级，则研究古代的历史家、哲学家之书。在上级学院，即与大学部相当，是以神学为主要的教科。虽亦教自由科或自然科学与哲学等，但只作补助学科而已。遇必要时则教寺院法，亦视为神学之一部分；至于民法与医学，则视为现世的学科而斥之。神学极重中世纪式的，是属保守主义的。此外，《圣经》与宗教会议的决定事项等，亦极注重。至于哲学，则以亚里士多德为主，讨论亦注重。

此派极排斥当时人文主义的学风，认为不诚实，谓思想之自由，往往流于过激而不得健全，所以重视传统与教权，施行中世纪的以祖述为主之教育。

教学上，大都以教师之口授及笔记为主，多少参以教科书。其教式为“讲义式”（prelectio），在低级学院则为本文的注释与说明，在上级学院，则选定问题，加以讲义。师生间均从一定的教规，绝对不许自由的评论。

关于训育法，则以意志之陶冶为中心，以养成谦逊服从之德为最大眉目，对于神与长上，是要绝对服从。此派的学生，除一般的祈祷外，各须行一种精神修养法，例如，个别的祈祷与忏悔。对于基督之受苦及复活的反省等，须彻底的铭入肺腑。学生一律须入宿舍，除庆节以外，不许休业。除指定以外的读物，是一律严禁。若有反对本派的教义者，即质问亦不许。凡教师所说，虽片言只句，亦须完全听记，学生监是要严密监视学生之勤勉与进步状况。

以上是单述此派的管理训练上之干涉主义，此外尚采用一种威吓式的训育法。即设一种侦察员，遇有不良的学生，则在其他学生之前鞭挞之，以示于众。遇有不勤勉者，则使坐特设之椅子上，使其他学生知为受辱。但他方面在训练上，又利用名誉心与竞争心，其结果则使学生彼此争揭他人之短，徒以胜败之计较为事，流弊甚多。

惟有关于养护方面，此派的见解略与中世纪主义异趣。即是对于身体方面的价值，亦知注重，助其发育。意谓“身体与精神同为神之所赐，故同样养护之，乃属对于神之义务”。因此，注意于青年睡眠时间之充足，食后命其休息一二时间。至于运动方面，则奖励骑马、游泳、远足旅行等。

（七）厄斯伊达派教育的兴衰

此派的反动的教育，从时代的进步发展上言，则因其是恢复中世纪的故态，诚可谓之落伍；但因其是反对当时人文主义的轻浮浅薄与新教主义的过重理智，所以，最初的教育家均以热心诚意从事，故自16世纪之后半以迄17世纪及18世纪初叶间，是非常兴盛。例如，在第一世教主罗耀拉逝世时（1556年），已设有百校；死后150年间，则增至769校，殆遍于全世界。且至17世纪时，每校少则300人，多至2000人。其范围又不限于欧美，甚至扩及中国与日本，此派中著名的人物亦不少。

但就反方面言，此派树敌亦颇多。例如，18世纪法国的中等教育，几乎全部在此派的掌握中，而当时法兰西的大学，则大起而反对，无论教授与学生，均不收受厄斯伊达派的人。甚至1625年及1722年，法兰西的大学竟有反对厄斯伊达派的同盟出现。至1764年，该派的教徒悉被逐出法兰西国外矣。

此派之被排斥，其理由有数端：（1）因其单顾及教会与本派的利益，而排斥其他各派。（2）因此派是信奉“目的能使手段变为神圣”的主义之故。总之，在18世纪中叶，因政治上的变迁，而排斥该派的风潮顿成激烈，此是事实的。从此逐渐被欧洲诸国驱逐，至1773年，教皇克雷芒十四世（Pope Clement XIV）亦无可如何，乃命厄斯伊达派解散矣。从此，该派完全失势。其后40年，虽经教皇庇护七世（Pope Pius Ⅶ）许其再兴，但毕竟不能恢复昔日之盛况，以迄于今。

厄斯伊达派教育的受驳处，有以下诸点：（1）由于动机之不纯粹，盖因其视新教徒为敌，而以教育单为拥护旧教势力之方便。（2）非为真理而爱真理，完全使教师与学生成为教规之奴隶，不许独立自由的研究，没却教育的真精神。（3）单为教权的维持计，完全忽视初等教育，使其陷于愚昧状态。（4）训育上采威吓主义、揭发主义，结果使德育陷于歧途，有害于世道。（5）为扩张势力之故，竟采种种卑劣的、背理的教育策略。

第三节　自然的唯实主义的教育

（甲）自然的唯实主义教育之真相

（一）自然的唯实主义教育之意义

拉特克、夸美纽斯、洛克、卢梭等的教育，均是以自然为基础而实施的，故可认为自然主义的教育。属于此系统的教育家，又可分为“客观的自然主义”与“主观的自然主义”两派，前者可以夸美纽斯等为代表，后者可以卢梭为代表。但彼等又均兼具“唯实主义”（Realism）的色彩。“唯实主义”云者，可认为一面包括“实利”或“功利”的倾向，他面又包括“实学”的倾向。以言乎“实利”，则是因其直接或间接顾及被教育者的实利与幸福之故。以言乎“实学”，则又因其对于中世纪的精神教育及人文主义的言语教育，而特注重自然科学或实学之故。

虽则此数人之中，同是采自然主义，而在目的上，则仍有保持神本主义的宗教思想者，如夸美纽斯是也。不过本期多数的教育家，类多具有自然的、实利的、实学的普通倾向，合三者而为一体，故特认其为属于同一系统。

（二）自然的唯实主义教育之由来

十七八世纪间，其所以发生此种教育，实有以下诸理由：

（1）是受16世纪之“人文的唯实主义”（拉伯雷、蒙田）之影响，此外还受英国之自然的、功利的教育之前驱者弥尔顿的影响。总之，十五六世纪之实学的倾向，对于本期的自然的唯实主义教育思想，可认为有传统的关系。历史家殆无不承认本期之洛克与卢梭，均同受蒙田的影响而来。即是十五六世纪之尊重自然与尊重实学两种风气，乃胎生本期之自然的唯实主义。

（2）是受时代之主潮的“理性主义”的影响。本期是属理性主义时代，前既言之矣。其中尤因十七八世纪之特别注重感觉与经验方面，故又特可称本期为“经验的理性主义”全盛时代。然而，经验主义之中，又分为主观的与客观的两种要素。注重主观方面者，即尊重经验之主体如感觉、直观与思维等，是之谓“主观的自然主义”。若注重客观方面者，即尊重其内容之事物，如自然与实在等，是之谓“客观的自然主义”。一般重视内容方面者，即以自然的事物之存在为教育之着眼点，是之谓“实学主义的教育”。不宁唯是，此种尊重现实性的思想，自然以人类之实际生活为教育理想，从而又可认为实利或功利主义的教育。

又在理性主义之中，姑不问其为经验的理性主义或观念论的理性主义，总之，均有主智的、合理的、合法的总倾向。所以，综括十七八世纪的教育特色，不外是自然的、实利的、主智的三种主要色彩而已。

（3）当时社会的生活，实在要求此种教育。因为当时的社会，已解除中世纪的宗教社会的生活之桎梏，视人类亦属于一个自然物，且从理性主义的观念哲学上，视“神”、“自然”与“人”三者均同属理性之表现的存在物。因此，承认欲知“神”的真相，先有了解“自然”与“人”的真相之必要；同时承认人类的生活，有充分保全其自然的性能之必要。于是，人类对于自然研究的兴味，从此涌出，对于自然的、实利的生活之要求，已成一般风气，其结果不能不于教育上表现此种翘望。

（三）自然的唯实的教育之要点

据上所述，大致已可了解自然的唯实的教育之基调与意义，兹再说明其本质的特征。此种教育之目的，是在养成现实社会的“绅士”（Gentleman），即是养成世俗式身心完成的个人（夸美纽斯之神本主义的理想是属例外）。此种类型的个人，虽仍不至于排斥合理的宗教信仰，但其主要的成分，乃在于具有实学的教养、绅士式的德性，以实现世俗的幸福的生活。洛克的教育思想中，表现此点最明了。卢梭亦大致同样。此种人物，若与旧教的、人文主义的、新教主义的理想人物相比时，是大有径庭。因为旧教的教育是以造就超自然的、类似神性的人为目的，人文主义是以造就具有古典的、人文的人物为理想，而新教主义的教育则融合斯二者于一炉，均未彻底发挥自然的与现实的两方面的真谛。

再从教育之实际方面观，此种教育，在教材上则以实科为主，在教学法上则遵照自然的顺序；至于旧教的教育，则排斥实学，采成人本位的教育法；人文主义的教育，则为言语雄辩等所拘，方法上未能贯彻自然；新教的教育，亦不甚置重实学，而较重《圣经》与人文的学科，方法上亦未十分遵照自然的秩序。总之，自然的唯实的教育之内容，大概如上所述。

（乙）自然的唯实的教育家

自然的唯实的教育最显著表现者，首推英国，此当以洛克为代表；其次为法国，以卢梭为代表。何以英法两国，独见此种思想的完全表现？盖因两国的国民性均为经验的，所以欲贯彻经验的理性主义。至于德意志、奥地利方面，则以拉特克，夸美纽斯为代表。但二人的教育思想，其中仍留存中世纪的宗教之遗蜕。盖德意志的国民性，比于英法两国，多具理想的要素。兹将各教育家分述于下。

（一）培根

（1）略传

培根（Francis Bacon）者，英国伦敦人，以1561年生，1626年死。13岁时，就学于剑桥之千里达学院（Trinity College），对于当时的教学法极不满意。毕业后，游巴黎，接其父之讣文而归国。后研究法律，欲事政府而不果，欲为实业家而又不得志。1593年，为国会议员。迨英王詹姆斯一世（James I）即位，为大状师，复为大法官（检事长）。1616年，充枢密院顾问官，翌年，为掌玺大臣。但其后竟因疑案事件，被处以禁锢之刑。

（2）培根与唯实主义

培根虽非教育家，但其所著《新工具》（*Novum Organum*），大有影响于近代的科学，此为“归纳的论理学”之书。氏的论文中，虽有教育论的部分，但其在教育史的地位，并非在此一点，却在其著《新工具》一书，成为自然科学研究法（近世科学）之父，间接上大有影响于教育研究之一点。氏曰：“吾人实可称为自然之信从者或说明者。故吾人唯藉观察与思维，始能认识与理解自然活动的方法及其秩序。但此种方法与技术，不能超越自然。知识者力也，故尚未认识原因之时，实难见效果。唯顺从自然者乃能征服自然。在思维上所认为原因者，在实地行动上可为模范。”又曰：“吾人若常依赖实验与观察，则其研究则不至于为机械的空谈，而可得全物质界的普遍法则。”

氏是排斥向来学问上的方法，是属武断的、演绎的、思辨的，故主张以自然的事实为对象，用归纳的方法以认识其理法，且应用之于实践上。

当时欧洲的社会，已有多数的自然科学家，例如，哥白尼、伽利略、开普勒等均是。故培根实际上未得称为“自然科学家之祖”，但关于自然科学研究的方法（即归纳法）尚未有人明了表示，此则氏之首功也。

（3）培根与教育

培根是富于尊重自然的思想，及主张采用自然的法则为一般实践的基础。此点大有影响于拉特克、夸美纽斯等的教育思想，生出“顺从自然”的主义。至其归纳法，亦为后来教育研究上所利用，在此点可认氏为近世主义的教育之先驱者。

至其教育论中分为“教师论”、“教学论”两方面。此中有如下之语：“社会须敬重教师”，“教师当抱园丁的态度，以教育儿童”，“教学不可流于速成”，“教学须以儿童之自学自习心为基础”。

（二）拉特克

（1）略传

拉特克（Wolfgang Ratke），德国之荷尔斯泰因（Holstein）人，生于1571年，卒于1635年，经汉堡的文科中学毕业，而入罗斯托克（Rostock）大学。最初研究哲学与神学，欲为神学家，因事中止，转习希伯来语；后赴荷兰，逗留8年，研究语学与数学。

氏原属宗教的信仰家，以“出于神，听于神，归于神”（Von Gott durch Gott zu Gott）为标语。但他方面又想出新的教学方法。因此，自1610年以后，欲以上述之新教学法达到自己的理想之故，特奔走四方，希冀学校之设立，但不见效。偶因受知遇于鲁铎维（Ludovige）侯，聘其往自己的领地葛丹（Kothen），于1618年，设一个六学级的学校，此实为氏最初实施其新教学法之学校，不料竟与视学官不睦，遂坐以侮辱之罪而下狱。赦免后，于1620年赴马格德堡（Magdeburg），再经营学校，仍归失败。氏以郁郁不得志，遂患半身不遂症，赍志以殁。

（2）葛丹的学校

此校分六学级，一、二、三学级教国语，四、五学级教拉丁语，六学级教希腊语。更细述之，一级是用祈祷、《圣经》的格言、问答的对话等，以学习发音及言语。其教学法是缀字法。二级则教习字与读书，三级则教国语的文法，四、五两级则以拉丁语为主，六级特教希腊语。其他尚有算术、唱歌与宗教等。所可注意者，其选择之学科，多具近代的色彩。

（3）教育思想

然则拉特克之教育思想尤其是新教学法果何如？氏所著教育书有3种，从此可窥其意见，但其精采处可括为10条原则如下：①教育是对于一般人的事业，故无论男女，均应施以国民教育。②最初应专教国语，读法须与书法同时并授，此名为“记诵法”。③一时只可教一种言语或一种科目，此称为“教材排列上之单行法”。④一切教学须依据自然的顺序与过程而施之。即由简单而至复杂，由既知而进于未知。此可见氏之自然主义的教学思想。⑤先宜举实例，然后及于原则。此实根据培根的归纳法，反对向来用强迫的、命令的手段，使儿童记忆事物的法则与一般概念者。⑥当说明事物时，须先示以概括的全体，然后示及各部分之详细。⑦教学上须有统一，例如，就言语的教学而论，须用同样的形式，使前后统一，以便于儿童之理解。⑧教学须先用本国语，迨成熟后，方可用他国的言语。⑨教育不可出于强迫，须用温和的方法行之，故不宜施体罚。⑩在指导与训育上，男生须用男教师，女生须用女教师。

以上是关于教育与教学上的思想。此外，氏之“教师论”中，亦有下述的几点可注意者：①教师须信奉路德之教（因氏是新教徒），敬虔而富于学殖，且精于教法。②教学须精密的、自然的、明了的。③教学之际，须为儿童设身处地，适于其实际需要。此见解是与现代儿童本位的思想相同。④教师须注意周到，不可令儿童过劳。⑤须注意儿童天赋的差异，而施适宜的教学。此与现代之适应个性的教学相一致。⑥难与易的课业，须更迭而教，即在困难的学科时间后，继以容易的。⑦须令一切儿童保持其注意。⑧学生若无进步，教师须承认，勿妄加称赞。⑨赏罚在不损害学生对于教师之爱的范围内，可酌量行之。

总之，拉特克可认为自然主义、儿童本位主义、近代主义的教育思想家，但其理想方面是倾重于新教主义的宗教之完成，实利主义的色彩较薄，与下述之夸美纽斯同出一辙。

最后，当时关于拉特克的批评，往往有过于冷酷者。例如，葛丹学校失败时，有人评之曰："世间赏赞拉特克过实，期待亦过多，实逾于拉特克本人的能力所及"云。但氏虽然局量偏狭，自信过甚，以致大招物议，但其新教学法，在当时仍不愧为进步的意见。

（三）夸美纽斯

（1）略传

夸美纽斯（Johann Amos Comenius）者，奥国之摩拉维亚（Moravia）之尼夫尼兹（Nivnitz）村人，以1592年生，1670年殁。是属于新教徒。父以水车磨粉为业，亦属热心的新教徒。在氏10岁之时，父母相继逝世。年16，初习拉丁语；1611年，入纳骚大学习神学；1613年，转入海德堡大学，仍习神学。毕业后，暂回故乡当教师，至1618年，转任福尔内克（Fulneck）之学校校长兼牧师职，是其一生最得意之时期。在此淹留者3年，其后因"三十年战争"起，此地被西班牙的侵入，新教徒战败，氏的藏书、原稿与财产均丧失无遗，妻、子亦相继逝世，彼又因不信奉旧教，故遂被逐于国外。1628年，避难至波兰之黎撒（Lissa），充该处的文科中学教师，淹留13年。其名著之《大教授学》（*Didactica Magna*），即在此地执笔，至1632年脱稿，但其出版期，则因战争及其他关系大为延迟，直至1657年，始在荷兰出版。1631年，复著《语学入门》（*Janna Linguarum Reserata*）。氏竟因是书名传天下，各国多有礼聘之者。其后至瑞士，逗留7年，从事于学校教师及学校用书之编纂等。1648年，归黎撒；自1650年至1654年，至匈牙利，从事于沙罗什帕塔克（Saros-Patak）地方的学校之改革，而其名著之《世界图解》（*Orbis Sensualium Pictus*），亦即成于此时，至1658年始在德国发刊。1654年，复归黎撒，第三次丧失其书稿及财产，遂变为无家可归，流离于四方。会荷兰富豪基尔（Geer）之子，待以父执之礼，招至阿姆斯特丹（Amsterdam）自宅中，以授徒及校书为业，得终余年，至79岁而逝（时1671年11月15日）。

（2）著书

氏一面为实际教育家，他面又为教育思想家。虽在战争流离之际，不遑宁处，亦常执笔，所著书籍与论文不少，但其代表的著书，则为上述之三种。①《语学入门》一书，实为世界读本之嚆矢，不特译成欧洲各国语，即阿拉伯、土耳其、波斯、蒙古语等亦曾译之。②《大教授学》一书，氏自认为是说及“教各人以一般的事物之方法”，无怪历史家批评此书为《教育学》书之最初出者。③《世界图解》一书中，是认物识字的一种方法，与中国式之《益智画》略相当，其中插图151幅，均为有系统的连络，欲使儿童从感官上获得正确的知识，是插画教科书之嚆矢。

氏之教育说，可在《大教授学》一书窥之，是书共4篇：第一篇是教育通论，关及教育的本质与目的；第二篇为教学论；第三篇论道德的陶冶及学校的训育；第四篇述学校的系统。全书的组织甚精密。

（3）教育理想

氏的教育理想，是建于神学的世界观人生观之上。氏以为人是由神赋予三种使命，此见于《旧约》的《创世纪》之中。所谓三种使命者：①为理性的创造体，②为支配自己与万物的创造体，③为神的肖像体。为尽此三种使命计，故人之禀赋上即具有德性、智能、信仰的种子。此三种种子，虽从社会交际上，可得到某程度的发达，但究竟不能完全，所以有教育之必要。故教育之目的，即在培植此三种性能以完成固有的使命。分析言之，即教育之任务：①在于知识之养成，②在于德性之陶冶，③在于宗教信仰心之启培。欲达以上之目的，教育实际上所应注意之事项为：①教育的时期，②教学的方法，③训育的方法，④养护的方法，⑤学校与学校的系统五者。此为夸氏的重要意见，以下分述之。

（4）教育的时期

教育之任务，既在启发人类天赋的三种性能，然则教育实施上最适当之期间，究在何期？夸氏则答以在“少年期”。氏认少年期为教育最适之机会者，其理由有六：①因人生之初期，往往性质不定，易入歧途，且有浪费时间的倾向，故当及早教之。②少年的学习，乃为生活准备的性质，倘不利用此期为准备，则有一去不返之虞。③一切有机物，在柔软的时候，则易屈易伸，若既成硬直，则不复有屈伸之可能。少年期者，正属柔软期，故其“可教性”（Educability）最大。④神是特与人类以少年期，以便于形成品性。⑤在少年期所得之知识与习惯，其永续性最大，可以保持至于日后。⑥在少年期若不施以良好的陶冶，则易陷于恶劣的习惯与品性。

（5）教学的原则

氏在教学上的基本观念，是在于“遵从自然的法则”。但氏之所谓“自然”者，并非如卢梭或现代之儿童本位的教育家等所倡之“儿童本位的主观的自然”，乃从反方面以“客观的自然”之法则为教学上之规范者也。故教育史上称其教育思想为“客观的自然主义”。然则夸氏何以竟主张此种迂远的“自然主义”？关于此点，其著书并无何等说明，但亦不难作以下之推猜。因为氏受当时理性主义的影响极深，所以视人类亦为自然物之一种，凡贯通自然界的法则，亦即认为适于人事界。然则自然界之通则为何？曰，即是“宇宙的理性之法则”也。氏以此种见地为背景，其主张客观的自然主义也固宜。

总之，夸美纽斯的教学思想，是见于其《大教授学》第十六章中，可综括为以下九个原则：

第一原则：自然之生物，是选择适当时期，例如，草木之当春发芽是也。故教育上之采此原则，当注意以下三者：①教育当始于人生之春的少年期；②每日学习以晨为最适；③当顺儿童之年龄排列教材，以便于理解。

第二原则：自然之造物，是预先准备材料，例如，鸟之集草根以营巢，大匠之鸠巨木以成室是也。教育上采此原则，当注意以下五点：①先准备教育上所必需的书藉与教具；②先使儿童辨认实物，然后从言语上发表；③言语不当从文法上学习，当从名人著作上习之。④先教以事物本身的知识，然后教以相互关系的知识；⑤先示实例而后规则。

第三原则：自然之造物，以选择适当之材料及适当之方法为主，例如，鸟之不孵石而孵卵，大匠之选良材而削为板，园丁之选良苗而移植等是也。教育上采此原则，当注意以下三点：①已入校的儿童，须使专志学业；②须先引起儿童有适于受业的预备性；③除去学校一切妨碍注意之物。

第四原则：自然的事业，是逐一完成渐进，有条不紊，例如，鸟之身体先骨而后血脉之类。故教育上亦要：①一时不可教两种不同的教材；②一科的教学既毕，方可移于他科。

第五原则：自然是由内部发达而至于外部的，例如，植物由细胞摄取汁液而向外发育是也。故教育上亦要：①使儿童了解事物而后记忆之，此两者未毕，不能强其作口头上或书法上的练习；②教师须使儿童之理解力敏锐，及熟悉其练习法。

第六原则：自然之构造事物，是由一般而至特殊，例如，鸟类之发生，先完成全体的脉络，而后完成头部及其他局部；又如画家之绘像时，先绘颜面之全部，而后及于眼、耳、鼻等局部是也。故教育上亦要：①无论言语、学术、技艺等，均须先授以简单的初步，使儿童通其大意；②然后可授以实例及原则；③再次授以例外及不规则的，以构成系统的知识；④遇必要时，更须加以注释。

第七原则：自然界以循序进行为原则，决不为突飞的，例如，雏鸟之离巢，先集于巢上，次飞至附近树枝，最后乃翔于空。故教育上亦要：①各级的课程须排成阶段，使前段可为后段之预备；②时间之分配，亦要使各年、各月乃至各时间，均有一定之课业；③时间之划分与教材之配置均须严重遵守，不可滥加省略与变更。

第八原则：自然的事业，其进程必达完成方止，断无中辍之理。故教育上亦要：①一旦入学的儿童，在其知识、道德、信仰未完成之前，不可退学；②学校须在闲静之地，避去喧嚣与诱惑；③预定的课业，须以不懈的精神励行；④无论在任何口实之下，均不许懒惰。

第九原则：自然对于障碍之排除，用意极周到，例如，母鸟孵卵时，必避风雨之类，故教育上亦要：①儿童除适于学级用的教科书外，不可使有他种书；②此种书籍，须适于知识、道德、信仰之预备；③无论在校内校外，均不可使与恶友相交。

以上所述之九个原则，是专从鸟类之生活的比拟中想出者，此外尚有从太阳之运行与草木之生长状态中想出者。总之，夸氏是单利用客观的自然之理法，以作教学之规范者，尚未贯彻儿童的心意与其实际生活方面，所以仍觉不足。但其途径虽颇觉迂回，然既主张教学须适应儿童之自然发达，及由具体而进于抽象，须以直观为先，教材与教学均须有相互的关联，注重兴味，及以儿童之活动为基础等，均不能不认其大有价值。此种思想，虽则在夸氏以前，已经由拉特克、培根、蒙田、拉伯雷、弥尔顿等断片的主张，但均不如夸氏所说之有系统。此种自然主义的教学思想，对于后代的教育是大有影响的。

（6）训育论

氏为达其教育目的计，一面主张教学的必要，他面又主张训育的必要。其训育之目的，在使儿童积极尊重道德而体验之。其方法则禁用鞭挞，而以抚爱为本，奖励儿童之德性，使根据自由意志而实践之。若是，则可以养成明察、勇敢、正义等根本的德性。

氏更论及宗教心的养成法。宗教心云者，是指对于神之认识与畏服，以沐其恩泽为无限之满意者。其养成之法，在使儿童辨别现世与来世的关系，认明现世只为来世的幸福之准备。借《圣经》的研究与基督的摹仿，可以驱除自己的妄见而唯神是从。

观此，则夸氏的终极理想，乃在天国的生活，其视现世的教养，只为未来的生活之准备手段而已。此明明是未能摆脱中世纪的旧思想，亦因彼是一个敬虔的新教徒，所以如是观也。然此点正与近代的思想大有差池，故特要注意。

（7）养护论

夸氏虽为基督徒，且仍带中世纪的色彩，但其重视体育之一一点，则与中世纪的见解异。即承认身体的价值，而注意于其发育。彼说明身体不可不养护之理由，谓其为精神之寓所故也。例如，脑髓有病，则思想为之窒碍，肢体柔弱时，则精神亦柔弱，是二者切切相关也。然则养护之道如何？①饮食之选择，②饮食之节制，③关于作业与休息，须充分加以注意及考虑。

（8）学校论

夸氏是承认学校的教育为必需的，其理由如下：本来教育应由父母司之，但实际上，父母往往缺乏必需的时间与能力，究成为不可能。于是，不能不另靠学校为父母之替代的机关，使儿童完成其天赋的使命。况且学校教育之中，有为家庭教育所不能得之利益处，例如，聚多数儿童于一校，自然生出相互的竞争心与奋发心，此在家庭所无者。以上是夸氏赞成学校教育之消极的与积极的两种理由。本此见地，氏乃主张儿童无论贫富男女，一律均须入校受教。且谓欲使儿童真正成为神的肖像时，则学校科目须涉及多方面，有使儿童了解一切事物之必要。此种多方面的陶冶之主张，尤堪注意。

但教育为适应儿童之发育阶段计，又不能不将学校之系统划分为一定阶段。氏从此立场，所以又主张规定如下之学校系统：保姆学校——国语学校——拉丁学校——大学。以现代之学校系统比较之，即于大、中、小三段学校外，加入幼稚园一段，成为四段制。

①保姆学校亦可称“生母学校”（Schola Materna）者，是附属于各家庭中，以两亲尤其是母亲当其任，是施于自初生以至6岁的儿童。其教育内容，以养成秩序、节制、清洁、敬虔之德为主眼，加授以关于周围的事物之简单知识。因此，氏特为此种保姆学校而著有专书，是可注意之点。总之，此保姆学校是与今日之一种家庭学校相当。

②国语学校或可称“国民学校”（Schola Vernacula），是收容6岁至12岁的儿童。氏认此种学校，应由各市镇乡分设。其教育目的，在授儿童以全生活上有用的事项，即以一般的国民的陶冶为主。至于教科，则以国语为主，兼课算术、历史、宗教问答、《圣经》等。夸氏是反对向来的思想，谓在尚未习国语之前，不可教以拉丁语，故主张特设此一段国语本位的学校。

③拉丁学校（Schola Latina），即是文科中学（Gymnasium）。此应由各市设立者，其目的是对于国语学校毕业12岁以上的少年或青年，施以6年的中等教育，学科为德意志语、拉丁语、希腊语、希伯来语、文法、修辞、论理、音乐、天文、物理、历史、伦理、神学等。但氏是主张各年级是由主要的学科而分，共分为文法级、自然学级、数学级、伦理级、论理级、修辞级六者。

④大学（Academie）是收容拉丁学校毕业，年在18岁以上之青年，更授以高等学术。氏认在大学校中，应广设图书，使学生便于自修自学。

以上是夸美纽斯的教育思想之概要。观此，可见氏一面为教育学者，他面又为教育实际家。至其所怀抱的教育思想，在目的上论，虽属宗教主义（新教主义）的，轻视现世的，但除此一点外，其他各方面均属近代的进步的思想。尤以在其教学思想中，包含自然主义（虽未进至主观的自然上，略觉不足）、直观主义、实学主义、自学主义、多方的陶冶主义、重视国语等成分，此为吾人不能不注意者。且关于学校系统的思想，亦属极完整，与现代的制度相似，更不能不认为进步的。

（四）洛克

（1）略传

洛克（John Locke）者，英国人，生于1632年，卒于1704年，父为法律家，是一个极敬虔的清教徒，故氏少时即受谨严的家庭教育，14岁时，入威斯敏斯特（Westminster）的公众学校，19岁则入牛津大学，专研究自然科学、哲学、医学三者。24岁得Bacralaurlus学位，26岁时得Magister学位。1665年，被任为英国驻德公使馆书记官。翌年归国，受莎夫茨伯利（Schaftesbury）伯爵之知遇，聘为顾问，兼充其家庭教师。其后14年间，在政界与伯爵共进退。1672年，伯爵为内阁总理，彼亦为其秘书；翌年，伯爵因受英王詹姆斯二世（James Ⅱ）之嫌疑而退职，彼亦逃往荷兰。其后1688年，威廉三世（William Ⅲ）即位，推荐为驻柏林公使，固辞不就。只一面充当家庭教师，他面从事于哲学、政治、教育等之著书及论文等。氏因身体虚弱，故终身不娶，卒年七十有三。

（2）著书及其立场

氏本为哲学家，故其教育学说之根抵，亦在于哲学。其名著有二：①为《悟性研究》(*Essay Concerning Human Understanding*)，是哲学上之大作，1690 年出版者；②为《教育意见》(*Some Thoughts Concerning Education*)，是汇集自己的家庭教育经验及与友人讨论之意见而成者，1693 年出版。氏在哲学上之立场，是为“经验派”(Empiricism) 哲学之嚆矢，与大陆之“唯理派”(Rationalism) 所主张之先天观念论或“先验论”(P-riority) 相反。以为一切观念，皆由后天的经验而生，并无所谓先天的经验，亦无所谓先天道德、先天良心等。而此种后天经验之来源，是由于五官的感觉，所以认“感官为知识之五窗”(Five Windows of Knowledge)。既认感觉为外面的经验，同时认反省为内面的经验，其作用是为记忆、思维、疑惑等。彼以为儿童之精神，在先天原无一物，有如“白纸”(Blank Paper)，一切观念乃从后天附加，如书字于纸然，此种“人心机械论”，实开以后赫尔巴特的思想，与法国 18 世纪的唯物论者之“人身机械论”正相对比。此大可注意之点。

又洛克的教育见解，是以心理学即儿童之心意研究为基础者，故亦称为“心理学的教育论”。其《教育意见》一书，是由养护论、道德教育论、知识教育论、家庭教育论诸部分而成。

(3) 教育万能的见解

洛克的经验主义的哲学，是与观念的理性主义(如笛卡儿、莱布尼茨等)相反，彼认儿童心意之最初状态，纯视经验之如何而可以自由制造，易言之，即是视教育如何，而可以自由制造人心与品性，此即为一种“教育万能论”。氏言：“儿童之精神，在先天无固定之形，故吾人可以随所欲而自由铸造之。教育者，不外是任意铸造儿童之精神，使成一定之模型也。人之所以为善人或为恶人，全视教育之良否而决。”

洛克此种经验说，其中有一大缺点，即是在忘却“认识之主观的力”。因此，其教育万能论，在理论上固然不能承认。实际上，教育亦决非万能。洛克只鉴于当时之空虚的先天观念论太过跋扈，故施以“尊重经验”的注射针，因此，不能不认其可为救时之药，然其弊则未免矫枉过正。

（4）教育理想

洛克的教育理想，简言之，即在“绅士”（Gentleman）的养成。然则所谓“绅士”之资格又如何？彼以为须完备①道德（Virtue）、②知见（Wisdom）、③礼法（Bleeding）、④学艺（Learning）四者，始克当之。

所谓“道德”者，“正其心而与神的观念感通”，如是则言论诚实、对人恳切。所谓“知见”者，非单指知识之内容言，乃指“在现实社会具有处理事务的能力”言，此即指经过锻炼后所得之慧眼与常识，足以周应世务的智能而言，但彼是极端排斥狡智诡辩。所谓“礼法”者，是指“能使人乐与交接之应对术”而言，即排除粗鄙、轻侮、诽谤、攻讦等恶倾向，而达于平易近人者。最后，所谓“学艺”者，是指各种实质的知识技艺而言。此四种资格，是极通俗的，故可认洛克关于个人上的教育目的，颇已发挥尽致。

（5）教育方法

可分为养护法、训育法、教学法三者言之。

①养护法（亦即体育）上的意见

氏在《教育意见》之开卷中，即揭“健全之精神宿于健全之身体”一语，痛切言之，可见其异常注意体育与养护矣。其养护的方法，是采用“自然主义的锻炼法”。即衣服须宽舒，勿紧束身体，无论寒暑不可戴帽，又宜跣足，至不得时始穿薄靴，天寒亦不近火，只曝于日光。食物宜淡泊，毋过食，毋服药。睡眠须充足，以8小时为度，须早眠早起，呼吸新鲜空气，作活泼的运动。奖励冷浴与游泳，以图肌肤之强壮。

②训育法（即德育）

是以克己主义为原则，此中又分为消极与积极之两法。消极的方法，是在戒忿怒，压抑虚荣心，不贪美食，以克己制欲的手段，养成服从理性之习惯。积极的方法，是在用礼仪作法，以养成廉耻、谦逊之美德。关于赏罚上，氏是提倡“自然的惩罚法”（Natural Punishment），与厄斯伊达派的“人工的赏罚法”相反对，所谓自然的惩罚云者，凡合道理的行为，自然得好报；背理的行为，自然得恶果之意。此种思想，后为卢梭、斯宾塞、爱伦·凯（Elen Key）、蒙台梭利（Montessori）等积极采用，是现代之一种主要的教育见解，不过不可流于极端耳。洛克是极端排斥体罚，不特谓惩罚不宜多用，即奖赏若屡用之，其价值亦减少。

③教学法（即智育）

是以实用主义为本。氏因此反对中世纪经院哲学的学风，同时反对人文主义之过重形式的、言语的方面而选择教材，以利用厚生为主。彼以为纯粹的知识、形式的言语之研究等，虽为养成纯粹的学者、文学家、雄辩家之所必需，但为养成通俗的绅士计，是属不必要的。因此，认定通俗的绅士所必要之学艺，为读书、习字、博物、理化、几何、天文、解剖，此外为历史、法律，修辞、论理学等。但在言语方面，则主张先学国语而后学法兰西语及拉丁语。

最后，氏是极端提倡家庭教育，与夸美纽斯之重视学校教育的见解不同。故其对于学校有如下訾议："儿童之入学校，所得不偿所失。何以云然？因为儿童之在学校，其学应对周旋之礼，从而放胆，且借相互的竞争，而令动作活泼，固未尝无益。但他方面往往感染恶风，以致精神上陷于不德，行为转觉不善，消失在家庭生活中所原有的天真与美德，而流于粗暴无耻，其结果则变成好事的、阴谋的、狂暴的少年。"

（6）洛克的思想之长短

氏的教育思想，其长处在于自然的、实用的方面，可算十七八世纪的教育家中之最合现代式者。无论在教育目的上或在教育方法上，其所说均有与前人异趣者，此极可注意。但其短处则在：①轻言教育之万能，②太过重视家庭教育而诽谤学校教育，③单顾及个人的完成方面而忽视社会方面，④偏于上流阶级的绅士教育而忽视平民教育。最后两种缺点，本属当时社会一般的风气，不能单以此责备洛克也。

吾人通读洛克传，觉其中有可取法之点如次：①颇长于医学及卫生体育的知识，②哲学上的著述颇多，③重视德育，④提倡实用的、通俗的教育，⑤所说平易而得要，⑥重视良好习惯之养成及益友之选择，⑦品行高洁，⑧思想在时代之先。

（五）卢梭

（1）卢梭的本领及在文化史上的地位

卢梭者在西洋教育上实属极难评定之一人，亦犹庄周之在中国的哲学史上、文学史上，均极难评定者然。试先问卢梭究属何种人物？谓其为教育家欤？但在实际教育上，彼虽偶充家庭教师，不过毫无实际教育家的功绩，若谓其为教育理论家，则彼实未曾著有一册的教育专书（《爱弥儿》只是一部小说），故实际上仍不配此种资格。谓其为文学家欤？彼虽有评论及小说等之著述，是对于此种资格较接近。但其文学上的作品，从艺术上观，诚觉缺乏诗的艺术价值，若与歌德、席勒等大文豪相角，不啻小巫之见大巫。

然则谓其为哲学家欤？虽哲学史上亦偶有以此种徽号推戴之。然究其实，彼既无一册的哲学上之专著，并不备哲学家的风格，且无组织的、邃密的思想，故不能与康德、黑格尔等挈短量长也！将谓其为政治家与社会改造家欤？彼虽有《民约论》（*Social Contract*）的著书，为法国革命之导火线，影响于政治法律上不少；但本人并未曾一日为官，亦未尝参加政治生活，更未作衢巷的宣传运动，因亦不能遽认为政治家或社会改造家，然则谓其为音乐家欤？彼虽在流浪生活中，曾鬻其所作乐谱以糊口，或以此竟认其为一个无名的作曲家。但无论就艺术上、乐理上、作品上论，均不足以儗大音乐家如贝多芬（Beethovon）等之一脚趾。

然则，卢梭果为何种人物？曰，只属一个“自由的思想家”而已。且其思想，实属古今稀有的，一生的本领固在此，其占文化史上不朽之地位者亦在此。惟其为自由的思想家，所以，无论对于哲学、文艺、自然、政治、社会各方面，均有关系，同时不局于一隅。氏的人生观，非属于神性的，非属于动物的，乃彻始彻终属于人性的。故其教育目的，乃在完成一个自然人与自由人。故其描写自然人的本质，淋漓尽致，毫无虚矫，此所以难能可贵也。一部教育小说中之主人公的爱弥儿，即属于其理想中之自然人也。

动物的生活之描写，是太过简单；神的生活之描写，又属过于幽远。前者则否认性灵，后者则否认肉体，是均与人性相隔一重。人性者，是兼具性灵与肉体，所以教育上要双方并顾。世界惟有人性最为复杂，故人性的教育可算最难。古来的教育家，其描写人的本质，未有如卢梭之深切著明者，此即其在文化史上与教育史上之伟功。

（2）略传

卢梭（Jean Jacques Rousseau）者，瑞士之日内瓦（Geneva）人，以 1712 年生，1778 年死。父为钟表匠，其先出自巴黎崇奉新教的贵族之门，母为牧师之女。据历史家言，父母双方均富于情感之人，尤以其父是近于小说的浪漫性格。氏之初生，其母即因产后患病而死。最初是养于舅母之家，后复归其父养。卢梭生性活泼，因舅母过于宽大，其父的教育又过于不规则，所以，氏自少年时代，即不拘行检，纯任感情生活，不与常儿交游，惟耽于闭户读书，尤以小说为嗜好品。

8 岁时，其父与法兰西的军官有隙，离日内瓦，乃养于叔父之家，其叔使之就学于某牧师。牧师为人极慈和，不甚拘束之，故卢梭得到自然的、自由的教养，其后笃信“性善说”正为此故。但 10 岁时，偶因小事受牧师叱责，愤而复归叔父之家，自是不肯入学校，只与常儿游戏度日。因状貌可爱，故多矜怜之者。年十二，至某公证人之家学习，不久，又复归家。14 岁，更为印刷工的艺徒，亦不满意而归其叔之家，此时已染有说谎、狂暴等恶德。16 岁时，竟离其叔，作漂浪生活，其叔亦知彼陷于堕落，与之饯行而别。观此，可见环境与教育于人之品性上大有影响矣。

在放浪生活中之卢梭，辗转流徙，旅囊已罄，偶就旧教之某牧师而改为旧教徒（其世家代代本为新教徒），得该牧师的绍介，遂托身于华伦（ Waren）夫人之宅。夫人年二十八，性极慈悲，对于氏大表同情，乃送之往意大利之某僧庵，从事于宗教的修养。于是，卢梭逾阿尔卑斯山而入意大利之僧庵矣。不料此僧庵异常阴郁，有如监狱，卢梭自不肯留，仅居九月，即逃出，再作流浪生涯。

其后往铜版匠处习业，又复失败；转为某贵妇人之书记，则由盗窃珍贵的绶（Ribon），以致逐出。乃供职于某伯爵之家，又因与伯爵之侄女发生恋爱，而致解职，遂作第三次的放浪生活。此时因无处觅食，复归华伦夫人之宅，荏苒又复三年。

恳切的夫人毫不叱责，仍收留之，送之往神学校，不久又逃回。乃使之学音乐，亦不能竟其业。夫人乃送之往里昂，而自己则往巴黎。其后卢梭或与恶友游，或作音乐教师，遂作第四次的放浪生活。

至1730年，闻华伦夫人回国，乃作第三次寄食于其家，从此直至1741年，29岁时，长居于此，竟称夫人为母。其间氏曾招集邻近的女子，教以音乐，只有一女子与之发生恋爱。华伦夫人见状，忽生妒忌，自己竟与卢梭私通，但夫人比卢梭年长12岁，只作一种“男妾”畜之。而氏之作情夫的生活，实在此时代。此时氏一面管理夫人的财产，一面从事于读书，从洛克、莱布尼茨、笛卡儿、奈端等哲学家、科学家、教育家等著书中，得到理性主义的哲学思想及性善主义、自然主义的教育思想矣。

其后两人经久居又复厌弃，且卢梭因抱病，乃转地疗养。不料在途中又受某妇人之欺，彼此发生关系，竟忘记华伦夫人矣。迨用费既罄，乃作第四次访华伦夫人，则见夫人已属意于他男子，冷遇卢梭。两人的关系从此告终，而卢梭更就第五次的流浪生活，时年29岁。其后曾在里昂当家庭教师一年，复回巴黎。

抵巴黎后，或编乐谱，或写滑稽剧等以糊口，交游渐稀。偶受知于蒙田伯爵，曾任威尼斯大使馆之书记，在职一年半，因与大使争论而解职，仍回巴黎。氏因积年经验，深知文明社会之恶德，从此攻击社会。在巴黎久居，竟与旅馆之下婢结缘，生子5人，但无一经自己之手养育，均送入育婴院，可见其放浪性格之一斑。但此时渐与上流人交结，盖因1749年，第戎学院（Academy at Dijon）揭一悬赏论文，题为“科学艺术之进步果令道德堕落欤抑纯化欤？”（*Has the Progress of the Sciences and Arts Contributed to Corrupt or to Purify Morals?*）。氏提出论文，主张科学艺术之进步，于风俗道德改良上，实际无甚裨益，竟列一等奖，至1750年（38岁）始得奖金。

自得奖金后，文名大噪，复应第二届的悬赏论文，题为“人类不平等起源论”（*The Origin of Inequality Among Men*），是届虽不曾得奖，然已使其声誉益著。以后氏之生活，实可谓浮沉无定。1762年，50岁时，著《民约论》及教育小说《爱弥儿》。《民约论》因触犯政府之忌讳，不特被焚，氏本身且受迫害，乃逃往瑞士，更转渡英国。其后因宣誓不再著反宗教与反政府等文字，始许复回法国，至1778年逝世，年66岁。

综观卢梭一生的行状，吾人一面佩服其为天才的自由思想家，他面又怜惜其为意志太过薄弱而感情过于激烈的流浪性格的人物。观其所就各种职业，无一能继续成功，与妇人发生恋爱，亦变幻反复无常，斯不能不认其为缺点。然自自然主义与自由主义者观之，或认此种率性任行的冲动，正属人性之自然，亦未可知。所以，关于卢梭的月旦，诽之者固千百，而誉之者亦千百，实仍不愧为非常人。

（3）著书与论文

卢梭不是一个多〔产〕作家，揭其主要的著书与论文，可注意者只有以下五种：①《科学艺术之进步果有益于道德的改善欤？》，②《人类不平等起源论》，③《民约论》，④《爱弥儿》，⑤《忏悔录》（*confessions*）。

①在第一的论文中，卢梭以为科学艺术无论如何进步，实质上未必能即令道德进步，只令道德的表面体裁，较为美观耳。其理由是，因道德与知识的本质互异，两者不调和之故。彼举出之例证，谓如斯巴达人与未进步的日耳曼民族间，已有真实的贞固的道德存在；迨文明渐进，其术日精，道德的表面虽似进步，而内容实毫无进步，反有退步之形跡。盖卢梭认“文明”为“自然”之敌，故其《爱弥儿》一书之开首即言：“一切物在神之手’时是善的，一入人手则变为恶的”，亦即与此处之意见相同。

②第二的论文之要旨，谓在先史时代的自然人之间，无所谓不平等。当时的社会，无工业，无言语，无教理，亦无战争。恐人人对于自己本身，亦属不识不知。只是人类自然而然的康强与幸福而已，迨人口增加，食物渐觉不足，于是技术发达，私有财产制发生，而欺诈诡谲之风开，种种不平等现象以起，而道德、宗教、法

律等亦同时发达云。

③《民约论》是属一种个人本位的政治思想，以为个人是实在的，国家不过是由个人间相互的一种契约而成，故国体自然以共和制为正当的。简言之，即是根据个人主义的思想而倡之契约的、共和的社会观。此对于政治上有重大影响，其结果是引起法国的大革命，在教育上则成为个人主义的教育目的论。总之，上述三者，可认为卢梭的根本思想。

④《爱弥儿》不是教育学的书，只是小说，假托“爱弥儿”一男子，自其出生以至 25 岁与苏菲（Sophie）女士结婚为止，用文学之笔，描写其间理想的教育方法。其中要领，是指斥向来的教育为背理，其原因是在当时社会及文化不良之故，因此，救济的方法是在与过去的社会绝缘，打破传统的旧习。摆脱人为的教育制度与规律，专委托一家庭教师，在自然的指导之下，对于爱弥儿作自然的、个别的教育。以下从是书中细绎其教育思想。

（4）教育理想

卢梭的教育理想，最简括言之，即在于“使个人天赋的性能自然的、充实的发达”而已。但从中又须分为以下四方面解释：

①个人天赋的性能，本来已属善美的，故教育之极致，只在纯任自然的性能伸长，不须加以何种人工。此种思想，实由卢梭个人之特殊的“自然观”而来。盖卢梭之所谓“自然”（Nature）者，即与“理性”同意。是为本体的精神之表现。理性既属善美的，故以自然为原则的教育，当然亦属善美的。此本属 18 世纪之理性主义的哲学家所通有之思想，卢梭只是以此种思潮为根据耳。彼之所以得此根据，又因其与华伦夫人同居时，翻读莱布尼茨、笛卡儿等之著书而来。观其在第一次与第二次的论文中，极端赞美自然而攻击社会，及在《爱弥儿》一书之开首处即言“一切物初离神之手时均是善的”，即可知其思想之前后一贯。总之，其教育理想不是在用人工以灌输文化，而是在顺自然以发挥性能。

②为非人为的是自由的发达之意。此中又包两层意思，从被教育者方面言，则为内在的生命之自然发现；从教育的力量言，则务须不

施以人工，纯采放任主义。此所以氏特别憎恶社会，谓“万物一经人手则皆堕落的”。

③是认教育之目的纯属内在的，只须为个人的本身计，不可受外面的目的支配。此种思想，亦因其承认个人是本质的、社会是契约的意见而来。

④是承认“形式的一般陶冶”，为“自然人”的“个人”的教育之极致。所谓“形式的一般陶冶”者，只是以养成“纯粹的”、“赤裸裸的”个人为目的，并非在养成官吏、绅士或实业家等。故卢梭自言：“欲养成‘自然人’，其道奈何？吾人首先不要养成适于特殊地位的儿童。只导儿童进于人类的纯粹状态。迨其一旦离教师之手时，非为官吏，非为兵卒，只是一个人而已。”又曰：“教人使适于特殊地位的教育，是与对于其他的地位不适同意，此种教育，一遇地位有多少变更时，即令其人陷于不幸。所谓幸福之人，是指能临机应变，不为命运所屈服之意。”此两段即指形式的一般陶冶而言。氏在《爱弥儿》一书中，并反对习惯之养成，谓自然人“当以无习惯为习惯”，亦可认为此义之转注。

（5）教育的方法

然则养成此种自然人、自由人、形式的一般的人，其方法究当如何？氏关于此方面的思想，又可析为以下四点：

①为儿童本位主义。所谓“儿童本位主义”者，即教育之目的，既求于儿童的主观中；教育的方法，亦即求于儿童本身之内部。换言之，即承认被教育者之儿童，其内部已具有目的价值之“善”，同时具有实现此种“善”之力，即自己陶冶的能力，因此，即以此种自己陶冶之能力为教学与训育之基础。然则卢梭的主观的自然主义、儿童中心主义正与社会本位、教师本位的客观主义相反对。

②为消极的教育方法。所谓“消极的教育”（Negative Education）者，是指“无为的教育”，即以不教为教为言。在手续上，是加以最低限度的处理，例如，除去儿童发展之前途的障碍，使其学习与自己修养的环境良好，及提供其所欲学习的材料等是也。此与注入主义、干涉主义正反对。凡从外部积极干涉者，卢梭则称之为“积极

的教育”（Positive Education）。卢梭之所以有此种“消极的教育”之主张，盖因彼不特承认儿童具有自己陶冶的能力，且具有自己可以发展向善的法则性，亦即是具有“自然发展”的原理。

③为实学主义、锻炼主义。即任儿童之自然的、自由的发展，遂不能不出于实事实物的教育，排斥软教育而为硬教育矣。因儿童本身的学习，是以实在的事物为对象，而自然行之。关于养护与训育方面，亦出于强硬的锻炼，决不至于多方避忌矣。

④为特别重视形式的陶冶。形式的陶冶云者，是以锻炼身心之形式的方面，即质与机能方面为主要目的，试观《爱弥儿》一书中的第三期教育，主张在爱弥儿 12 岁至 15 岁间所用的陶冶材料，单读《鲁滨逊》小说一册，并可知其用意。

总之，卢梭所主张的教育方法，明明是包括儿童本位、自然主义、形式陶冶主义等成分。此种思想，在下述爱弥儿的实际教育之中，明白表出。又在实学主义之中，当然是兼包直观主义的思想，而儿童本位主义、自学主义、活动主义等成分亦包在内。

（6）爱弥儿的教育

欲证明上述的教育法之本质，可参考爱弥儿的实际教育，虽则此不过是卢梭之一种空想。

《爱弥儿》一部小说，共分为 5 篇：第一篇是述自初生以至能言时即至 5 岁时的教育；第二篇则述 5 岁至 12 岁的教育；第三篇述 12 岁至 15 岁的教育；第四篇述 15 岁至 20 岁或 25 岁的教育；第五篇是述爱弥儿之妻苏菲的教育。

在第一期的教育，是以幼儿身体之养护为主，父为自然的教师，母为自然的保姆。此期之所要注意者，则为儿童身体上的需要之满足，及低度的锻炼。即关于饮食起居等，均以自然的、自由放任的养育之，因此，偶有疾病，亦不遽用医药，是一种粗豪的养护法。玩具等亦以自然的为宜。此种思想，是从洛克而来。

第二期的教育，是接续前期，一面以养护为主，他面兼行训育，留意于初步的智育，总使其率天真的儿童本色，不至于“少年老成”。养护方面是积极奖励运动，兼行“感官的训练”（Sense Training）。

排斥软的教育法，而采自然的方法。关于训育上，以自主、自裁为主，不妄加干涉。凡儿童所不能行者，决不以是相期或强求，教师须注意儿童之个性，使勿感染恶德，消极的监视之。除自然的惩罚外，一切人为的惩罚均不用，亦反对厄斯伊达派之利用儿童的竞争心与名誉心。

关于智育上，本期仅以初步为止。排斥文字与书籍，使儿童从事物中自行经验。不主张多用言语，使其流于多辩的，只将其能使用者，加以确实的练习。此为“养护训育”时期。

第三期的教育，是以知识之发达为主。盖自 12 岁至 15 岁的儿童，正在身心活动盛旺、发达力充满之期。本期所应注意者，是在戒除注入式的教学，使与自然事物接触，自行经验与体验，从自己的思维中而领会。又须养成注意与持续之习惯，身体与精神须交互的使用，读书以养成独立自营心为主，故极重视小说《鲁滨逊》。其他的知识，均以实用为主，且从直观上授之。此为“智的陶冶时期”。

第四期的教育，是至 20 岁或 25 岁结婚期为止，此为完成期，故以心情的陶冶为最要，故重在道德、宗教方面。但氏实主张不应使儿童知有“神”之一语，信仰只可听理性之选择。不应养成一种教派的根性。又氏承认本期须作社交与处世的修养，但为知人及通达世情起见，并不主张与现实社会的人直接交际，宜从历史研究上将古人设身处地而体得之。盖卢梭反对当时的社会甚烈，此与“社会的唯实”派之蒙田等意见不同。此外更主张从古书中及观剧等，以陶冶美感的精神。

以上所说，是男子方面之理想的教育法。迨爱弥儿 25 岁，则与苏菲结婚。

（7）女子教育

卢梭关于女子的教育意见，见于《爱弥儿》的第五篇苏菲的教育中。但卢梭对于女子方面，其教育理想完全与男子异，并不见有自然主义、自由主义、理性主义等，反视女子为玩弄品。谓女子能相夫教子，整理家政使男子快乐便足。实视女子非为独立的存在，只作男子之匹配时始有意义。此种方面，纯属旧式的，与对于男子方面的新教育意见相矛盾，令吾人异常惊异。

（8）关于教师的意见

卢梭认教育之力量有三，亦称为三种的教育者，即“自然”、“人”与“物”是也。

①“自然”云者，是指“主观的自然”，即个人之活力及内部诸机关之发展力而言，非如夸美纽斯之指客观的自然而言。因此，个人是有自己陶冶之可能性。②“人”者，是指人为的诸种助力，即对于发达上指导利用的方法言。③“物”者，是指一切客观的存在之事物而言。即此种事物对于吾人之自己陶冶上，与以种种影响者。此三种力量，氏概称为教育的主体，不免将教育之意义解释得太泛，若从狭义的教育上言，自觉不适。狭义的教育观，只认“人”为主体，其余二者只为辅助教育的条件。盖“自然”只是一种发达力，未得认为教育者，至于“物”即是环境，只为教育之条件而已。

（9）卢梭的教育思想之价值与影响

卢梭的教育思想中，有价值的与无价值的相夹存，亦犹混有杂质之玉也。以言其长处则有九：①视内部性之自己发展为教育之中核，因倡一种自由教育。②重视感情的陶冶。③主张一般的陶冶（General Training）。④尊重儿童期的生活与个性。⑤力言自己的活动。⑥采用实学主义、直观主义。⑦重视手工作业。⑧认儿童心理的研究为必要。⑨将儿童自初生以至25岁间划分为一定的教育期。

以言其短处则有八：①误认自然的人性即为美善的。此虽由理性主义而来，究与现代心理学的见解不符。②因混视感觉的自我与精神的自我及个性与人格间的差别，故其所主张之“自由主义”中含有谬见。此因不能辨别“存在”与“价值”而来。③视社会、国家、文化等悉为虚伪、丑恶，欲返于原始的自然，此亦谬见。④因主张一般的陶冶过度，竟至排斥职业的陶冶，亦属谬误。本来二者并非互相矛盾。⑤偏于自由放任的教育，而忽视指导与矫正的价值，亦非也。此因单见内在性发展之一面，竟将教育解作消极的而来。⑥偏于个人主义的教育，轻视社会方面。⑦单重家庭教育的价值，而不重学校教育的价值，又属一误。⑧训练上单倚靠天然的惩罚，究属不妥。

至于卢梭的教育思想，其影响于后人者甚大，兹分为三方面述之：

（甲）影响于个人的方面者。例如，①巴泽多因读《爱弥儿》一书，遂有志为教育家，且名其女为“爱美丽”。②康德因爱读《爱弥儿》，竟至有规则的散步时间亦乱却，且其著书中引用《爱弥儿》处不少。③裴斯泰洛齐则从此书中得到主观的自然主义、实学主义、直观主义等思想的影响。④福禄培尔对于《爱弥儿》一书，亦属极端的爱读者与崇拜者，思想上亦同样尊重自然。⑤俄国的托尔斯泰所设的“自由学校”，亦受卢梭的影响。⑥现代如爱伦·凯、吉尔里特（Ludwig Gurlitt）、蒙台梭利、杜威及其他儿童中心派的教育家，多少受其影响。

（乙）影响于教育思想上者，例如，①对于泛爱派的教育思想，影响甚大。②对于现代的新个人主义教育，即儿童中心的自由教育影响甚大。③对于“教育即生活”的思想，亦有影响。卢梭曰：“教育者，非为未来生活之准备，实为生活的本身。”又曰：“儿童发育上各阶段是绝对的，故须以儿童之道待遇儿童。”此正是与“教育即生活”的主张相同，现在此种思想分出低年级的教育、中年级的教育等，正为此故。④对于活动主义、构成主义的教育思想上亦有影响。美国帕克（Parker）的活动主义是由福禄培尔来，福氏的“自己活动”（Self-activity）原理，又由裴斯泰洛齐来，而裴氏的直观主义则由卢梭来。因为卢梭在《爱弥儿》中有言“科学不是要教的，是要使学生自己发现的”，此即活动的、构成的教学思想。⑤对于作业主义亦有影响。即裴氏的作业主义是由卢梭来，直传于福氏，现成为杜威、凯兴斯泰纳（Kerschensteiner）的作业教育见解。⑥最后，现在从环境上自学的教育，如道尔顿制（Dalton Plan）、文纳特卡制（Winnetka Plan）等，大概是直接受爱伦·凯的影响，而间接是受卢梭“以不教为教”的主义。

（丙）影响于教育心理学之发达，即儿童研究方面。盖卢梭在《爱弥儿》一书中，其教育之背景是以“儿童”为基础，且将夸美纽斯之客观的自然主义转为主观的自然主义，此大促进后代的教育家对于儿童研究上的兴趣，裴斯泰洛齐记载其子自初生以至 3 岁间的发育状态，是其影响之一，且对于人性的研究上亦有关系。

第四节　泛爱主义的教育

（一）泛爱主义教育的真相

（1）泛爱主义的意义

“泛爱主义”（Philanthropists）之一词，在教育上是指广泛爱护儿童之意，其命名是由1774年巴泽多在德骚（Dessau）所设之“泛爱学校”（Philanthropen）而来。若问泛爱主义的思想之根据何在？则亦与前节所述之“自然的唯实主义”同样，均植基于18世纪特有的理性主义、启蒙主义（Aufklärung）。“启蒙主义”云者，即开启蒙昧，亦即是启发知识、推广知识，使世界大放光明之意。启发知识亦即启发理性同意，故启蒙主义与理性主义，实属二而一、一而二者也。不过，在法国则为卢梭之理性主义的教育，在德国则为巴泽多之泛爱主义的教育而已。

（2）泛爱主义之特质

泛爱主义教育中，有三个重要的观念：①前述的理性主义是其根本思想，②为幸福主义，③为博爱主义。幸福者，即指“人类之幸福”，此固为人生之理想，亦即为教育之目的。博爱主义者，即泛爱人类，在教育上则为爱护儿童的教育。所以，此派的教育特采自由宽恕的方法。

幸福主义，其内容是尊重实学与功利。故此派的教科，特别注重体育、历史、地理、理科等。“一面游戏，一面学”，是此派最得意的主张。本来“由游戏而学”或“愉快的教育”等，在教育史上言，未必是由泛爱派首倡，实在17世纪法国的詹森派已倡之矣。

（二）巴泽多

（1）略传

巴泽多（Johann Bernhard Basedow）者，德国汉堡人，以1724年生，1790年死。父为制造业者，性粗暴，其母则为富于感情之人。故氏在幼时，实未曾有慈爱的经验。最初为继承家业计，乃入学校受教育，但其所入之学校，训练颇严酷，加以宗教的教学，亦属机械的、暗诵的，氏乃大不满意。遂离家而赴荷兰，充当水兵。后为荷尔斯泰因州（Holstein）某医师之仆，因主人极慈爱，卒至受医师之劝，复回家。至1743年，入汉堡的文科中学校，一面充家庭教师，以图学费之自给。时受教师黎玛士（后为格廷根大学古典语教授）的感化极深，而其研究兴趣则在哲学与神学两科。其尤深究者，则为沃尔夫（18世纪之理性主义的哲学家）的哲学，并从黎玛士得到卢梭的自由主义思想。1744年，升入莱比锡大学，专修神学科，其目的在欲为牧师。经过大学生活一年半后，至1748年，充当荷尔斯泰因州某贵族的家庭教师。氏在此始体验“从游戏上自由的愉快的学习”之新教学法。时贵族之子仅10〔岁〕，经氏的教学法后，竟得到与文科中学毕业程度相等的学力。然则巴泽多何以想出此种教育法？彼最初本来用传统的暗诵与练习的旧教法，竟使生性活泼之贵族子成为愚钝，氏大惊，乃改用自由游戏的教学法，始大见效，且加以实物主义的教学，更使其知识丰富。于是世人对于巴泽多的新教学法大惊叹矣。

1752年，氏向吉尔大学提出关于《教学法》的论文，撮集自己的经验，排斥向来的教学法，而倡实物主义、自然主义的教学法。氏因此论文而大著名，遂被聘为丹麦之文科中学的教师（Ritterakademie in Denmark），留此8年，复著有《实践哲学》一书，其中有教育论。氏在此学院，甚与学生相得，尤以神学讲义方面，大收学生间之声望。然而世间的批评则不佳，盖因彼之著书上所采之理性主义的宗教观，为一般狂热的信仰家所不喜，且招致同事间的猜疑也。因此，1766的那一年转任阿尔托纳（Altona）文科中学校长，著述更多，又因宗教上的意见，与地方人士不相容，大受迫害，困及妻子，至此而氏之视力渐衰矣。

1771年，为德意志德骚（Dessau）侯爵利伯德（Leopold）所聘，得其助力，乃于1774年设立一校，名“泛爱学校”，即其〔多〕年来的理想学校。是校因聘卡姆佩、特拉普、萨尔兹曼三教育家，一时名誉大噪。但因巴泽多是世界主义者，故贵族与富豪辈不肯助以资财，卒至财政大困。巴泽多晚年，只从其子转徙于各处，至1790年，殁于马德堡，其后三年（即1793年），泛爱学校亦遂停闭。

（2）泛爱学校及其他教育事业

巴泽多在教育上之主要事业有二：①著书，②泛爱学校之设立。就著书方面言，彼以改良教育之意见，欲使社会周知，遂决心著书，着手募集捐款。即1768年，乃著《对于学科与感化敬告志士仁人》（*Address to Philanthropists and Men of Property on Schools and Studies and their Influence on the Public Weal*）一书，附以“传播初步知识书”的样本，征求当时皇帝、王侯、学者、官吏、各团体、各学校等的捐款，结果得到48000马克的捐金。氏于是着手将所著之书出版。计自1770至1774年间，共出“序论”及“初等读本”之全部。序论一名《对于教育法敬告世之父母》（*A Book of Method for Fathers and Mothers of Families and Nations*），即是举儿童的教育意见向成人说法。至于《初等读本》，其体裁是与夸美纽斯的《世界图解》相似，全书4册，插入多数的铜板画。此书是在阿尔托纳时所编。其编辑之宗旨如下：①特为初步教学上，使儿童不感痛苦及不空费时间，而与以关于事物言语的知识；②为自然的认识起见；③为道德的、论理的教学起见；④使自然的宗教根本的铭刻于心；⑤使得公民所必需之社会知识。氏此举大得世人之赞助。

至于泛爱学校，其内容如下：①收容6岁至8岁的儿童；②全部为寄宿舍制；③使一部的学生不受薪金教学，盖为师资之裁成计；④教育方针即在泛爱主义，管理上本友爱之情，训育上采宽恕主义，教学上省除无用的学习，只从直观上授以自然界的主要现象及现实社会之知识。以上是巴泽多之主要的教育事业。

（3）教育理想

氏之教育理想，见于所著《实践哲学》及其他之书中。而其大旨是在养成“现世之有用的幸福的人”。所谓“现世”的理想，是与夸美纽斯及洛克等思想相通。所谓“有用人”者，是指富于爱乡心，及对于一般人类有效用的人。所谓“幸福的人”者，是指身体强健，有实学实用，且具乐天思想的人。然则氏之教育思想，一面为“功利主义”，他面为“人道主义”（世界主义）。

（4）教育方法

欲达以上之目的，其方法则见于养护论、教学论、训育论三者中。

①养护论

此方面的思想，大致与洛克、卢梭相同。即食物以简单而富于滋养者为主，衣服宜轻且宽，夜寝于硬床之上，励行冷水浴。其积极的锻炼法，则有体操、游戏、游泳等。至少年期，则课以军队之进行、演转、回转等，及障碍物之跳跃、狭桥之步行、小山之升降、回避投瓦、滑冰等。

②训育论

此方面以养成温良逊顺之人为主。惩罚从宽，绝对禁用体罚。此泛爱主义之特色，是由理性主义的人生观而来。与卢梭同样视人性皆善，故不得不采自由主义、宽恕主义。若某童有不规则时，则或减操行的分数，或在游戏时间使其作手工，或仅留在教室内而已。反之，若有善行者则不特增加操行分数，且公布于一般学生间，其善行之分数多者，则常给以休暇，或飨以食物。总之，是在自然的喜悦中，以图德化之沦肌浃髓。但在学校内，则反对以某宗派的陶冶施于学生，此盖由其自然的宗教观（即理性主义的宗教观）而来。不过在家庭或教会之际，由父母或僧侣施之，氏亦不持异议。

③教学论

氏谓教学的任务，是在“启发儿童之蒙昧，使理性敏锐，以祛除偏见及迷信”。其方法则特重直观，就实事实物而授之，排斥注入式的、机械式的教学，及非理解的记忆。认为要从悟性的记忆进于理性的记忆，不特排斥无价值的学习，且积极的奖励自发的游戏中愉快的学习。此即泛爱的理想实现于教学上者。

教材上注重日常生活所必需之近世科学，在言语上则主张先授本国语，次习法兰西语。在授同一的教材中，与其授多量的，不如精选其质，以少量之智能而充分磨炼心力者为上乘。氏言：“前世纪之通弊，是在以多识无用的死语自夸，现世纪之通弊，是在以多量的事物知识相炫，均属危险之道。事物之知识，只以遭遇普通事件，具有能自处理的悟性，且能理解工艺上有益之谈话及书籍为止。”

观此，则氏在表面上虽非主张形式的陶冶，而其思想之背景却在于此。除近代语与自然科学外，氏更承认图画、唱歌、运动术等有相当价值。

（三）泛爱派的教育家

巴泽多的泛爱学校，虽因创办者具狷介之性，及理财手腕之拙劣，仅阅19年而停闭；但其所遗之教育精神，并不因此消歇。后来藉其部下的同人及门生等之力，竟得发扬光大。兹择其中著名人物如萨尔兹曼、卡姆佩、特拉普、罗考等的教育事业与思想述之。

（1）萨尔兹曼

萨尔兹曼（Christian Gotthilf Salzman）者，德国人，以1744年生，1811年死。父为教师，其家庭生活虽简朴，但敬神之空气涨溢。氏最初习国语与拉丁语，后就学于乡土的学校，17岁时，入耶拿大学，专攻神学科。毕业后充牧师，对于教育饶有兴味，卒为教育著作家。1781年，受巴泽多之聘，为德骚之泛爱学校教师。但仅留此校4年，至1784年辞去。氏当初本具热心，但见学校不统一，关于管理上与巴泽多意见不合，遂欲另自创一校。会得哥达（Gotha）侯之助力，于1785年，在施内普范塔尔（Schnepfenthal）开校，此为萨氏的泛爱学校。

是校乃由萨氏完全根据自己的理想而设的。其理想的条件可分为三：①校舍离都市稍远，而筑于风光明媚处。②由校长一人握统一的管理监督权。③具有家庭性质的人数较少之学校。第二条件之特重统一的管理者，盖因氏在德骚学校时的痛苦经验而来。开校之初，只有学生一人，即为后来在地理学上划一新纪元之李特尔（Karl Ritter，1779～1859）。但不久便大著名，学生增至60人，名师亦同时荟集。就中有谟芝（Johann Christoph Guts Muths，1759～1839）氏，后世称为学校体操教师之鼻祖。

其后萨氏之子女及婿等，多在校中执教鞭，故施内普范塔尔学校，不啻如萨氏的大家庭，学生因呼萨氏为“父”。氏亦终身在此地从事教育，且贯彻青年时代所希望的教育著作。所著通俗的教育书有三种：①为《蟹之书》（*Krebsbüchlein*），亦名为《对于不合理的儿童教育之忠告》，是1780年出版。内容为故事体，指斥当时背理的教育法。②为《康拉德·基弗》（*Konrad Kiefer*），亦名为《对于合理的儿童教育之忠告》。康拉德·基弗是德国一农家之子，本书采为主人公，亦即以为标题，内容是言农家子之健全的养育方法。此书非如卢梭之《爱弥儿》，单采架空的人物为标题，是采实在的人。总之，前书是言不合理的教育法，此书是从反面言合理的教育法，所以，日本大村仁太郎译前书为《吾子的恶德》，译后书为《吾子的美德》，正为此故。③为《蚁之书》，亦各为《对于合理的教员养成上之忠告》，内容历述教师地位之重要、培养之方法及资格等。大村仁太郎译为《教育者的教师》。以上三册是代表作。

关于教育目的上，氏则以养成“健康、快乐、善良、富为理解力，且令自己与人类同臻于幸福”的人为主。此思想是由巴泽多而来，是泛爱派之共通的目的观念。教育方法中，在体育方面，则课以有组织的体操或游戏。至于一般的养护法，则课以散步、旅行、入浴、游泳、雪戏、滑冰、手工、园艺等。每日更有一时间课以竞走、跳跃等。最堪注意者，则关于手工之注重一点，实为泛爱派的共通思想，此由洛克、卢梭等的见解而来。

关于训育上，则实行家庭生活法，以养成诸种道德的习惯。不甚采用命令的禁止法，只由模范的实例，使学生自来领会。赏罚亦不多用，只用自然的惩罚法。

学科则有宗教及修身、国语、古典及近代语、数学、实科、体操、手工等，教学方法是采直观主义、活动主义。历史、地理等的教学是从乡土开始。

关于教师方面，则在《蚁之书》中举出下述四条件：①教师须将儿童一般的缺点与恶德，返求于自己的本身。②教师须继续行自己的教育（即自己修养）。③教师须保持健康，须常愉快。④教师须学与儿童谈话及交际之道。

（2）卡姆佩

卡姆佩（Joachim Heinrich Campe）者，德国之布兰斯韦克人，以1746年即与裴斯泰洛齐同年生，至1818年殁。年长时入哈勒（Halle）大学，研究神学，后为教师兼牧师。其理想是在从教育上以增进人类幸福，故抱绝大希望，于1777年应巴泽多的泛爱学校之聘，后因不睦而去，受洪堡（Humboldt）家之聘，从事于家庭教育，当时亲受其教而成名者，则有著名于后世之地理学家亚历山大·洪堡（Alexander Humboldt）。其后因身体不甚健康，乃专以教育之著作为事，且自行经营书店。自1785年1791年间，刊行16册的《教育丛书》。此为洛克、卢梭及其他著名的教育家作品之拔萃者。

卡姆佩的思想，亦与其他之泛爱主义者相同，是在增进“个人的幸福与人类之繁荣”。以驱除强迫、打破偏见及恶习、启发愚蒙为主旨。其对于教育及少年文学上贡献甚大，且对于国语之发达上亦有贡献。

（3）特拉普

特拉普（Ernst Christian Trapp）者，德国荷尔斯泰因（Holstein）人，以1745年生，1818年殁。在格廷根大学（Gottingen）习神学与教育学，至1768年以后，历充德骚学校及各处的教师，至1779年，充哈勒大学教授，讲教育学，兼教员养成所监督。1780年，有关于《教育学》的著书。迨卡姆佩之编《教育丛书》时，彼于1783年辞职而助之，且从事于杂志的编辑。

氏亦具泛爱的教育理想，即以增进个人幸福为目的。关于教育方法上，则认为以人性之认识为基础，凡儿童之身体的、知识的、道德的性质，均在应知之列，此点即今日之所谓“陶冶性的研究”。关于教学之任务，则认为是在完成个人的、社会成员的必需之智能。关于教材上，则认为要网罗以下五种要素：①关于技艺方面者，如读书、习字、算术、图画及日常须知的事项等。②是关于原因、结果、目的、方法等的理解者。③是关于心情陶冶上之有益者，如宗教、道德、历史之类。④是关于健康保存上所必需之生理卫生及养护等知识。⑤是关于处世上所必需者，如法律的知识、礼仪、土地之自然的人工的产物，其他关于种种业务的知识等。氏又主张国家须设公共学校而监督之。

（4）罗考

罗考（Friedrich Eberhard von Rochow）者，德国勃兰登堡人，以 1734 年生，1805 年殁。家世贵族，年 16，曾入军队，于“七年战争”时，负伤者两次，自觉不堪任军职，乃回自己的领土，专事贫民之救济与教育。其有志于教育事业之重大原因，乃由读巴泽多之著书而大感激也。其对于泛爱主义之普及于初等教育，功勋殊不浅。关于教育上的意见，则以“达到理解”为原则，排斥机械的教学法。本此见地，故以进步的眼光整理教材，使适于儿童身心发育的阶段；即如由易至难、由感觉的而进于抽象的之类。在教学的形式上，则认为在教材性质之许多范围内，须以对话式为主。科目则为宗教、唱歌、读法、书法、算术、语学、作文等。此外，再授以自然及生活上所需之智能。女子则特课以手技，特别注重教材相互间的联络。关于训育上，则以宗教的、道德的陶冶为目的，学校务须出于恳切态度，戒除苛酷，且宜注意于国民教育，以促国民性之涵养云。

总之，泛爱派的教育思想，倡自巴泽多，而得以上四人之赞同，且有影响于裴斯泰洛齐。此派的长处，是在排斥形式的教育、注入的教育、苛酷的训育、单纯的个人主义教育等，而实施功用的教育、启发式的教育、游戏式的教育、四海同胞主义的教育、爱的教育等。至其短处，则在所授之知识的分量太少，且止于卑近的。在教学与训育上，则有过于自由宽恕之嫌。能矫正此种缺点，而达于真正教育之途者，是裴斯泰洛齐。

第五节　詹森派及虔敬派的教育

（一）詹森派及其教育

（1）詹森派的真相

詹森派（Jansenism）一名波特莱耶尔派（Ecole de Port Roayal），是17世纪中起于法国的一种宗教团体。名为詹森派者，因其为荷兰高僧詹森纽斯（Jansenius）所创倡之故。名为波特莱耶尔派者，因离巴黎西南17英里有波特莱耶尔僧庵，其中的僧侣信奉此派的主义，实际从事于学术之研究、教育之改良与宗教之训练之故。

詹森纽斯以1558年生于荷兰，至1638年殁。此人曾在法国鲁汶大学当教授，且兼充教会监督。当时波特莱耶尔僧庵有许多信仰甚深学识高尚之人，赞成此种主义。此僧庵本在13世纪时已经存在。

此派之主要目的，是在基督教之革新。以为真实的信仰，乃在心情之纯洁与诚实的虔敬心，非在外表的行为与仪式，故实行主情的、遁世的生活。此思想是认为自奥古斯丁而来。

此派的信仰，一面保存旧教的色彩，他面又生出新教的色彩。因其排斥外表的行为与仪式，标榜主观主义、自由主义、良心主义，固属近代的，与路德等之新教一致；但他面却排斥新教之理性主义、主智主义，而注重心情，则明是保存旧教色彩。故可特认为主情主义的新教派。

但此派虽对于路德派之理性主义表面反对，然攻击更烈者，则为对于厄斯伊达派的政策。因其在宗教上与教育上采反动的态度，为达目的计，往往不择手段，以致令道德腐败也。然厄斯伊达派究恃教皇的势力为后山，所以，詹森派的传教事业被其禁止，不得不由波特莱耶尔逃往荷兰矣。

（2）詹森派的教育

此派以谦逊、真实、虔敬等为主旨，即其事业与行为亦极有节制。凡作事不斤斤于外部的夸耀，又不希冀一时的成功，而以着实远大自期，此正与厄斯伊达派之外表主义、宣传主义相反。此派所办之学校未曾将儿童6人以上共同教授，校舍亦极小，务以不惹人注意为度。在此派学校的存立期间，一年之中，未曾教过一百名以上学生。就反面而观，则当时法国繁盛的厄斯伊达派之某校，竟以一年间教授三万学生自夸。观此数者，可见此两派之极不相容矣。此派的教育家，特称自办的学校为“小学校”，盖对于大学方面表示谦意。

詹森派的教育理想，是在养成“心情洁白、富于虔敬之念的人物”为主，故首重感情的陶冶与良心的启发，以维持名教为职志，此点亦正与厄斯伊达派之专重悟性的陶冶及单图自派之利益者相反。

此派的教育实际，现揭其教学与训育之有价值者如次：在教育上特注意于言语教学，反对当时之以外国语、拉丁语为本位的一般风气，特以国语、近代语为本位。此点是与夸美纽斯相同。教学方法上，不强儿童以记忆，而重在判断力之磨练，并采用实物教学，以图感觉之发达。曰：“儿童之知识，以属于感觉为主，故吾人不能不诉于儿童之视觉、听觉等，以图精神之发达。”教学原则上，则重在“由既知推及未知”。科目则有国语、法语、拉丁语（上级生用）、历史、地理、数学、哲学等。尤堪注意者，此派将游戏与学习相结合，在愉快中使儿童不知不识习宗教史、算术、地理等。此即是一种泛爱教育，其后为巴泽多所积极提倡者。

关于训育的方法则如何？此派以为人性原属罪业甚深（即由基督教之原罪说而来），即就事实上观，儿童是冲动的、本能的、感觉的，趋恶的倾向较于趋善的倾向更强。此即为本来性恶的证据。但教育上向来关于性恶的处置，本来有两法：其一则认为因此不得不讲求严格的手段，其一则反对而主张用慈悲怜悯的同情。厄斯伊达派旧教式的多数教育家，是采用前者，而詹森派则采用后者。

此派的教育家，以为精神上既有病态，若徒施以严格的压迫干涉，决不能治，只有选用监视、忍耐、恳笃三者，始能根本医治。监视云者，是注意儿童之心情；忍耐者，无论经如何牺牲，亦忍耐以待其善化。恳笃者，以亲切温和之情相接，以宽容的手段处置之谓也。因此，惩罚等几乎绝对不用，此点亦与泛爱主义相肖。至于训育的手段，或藉教师之模范，或用亲密的谈话，或利用教学上、生活上种种机会，施以指导，故此派的教师，往往与学生在郊外游乐。身体之锻炼方面亦颇注重。

以上是詹森派的意义、立场、教育等之概要。观此，可见该派在教育史上有独特的使命，可惜竟为厄斯伊达派所驱逐与迫害。

此派的著名人士不少，而出色的教育家则为法国的费纳隆。

（二）费纳隆

（1）略传

费纳隆（Fénélon）本名为 Francois de La Salignac de La Mothe，是法国贵族的子弟，以其生在费纳隆城，故即以城名之。生于 1651 年，卒于 1715 年。幼时身体孱弱多病，但有超群的才气。12 岁时，入中学校习古典，因叔父之劝，转入巴黎的圣苏尔皮斯宗教学校。毕业后，于 24 岁时为传教师，欲往加拿大及希腊等处，复经叔父之劝而止。1678 年，充旧教徒的女子学院长，此为其与女子教育发生关系之始期。1687 年，著《女子教育论》（*De l' Education des Filles*）。其先曾得包卫（Beauvais）公爵之知遇，且为其女公子之师，大著成效，故此书即为该女公子而著。至 30 岁时，复得公爵之保荐，为路易十四世王孙伯贡迪（Burgundy）之傅，王孙时甫七岁，已就种种顽性，氏以至诚格之，卒化顽钝而为巽顺之德。当时写有小说《戴廉麦克》（*Télémaque*）的原稿，历言“王者之所当为”，本无出版之意，但不久即传于世，至 1699 年竟出版。不料此书竟为反对者所利用，谓其有意讽刺朝政批评国政，遂失王欢，不得不退出王宫矣。但氏失职后，力持谦抑之度，略无怨怼，日以学术研究为事，及与知己间相周旋，故克终其余年。

当时的法兰西，正值路易王朝鼎盛时代，其后半期的文化实达于极点。例如，高乃依（Pierre Corneille，1606 ~ 1684）的剧曲、拉辛（Jean Baptiste Racine，1639 ~ 1699）的悲剧、莫里哀（Molière，1622 ~ 1673）的喜剧等，均属赫濯一时。但宗教方面则正值新旧教混乱期。费纳隆生在此时代，本属旧教，而又与新教之詹森派沆瀣一气，所以后半生之不遇，正为此故。

（2）一般的教育思想

氏之大本领，原在女子教育方面，有特别适切的意见，但其关于一般的教育意见，亦大有可注意者：

氏言："教育贵有组织的。例如，饮食上要有规则，睡眠与运动须充足，教学上须使愉快而有兴味，游泳须利用于教育上，事物的观念须先教而言语在后。一切教学须由近及远，例如，历史、地理等，须从儿童接近之环境开始（即乡土主义），次及于国家与世界。须重理解方面，不当徒重记忆。训育上则以模范为主，从而指导之，以童话、故事实例等为教材，惩罚务须轻减，使儿童胸襟广大，言语诚实，不致文过饰非"云。此种教学与训育的见解，大部分已包含在詹森派的教育思想中，此当注意者。

（3）女子教育的思想

《女子教育论》一书共分 18 章，所说既不骛于新奇，亦非流于陈腐，颇觉中肯。兹将其中所说女子教育的必要、目的、时期、方法、教材等分述之。

①女子教育的必要

氏言："女子亦是构成社会半部的要素，故其发育之良窳，大有关于社会之兴替，斯不可不致意于其教育。"此为女子教育必需之第一理由。又曰："女子之比于男子，身体与思想方面较劣，且志向常易摇动，耽于空想，骛于好奇心，往往流于多口与放恣之弊，此诸种恶影响，极易移植于儿童，故有教育之必要。"此为女子教育必需之第二理由。又曰："女子对于世界道德之基础有关系，故有教之使正直与敬虔之必要。"此为第三理由。

②女子教育的理想

然则女子教育之理想当如何？氏则认为当以养成"良妻贤母"为主。而良妻贤母当具下述之资格：一是具有子女教育上的识见与技能，二是具有处理家政的教养。因此，除一定的知识与宗教心之外，又须具有经济的识见。尤其要早令认识女子的本分，对于地位、财产、名誉等的欲望有相当的节制，矫正虚荣心、炫耀心、多辩等恶德，而养成虔敬、秩序、正直、勤俭、清洁等美德。

③教育方法

关于教育的时期，氏认为应在未了解言语之前开始。盖儿童最初所得之观念，有支配全生活的倾向，所以，要及早养成良习惯而驱除恶习惯。至于教育法，则照前所说，是顺自然发育的程度，使其从游戏中愉快学习，以健康及天真烂漫为主眼。迨其年长，则授以读书、习字、文法、算术、拉丁语、图画、历史、宗教等，更就实地使其体验关于保育与家政的知识，此为良妻贤母之培植上所必需。其中尤重视宗教教育，认为要采圣经的故事讲述，一生涯中勿听异教徒的故事。关于生死问题与万物之根源等，均当认为是神之所赐云。氏又以为音乐有碍于宗教的道德的陶冶，故排斥之，即如诗歌与演说等，以仅以无害于妇德的范围内，始许听之。

（4）费纳隆的继承者

氏之关于女子的教育意见，是于基督教的精神中，加入人文主义、实学主义的成分，故对于当时极觉适切，在18世纪法国的女子教育上大有影响。其继承者则有兰伯特夫人（Madame de Lambert，1647～1733）及曼特农夫人（Marquise de Maintenon，1635～1719）等，均祖述其思想，大有贡献于实际教育上。

兰伯特夫人著有《对于男子的母训》与《对于女子的母训》两书。前者是指示20岁以上男子之修养途径，后者则述女子教育的意见。夫人谓向来世人不知妇女有相夫教子之重任，竟令其陷于无学状态，殊属背理。有识之士，恒认女子之有才学，易流于夸张，实属误解。吾人不当认好奇心为不良的，正当利用之于求学上。并且学问的范围更要扩张，有使女子学历史与哲学等之必要。就一般而论，虽以国语的学习为已足，但对于欲习拉丁语者，亦无妨授之。宗教与道德的陶冶，当然是属必要的。夫人关于女子的教科扩充之意见，在实际教育上赍得相当效果。

至于曼特农夫人，实法王路易十四世之非正式的嫔妃，以曾办圣锡尔学校，有贡献于女子教育而著名。此校收容7岁至12岁的女生，其目的在养成宗教上虔敬的良妻贤母为主。女生均须寄宿，每年只许与父母会面 4 次，且每次会面时间限 30 分钟。虽则可以自由与家庭通信，总是一种隔离主义的生活，不过校内是充满愉快的空气。管理学生是极宽容，少用惩罚，即行惩罚，亦不公布。

在休养时是极愉快活泼，常开演剧等。科目上以手技、家事为主要科，此外则有读法、书法、算术、宗教等。照夫人的见解，凡教育须适合地理，故平民须有平民相当的教育，女子须有女子相当的教育。本此见解，故谓女子教育上，与其注重一般智力的启发，无宁注重在家庭相夫教子的职务。因此，其见解与兰伯特夫人不同，谓高等知识的教育，对于女子不唯无益，而且有害。只有作业等，能镇压激情，使心力有所倾注，无复思量恶事之余暇。关于宗教上，则绝不主张学校变为僧庵。谓宜舍弃形式，以返于率真的皈依心，不宜因信仰的事情阻碍生活上的义务。夫人曰："妇女若因奉侍病夫，以致怠于神事时，世人当为之谅解；又妇女每朝与其在寺院空过时间，究不如在家养育子女、教训婢仆之较为尽责也。"

综观以上所述，可见曼特农夫人的教育思想，究不免有保守主义的非自然的之嫌，但对于当时法国的女子教育，实在不得不认为适切。

（三）虔敬派与其教育

（1）虔敬派的真相

虔敬主义（Pietismus）一名敬信主义，是自 17 世纪后半至 18 世纪后半间起于德国的一种宗教上、教育上之一大运动。其名称之来由，是由斯彭内尔氏于 1670 年在自宅开宗教会时，特称是会为"虔敬的聚会"（Collegis Pietatis），故有"虔敬主义"之称。

虔敬主义是由德国人斯彭内尔（Philipp Jakob Spener）所创唱。氏生于 1635 年，卒于 1705 年。幼时富于信仰心，年十七，入斯特拉斯堡（Strassburg）大学研究神学。在学生时代已定严格的宗教规定，以为日常生活之纪律。每值星期日，特别谨慎，1663年，为斯特拉斯堡之牧师，其后复历任各处的牧师，晚年殁于柏林。

此派的主张，是在“置重个人之主观的信仰，反对形式上的压迫，因此，认僧侣及寺院等之以独断说强迫各人者为不当，各人当诉于自己的灵性而得信仰，实行忏悔与救济，作虔敬博爱的生活。”由此观之，此派似与路德派的新教完全同一。其实只有一点差异：即路德派是专重理性主义，虔敬派则专重心情主义。即是路德派视吾人之灵性（良心）之本质为理性，而此派则认为心情或感情，此两者之所以差池。但其他诸点，大体与新教相同。

今再将此派与前述之詹森派相比较，以辨其异同。原来詹森派与虔敬派均属主观主义与心情主义，此两者之所同也。但前派则作隐遁的生活，多具旧教式的要素，而此派则多作世俗主义的生活。就此点言，则詹森派近于旧教，而虔敬派则近于新教矣。此盖因詹森派发生于旧教的法国，而虔敬派则发生于新教的德国。故从国情、国民性及当时宗教势力上推算，不难测知其有当然的差异。

此种教派之抬头，其真因果何在乎？曰，是由路德派的新教，太倾于主智化与形式化故也。盖新教之主旨，在于打破旧教的形式化与他律化，而欲建树主观的良心本位的新教。但因其认此种主观的、良心的本质为理性，故经过若干年月，竟堕于主智主义与合理主义，一味追究理由，而忘却信仰之核心乃在于心情方面矣。虔敬派认此种倾向为不当，所以毅然崛起。且新教发达以后，逐渐忘却最初的自由精神，昔日之反对旧教方面的形式化，寖假而新教的本身亦成为形式化矣。此又为虔敬派发生之一因。

（2）虔敬派的教育

此派的教育目的，在养成“心情高洁，富于虔敬之念，适合基督之意志的人物”。同时又注重世俗的生活，不作遁世的生活。其教育方法，则一面顾及宗教的心情之陶冶，他面又顾及实用的智能之陶冶。故教材则置重实学方面，方法则采用近代的。

（四）弗兰克

（1）略传

弗兰克（August Hermann Francke）是虔敬派的教育家之代表者，以1663年生于德国之吕贝克（Lübeck），至1727年殁。父为优秀的法律家，1670年突然逝世，故氏7岁即为孤儿。彼自幼颇富于虔敬之念，所以其父使之习神学。13岁以前，肄业于私立学校，至16岁入埃尔富特（Erfurt）大学，专究神学。因给费的关系，同年即转入基尔（Kiel）大学，继续三年间。其后历经汉堡、莱比锡诸大学，习希伯来语及他国语，且修论理学、哲学、神学等。学成之后，于1685年为莱比锡大学讲师，其 教学法自出机轴，讲义亦多精彩，故悦服者众，但以此卒招其他教授之忌，致不得不辞职，其后往吕贝克，为牧师的助理，且视察牧师所办之贫民学校。其后访虔敬主义之创始者斯彭内尔，结交甚深。1692年，受聘于哈勒（Halle）大学为教授，讲希腊语及东洋语，至是始得安于其职，继续30年，始终为虔敬主义而活动。

（2）教育事业

弗兰克的本职是为大学教授，此外尚从事于其他之教育事业。其中最堪纪录者，则为“哈勒学园”之设立。此学园原名为Paedagogium（广义的教育所）。其设立之来因如下：

氏曾在哈勒市外之某地兼充牧师，因此有志为贫民教育尽力。适值1695年耶稣复活节时，得到多少之捐金，遂决意在此处设孤儿院，自己出款1500马克，而孤儿院遂成。最初只收贫儿数人，但因其中有贵族子弟3人特来受氏之监督，因此，遂将规模扩大，成为学园。其后次第扩充，该校为开扩经费之来源计，或设印刷所，或开药肆。闻费纳隆所著之《女子教育论》，即在该校之印刷所付印云。

此学园是一个综合的学园，其中有六种学校：①贫民学校，②市民学校（合此二者称为“德意志学校”）（Deutchschule），③孤儿院，④教育所（Paedagogium），⑤拉丁学校，⑥教员养成所。此外，尚附设有女学校、印刷所、出版部、图书馆及药肆等。

贫民学校是教育贫民子弟的场所。市民学校亦称小学校，其初是收容贫民学校中之成绩优良者，施以特别的教育，但后来成为一般市民的学校。在弗兰克逝世时，市民学校的男女生合计有 1725 人。孤儿院为孤儿的收容所，氏死时，院中所收男儿 100 人，女儿 34 人。教育所者，是一种中等学校，收容上流人民的子弟，当时有学生 82 人。拉丁学校即是文科中学（Gymnasium），是为升大学者之预备教育场所，当时学生 400 人。教员养成所者，即与现在的师范学校略同。弗兰克创设哈勒学园后，因经费缺乏，不能多聘优良的教员，因想出此策，即就神学生之中，选其将来有充教师与牧师之志愿者，施以特殊教育。教员养成所之在学年限为 2 年，但毕业后须在本校服务 3 年。此种教员养成所，规模虽不完备，但实可视为师范教育之嚆矢。

此学园逐日有兴盛之势，故在氏逝世时，全学园共有多所校及 2200 以上的学生，在私人经营的学校中，规模不可谓不大。

（3）教育理想

照前所述，弗兰克是属虔敬主义的大学教授与僧侣，故其教育思想，是属虔敬派的宗教主义。但除宗教的色彩外，他面又注意于世俗的生活，而以实利实学的智能为务。总之，其教育目的是在养成具有下述之资格的人物："第一具有虔敬的心情，第二具有实地所必需的智能，成为圣与俗两种分子混合的良善基督教徒。"不过宗教的信仰方面，仍属第一义的，自不待言。

（4）教育的方法

氏承认信仰之基础，乃在于意志与感情，故注意于"情意"之充分陶冶，以养虔敬之念。至其在训育法上，则采以下之"虔敬心养成法"：①示以事父母及交友等之模范，②实行宗教上之问答，③读《圣经》，④行朝夕的训话，⑤将道德的与罪恶的事例解明，⑥命令及告诫，⑦预防恶心之萌芽，⑧直接的敬神心之养成，而以爱真理、顺从、勤勉三者为手段，⑨祈祷，⑩良友的交际，⑪ 教育者抱乐观以养成儿童之爱念，⑫ 惩罚。

以上是弗兰克的训育法。至关于知识的陶冶之教学法又如何？氏曰："知识为体认神的意志以为处世行事之基础者，故无论就宗教方面或实地生活方面言，均不能不谋知识之启发。”因此，彼在前述之德意志学校（即包括贫民学校与市民学校两者）则教读书、习字、算术、唱歌、自然科学、地理、历史、手工（女子）等科目；在教育所则课以宗教、拉丁语、希伯来语、希腊语、法语、德语、作文、算术、地理、历史、年代记、几何、天文、音乐、植物、解剖、医学初步等，且于科外课以手工、图画。

总之，在高等普通教育之中，是认①真的信仰，②必要的科学，③精练的辩论，④礼仪作法等为必修，以养成适合时代的信徒。

但有一点极要考虑者，弗兰克是视体育与游戏，对于精神修养上是属无益而有害的，所以绝对不致意，此其缺点。彼之教育思想，大部分原采自夸美纽斯而来，不过其中不免混有陈腐的色彩。即以其轻视体育一端言之，斯可见其太拘于宗教主义，而坠于准备主义、形式主义的教育，完全忽视儿童的自然性。其在教育事业上之最大贡献乃为师范教育之开例。

（五）萨根与金德文

（1）萨根（Felbiger Von Sagan）者，亦德国人，研究神学，以1785年为僧庵之主持者，本属旧教徒，故世称之为“旧教式的小学校之父”。但彼曾学于弗兰克之弟子赫克尔（Johann Julius Hecker，1707～1768），且与泛爱派之罗考友善，故又不能认为纯粹旧教式的教育家。

萨根对于小学教育制度方面，贡献极大。彼曾改良其故乡叙里亚的旧教小学校，且自编教科书，1774年，奥国女王聘之为督学官，遂赴维也纳，制定一般小学校令，以图初等教育之改善。

其教育目的，是在养成“国家有用的公民，同时具有合理的信仰之基督徒”。而其教育之主眼，非在养成记忆力，而在养成理解力与应用力。视市民的经济生活上之智能为必要的，故竟将园艺、农业、手艺（女子）等加入小学科目中。其在教学方法上则有三特点：①以班级的教学为本体；②奖励问答法，并言宜采用缀字法；③提倡黑板的使用，训育上则采温和主义，力避惩罚。观此，则萨根的教育意见，已渐摆脱旧教主义的窠臼，可认为是介于虔敬派与泛爱派之中间。

（2）金德文

金德文（Ferdinand Kinderwann）者，萨根的弟子，以1740年生，1801年殁，是奥地利的教育改革家之一人，曾为波凯美亚的德意志学校之督学官，又在布拉格（Prague）设师范学校，对于手工教育上有大贡献。除编物与缝纫外，尚将家事、园艺等加入科目中，奖励勤劳教育。

第六节　十七八世纪教育之实际

（一）教育实际的概况

综观十七八世纪实际教育界的概况，吾人发生以下四种感想：

第一，教育思想虽发达，而教育之实际方面稍觉落后。在教育思想界，照前所述，既有自然主义、实利主义、泛爱主义等思想发生，更且在宗教教育中，又分出詹森派、虔敬派等新的宗教教育，颇呈近代的色彩。但教育实际界则不甚发达，本来理论与实际极难平行，只因本期觉得两者之悬隔太大，令吾人不能不色色然惊耳。

第二，大学教育与中等教育虽颇发达，而初等教育方面则进步极迟。此种倾向，原在文艺复兴及宗教改革期已经如此，实非本期特有的现象，但究不能不认为初等教育之落后。虽则新教徒是特别注重此一方面，至于夸美纽斯、泛爱派、詹森派、虔敬派等的教育家，亦努力于初等教育之改良与进展，更且国王与贵族等亦多颁布教育制度及建设校舍而奖励之，实在比于从前是较为普及，且就学人数亦较多。同时，初等教育的内容亦见逐渐改善。然毕竟不能与上级学校的发达程度并驾齐驱，此诚事实上之无可掩者。盖本期因受战争之影响，财政之支绌及一般父兄之无自觉心而来。

第三，女子教育是比于男子教育更落后的。虽则当时的女子教育，已经逐渐发达，入学的人数颇多，在小学方面，女子的科目与男子相同。但中等与高等两段的女子教育，仍旧不振。盖因当时的人认为，施高等知识的教育于女子，反为有害也。例如，上述曼特农夫人的论调，可为代表。此即以养成低度的良妻贤母为已足。

第四，教员之培养不充分，无论质与量两方面，均觉初等学校优良师资之缺乏。

以上四者，是本期的教育之缺点。但本期教育未尝无两个优点，即是：①国民教育之勃兴，与②教育的制度之发达是也。例如，普鲁士王威廉一世之颁布《一般学校令》及实施义务教育，此其一。哥达公爵爱伦斯达之颁布《学校令》及义务制之实施，此其二。其他如英国的“星期学校”（Sunday Schools）之兴起，此其三。

（二）德国的实际教育状况

（1）小学教育状况

本期德国的初等教育，其发达的端绪已开始，不过未臻于完满期耳。1642年，哥达公爵爱伦斯达一世颁布《学校令》（*Schulmethodus*）及义务教育制度，此由拉特克派的教育家怂恿之故。其内容如下：①一般男子女子，自5岁至毕业试验及格时止，均有修学之义务。②教科规定为宗教、读书、习字、算术、唱歌、理科等，理科中之博物一科，教学上应以乡土为出发点。③教学上以理解为主，反对暗记主义，用直观的方法，一种学习未完全精熟时，不遽进前。此外，如师范学校之设定等，亦在计划中，不过因“三十年战争”尚未实行耳。

至于普鲁士王威廉一世，则于1736年颁布《一般学校令》（*General Schulen Plan*）。王特称为“普鲁士的小学之父”。当时政府根据此种法令，颁布以下之义务制：①自 5 岁至 13 岁的儿童，必须受教育。②教科为宗教、读书、写字、算术、唱歌等。政府是给镇乡以建筑材料，使各设立小学校。此法令，更规定教员之俸给、资格及义务等。

1763 年，腓特烈大王更颁布《一般地方学校令》（*General Land Schul Reglement*），是特为村落小学而规定的。又奥地利亦于 1781 年颁布《一般学校令》（*Allgemeine Schulordnung*），且实施义务教育，其时师范学校亦兴。

（2）中等教育状况

18 世纪德国的中等教育，是属人文主义的、宗教改革的。此时，有两种新的中等学校出现，是可注意的。其一为“武士学院”，其一为“实科学校”。

武士学院（Ritterakademie）者，特为对于宫中的侍臣施以世俗所必需的教育而设。其教科为法兰西语、希伯来语、数学、历史、哲学、修辞学、地理学，此外则有骑马、击剑、舞蹈等。此种学校，当时各处有之，例如，巴泽多曾在丹麦历充此种学校的教师。

实科学校（Realschule）者，是当时之一种中等学校，鉴于人文主义、古典主义之与社会相隔离，乃改而授近代语及近世的学术者，其起源在于 1708 年。至 1747 年，弗兰克之弟子赫克尔复在柏林办此种学校，特称为“经济数学实科学校”（Ökonomisch-Mathematische Realschule）。此校至 19 世纪极盛。

（3）大学教育状况

以前本有大学的形态出现，但至此时益觉完备，不见若何之大改革。只应注意者，则自 17 世纪之末叶始，讲义已用德意志语即国语矣。以前大学的用语，概属拉丁语，至 1687 年，莱比锡大学讲师汤姆休斯（Thomasius）始用德意志语的讲义，其后 1694 年，转入哈勒大学，仍用德意志语的讲义，此风遂大行，后来，弗兰克等均效之。此种现象之发生，一面固由德意志之逐渐完备而来，他面亦属近代主义之必然趋势。

（三）法兰西的实际教育状况

（1）小学教育状况

本期法国的初等教育界，自全体观之，比于德国实属相形见拙。盖因法兰西为旧教主义的国〔家〕，所以，中等以上的学校教育虽盛，而初等教育则瞠乎后矣。17 世纪后半之法国初等教育界，其中最堪注意者，①为詹森派的活动，②为“基督学校同胞团”的活动。前者已见于上述，兹不赘，现只述后者。“基督学校同胞团”，是 1682 年由拉萨尔（Jean Baptiste de Lasall）与其同志所组织者，对于法兰西旧教国之初等教育上贡献甚大。

拉萨尔以 1651 年生于法国贵族家，至 1719 年殁。曾就学于巴黎，毕业后则入僧籍，追其与学校教育发生关系时，则又脱离僧籍，委身于儿童及青年劳动者之教化事业。其在教育上之功绩有三：

①为“免费学校”之设立。氏之创办“基督学校同胞团”，目的是在“施基督教教育于终日劳动的贫民之子弟”。故先在其故乡赖斯开办。氏在当时的气概，可从以下数语窥之：“纵使吾人乞食，只藉面包苟延残喘，仍一致合办免费学校。”此种运动逐渐发达，竟传至英、德、比、意、美及加拿大等处。

②氏既见免费学校之普及，遂觉有培养师资之必要，乃于 1685 年，在赖斯创设师范学校，其后复在巴黎设之。尤其在巴黎所设者，并附有“练习学校”。拉萨尔之创设师范学校，比于弗兰克更先，此实世界师范学校之嚆矢。

③为班级教学之开始。从前的教学，概为个别的。即每生逐一上先生之前而学。但拉萨尔的团体，则将学生分为优中劣三团，组织学级而作共同的教学。

此外，氏更于 1698 年，特为 20 岁以下的职工开设星期学校；又于 1705 年，曾设工业学校。

（2）中等教育状况

十七八世纪法国中等教育界之权，是握在厄斯伊达派之手。此外尚有奥拉托里派（Oratorian），亦握一部分之权力。欲知当时厄斯伊达派在法国中等教育界势力之大，单计其最盛时，在巴黎共有14个学院（College），学生共17000人，便可见其一斑。

奥拉托里派是由1611年贝吕勒（Kardinal Pierre de Bérulle）所创之旧教的一宗派，是专以教育为主，至1613年经罗马教皇的认可。此派的教育，是与厄斯伊达派之专重记忆者相反，是以笛卡儿的哲学为基调，尊重理性。其建设中等学校，仍不外施行宗教教育，以养成僧侣为目的。学科则有神学、近代语、历史、地理、博物、哲学等。训育上则承认只用赏赞与威吓便足，绝少用体罚。自1773年，厄斯伊达派解散后，此派遂代之而支配法国的中等教育。

（3）大学教育状况

十七八世纪法国的大学，虽反对厄斯伊达派，但仍受旧教的正教会管辖。故自宗教改革后，对于新教徒之排斥风气甚烈。例如，1624年，法国国会议决对于“背叛旧教者处死”；又自1638年以后，大学不得授新教徒以学位；又1663年，法国大学禁用笛卡儿的著书；1762年则巴黎大学之神学部，严禁卢梭所著之《爱弥儿》一书。此种反动的现象，亦由于国家与大学均遵奉旧教使然。

但本期所设之大学讲座，多与从前不同，例如，数学、国文学、自然科学、民法、自然法等讲座之设是也。法国的大学，在18世纪的大革命时，全部废止。大学颓废后，继之而起者则为“学会”（Academy），一时支配法国的精神界。学会者，最初是专以研究文学为目的，其后则兼及他种学术的研究。

（四）英国的教育实际

（1）初等教育状况

英国的小学校教育，纯由宗教团体之手而发达，因此，国家是完全未曾着手。虽则在1662年，曾颁布《划一律》（*Uniformity*），规定凡牧师未经认可，不得为小学教师，但此律至17世纪末竟解除。其中又因清教徒与其他之异教徒，因受宗教上的迫害，益发愤于教育事业，故慈善学校、私立学校等设立甚多。星期学校亦出现，在某程度竟为小学校的代用。

（2）中等教育状况

中等教育亦与大学教育同样，在本期与宗教改革期无大差别。此时英国中等教育之主要机关，是为“公众学校”（Public School）。公众学校的内容，是旧式的，以拉丁语、希腊语等之暗诵为主；训育上亦极严格，公然施行体罚，上级生使役下级生，是当时流行风气之一。为参考计，现将当时威斯敏斯特的公众学校一日间之生活状态揭示如下：“上午 5 时 15 分，则有组长的点名及拉丁语的祈祷。从此至 6 时，则学生齐集，分两人为一排，同往学校。自 6 时至 8 时，则有拉丁语及希腊语之文法。每以 14 人至 16 人为一次，执练习片四五枚，在组长之前暗诵，其次则交迭练习。自 8 时至 9 时，则为自修时间。9 时至 10 时则为宿题的练习。至午膳之时，则读拉丁语的《圣经》一节。自下午 1 时至 3 时，则习西塞罗、荷马、维吉尔等著书，或作文法与修辞学等之复习，更有拉丁语、希腊语的翻译等。晚膳时，复行拉丁语的祈祷。晚膳后，每星期约有三四次，由教师作其他学科之讲义。”

此种公众学校状况，一直继续至 19 世纪。原来英国人是富于保守性，单将上述的情况与德国的中等学校比较，觉其落后有出意料外者。

（3）大学教育状况

十七八世纪英国的大学，与前期毫无差异。教育完全在各学院（College）行之，单参照宗教改革期的教育状况便明。

第七节　十七八世纪教育的总评

以上既将十七八世纪的教育述讫，兹综括本期的教育言之，则见其中具有三种基调：（一）旧教主义，（二）理性的自然主义，（三）两者调和之新宗教主义（即广义的虔敬主义）。此三者是互相对立抗争，但均属个人主义的立场，未臻于社会本位或国家本位的。一方面固觉得世俗式的生活色彩益深，但他方面仍觉传统的宗教生活的根柢牢不可破。

十七八世纪的教育，是从此种基调中孕育而出。为满足诸方面的要求计，遂发生种种教育的理念：（一）欲满足旧教主义的要求者，则有厄斯伊达之反动派的教育。（二）立在理性的自然主义之基调上，则有功利主义、自然主义的教育思想。（三）从两者之折衷的立场上，则有广义的虔敬主义之教育（包括詹森派与虔敬派两者在内）。又在理性的个人主义之中，则生出卢梭与巴泽多等人类平等主义或世界主义。更从世俗与宗教之融合上，则生出圣俗二谛之教育理念。此十七八世纪的教育理想之大较也。

至于教育之实际方面，则可分析为五特色：（一）教学与训育上可大别之为两种主义：（1）属于旧教派者，则为权威主义、他律主义（广义的教师本位）、干涉主义；（2）属于自然派、虔敬派者，则为自然主义、自律主义、宽容主义。（二）关于教材方面：（1）旧教派则为古典之尊重及非近代的；（2）自然派与虔敬派则倾向于近代的、实学的色彩。（三）关于狭义的方法上：（1）旧教派则注重惩罚；（2）其他两派则回避之。至于体育一端，除弗兰克一人以外，其余大抵重视，此亦时代的风气使然。（四）教育理论与思想，一般可认为大有进展，故有多位著名的教育家与教育思想家出现。（五）女子教育则仍不见进步发达，尤以高等教育一段为然，大概不出低级的良妻贤母主义之范围外。（六）关于教育制度方面，则已见义务制之施行，师范教育之开始，实科的学校亦渐出现，不得不认为有大进步。但国民教育（国家主义的教育）只在发轫期，未见有大进展。

最后尚有一言。本期的教育权虽仍归僧侣之手，宗教科仍占主要的位置，但近代的教科逐渐完备。例如，国语、习字、作文、算术、唱歌、地理、理科、历史等普通教育的科目，已经确定，并且体操、手工、图画、手艺（女子）等的价值亦渐高，此大有纪录的价值。

第四编　晚近的教育

第一章

总　论

此处所谓“晚近”是专指19世纪言。本期在社会上、文化上、生活上乃至思想方面，均呈种种异彩。其中当然有为对于十七八世纪之反动而生者，亦有属于本期之新发明或创造者，兹循序以叙其重要之变迁。

（一）社会状态

19世纪的社会现象，可注意者有五：

（1）宗教的权威愈弛，教皇与教会乃至僧侣等，其在世间之势力逐日缩小；就反面言，则世俗的势力愈抬头。

（2）近代式的国家愈臻强大，遂促帝国主义的国家之出现。盖自十七八世纪以来，宗教的权威日弛，代之而兴者则为王权，此为近代国家构成之原动力，次第发展而为帝国主义的状态，更进而为帝国主义的国家之出现。如，英吉利、法兰西、俄罗斯、意大利等，均是其例。此种帝国主义的国家，恒以富国强兵为务，盛行领土的扩张，致使世界地图的表面，次第改色，划归其藩属而无余。

（3）在经济上，则对于以前的手工业，渐变为近代的产业组织，形成资本主义的经济机构。“资本主义”（Capitalism）云者，以马克思（Karl Marx）所用的公式表之，则为“货币—商品—货币”，即是货币成为经济活动之中心，因此生出资本家阶级。彼辈利用资本以购买生产的原料与劳力，制成物品而贩卖之，结果复得货币之还原也。若是，则除实费之外所得之利益，名为“剩余价值”者，则归资本家之私囊，更拨作资本之一部，复生其他之剩余价值。因此，成为个人主义的、自由主义的私有财产制的组织，自19世纪末叶以后益发达。其结果则社会上生出有产者与无产者两种阶级。且资本主义复与前述之帝国主义相结，成为资本主义的帝国主义，遂为国与国间大启争端之媒。更且资本主义的经济机构，成为下部构造，其影响于上部构造的社会文化方面，则生出“资本主义的文化”。社会主义或社会主义的教育，是为对抗此种现象而起的。

（4）物质的、世俗的生活之异常的发达。此因自然科学、应用科学等之进步，及诸种机械的发明，遂招致物质的生活之丰富。此种现象，在中世纪时代固属未见，亦非当时之所要求。盖当时视此种生活为罪恶的，所希求者，只在静寂和平的生活而已。

（5）世界的交通频繁、文化互相交换，其结果是从新产出世界性的文化。所谓世界性的文化云者，如国际法、国际道德及世界语（Esperanto）等均是。

以上是本期在社会上、文化上、生活上的主要特征。

（二）思想界的状态

19世纪的思想界，可认为历史上最活跃的一期，其中固有复兴的思想，亦有新兴的思想。所谓复兴的思想云者，是对于18世纪中之理性主义、主智主义、实利主义等，反动的引起人文主义之复活是也。“新人文主义”（New Humanism）者，本起于18世纪之末叶，是为希腊古典时代的文艺之复兴期。其与16世纪之人文主义相差异处，前已言之，兹不复赘。但所谓复兴者，其中亦加入许多新要素，容在后节细述之。

新兴的思想中之最可注意者有五：

（1）为国家思想之勃兴。所谓国家思想云者，是指关于国家的本质之认识、个人与国家的关系及爱国的情操等之结合，而构成一种国家本位主义者也。此种国家主义之抬头，当然亦由于现代式的国家日趋于强盛之故。

（2）为历史的思想之起兴。所谓历史的思想云者，是“认现存的事物，非属偶然的、机械的存在，乃由过去的系统联关以迄于今者”。此种思想，实成为历史的研究，黑格尔（Hegel）的历史哲学思想，拉马克（Lamarck）、达尔文等进化论的思想之基础，可认为是新兴的，亦可认为是对于18世纪之理性主义的、机械的世界观人生观等思想之反动。

（3）为有机的社会本位的思想之勃兴。有机的思想云者，是视人类、社会与生物自然界为有机的组成体之思想。有机体惟可当作一个全体的实在观，故有机的思想，亦可称为“全体本位的思想”。有机体的特质，是在部分与全体间有不可分割的关系，且常由一个目的统一之具体的全一的存在。至于严密状态的有机体即所谓“生物”者，是具有生命及内部发达的力量，构成全体之各部分间，虽有新陈代谢，而其全体则不变，是有悠远之祖先的根源及永远具有进化性质。以上是有机体的主要属性。从此见地言，则19世纪的人生观，对于18世纪之理性的、机械的人生观，可认为是“有机的人生观”。

社会本位主义，是属此种思想之结果，即是以个人及社会的关系为中心之思想。亦即是一种新社会观。18世纪的人，是视社会为个人的集合体，亦即是机械的全体，例如，卢梭的社会契约说是其适当之证据。但入19世纪则生出与此正相反之社会观，即认全体的社会为真正之实在，而个人只是抽象的多元。此即社会本位思想。

（4）为实证主义的思想之起兴。此是以18世纪后自然科学之进步为基础而发生的。自然科学之进步，遂促进实验本位、实证本位的思想，凡不成为感官之对象的或不能实验实证的事物，均认为非有或属不可知之列矣。故排斥形而上的思辨的，唯以科学之对象的世界为真世界，能实证者始认为可信。此种思想，是十七八世纪的自然主义之更发展的，且经过科学研究之范围，更进而成一种哲学的思想。例如，法国孔德的“实证哲学”（Philosophy of Positivism）、斯宾塞的综合哲学等，均属其证据。此实证主义，既属一种观念形态，故影响及道德、艺术、宗教等各方面，法人莫泊桑（Guy de Maupassant，1850 ~ 1893）等的文字，是由此种主义中生出。

（5）为实利的实业的思想之抬头。此由于自然科学、应用科学等之发达而来，因此，促成物质的、经济的思想之抬头，此为帝国主义之一面的要素，而与富国主义有密切关系。

以上是 19 世纪思想界之概况。总之，本期是达到 Modernism 之极点期，具有空前的进步与发展。以下再论由此种思想产生的教育。

（三）教育界的状态

19 世纪的教育界，无论在思想方面或实际方面，均有异常的发达。“教育学”的研究，是从本期开始，至教育之基础的科学亦大进步。教育制度、学校设施及教学与训育的方法等研究，均有进步。即如女子教育之进步、及变态儿童之教育等，均从本期开之。

本期新兴的教育，究属何种性质？因为本期之比于十七八世纪，大教育家是更盛，且其种类亦更复杂，至于学说方面，亦各因思想的背景不同，大有五光十色之势，颇难分类。兹特分为五大派别论之。

（1）为审美主义、文艺主义的教育

例如，赫尔德（Herder）、洪堡（Humboldt）、席勒（Schiller）等，均以新人文主义为基调，主张主情的教育。

（2）为理性的道德的教育

例如，康德、赫尔巴特及共同派的教育等，均立在理性主义的基调上，而建设道德的教育者也。

（3）为社会的人道的教育

例如，裴斯泰洛齐派的教育是。其尊重人道主义，则与康德相似；至其主张调和的发展，又与人文主义及新人文主义无异。但在他方面则鼓吹社会的陶冶，此点是与上述之审美的、道德的两派之单顾及个人方面者不同。

（4）为国家主义的教育

此当以费希特（Fichte）为代表。费希特的思想之内容，本属主意主义的、道德主义的，原可认为与康德同系统，但彼既倡国家主义的实际教育论，所以不能不特别处置。

（5）为科学的实利的教育

此当以斯宾塞等之生活准备的实利教育为代表，其基调是主智主义的，以实证哲学为根据，故又可称实证主义的教育。此外，如幼儿园创始者之福禄培尔及维尔曼（Willmann）等的教育说。

以上是19世纪之代表的新教育。本来至19世纪末叶，有所谓社会本位主义的教育发生，如伯尔格曼、纳托普等教育思想是也。但此直至20世纪方发达，所以在第五编“现代的教育”下再详述之。

此处尚应注意者，则关于“新人文主义”之一概念的解释。向来的教育史家，只从狭义方面解释，承认新人文主义是具有反理性主义、反实证主义之特色，故专以赫尔德、洪堡、席勒之审美的、文化的、调和发展的教育思想为总代表。但日本吉田熊次所著之《西洋教育史概说》，则将其解作广义的，谓19世纪的教育思想中，除实证主义的系统外，全部均属新人文主义的。所以，吉田氏将新人文主义的教育分为三类：（1）文艺的新人文主义，（2）理性的新人文主义，（3）社会的新人文主义。此亦可认为一种新见解。果照此种广义的解释，则19世纪教育思想之全部，只可分为“新人文的”与“实证的”两系。若是，则不特裴斯泰洛齐，即如康德与赫尔巴特的教育思想，单从其尊重文化及调和的发展方面，已可断定其具有希腊的倾向，应概归入广义的新人文主义之范畴矣。但从狭义的解释，仍可认新人文主义只属以上列举的五派别中之一。

第二章

新人文主义的教育

第一节　新人文主义的真相

（一）新人文主义的意义与特质

新人文主义者，是从 18 世纪末叶至 19 世纪初叶支配欧洲思想界之一大文化潮流。其与 16 世纪之人文主义相比，则有共通之点，亦有差异之点。两者之共通处，则在于彼此均与希腊、罗马式的古典及文化有关系。就内容上言，则为反中世纪主义之近世主义的，反神本主义之人本主义的，且同时具有审美的调和的色彩。但既为"新"的人文主义，自与"旧"的人文主义有差异之点。然则其差异之点果何在？曰，是在以下三种特质：

（1）新人文主义之第一特质，是在希腊古典时代的文学、世界观、人生观等之复活，此亦即与旧人文主义之大差异点。盖旧人文主义之所恢复者，乃属罗马之古典时代的文化，亦即是从希望之民族时代得来者（即希望之末期的文化）。然而，新人文主义之所绍述者，乃希腊之古典期的文化；亦即希腊初期之黄金时代的纯粹文化也。当时之希腊，是最能发挥国性，思想极深邃，文化亦极清纯。若乃希腊末期的文化之输入罗马者，多有不纯的要素混杂其间。故新旧两人文主义，其特质上大有径庭。

（2）新人文主义之第二特质，是在特重希腊的思想与文化之内容，至于其形式方面，则仅视为一种方便的手段。此盖因19世纪时之所需要者，不在形式而在内容也。换言之，即是不重在言语与生活样式等之摹仿，而重在世界观、人生观等之领会，至于16世纪的旧人文主义，则偏重于形式方面，即重在希腊、罗马之言语、文字、文章、生活样式等之摹仿也。盖当文艺复兴之初，当时的自觉程度尚浅，未曾深究古代文化之内容，所以徒剿袭形式而止。然则古代文化的内容之深入，乃新人文主义之第二特质。

（3）第三特质，是在对于古典复兴的态度。新人文主义的文化复兴之态度，是自觉的，就某种程度言，亦可谓之批判的、选择的。易言之，即不是盲目的单欲复兴古典的本身，却为自己及国民文化之利益起见。所以，旧人文主义自己方面并未有彻底的自觉，只炫惑于希腊、罗马之文化，为机械的、摹仿的复兴耳。若新人文主义则不然。一方面既为自己打算，使上古的希腊文艺成为自己之理想的典型；他方面又为本国起见，所以非徒尊重古文古语，反而尊重国文国语矣。然而，此种自觉的态度，是新人文主义之第三特质，同时亦是与旧人文主义之差殊点。

（二）新人文主义的内容

以上是单从新人文主义之与希腊文化的关系上言，此仅属其轮廓（Outline）耳。今再述其内容方面，然后其本质始能充分明了。至其内容上之特质，又可析为以下四点：

（1）为人性主义。所谓“人性主义”云者，是与神性主义不同，即以人性之发挥为目的，是属主观主义、个人完成主义及自由主义。

（2）为人性之调和的发展。人性中兼具自然的与理性的两方面，亦即是兼具肉体与精神两方面。此两方面之调和的发展，即为希腊古典时代之教育理想。此种调和发展的要素，即除狭义的人文主义家如赫尔德、席勒等以外，凡康德、裴斯泰洛齐、赫尔巴特等皆具有之。从此种意义言，则以上诸人的思想皆可认为属于广义的新人文主义。

（3）是具有美的、艺术的要素。所谓美的、艺术的特质，自然是从上述之调和的、均衡的倾向而来。但在“美”的要素之中，同时又加入“善”（道德）的要素，盖善亦属调和上之不可缺的，席勒曾从理论上将此点说明。

以上三种特质，是从希腊古典时代而然，即在旧人文主义中亦具有之。以下第四种特质则为新人文主义所特有者。

（4）为非合理主义。“非合理主义”云者，是超越 18 世纪的合理主义，实在可认为反理性主义。然则此种非合理的倾向何如？曰，即在世界观、人生观上，尊重自然，认世界与人生是属有机的。换言之，即非如理性主义之单视人生为机械的、主智的、实利的，乃超越乎法则以上、机械以上、实利以上，构成一种诗的、艺术的人生观。所以，新人文主义者往往主张“自然与精神是超越法则以上”。

此种思想，从心理学言之，即认感情与生命较于理智尤为根本的，所以，觉得艺术为最宝贵，从而有“感情的直观”等之主张。又此种思想，亦可认为“浪漫主义”（Romantic）的思想，此非单为希腊思想之复活，乃由时代的思潮而来。盖因当时生物学的研究已极发达，故歌德等的思想中，与人性派的思想大有关系。

新人文主义之典型的特征，即为上述之四者。但从广义的新人文主义言，亦并非兼具此四者。例如，理性的新人文主义则缺乏第三与第四两者，而社会的新人文主义则缺乏第三种要素是也。

第二节　新人文主义的教育家

新人文主义的先驱者，本为格斯纳（Gessner）、海涅（Heyne）、歌德等，而其明了表示此种主义者，则为赫尔德、洪堡、席勒三人，兹将此三人的教育思想绍介如下。

（一）赫尔德

（1）略传

赫尔德（Johann Gottfried Herder）者，以1744年生于普鲁士，至1803年卒。以年代论，本属18世纪末之人；但以思想论，则属19世纪的人物。父为教会的看守者，母为铁匠之女，两亲均富于信仰心，勤勉有秩序。但因家贫，故仅在乡市间受初等教育，此外则经过不规则的独学。1762年，得俄国某外科医生的补助，入柯尼斯堡（Königsberg）大学之医科。因实习人体的解剖时受惊，加以学费不继，研究遂致中辍。后赖自给生活，转习神学、哲学、历史、语学等。其后历充学校教师与家庭教师。至1770年，与歌德相识。寻于1776年，由歌德介绍，受魏玛地方之聘，为宫廷的说教师，兼教会与学校监督。

（2）赫尔德的立场

氏的立场，是兼文学、宗教、教育三者。在教育上的贡献，则为师范学校之设立，小学校教科之改良，及《读书入门》、《宗教问答》等之著述，与教科书之编纂等。且不特有功于初等教育，即对于中等教育之改良亦非常尽力。在中学教育方面，则力谋古典主义与实科主义之调和。

（3）教育思想

氏于1769年，曾著有《学校理想》一论文，其后1791年则著《历史哲学》。在此两种著作中所表现之教育思想，前后互异。前者是属启蒙的思想，后者则完全倡美的新人文主义教育。氏以为教育理想，是在“人生之健全的陶冶，亦即是精神与身体一切力量之调和发达”。尤其注重情绪与性格之美的完成。即在知识的教育方面，又认为与其注重内容之丰富，无宁注重判断之锐利（形式方面）。此种思想，即是希腊之多方面的调和的教育思想之复活。亦即是美的新人文主义之表现。氏以为希腊的文化乃属人道之精华，教育不外以发挥此种精神为终极目的云。

（二）洪堡

（1）略传

洪堡（Karl Wilhelm Humboldt）者，以1767年生于普鲁士，至1835年卒。父为侍从武官，家道小康。幼时，就学于著名的人文主义教育家卡姆佩，12岁丧父，19岁时，曾著关于苏格拉底与柏拉图等研究之论文。至1787年，入法兰克福大学，习法律与古典及康德的哲学。翌年转入格廷根大学，受新人文主义者海涅（Christian Gottlob Heyne，1720～1812）的感化至1789年在该大学毕业。其后旅行法兰西与瑞士，归柏林后，则为司法官之候补者。1792年，著《国家活动的界限》一书。自1794年至1796年间，逗留耶拿，与诗人席勒相往还，新人文主义的思想益浓厚。1802年，以公使馆参赞之资格赴罗马，得与意大利的艺术相接触。1809年，充内务部的教育局长，此后更转为外交官的生活。

（2）教育事业

氏是官吏而兼文学家，既非教育实际家，亦非教育理论家。但对于教育颇热心，为教育局长时，对于实际教育上大有贡献。其教育事业中之最著者有三：①建立德国新人文主义的中等教育之基础，②柏林大学之创设，③输入裴斯泰洛齐主义的教育于普鲁士，此盖因裴氏的教育，具有新人文主义的色彩，即含有高洁的情操及调和的陶冶观念，此点是大有影响于小学教育。

至其在中等教育改良上，有一良友与之协商，此即哈勒大学古典学教授沃尔夫（Friedrich August Wolf，1759～1824），沃尔夫之在教育学上，其著名处是承认教育是一种技术，否认为独立的科学。

最后尚有一言者，前述之赫尔德与洪堡等的思想，后来竟影响于狄尔泰、斯普朗格等，成为文化教育学的基础（参照下述之文化教育学一项）。

（三）席勒

（1）略传

席勒（Johann Christoph Friedrich Schiller）者，以1759年生

于德国之维滕堡，至1809年殁，是美的新人文主义教育思想家中之最著名者。父为军人，母命其研究神学，但非其所喜，故初习法律，后转习医学，至1780年毕业。氏对于文艺方面天分既高，且早有兴趣，直将新人文主义向文艺上表现。在中学时代已开始作诗，1786年，其处女作之《盗贼》（*Die Rauber*）一剧，即能描写时代的精神。其后作流浪生活，周游各处，与著名文士相结识，自1789年，受聘为耶拿大学历史教授后，始与歌德缔交。

（2）教育思想

氏与歌德相齐名，是文学家，本不应列入教育家中，但关于教育上亦有独特的思想，此可见于其所著之《美的教育论》（*Briefe fiber die ästhetische Erziehung des Menschen*）。是书属尺牍体的论文，其内容是从文艺本位主义而倡美的教育者。

氏之审美主义的教育思想，是建设在两个基本观念之上：

①是在文化价值之体系上，承认美的位置为最高。氏以为“美”是较于“善”与“真”是属更深、更广、更高的，即真与善均被美所包摄，而跻于从属地位。何则？因为“善”（即道德）云者，是依据个体的理念即一般原理而成立的，故其性质是从属的、压抑的、穷屈的，试观“义务”之一观念，自可证明。然而，“美”（即艺术）云者，其当作一般原理的理念的，则为任意的、自发的、自由的。由是观之，则美是居更高的位置，可以包含善在其中。至于“真”云者，即指科学之目的言，盖科学之任务正在真理之认识也。然而真理之认识，又非单属科学的目的，即艺术（美）亦以此为目的。盖吾人在艺术上，亦以体验“真的美”为上乘故也。准此，氏遂认在各种文化之中，真与善皆被包摄于美的范围，从而认美的价值最大、位置最高。

②是在人性观上，承认美的感情为人性之基本。盖氏以为人性之中，最本质的是在感情方面，此比于意志与知识两者是更深奥的。人性之中，本分为理性与感性两种成分，然而道德的生活是以理性压抑感性，其结果是变成严肃的、酷烈的生活。至于在美的艺术的生活中，则感性与理性成为自然的、好意的融合，其结果不致令生活成为严酷的、义务的，而成为自由的、美的。此种理性与感性自由结合之

精神状态，氏特称之为“美魂”（Schöneseele）。人生之目的毕竟是在“美魂的生活”，此种美魂之发挥形成的状态，是为“美的人格”。

席勒之“善即美论”，是从希腊的价值观“Kalokagathiae”而来，所谓美的人文主义，要不外希腊的思想之表现而已。

根据上述两种理由，氏遂构成一种美育论，即承认“教育便是美育，而美育同时又包括智育与德育在内”。究竟美育能否包括德育与智育，虽属重大的疑问，但从内容上观察，则席勒之所谓“教育即美育”云者，要不外是指各方面之调和统一而言，实亦无妨。

第三章

理性的道德的教育

第一节　理性的道德教育之真相

理性的、道德的教育云者，即是认理性主义为教育立论上之根柢，同时认道德之完成为教育之理想。从其尊重文化及主张调和的陶冶上观，明明是新人文主义之一特色。但狭义的人文主义，是属反理性主义的，而此派则正以理性主义为基调，故只可认广义的新人文主义之一派。换言之，即可认为是18世纪之理性主义与19世纪之新人文主义相结合而成的思想，可特称之为“理性的新人文主义教育”。

主张此种思想者，则为康德及赫尔巴特等学派，但其先驱者则为里希特氏。以下介绍此数人之教育思想。

第二节　里希特

（一）略传

里希特（Jean Paul Friedrich Richter）者，以1763年生于德国之巴伐利亚，是文学家，普通称为让·保尔（Jean Paul）。因著有《教育论》（*Levana*）一书，在教育上著名。父为牧师。氏最初在乡间受初等教育，至1781年，入莱比锡大学习哲学、神学、文学等科，毕业后曾充学校教师及家庭教师。1797年，母殁后，流浪于各处，至1800年，在柏林结婚。其名著之《教育论》，是成于1807年。“Levana”是希腊神话中的神名，即“幼儿的守护神”，氏特采为书名，全书是由9篇论文撮集而成。其中是主张理性的新人文主义教育。

（二）教育思想

氏谓“教育是正当的制造理想的人物之一种工作”。然则教育之可能的理由何在？曰：“是因儿童具有纯正的、天真的、理想的本性，故能启发之，造成理想的人物之故。”所以，认教育之能事即在于启发。

然则教育之目的何在？曰：“在于使自我的本质即多元的人性能调和的发达”。但氏又认，各个人间相互的关系，亦犹一个音调对于其他的音调之关系然。从此种意义言，则教育者，是在实现理想的个人与理想的社会状态，且教育不当单为现在计，更要顾及将来，盖因理想本属将来的事。然则理想的人物之陶冶内容为何？曰，是在意志力、爱力与宗教心之陶成。

至关于实际教育上，氏认为精神教育务须及早开始，自1岁至3岁间，须养成快活的情操。但氏承认“快活”与“快乐”不同，主张快活，并非主张徒贪快乐之意，此处即可见其仍注重理性主义。故氏认游戏的价值甚大，其言曰：“游戏者，是人类最初之诗。”氏又似受泛爱派的影响，所以主张“在快活中学习”。

关于女子教育的意见，则注重情操陶冶、家事、家政的教育。总之，氏是从理性主义的见解，承认儿童是“性善”的，将此善性之多方面调和发展之，即成理想的人格。

第三节　康德

（一）康德在文化史上的地位

康德是一个世界著名的哲学家，本非教育家。其在哲学上的地位，是为批判哲学之创始者，将从来的经验论与唯理论调和之，即成为批判的、先验的观念论。然则康德的哲学，是以先验的理性为根柢之哲学。从此点言，则康德是一个理性主义者。彼视理性为纯粹的、形式的，此点是与18世纪之独断的形而上学的理性论不同，但因其重视理性，具有合理主义的学风，所以仍不脱18世纪的窠臼，而与新人文主义之美的、非合理的倾向异趣。其所主张之理性主义，是将苏格拉底、柏拉图以来的理性主义思想成为近代化。

氏之批判的先验的观念论，在现代是对于纳托普等的教育哲学大有影响，此点容俟下论之。又康德的教育学说，从内容上言，则为道德的教育学说。此点是与新人文主义之审美的教育学说异。但他方面又顾及人生之调和发展及人格之完成，此则非仍认为新人文主义不可。总之，视为理性的新人文主义是最适当。又康德的教育学，体裁是极严整，可认为“教育学”之祖。

（二）略传

康德（Immanuel Kant）者，以1724年生于德国之柯尼斯堡，至1804年逝世。以年代言，正属18世纪的人物，但从思想上言，则不妨认为19世纪或迳直现代的人。父为牧师，母具有高尚的情绪，且富于理解力，夫妇均为虔敬主义的宗教信徒。其家庭是与虔敬派的教育家舒尔茨（Schultz）相友善，故康德早年即受虔敬主义的教育与感化。1732 年，入柯尼斯堡的文科中学，受虔敬主义的教育，热心研究古典尤其是罗马的文学。1740 年，入柯尼斯堡大学，本以研究神学为目的，但为准备计，则先习数学与哲学。既入神学部，则听舒尔茨讲虔敬派的神学，但后因觉不满意，乃专习古典语、数学、自然科学等，所以彼在自然科学上的造诣亦极深。

大学毕业后，曾充文科中学教师与家庭教师。1755 年，为柯尼斯堡大学的讲师，讲授数学、物理学、论理学、纯正哲学、伦理学、地理学等。继续为讲师 15 年，至 1770 年，始升为论理学、纯正哲学的正教授。因此，一生在该大学供职。自初生以至于死，未尝一日离其故乡，且终身不娶，至于生活上是极守规则的，未曾有一日自犯其规则，所以著名。但自耽读卢梭所著的《爱弥儿》，偶然忘却定刻的散步时间。因此，柯尼斯堡的市民谓钟表是属无用，因见康德每日下午的散步，便可知时刻云。

（三）教育上的著书

康德关于哲学与自然科学上的著书及论文虽极多，但关于教育上的著书，则仅有一册，此特称为《康德的教育学》（*Kantüber Pädagogik*）。此乃在大学中关于教育学的讲义，由弟子辈的讲义整理，至 1803 年出版的。

康德对于教育学上是大有兴趣的，试将其著作与卢梭之《爱弥儿》及蒙田的《教育论文集》相比，自然明了。不过彼因自己的本职是在哲学的研究，所以着手于教育之著述上时间无多耳。

（四）教育之意义需要与可能性

康德以为“教育是使人完成所以为人之使命”，此见解是与裴斯泰洛齐相通。但教育果属可能欤？彼则认其为大有可能，盖因人是属于理性的存在之故。理性的存在云者，是指藉自己的活动，发达到文化的状态之可能性而言。不过人类一面固属理性的存在，他面却受“本能”的束缚。换言之，即人类之理性的能力，被本能的硬壳所掩蔽，故他方面不得不认教育之力为必要。因此，氏又言：“就个人论，欲达到此种使命（即成为文化人），是全属不可能的。必藉他人之力，始能完成其为人的使命。”彼之承认个人的本身不能完成其使命者，即视个人虽具有发展之可能性或萌芽，但一面被本能所束缚故也。所谓他人之力者，即指社会的、种族的力而言。然则康德几乎视教育为万能矣。故又曰：“个人必藉他人之力（即教育之力）始得为人。”

氏又承认教育为人类之所独有，动物界则无之。一则因人是理性的、自觉的存在，二则因人类的种族是具有发达的文化，可以影响于子孙；至于动物，则为自然的本能的存在，既无理性与自觉，且其种族间，亦并无教化的内容与力量。

（五）教育理想

康德谓，教育既要使人完成其使命，故不能不具有“关于人类之使命的概念”。换言之，即教育上不能无一定的理想。然则教育之目的为何？是在于“善”。故曰：“个人不可不使其本性发展而臻于善。”然而“善”的概念又如何？即从实践理性之所命，遵守一般的道德法则，以现实人类共同之目的。此所以特称为“道德的教育”。

能发此种善的价值之人，氏即承认为诸性能的调和发达之人。故曰：“个人之中，是具有多数可能体（细胞）。教育之能事，在使此种可能体调和发达，以完成人之所以为人的使命。”此实旧人文主义与新人文主义特有的思想，亦即是调和发展的教育目的论。

此外，康德的教育理想中，尚有可注意之一点，即是关于未来主义与世界主义的思想。氏以为教育不是为儿童的现在计，乃为将来之可能计，且为世界计。故曰：“一般的父母，是欲教其子在现在的世界上成功，一般的王侯贵族，是欲教其臣子适于自己之目的。即是父母单为一家计，王侯单为一国计，欲养成良好的工具之人。但此种思想，实在不能认为究极的，教育之究极理想，是在完成至善的世界，即在实现一视同仁（Cosmopolitan）的世界。”此种世界主义、人道主义，可认为是理性主义之必然的产物。又在此种世界主义之他面，实包含个人主义，正与希腊之斯多葛学派的思想同。

以上是康德的教育理想，综括言之，即认为教育之究极目的，乃在养成“诸性能之调和发展之道义的、世界的理想人物”。因为是属世界的、人类本位的，故可认为是超民族主义、超国家主义。此点正与裴斯泰洛齐之社会团体主义、费希特之国家主义异趣。

康德的教育理想所以成为一般主义、形式主义者，实由其在哲学上的根本思想，乃属先验的理性主义与纯粹的形式主义之故。

（六）教育方法

康德根据上述教育目的之内容有四方面，故将教育之任务亦分为以下四者：①身体之陶冶，②德性之涵养，③技能之精炼，④才智之启发。欲达此四方面之方法，则为养护、训育、教学三者。

（1）养护论

养护之原则，是在顺从自然，以不误用儿童之能力为度，藉游戏与运动，使身体强壮、坚实、机警与敏捷。同时锻炼感官。此种养护思想，明明是由卢梭而来。

（2）训育论

此中又包训练与道德的陶冶两者。照康德的见解，训练（Discipline）是属消极的意义，脱离禽兽的粗野性而达于人性是其主旨。因此，须令儿童服从师长，遵守一定规则，预备将来服从法律。道德的陶冶者，是在训练之后，更加以积极的德化。即启培实践的理性，养成择善而猛进之意志，以臻于自律自由的境地。

康德在训育的全体上，绝对不注重赏罚，此因为其所抱之道德观，是主张个人“须为义务而尽义务”的缘故。

（3）教学论

此中又包含教化与文明化二者在内。所谓“教化”（Kultivieren）云者，是指技能之精熟的开化而言。所谓“文明化”（Zivilisieren）

者，是磨练才智以适应世需之谓，亦可称为“经世化”。综合二者，不外是智能的陶冶，亦即指教学之内容方面言。

以上是康德的教育说，不外是以理性的人性观为基础，从而主张道德的教育说。实兼个人的与世界的两种倾向。

（七）康德对于后来的教育之影响

康德的哲学及教育学说，对于后来的教育，无论直接或间接上，均有重大的影响。先从思想学说方面言之：（1）是影响于赫尔巴特之科学的、道德的教育学说。即赫尔巴特的教育理想中之五种道念说，是继承康德的伦理学。且一般之道德主义的教育思想，亦受其影响。（2）是影响于现代之批判的教育学。批判的教育学，当推纳托普为代表，其在教育哲学上的学风是批判的，其内容是先验的理性主义，并且以意志之自由为目的，此皆由康德而来。（3）是与倭铿（Eucken）派之人格的教育学有关系。人格的教育学本以精神生活为基础，但此仍是脱胎于康德之实践理性说（伦理学）而来。（4）是对于现代之文化教育与价值教育的关系。此种教育，本是直接以德国西南学派之文德尔班（Wilhelm Windelband）及李凯尔特（Heinrich Rickert）为基础，但间接上仍与康德有关系。因为西南派的哲学，不外是康德哲学的发展之故。（5）是对于实际教育上的影响。就此方面言，则康德之主意主义，在教学与学习上则生出自学主义、构成创造主义等，在训育上则影响于自律自治主义。且对于形式的陶冶观念亦有关系，在道德教育上更有重大的威权。

第四节　尼迈尔

（一）略传

尼迈尔（August Hermann Niemeyer），以1754年生于德国之哈勒，至1832年卒，是著名的教育家弗兰克（August Hermann Francke）之曾孙。初就学于弗兰克学院，17岁入哈勒大学，研究神学，旁习德、英两国的文学及批判哲学。21岁时，著书名为《圣经的特质》，当时采为教科书，声誉大著。1777年，为哈勒大学讲师，寻升神学正教授，并兼弗兰克学院院长及教育监督。著书颇多，但其教育学书中之有名者，则为《教育及教学之原理》（*Grundsätze der Erziehung und des Unterrichts*）。是书将人文主义、虔敬主义、泛爱主义、裴斯泰洛齐主义等之教育学说，加以概念的整理，欲成系统的教育学之组织。

（二）教育之概念及教育学

关于教育之所以必要的理由，氏之解答如下："个人受身体及精神两方面之禀赋而生，虽不藉外部之援助，亦可依据自然的法则，能发达至某程度。但若不加以保护，则常遭危险，总之不藉他人的影响，是极难充分发展的。且不经他人之示教，知识之获得亦缓慢与不完备。因此，生出教育与教学之必要。"

然则教育之意义为何？氏曰："广义的教育，是指对于个人之一切活力，不加以障碍，只加以助长之一切影响而言。"此盖指一切自然的、人为的环境之影响为广义的教育。又曰："狭义的教育云者，是指在一定目的之下，对于儿童所施之身体的、精神的影响而言。"此即指有意的教育为狭义的，与偶然的及无方案的教育有别。

关于教育学上，氏则承认当以伦理学、人类学、心理学、生理学等为基础，则有建设普遍妥洽的教育学之可能。氏曰："教育可以伦理学上认为最高之善为其普遍目的，及从人类学、心理学、生理学等，以推知关于人性之一般法则。故教育无论在目的上或方法上，均有确立普遍妥洽的法则之可能。即是教育学可成为科学。此种教育的科学，称为‘理论的教育学’。将此种理论应用于实际上之教育术。则称为‘实地的教育学’。”

（三）教育目的

氏的教育思想，不外是在理性的、道德的方面。氏言：“个人除却禀赋中所原有者外，别无其他之要素可抽引。从此点言，则除却人性本位的教育外，别无其他之合理的教育。人类之理想，唯藉人类性能之发展完成始可达到。然而，人性中之最宝贵者则为理性。教育之目的，当在陶冶此种理性，使精神力强大，以得意志之自由。”

此种思想，乃由康德及裴斯泰洛齐而来。要不外是以养成理性的、意志自由的、道德的人物为目的。

（四）教育方法

氏在教学上，则主张形式的与实质的两种陶冶之调和。在训育上，则承认儿童之性是善恶混合，其处置之法如下：（1）认明儿童之自然性，防压其恶倾向，同时不阻碍其向善性，须兼行消极与积极两种训育。（2）关于意志的行动，当与以确实的规矩，实行外部的直接训练。（3）使儿童的行为出于自律的判断，以实行内部的直接训练。至关于体育方面，则承认“道德问题与健康问题之相关”，因而论及胎教、自然的人工的体操与性教育等。

（五）学校及教师论

氏主张国民之统一的教育，其论调如下：“学校是国家行政之最重要的对象，各学校相互间，若能保持有机的统一时，则国民的一般陶冶之目的已达。”关于教师之品格上，则曰：“教师必须学德兼备，方能达到所期之教育目的。故须具有哲学、伦理学、美学、论理学、心理学、教育学、教学法等的学养，同时须具有确立不拔的品性”。

第五节 赫尔巴特

（一）略传

赫尔巴特（Johann Friedrich Herbart）者，以1776年5月4日生于德国奥尔登堡（Oldenburg），至1841年卒。父名格哈德（Thomas Gerhard），为奥尔登堡之司法官，祖父则为文科中学校长，母为医生之女，极贤明。氏幼时，从母受理想的教育，因其体弱，故后来不送之入校，特延家庭教师教之。此教师乃属沃尔夫派的哲学家，热心于宗教，且思想绵密，长于伦理学、心理学、纯正哲学等。厥后赫尔巴特的学问，秩序整然，议论精密，实受此教师之感化极大。

氏少时已长于音乐及科学，且对于朋友间持师长的态度。12岁入奥尔登堡之拉丁学校，学科中最好物理学与哲学，至于伦理学，则在11岁时已习之。14岁时，著有关于“自由”的小论文。1793年，对于最上级的学生，讲演“关于国家道德之盛衰的一般原因”，大为时人所注意。地方上某杂志，特揭载其论文。至1794年毕业，毕业时，用拉丁语讲演“关于最高之善及实践哲学原理上西塞罗与康德的思想之比较。”从此数点观之，可见其在青年时代，头脑已极优秀，研究的精神亦极盛旺。18岁时入耶拿大学，初遵父命研究法律，但竟因非其所喜，乃请其父许其习哲学。

当时耶拿大学的哲学教授是费希特，赫氏未尝不敬服其说之雄大及批判之精密，但渐发生怀疑，彼对于费希特的重要观念之一的“非我”（Nicht Ich）提出质问。至1797年，对于费希特及谢林（Schelling）的哲学，明确表明自己的立场，而特对于实践哲学方面发生兴味，考究道德与国家等问题，及读康德之《道德之纯正哲学的基础》，深为感动，遂得到教育理想之不变的信念。1797年，彼因关于求学之志愿与其父之意见相左，失却信用，学费因亦不继，乃得友介绍，往瑞士伯尔尼（Bern），充当富豪斯泰格尔（Steiger）家之家庭教师。时年21岁，就学仅三年，中途废止，诚为可惜。但彼在家庭教师时代，以热心实力教施泰格尔之三子，且锐志于研究。乃对于当时所流行之虔敬主义、泛爱主义、人文主义三种教育加以选择取舍，从而批判之，表明自己的主张。为家庭教师虽仅三四年间，实际从事于初等教育者亦只在此期，但彼所得之宝贵经验，实使其充分成为教育学者的资格。

1799 年，彼亲赴瑞士之布格多夫（Burgdorf），亲炙裴斯泰洛齐，观其教育之实际，大有所感，时裴氏正从心理学上研究教育方法也。1800 年，乃辞家庭教师职，离瑞士而归国，当时竟与其父母疏隔矣。其母亦不喜其研究哲学，与彼分居，1801 年移住巴黎，至 1803 年，竟客死于该地。氏遂离父之家，往不来梅（Bramen）访友，留此 2 年，专研究哲学、数学、希腊语等，且著书数种。1802 年，彼年二十六，受格廷根大学的博士试验，得及第，且为该大学之私讲师，讲授教育学、实践哲学、伦理学、纯正哲学等。1806 年，其名著《一般教育学》出版；1808 年，《实践哲学》亦出版。

1809 年，拿破仑军侵入德国，格廷根大学受影响，殆至停闭，赫氏乃离此地，而应柯尼斯堡大学之聘，继康德之后在该大学讲授哲学与教育学。且继康德之遗志，请准当局设立“教育研究所”（Pädagogische Seminar），收容学生 20 人，研究学理之实地应用。1811 年，与英国商人之女德雷克（Marie Drake）结婚。1817 年，建学生寄宿舍，自己讲授数学，夫妇同任监督之责。

氏在此时最热心研究心理学，感到教育学的基础有确立之必要。1833 年，复回格廷根大学为正教授，在此度过安静的学者生活，《教育学纲要》一书，是 1835 年所著，至 65 岁，在此地逝世。

（二）著书及其立场

赫尔巴特是哲学家及教育家，故其著书亦以关于此两方面为多。哲学上著书，以前述之《实践哲学》（*Allgemine Praktische Philosophie*）为最著名，教育学书则以《一般教育学》（*Allgemine Pädagogik*）及《教育学纲要》（*Umriβ Pädagogischer Verlesungen*）为代表。

赫氏在教育上之立场，非属实际家，而是学者，且其在学者上的功绩，又在于“科学的教育学”之创设一点。虽则在赫氏以前，未尝无略有组织的教育书出现，例如，夸美纽斯之《大教授学》、康德之《教育论》等，均有相当价值。不过前者只是一种教学法之书，后者虽略具组织，仍未得认为严密的“教育学”。然而，赫氏却以伦理学、心理学二者为基础学，建设一个独立的教育科学矣。此点在教育史上是不能忘记的，至其内容，则为理性的道德主义，亦属个人完成的教育，观以下之叙述自明。

（三）教育目的论

赫氏承认科学的教育学，一面要有确定的目的，他面要具有实现手段的方案。而其目的之确定，又认为须依据实践哲学即伦理学。本此立场，故认教育之目的为“道德的品性之确立”。盖彼以为道德（善）云者，并不是存于快乐与幸福的内容中，却存于形式方面，即意志之善的方面，能获得此种道念者即为善人，亦即是道德的性格之所有者。

氏认为根本的道念有五，故于《实践哲学》及教育学书中详言之。所谓五道念者：（1）内心自由的道念，（2）意志完全的道念，（3）好意的道念，（4）正义的道念，（5）报偿的道念。得此五者，即为道德的性格之所有者。“内心之自由”（Idee der Innern Freiheit）者，是指从意志之内面踊出的自由活动而言，与康德之认实践理性（意志）为自律的、自由的同意。若属他律的，则失却道德的本来意义矣。总之，凡称为道德的性格者，实以此种内部的自律自由性为必要，所谓“意志之完全”（Idee der Vollkommenheit）者，是指一意志之兼具强力与充实两种调和的条件，能完全活动而言，盖意志单属自由仍觉不足也。以上二种道念，是单关于一个意志的规定。

至于“好意”（Idee der Wohlwollens）云者，是指一意志对于他意志不能不尽其善念之义，此与康德所谓“人格体本是目的的价值体，不得不互相尊重”之意同。“正义”（Idee der Recht）云者，是指一意志对于他意志不加损害之义，即两个意志各守本分不相侵犯之状态。“报偿”（Idee der Billigkeit Oder der Vergltung）云者，是指一意志被他意志加以不正当时，使其返于原来的正当状态之义。报偿亦称为“平衡”（Vergltwng），即是利害之间必有相当的报偿以保平衡也。以上五种道念是为善的意志中之不可缺的。五者相调和而表现于人格上，则为道德的性格。

再有一言，赫氏所谓道德的规范者，照上所述，似纯属主观的。但其中实亦表现社会之客观的法则性。盖其中亦曾论及五种社会的道念：（1）与“内心之自由”相当者，是为“宗教社会”（Resselte Gesellschaft），（2）与“完全”的道念相当者，则为“教化组织”（Kultur System），（3）与“好意”的道念相当者，则为“行政组织”（Verwaltungs System），（4）与“正义”的道念相当者，则为“法律社会”（Rechts Gesellschaft），（5）与“报偿”的道念相当者，则为“报酬组织”（Iohung System）。但因赫氏的教育理论，专以上述的意志之五道念为内容而构成，关于社会道念方面，殆全忽视。所以，多数人认其教育说是偏于个人的。

准此，则赫氏之教育目的，不外在道德的性格之陶冶，易言之，即是意志之陶冶。但此处尚有一疑问，即赫氏既重意志方面的陶冶，而对于知识、感情、身体三方面的陶冶，是否亦同样重视？答曰：赫氏对于知识与感情两者之陶冶，并未尝排斥，不过视为道德的意志之陶冶的手段耳。只有关于身体方面的陶冶并未论及，盖因赫氏视教育学为“精神形成之学”也。彼所著之《教学论》，是将知识分为两种：（1）为与性格陶冶有直接关系之知识，例如，修身、宗教、历史等之知识是也；（2）为与性格陶冶无直接关系之知识，例如，自然科学的知识是也。故彼重视前者而轻视后者，即视〔其〕在性格陶冶上有价值与否，从而判断知识的价值之高下。至其重视情操的教育，亦可认为未尝忘却感情的陶冶。但此亦由道德中心主义出发，只重视与德性涵养上有关系的感情陶冶，至若“纯粹审美式”的感情陶冶是不重视的。

（四）教育方法论

赫氏承认欲达到上述之教育目的，须藉管理、训练、教学三种手段。此种教育方法之基础，氏是认为应从心理学上决定，亦犹教育目的之应从伦理学上决定也。然则赫氏当时所采用之心理学，果为何种心理学？原理在赫氏以前所流行的心理学，是为"能力心理学"（Vermögens Psychologie）。此种心理学之主张者，当以沃尔夫教授为代表，即视精神中诸种作用，乃属心意中各种独立的能力之活动，此与今日之"作用说"的心理学大异其趣。例如，沃尔夫将认识能力分为下等、上等两级，前者如感觉、想像、记忆等，后者如注意、反省、悟性等，此非单认为一种作用，实认为独立的、固定的能力矣。

赫氏知沃尔夫此种心理说之非，乃自创一种作用说。彼以为心意是由无数的表象（观念）而成，此种"表象"（Worstellung）是离合聚散无常，因其各为自己保存之故，从而或相结合或相排除也。意志者，是已经被排除而潜在无意识界之表象，复将自己显现于意识上之一种努力；感情者，不外是由表象互相结合而来之快感与互相妨碍而来之不快而已。此决非精神的能力。然则，赫氏所言之表象，是属于智的性质，自不待言。总之，氏的心理学说，是欲以"智"的作用，而说明感情与意志二者，可谓之观念中心或主智主义的心理说。并且欲以此种作用说的心理观为基础，建立教学与训育的方法，所以称为主智主义、合理主义的教育。

（1）管理论

"管理"（Regierung）者何？赫氏谓儿童在幼少之时，思虑缺乏，自制心弱，往往易发情欲及暴性。倘纯任其自然，则不能实施教学与训育，故有制御其情欲与暴性，以便于教学与训育之必要，此即为管理。至于管理的方法，则有消极的与积极的二者。消极的管理法，是用监视、命令、禁止、威吓、责罚等，以抑制不良的性向；积极的管理法，是特课以作业或课业，使其专心于活动，不良之性向无从发作者也。此种管理法，是属于儿童方面的管理，乃今日所谓广义的训育之一部。

（2）训育论

训育（Zucht）者，与管理不同，是积极的教育方法。赫氏谓“训育者，是直接影响于儿童之心情，以陶冶道德的性格之方法。”然则管理与训育之区别何在？赫氏以为两者虽不能划然区分，但前者是属外部的、他律的，而后者是属内部的、自律的。

关于训育之手段，氏则举出命令、赏罚、教训、实例（模范）等，其中以教师及朋友的模范及实例为尤要；其诱掖的手续，最初当藉他人的指导即所谓客观的训育，迨年渐长，则进于自律式之主观的训育。至于训育之标准，仍不外在于教育之目的，即前述之五种道念。

（3）教学论

赫氏的教育学中，最有精彩及富于独创性者是在教学法的部分。赫氏曰：“教学（Unterricht）者，是传达知识技能，以构成及扩张儿童的思想园之一种教育方便。”而教学中又分二种：①为教育的教学（Erziehungs Unterricht），②为非教育的教学（Nicht Erziehungs Unterricht）。前者或称为训育的教学，即其所授之观念能具有生气，长留于儿童之观念界，其结果有益于道德的性格之构成者。从心理学上言，即指智的作用（观念）达到彻底的深化，成为心情的、意志的状态而言。反之，非教育的教学云者，是指观念单作观念授予，对于道德的性格，并无何等直接关系之状态而言。例如，专门学校的知识技能之传授，即属此种。赫氏以为在普通教育上的教学，不须仅如后者，必须达到前者的状态方可。此种思想，一则由于道德中心的教育理想而来，二则由于赫氏的心理学观点而来。

欲使教学成为教育的，其道为何？赫氏则以“兴味之引起”（媒介概念）一语为答。盖藉兴味之引起，能使儿童之精神活动盛旺，自己扩张观念界，如是得到活泼的观念，结果影响于心情，大益于道德的性格之陶冶。此赫氏的兴味论之出发点。

然则所谓兴味者何？氏以为是“对于某物能引起快感之注意力倾注状态”。而此种兴味，其本质一面在于保持既得的观念，他面又从而扩张之永续的努力。从此点观，则兴味者，不特使学习（观念之类化）容易，更可认为意志、陶冶之媒介的阶段。再进一步言之，赫氏以为兴味之引起，不单为教学之方便，且与教学之直接目的相当。盖教学云者，从心理上言，是指新旧观念之结合也，此时兴味之涌起，亦不外是观念之充分融合。因此，教学之直接目的，实在于兴味之引起。倘新旧观念不能完全融合，则兴味无发生之余地。此即赫氏认兴味之引起即为教学之直接目的的理由。此当然是由赫氏独得的智之类化的心理学而来。

但此种引起的兴味，赫氏又认为务求涉于多方面的。此点彼虽未曾明言其理由，但亦不外因人类之自然活动是属多种的，且生活的世界，亦非单一的而为多元的之故，因此，氏分兴味为六种：①经验的兴味，②推究的兴味，③审美的兴味，④同情的兴味，⑤社会的兴味，⑥宗教的兴味。此即赫氏所言之“多方兴味;”能引起多方的兴味，则可陶冶人性之多方面，可在广大的生活舞台上不至落伍，能养成真正的道德家。此种思想，是与康德相同，均受新人文主义之调和发展说的影响。

经验的兴味（Empirisches Interesse）者何？是对于各个事物，欲作无限的经验之谓。推究的兴味（Spekulatives Interesse）者，是欲究明事物间交互关系的法则。审美的兴味（Aesthetisches Interesse）者，是关于美丑、善恶等之评价。同情的兴味（Sympathisches Interesse）者，是欲与他人共同苦乐的兴味。社会的兴味（Gesellschaftisches Interesse）者，是关于社会国家的幸福。宗教的兴味（Religioses Interesse）者，是关于神的兴味。总之，赫氏承认此六种兴味之引起，即能达教学之直接目的，且间接达到教育的目的。此处尚生出一个新问题。即是此六种兴味究竟与教育目的之内容的五种道念有何关系？因为既承认六种兴味之引起，间接上可为道德的性格之陶冶，则六种兴味与五种道念之间非有必然的内在的关系不可。然赫氏关于此点，毫无说及。不过就吾人的眼光看察，则六种兴味之引起，确可为五道念中之某种道念的陶冶手段。例如，引起审美的兴味时，则可以养成“正义”的道念；引起同情的兴味时，可以养成“好意”的道念；引起宗教的兴味时，可以养成“内心自由”

的道念之类。但如经验的兴味与推究的兴味两者，究竟与何种道念相关联？纵使认其与科学的知识之培养有关，但与其他的道念，殊难认其为有密接的关系。然则赫氏之特别举出六种兴味，吾人反认为令教育学说之体系混乱。至于欲完成“教育的教学”，其顺序当如何？换言之，即欲使旧观念与新观念密接融合，以引起多方兴味，其道当如何？赫氏则举出一定的“教学阶段”为答。彼以为类化的过程即知识之接收的顺序，大约可分为下述之四阶段：①明了（Klarheit），②联合（Assoziation），③系统（System），④方法（Methode）。明了云者，是使新观念判明之意；联合，是指新观念与旧观念相结合；系统者，是使新旧观念结合者成为体系；方法者，是使系统的知识（观念）能自由应用于各种动境之意。赫氏本人所主张的四段说，即为后来赫尔巴特派著名的“五段教学法”之张本。

赫氏四段说的根据有二：①为知识成立之心理的过程，亦即是由直观而进于概念之理法。②为知识之论理的方面之考察。但赫氏的四段法，仍以论理的方面为主。

氏以为欲使观念之明了，则有专心（Vertiehung）之必要。专心云者。是指对于某事物之注意集中，可以直观其全体及各部分。至欲使新旧观念结合而成组织化时，则有致思（Besinnung）之必要。致思云者，深致思虑，将新旧观念比较辨别之，认识两者之正当关系。

假定专心、致思的原理为知识构成上之纵的原理，此外赫氏更举出横的原理与之相配。此即静止与进动的原理。静止云者，言心静止于一对象之中，注意不致旁骛；进动云者，是从反面言心之移向他的事物。前者是适于玩味，后者是适于发展与扩张。纵横两种原理相结合，则生出①静止的专心，②进动的专心，③静止的致思，④进动的致思四者。静止的专心，是使各种观念明了；进动的专心，是使新旧二观念联合；静止的致思，是使观念成为系统的；进动的致思，更使其成为自由自在的方法或应用。

以上以赫氏的四段说之根据。彼所言专心、致思、静止、进动等，似属于常识的，但实应认其是属于论理的，与齐勒、莱因等之心理的见解不同。此所以多数人认赫氏的教学阶段说是伦理的而非纯属心理的。不过因彼言及“当由直观而进于概念”，“欲观念之明了，须用分解与综合”，“欲使其成为概念化，须用比较与总括”等，其中又自然包有心理的要素。所以，后来赫尔巴特派的学徒，竟使教学阶段说完全成为心理化矣。

（五）其他的教育思想

赫氏的教育思想，除上述之外，尚有可注意者三：（1）教材论，（2）分解的教学法与综合的教学法论，（3）适应年龄的教育论。

关于教材论，赫氏承认教材之种类，当分为①事物，②形式，③符号三者；至于教材选择的标准，则认为当以兴味为中心。氏曰：“教学的材料，不能不从科学中采之。但此种材料又须与儿童心中自然发生之兴味相一致。”又曰：“凡书籍若不是现在既有相当兴味，并且将来亦可以引起新兴味者，则无阅读之价值。”关于分解的教学与综合的教学，则言：“儿童之初见事物，单作现于感官上的特征之总体而认识之，从此种特征或形式上而进于事物者，则为综合的教学。分之，若将事物分析而为各种特征，是为分解的教学。”此外，氏尚举出“摹写的教学”，但谓此种教学，仅将现存的表象扩充之便足。

关于适应年龄的教育方面，氏则将教育分为 4 期如下：①第一期是自初生以至满 3 岁为止，此期完全在教权的支配之下，专心于言语的陶冶。②第二期是自 4 岁至 8 岁为止，教学上以分解的为主，但在本期之末，则在读书、写字、算术及最容易的结合的练习上，实行综合的教学。在道德的陶冶方面，先养成“完全”的道念，其次则养成“好意”的道念。③第三期是为儿童期。此期当养成“正义”与“报偿”两种道念，教学上课以历史、算术、诗歌及理科等。④第四期为青年期。此期的教育，当导青年趋向自己发展方面，道德的事项，亦有使其充分领会之必要。

（六）赫尔巴特在教育上的价值

兹将赫氏的教育学之特点，总括以下诸种口号：（1）一个目的（道德的品性陶冶）。（2）两个基础学科（伦理学与心理学）。（3）三个方法（管理、教学、训育）。（4）四个阶段（明了、联合、系统、方法）。（5）五个道念（自由、完全、好意、正义、报偿）。（6）六个兴味（经验的、推究的、审美的、同情的、社会的、宗教的）。此种教育学，其在教育史的价值，可分为长短两方面言。

其长处有五：（1）在严密的意义上，组织成有体系的教育学。（2）以道德的品性陶冶为教育目的之中心，虽不免多少有偏狭之嫌，但仍属一种特色。（3）承认教学之进行应循一定的次序，故举出知识构成上的四阶段。（4）将教育的教学、兴味、类化等有价值的概念导入于教育上。（5）促进教学研究法上的热心。以上五者，无论就其学说本身的价值上言，或就其所生之效果言，均不得认为赫氏之长处。

至其反方面的短处则有七：（1）其心理学既以表象为中心，故陷于主智主义的弊端。（2）单认伦理学与心理学为基础学科，不免过于狭小。因为此外是需要许多科学的补助之故。（3）陷于个人主义的教育，忘却社会国家方面。（4）教学阶段渐流于形式化，陷于心理的，最后酿成许多弊端。（5）轻视身体的养护及实用知识的陶冶方面。（6）视教学与训育二者并列，只为管理上的方便。（7）视兴味之引起为教学上之最近目的，使教学成为儿戏。

第六节　赫尔巴特学派

（一）赫尔巴特学派

赫氏的教育学，理论高远，理解困难，故死后二十年间，未十分惹人注意。但其独创的思想、秩序整然的科学的教育学，决不至永久湮没，故其后信奉者日多，不特传播于欧洲教育界，且远及于美国、日本等处。此实由其学徒传播之力而来。兹特就多数的后继者之中，择其对于赫尔巴特的教育学最有补充与发展之功者数人述之。

（二）齐勒

（1）略传

齐勒（Tuiskon Ziller）者，德国之瓦松根（Wasumgen）市人，以1817年生，1882年卒。父为神学家，母颇贤明。13岁时入文科中学，1837年入莱比锡大学，习语言学，旁习赫尔巴特的教育学。一时曾为乡里的文科中学教师，至1853年再入莱比锡大学，研究法律，且为该大学之私讲师。但因对于教育学饶有兴味。故自1853年以后，兼讲教育学。1856年，著《一般教育学》（*Allgemeine Padagogik*）。其后得巴尔特（Ernst Barth）博士的助力，设立莱比锡大学附属之教育研究所及实习学校（Übungsschule）。1864年，升为员外教授。1868年，创设科学的教育学舍。

（2）教育说

氏的立场，是属赫尔巴特的新派，其目的是在“务将赫氏之说自由的广义的解释，加以补正，使其主义臻于完成”。故对于赫氏之教育目的与兴味论等，则信奉而祖述之，只就方法上的问题，发表改良与补充之意见耳。其中最可注意者，是文化史的阶段说、中心统合法与五段教学法三者。

文化史的阶段说（Kulturstufen）云者，是承认人类文化发展阶段，与儿童心理发展之程序相当，故教学上应根据此种理论，为教材选择与排列之标准也。此亦即是属于一种“复演说”（Recapitulation Theory）。此说本非齐勒之独创，以前已有之。但氏在教育上，则据此而主张要以从古代而至现代的文化之发达为中心的教材，从而陶冶儿童之情操。

因此，氏遂将情操的教材，分配于小学八学年中，其次序如下：第一学年，童话——格林之十二童话。因本期的儿童，值人类发达之第一阶段，故重在想象的生活。第二学年，鲁滨逊故事——此因儿童正在发展的第二阶段，故使其了解征服最近的自然界，而得到社会生活上的价值。第三学年，家长的历史——周林坚故事。此为发展的第三阶段，使其适于最简单的社会团体直接服从之。第四学年，裁判官的历史——尼比伦坚的故事。此为发展之第四阶段，使其对于社会组织，确保个人的努力。第五学年，犹太王——德意志王国的建设者。此为发展之第五阶段，使儿童认识伦理的秩序。第六学年，基督传——宗教改革史。此为发展之第六阶段，欲使儿童爱保持最高威权的规律。第七学年，祖师的历史——德意志自由战争。此为发展之第七阶段，欲陶冶儿童之观念界，使其达于完全的与好意的。第八学年，路德之宗教问答——德意志帝国之再兴，此为发展之第八阶段，欲使个人与他人一致，达于最高的完全状态。

以上是关于情操的教材之选择排列的理论，是承认文化史的阶段说为正当的，但现在则仍属怀疑。此种教育思想，本已见于赫氏的学说中，齐勒只为之阐明耳。

中心统合法（Konzenträtion）云者，是关于教材之统合的意见。倘各教科或教材，彼此漫散无章，则难尽教育的教学法之能事。换言之，即不能充分养成道德的性格。然则当以何种科目为统合的中心？照前所述，是以情操科如历史的、宗教的、道德的科目为中心。

五段的教学法云者，是将赫氏的四段中之“明了”一阶段，分为“分析”与“综合”二者，合之即为分析、综合、联合、系统、方法五者。分析（Analyse）者，是将事实之观念分解为要素，以明各部的要素之特性也。综合（Synthese）者，是将已经分明之各要素，更综合为全体，以明全体中各部之特性也。其余三者，则与赫氏同。

齐勒且认此五段为一个方法的单元，在教育上决不能不遵照者，故谓之“形式的阶段”（Die Formalen Stufen Des Unterrichts）。“方法的单元”（Methodische Einheit）云者，是指一教材中之一小结束的教材，亦即是结为一概念的教材中之一单元。此是齐勒之特别想出者。氏在分析之前，更认为有指示目的之必要。“目的指示”（Zielangebe）云者，即将所习者为何种教材及因何而要习等预告儿童，以引起其学习动机也。

（三）莱因

莱因（Wilhelm Rein）者，德国人，齐勒之高足弟子，生于1847年。原为其本乡爱森纳赫（Eisenach）之师范校长，后继斯托伊（Stoy）而为耶拿大学教授。彼本继承齐勒的思想，倡文化史的阶段说、中心统合法等，关于目的论、兴味论则祖述赫氏之说。只关于教学阶段上，虽与齐勒同倡五段法，但认齐勒所用的名称为不适实际，故改用五段之名称如下：（1）预备（Vorbereitung），（2）提示（Parbietung），（3）联合或比较（Verkunüphung），（4）总结（Zusammenfassung），（5）应用（Anwendung）。关于目的之指示与方法之单元等思想，亦与齐勒同。五段教学法，至莱因始确立。

本来赫尔巴特之教学阶段说，除五段说之外，尚有三段、四段等说，赫氏是主张四段说者，至于或倡直观、思念、应用三段，或倡吸收、理会、应用三段，或倡提导、提示、整理三段者均有之。

（四）赫尔巴特学派之反对者

赫尔巴特学派的教育学说，有种种困难点，故后来的学者多反对之。例如，贝内克、伯尔格曼、冯特、纳托普等均是。冯特（Wundt）是从主意的心理学立场，辩驳赫尔巴特学派主智的心理学，并论及兴味论、类化论（统觉论）等。伯尔格曼则从生物学的立场，辩驳赫氏之单根据伦理学以定教育目的；且从社会学的见地，以辩驳赫氏之个人主义；更指斥其文化史的阶段说与中心统合说之非。维尔曼最初本属赫尔巴特学派，但其后则反对该派的个人主义的教育，而主张社会的教育学。而赫尔巴特学派之反对者，尤以贝内克及纳托普二人为代表，兹将二人的论调分述之。

贝内克的反对论：

（1）赫氏的心理学，虽言是属经验的心理学，实在不外是形而上学的应用而已。心理学应为内部经验之学。（2）赫尔巴特偏从道德的陶冶上规定教学的意义，此是误的。教学上之所以为教学，实在给儿童以正确的认识之一点。（3）赫氏虽认善之本质乃在于动机之直觉的判断，其实道德的判断是从“当为”（Sollen）而来。（4）文化史的阶段说及中心统合说均属误想。（5）教学的方法当依据材料的性质及儿童的个性而决定，形式的阶段是根本不能成立的。（6）赫尔巴特派视管理与训育为并立的，此实属不当的。并且忽视体育与养护，亦属不妥。（7）教育上不当置儿童于被动的地位，儿童本是自己活动的。

纳托普的反对论：

（1）赫氏视意识之原素为表象（智），此是误的。构成意识之根本的核心，实为意志（冲动）。（2）赫氏单靠伦理学以决定教育之目的，此亦非也。其实需要论理学、伦理学、美学等哲学的学科。即是关于理论的教育学之价值方面，不能不有赖于哲学。（3）赫氏视管理与训育并立，此亦非也，管理应并入于训育之中。（4）单认教学为“教育的教学”，专从道德中心的见地规定其概念，而忽视其他的教育之有独立意义，此亦非也。无论真的陶冶或善的陶冶，均有独立的意义，故可认为正式的教学。（5）陶冶的本领，非如赫氏所言，是在于表象的作用，其实意志的陶冶乃属本质的。

第七节　罗森克兰茨

（一）略传

罗森克兰茨（Johann Karl Friedrich Rosenkranz）者，德国马德堡人，以1805年生，1879年殁。曾就柏林、哈勒、海德堡等大学研究，后为柯尼斯堡大学的哲学教授，终生止于此职。该大学历经康德、赫尔巴特等担任讲座，因而著名。罗氏初受施莱尔马赫（Schleirmacher）的影响，后为黑格尔（Hegel）的学徒。将黑格尔的方法适用于教育、历史、文学、神学、哲学之上。在教育上著有《体系的教育学》一书。

（二）教育的性质及一般形式

氏论及教育的性质言：“教育是人对于人的影响，视人的精神之本质而决定。从广义上言，则社会的精神成为教育者，贻影响于个人；从狭义上言，则是藉自然的法则、国民文化的运动与运命的力，而形成个人的生活。”

氏又采黑格尔辩证法的思想，释教育之一般形式云：“教育之一般形式，是在自己的脱离。自己的脱离云者，是为获得新经验计，暂时舍弃自己，即离却从来的习惯行动，专念于他我，直待至得到新经验则复归于新我。所以，教育即是使自己的内容丰富之一种过程。”此即以旅行家之离故乡而赴异乡相比拟，直待至行箧充牣，始复归家也。总之，此种思想，是适用黑格尔之“正”“反”“合”的辨证公式于教育上，视教育的形式或过程是经过以下三阶段：（1）旧的自我，亦即是自然的自我，是“正”；（2）一般价值的学习，亦即是自己的抛弃，是“反”；（3）真的自我之把捉，是“合”，亦兼有“提升”（Aufheben）之意义在。

（三）教育目的

罗氏以为教育的理想，是在理性的自由之获得。精神的本质原在于理性，而理性的本质又在于自由。发挥此种理性之自由，即是目的。但儿童最初是徬徨于自然的、动物的生活中，故教育上为获得真的自己即是理性的自由状态计，当采以下的步骤：（1）第一阶段须脱离自然状态的旧我，而为精神生活之准备。（2）第二阶段是为专心于他我的过程，即向理想的生活方面猛进。（3）第三阶段是理想生活之获得，即是得到理性的自由，发挥有真正价值之自我。

（四）教育的界限

氏以为教育有三种界限：（1）“主观的界限”云者，是指被教育者的个性中原来所无的性能，无论如何尽力，亦不能发展是也。（2）“客观的界限”云者，是指个性虽具有可能性，但苟处于不利的环境中，亦生出发展的界限。(3)“绝对的界限”云者，是指个性已达到自由获得的状态，则外部的教育成为无用也。

(五)教育方法

氏关于教育的方法，特分为体育、智育、意育三者论之。体育方面，则认为自初生以至6岁间，为体育之主要的陶冶期，当从卫生、体操、性教育三方面尽力。智育方面，则认为包含美育在内，在儿童应最致力。其教学法，一面须从心理的事实上，他面则依据论理的法则而规定，总以注重自己活动为主。意育即是训育，其中包含社会的、道德的、宗教的三种陶冶。在道德的陶冶上，当依从道德的格率，注意于任务的实现与良心方面。在宗教的陶冶上，当授以宗教的概念，使其实现于生活上，以引起宗教的感情，为道德的仪式之准备。

(六)教育史观

罗氏将教育形态之历史的发达，分为下述之三种阶段：(1)民族的形态，(2)神权形态，(3)人文的形态。民族的形态云者，是指民族中心的教育形态言，古代的教育大抵皆属此种形态。而其中又分为三种异形。例如，中国则为被动的形态，波斯则为发动的形态，希腊与罗马则为个人的形态。神权的形态云者，如欧洲中世纪之神本主义的教育是也。人文的形态云者，如文艺复兴以后的教育是也。此中又有种种异形，其最后最高的形态，是为自由教育云。此可认为罗氏之理想的教育形态。

第四章

社会的人道的教育

第一节　社会的人道的教育之真相

19世纪的教育中，一方是有继续18世纪之个人主义的教育，他方则又受时代的影响，从新生出团体本位的教育。前者如狭义的新人文主义（美的个人主义）与康德、赫尔巴特等之理性的、道德的个人主义教育，后者如裴斯泰洛齐、施莱尔马赫、费希特、伯尔格曼、纳托普等社会本位的教育均是。

但在此种社会本位、团体主义的教育中，若精细分之，又生出社会的人道的教育、国家社会主义的教育两派。此两派从广义上言，虽同属团体本位、社会本位的，但其内容，则前者采社会的一般主义，后者则采国家本位之民族的、历史的社会立场，此点实属应严密区别的性质。例如，裴斯泰洛齐、施莱尔马赫等，是属于前者；费希特、福伊勒等，是属于后者。本章所叙者，是以前者为主要内容。

凡采社会一般的立场者，其自然的倾向，是不以特定的国民之养成为目的，而以普遍人性之完成为目的。于此遂生出人道的教育或新人道的教育之意义。裴氏的教育，因此特称为社会的人为教育。而国家社会主义的教育，则以历史的国家之国民养成为其内容。

社会的人道的教育，实可认为结合社会本位的思想与新人文主义的思想而来，即立在社会的新人文主义之基础上。故此种教育，一面是重视社会方面，以个人的人格诸方面之调和发展为目的；他面又重视道德与文化，表示新人文主义的倾向。此派的教育之代表者，当推裴氏及其学派与施莱尔马赫的教育，以下顺序述之。

第二节　裴斯泰洛齐

（一）略传

裴斯泰洛齐（Johann Heinrich Pestalozzi）者，瑞士之苏黎世（Zurich）人，以1746年正月12日生，1827年2月17日殁。其祖先是意大利人。父为外科兼眼科医生，氏6岁时丧父。其母富于爱情，父死后，母在忠实的下婢协助之下，鞠育子女。少年的裴氏，因受祖父的感化与母亲的慈爱之故，颇近于女性，缺乏勇敢进取之气，故在小学校时，为其他儿童的笑弄之的。但富于情感与想象，不过理解力稍钝耳。

最初在用德语的学校习读写两科，后入拉丁学校，再次则入文科大学与神科大学等。据裴氏的自述，在此等学校之时，历受博德默（Bodmer），布赖蒂格（Breitiger）、斯莱恩布鲁克（Sleinbrücher）等教师之感化，具有高尚的理想。独立、自营、善行、牺牲、慈爱等德性，实在此时代育成。当时博德默组织爱国的团体，裴氏亦加入，以自由、正义、爱国为志帜。其时会员中的运动，有过于激烈者，竟致入狱。裴氏亦有一次几乎被逮，斯可见其为理想的狂奔者。是时颇耽读卢梭之《爱弥儿》与《民约论》等书。

最初氏本欲继祖父而为牧师，故研究神学，但至此时则志望一变，而转习法律矣。盖欲对于国家有所尽力，是亦因受上述之爱国团体的感化使然。不幸身体有疾，乃迁往布格多夫之友人家中养痾一年，此间氏的思想又变，对于田园生活有趣，遂欲从事于农业的改良与贫民的救济。氏因此废其学业，求地于苏黎世近傍之比尔（Birr），从事于农业之开垦（氏之墓即在比尔）。自命此地为涅伊霍夫（Neuhof=New farm），即“新庄”之义，因其是农场兼为新住地也（以上是苏黎世时期）。

1769年，氏年24岁，与苏黎世富商之女安娜（Anna）结婚，夫人有幽闲贞静之德。氏留此地30年，直至1798年为止，从事于农业的经营。然其农业计划竟归失败，此虽有种种理由，但因此地之气候不良，及裴氏之经济能力薄弱，是其重大原因。事业既失败后，则转而从事于贫民学校的计划。此固因受卢梭的《爱弥儿》一书所刺激之结果，但亦因见贫民救济的事业既失败，乃转而从事于贫民教育方面也。总之，其理想与精神是一贯的。

1775年，贫民学校遂开办，学生（贫民）共50人。学校共采大家庭主义，即以学生“共同劳动与共同学习”为主。以今日的术语表之，即是兼“生活教育”与“由行而学”之勤业作业学校。无论何事，只教儿童以“注意周到”“正确地认识事物”，且“用言语以正确表示之”。此种口号，即为后来主张“直观教授（Intuitive Instruction）之张本。但此校仅开办5年，亦至停闭。其原因一由于木棉的工业成绩不佳，与裴氏之缺乏经济的手腕，其尤重要者，则裴氏之教育计划太偏于理想方面也。因为贫民儿等不乐于勤劳式的教育，故往往逃学，父兄辈竟至迫其回校。氏视儿童之性是善的，此处反觉其粗暴不善，于是对于卢梭的性善说渐生怀疑矣。氏从此陷于贫困，他方面则精神上大受打击，加以病魔纠缠，其苦不堪。

氏陷于此种困境，乃转方针，从事于著述。1780年，《隐者之夕暮》出版；1781年，则教育小说《林哈笃及格尔笃路笃》之第一卷出版。幸此小说大博好评，故至1783年出第二本，1785年第三本，1787年出至第四本，于是文名大噪。1791年，氏被选为法兰西的名誉市民。当时被选为名誉市民者之中，尚有德国之卡姆佩、克罗布托克、齐勒等。即表明裴氏之名，已远传于外国（以上是涅伊霍夫时期）。

1798年，裴氏复有回实际教育界之机会。因其时瑞士被法国兵所侵，斯坦兹（Stanz）地方的居民起而反抗，酿成剧烈的内乱，因此生出400名的孤儿，新共和政府乃命裴氏教育之，裴氏欣然承受。于是，1799年，始设斯坦兹孤儿院。此孤儿院乃借尼庵而开，收容自4岁至10岁的孤儿80名。氏以异常的热诚及努力当其任，专志于精神方面的锻炼，先从注意、记忆、熟虑等始，次及于判断与推理等的陶冶。具有粗劣性的贫民，卒被裴氏的热诚所感动，日有长进，爱其师有逾于父。但至翌年，此校复因战乱停办，裴氏且被逐出境。但氏的教育理想，已在此时期确定，此诚可记录者（以上是斯坦兹时期）。

裴氏既离斯坦兹，乃赴布格多夫（Burgdorf），为某校的教师。但因与其他的教师不睦，遂决意独设一校，名曰布格多夫学校。氏正瘁全力于儿童精神之启发，想出直观教学法，而以语、形、数三者为直观之要素。其发明直观教学法时，实有一段轶话。一日，裴氏正以一个“窗”字教群童，忽有一童起而问曰：“先生，我等不是单要认识一个窗字，汝岂不是可以真的窗教我等乎？”裴氏得此恍自天来的问语，乃憬然大悟中世纪时代注入式的教育、形式的教育之非，从此主倡直观教育矣。氏的全盘教育思想，实在此期形成，声誉遂传于四方，远地来取法者日多。1801年，著《格尔笃路笃如何教育其子？》一书。其学校亦继续至1804年。有克鲁西（Krüsi）者来助之。而克氏之亲友托布勒（Tobler）、尼德尔（Niedrel）、施密德（Schmid）等教师，均集其辇毂下，儿童的人数，约有百人。不幸复遇政变，是校又再停闭，盖因其借该城之古垒为校地，此时要归还政府也。氏乃迁校于缅切布西（München-buchsee）城中。但此仍不甚适，遂再迁校于伊弗东（Yverdon）（以上是布格多夫时期）。

伊弗东的学校，始为裴氏的全盛时代，计自1805年至1825年间，氏继续在此处活动20年，学生人数超过150人。其新教育法渐得良好成绩，名震欧洲，王侯、学者乃至教育家均多就学焉。不料好事又复多磨，卒至其部下的教师间又生轧轹。优良的教师次第引去。且唯一之慰藉者与协助者之爱妻安娜又复逝世，而裴氏之老境已届矣。

教师间之轧轹云者，是指施密德与尼德尔二人间所起之争而言。

施密德氏本在布格多夫学校毕业，即为裴氏之助教，长于数学的教学法。但其人利欲的念头甚盛，无容人之雅量。尼德尔亦长于教学，对于裴氏教育法之理论基础上，大有贡献，不过恃才傲物，大有凌轹裴氏之势。此二人互相倾轧，1810 年，施密德先自辞去，至 1815 年，又复回校。而尼德尔则至 1817 年则又辞去，因此引起全体教师辞去。而裴氏因无统御之才，坐听诸人之星散，莫可如何矣。

1818 年，得施密德之助力，始刊行《裴斯泰洛齐全集》。因为学校日渐衰颓，故至 1825 年闭校，裴氏则复回“新庄”。此时年已八十，只由孙辈赡养以度余生，阅二年而逝世，遗骸则葬在比尔之学校附近。其墓碑之文如下：“亨利赫·裴斯泰洛齐，以 1746 年 1 月 12 日生于苏黎世，1827 年 2 月 17 日殁于布鲁克（Brugg）；是涅伊霍夫的贫民之救济者，《林哈笃及格尔笃路笃》上的国民之传教师，斯坦兹市的孤儿之父，布格多夫及缅切布西新式学校之建设者，伊弗东之人道的教育家，是敬虔之士，善良之市民，纯为他人谋幸福而牺牲自己之一切者，谨为之祝福。”（以上是伊弗东时期）

（二）著书

裴氏的著书颇多，其主要者如下：(1)《隐者之夕暮》(*Die Abendstunde eines Einseidllers*)。此书 1780 年裴氏在涅伊霍夫时期出版，是一种内部生活的记录，其内容是论及生活的方针与教育的方针等。(2)《林哈笃及格尔笃路笃》(*Lienhard und Gertrud*)。此是 1781 年出版之教育小说，其目的在使一般人民知自己的真正地位，从自然的关系出发，养成良善的人，内容是描写林哈笃之为夫，虽属正直良善，但柔弱寡断，以致陷于不良的诱惑。其妻格尔笃路笃，善于相夫齐家及教育子女，故村民敬爱之，村校设立时，亦征求其意见云。此即是描写理想的良妻贤母资格，假托家庭生活、家庭教育之改良，与学校教育之改善，其大有影响于社会道德的进步；同时描写流毒下层的不良分子之真相，意欲暗示为政者使知保护良民及改革社会也。(3)《格尔笃路笃如何教其子？》(*Wie Gertrud ihre Kinder lehrt?*)。此书是1801年出版，特向为母者言子女的教育法，排斥以前无基础的教育法，鼓吹直观的教育，用数、形、语三者，并论及技能科的教学与宗教的教育等。此盖裴氏的教育真髓之所在。

除以上的著书外，氏于1797年，尚著《人类种族发展的自然之途》，此述其根本思想之作，尤可注意。1803年则著《母之书》(*Das Duch fur Mutter*)、《命运》(*Lebensschi Kaben*)及《白鸟之歌》(*Schwanengesang=Swan's Song*)等。

(三)裴氏的教育原理

裴氏的教育说中，有5个重要原理，此可视为其基本观念。(1)为自发的原理，(2)为力之平衡原理，(3)为直观原理，(4)为方法的原理，(5)为团体的原理。本来纳托普亦曾列举此五者，不过其次序略异耳。“自发的原理”(Prinzip der Spontaneität)者，谓个人的内部具有自发的活动，教育上当据此为原理也。彼以为此种内部的生命力，最初是为动物的天真的状态，其次则成为社交的状态，最后则达到道德的完全体。此思想可见于《隐者之夕暮》及《人类种族发展的自然之途》二书。此是根据卢梭的见解，为新人文主义的一般思想。“力之平衡的原理”(Prinzip der Gleichgewichts der Krüfte)云者，谓人类天赋的性能，有均衡发展之必要也。此是希腊与罗马思想之复兴，亦即为人文主义写新人文主义思想之所共有者。“直观的原理”(Prinzip der Anschaung)云者，谓认识之根源既在于直观，故教学上亦不能不置重于直观也。此是由夸美纽斯、卢梭、巴泽多等先进思想家而来。“方法之原理”(Prinzip der Methode)云者，谓精神之发展是循一定的顺序，换言之，即依据分解与综合的理法而发展，教学上不能不由之。此种思想，已见于18世纪之自然主义中，最后之“团体的原理”(Prinzip der Gemeinschaft)云者，即是社会本位的思想。此非如纳托普之社会的教育思想，乃由社会学与生物学等理论而来也。乃受波德默(Bodmer)之爱国精神的影响，及因当时瑞士的国情而来。总之，裴氏是认社会与团体为教育上之最高原理，此最要注意之一点。

（四）教育的意义及理想

裴氏的教育论，非如康德与赫尔巴特等之成为系统的、学术的，只是随时将自己的感想写作小说等体裁发表，故其间偶有自相矛盾之点，殊难捉摸其真相。但未尝不可以明了其大体。彼以为教育者，是使人达到自然的理想的状态。然而理想的人，其资格又如何？彼则兼从主观的与客观的两方面着想。从主观方面言，则理想的人之资格，是指“天赋性能之多方面调和发达的人”而言，此即据前所述之均衡原理也。此种思想，实为新人文主义之共通思想。所以教育史上认裴氏为新人文主义家。惟是单计及主观方面的调和发展，实未足认为完人。盖因人类不是为单独的存在，乃属社会团体之一分子，所以，理想的人的资格中，又要加入客观的要素。此是基于上述第五之团体的原理而来。此种团体观念，实为裴氏以前十七八世纪的教育思想中所未见者，故特觉可贵。

裴氏以为个人最先为家族团体之一员，其次为国家社会之一员，最后为人类社会之一员。故各个人的天赋性能，既从多方面以图调和的发展，同时在内容方面，要从社会上、团体上陶冶之。故曰：“个人非单为自己而生存，实为社会的关系（即社会团体的关系）而受陶冶，且须藉外界的关系而陶冶之。”又曰：“家长的精神，扩而充之则可为一国的元首；兄弟的精神，扩而充之则为一般市民的关系。此二种精神结合，遂生家国间之秩序。人类的家庭关系，是自然之最本始的而又最优越的关系，故家庭实为纯粹的、自然的陶冶之基础。”此数语是见于《隐者之夕暮》中。总之，氏所假定之教育目的，是在养成“理想的社会团体中之一市民，具有多方面调和的教养”。此所以特称为团体的新人道的教育。

（五）教育方法

裴氏承认个人的能力，其表现之形态有三：即思想、感情、动作（意志）是也。因此，又引出三种陶冶方法：即智育、德育、技育是也。不过氏依然特别注重“主意主义”，故在智情意三方面中，是以

“由生活而学”、“由勤劳动作的过程而学”为主。

至关于教育之实际，则认为须依照心理的法则而进行。故谓能力的发展，有三个共通的法则。所谓共通云者，即指思想、感情、行动的共通之义。其要如下：（1）能力是因使用而发达，故教育上非使儿童本身多大的活动不可。（2）能力之发达，是根据固有的冲动，故教育上须考虑儿童精神发达的程序，追寻冲动之本始，以排列教材。（3）能力之发达是徐缓的，故教育亦要徐徐依照顺序前进。此三者，是裴氏教育法中一般的心理标准，所以特称为心理主义的教育法。

氏的教育方法，多含有近代的要素，例如，活动主义、启发主义、直观主义，乃至实物主义、自然主义、自动主义、生活本位主义、勤劳动作主义等，均多少包在其中。然则裴氏的教育法，实可认为近代种种教育法之总汇。

（1）智育的方法

此方面是以活动主义（自动主义）、启发主义、直观主义等为主，即是以上述五原理中之自发活动原理、直观原理、方法原理三者为基础。彼在涅伊霍夫时代，关于其子之发育的记录中，有如下之记载：“以实物教学为主，注重儿童之见闻动作方面，过于判断与推理方面”；“须注意于顺从自然而学”：“须令儿童自己发现事物”。此均受卢梭之影响而来。总之，不外是自然主义、直观主义、活动主义、启发主义的思想。

氏在伊弗东时期及布格多夫时期，是多用心性启发主义、直观主义的。其直观教学的步骤，是先令儿童观察实物，构成观念，渐次导入真理。而直观教学之原则，是在数、形、语三者，数即指物数，形者是物状，语者是物之名称。氏认此三者为直观之要素，亦即为认识之基础。关于数的教学，氏以数为自一元的总体及其分离中而生者，故先从实物的直观中，教以由1至10的实数；其次由实物之加减，使知数之变化与多寡，最后达到抽象的数之观念。关于形的教学，先示以直线、平行线、直角、锐角、钝角、等边四角等图形，同时使知其名称及形态，最后使以石盘画之。关于言语的教学，是以言语器官之熟练为目的，由单语开始，最后及于谈话发表。

（2）德育的方法

裴氏关于德育的思想，多采自康德。以爱情及信仰为根本，其方法则采家庭的组织。谓亲子间的关系是最自然的，爱情油然发生，巽顺与信仰之德亦植基于是。盖承认人与神的关系，亦犹母与子的关系也。氏言："教师当以母之心为心，使儿童之境遇接近于家庭的，与其用言语解释义理，不如示以懿范。"格尔笃路笃的德育方法，即是如此。盖以爱为基本道德，以具有最自然的关系之家庭（母亲）为教育机关，更以家庭的精神为德育的精神。

（3）教育的方法

裴氏与当时其他的教育家最差异之点，是在其重视教育一端。氏谓教育之目的，乃在于"使儿童之身体绝对的听从精神的命令，以至于能发表能实行"。此即谋肉体与精神、理想与现实（即自然）之调和，以养成活泼有为的人物。现代所倡之劳作教育，在裴氏已实行之矣。彼在涅伊霍夫时期的教育，及其所描写格尔笃路笃之教子法，均可证明此种思想。此法是由父或母引导子女参观实地作业，并且助其实习，其愉快在参加活动中体验之。氏言："无技能的知识，是恶魔所送与人之最可厌的赠品。"以即表技能与知识有不可离的关系。

（六）裴氏在教育史上的地位

氏在教育史上的地位果如何？（1）氏不是教育学者。因其非长于理论的头脑，故无具体组织的教育文献。其子弟克鲁西言，假使裴氏往受小学教员的检定试验，必致落第。（2）氏又不是教育文学家。因其虽仗一枝秃笔写了许多书籍，但无一册是有相当的艺术价值者。（3）氏亦不是教育新思想家。因其所抱的教育思想中，除却社会团体主义之一端外，并无独创的见解。例如，天赋的人性观，是采卢梭的理性主义而来；调和发展说，亦属人文主义与新人文主义之所共有；至在教学上之启发主义、活动主义、自然主义、直观主义等，均已在以前的教育家思想中所蕴育者。只有劳作主义，是特堪纪录的。盖劳作主义虽为前人所已倡者，然而明确的表示与特别的置重者，却自裴氏始。（4）氏又非事业家。盖彼自涅伊霍夫的农业经营始，直至以后一切学校经营，均归失败，观此，可见其缺乏经济的思想与绵密的计划及管理统御之才矣。

然则裴氏究为何种人物？曰，只是一个“实际教育家”而已。此处所谓“一个实际教育家”，是含有一个寻常教员之意，换言之，亦表示彼实不配为校长的本领。但此种称呼，并不是轻视裴氏本人，却大加尊重之意。盖彼以一寻常教员的资格，而竟贻世间无伦的功绩，此其所以难能可贵也。例如，关于小学教育之改良、贫民教育之热心、教育之社会化、教育之劳作主义化等，均可认为其极大的功绩。至若其爱情、热诚与牺牲精神之丰富等，均为其他教育家所难企及者。尤其是彼尽力于社会教育50年，全为他人而牺牲，并无一毫为己计，且对于贫民、孤儿乃至顽童，更动怜悯之念，此更非常人之所能摹仿者。称之为“教圣”，谁曰不宜？只是此种陶冶精神，已足令其人格不朽。至于学问、思想、事业等，则非裴氏之本质的属性，只是其偶性耳，但彼以悠长的生涯，屡遭挫折，而再接再厉，卒贻灿烂的历史于世上，似又不妨认为活现的哲学、崇高的思想、宝贵的事业。此所以吾人永久在人道史上、社会史上、教育史上不能忘者也。

（七）裴氏对于后来的教育之影响

兹将裴氏的教育理论与教育实际上的影响分述之。

（甲）教育理论方面的影响：(1) 是大有影响于纳托普之社会的理想主义教育学说。纳氏是远采柏拉图，近采裴氏的思想，而以康德及新康德派的哲学为基础，以组成自己之批判的教育学或社会的理想主义教育学说。试观纳氏所著《赫尔巴特与裴斯泰洛齐》一书自明。（2）裴氏之心理主义倾向，是对于后来教育心理学的研究上有影响，即氏在直观主义与教学阶段说等主张上之心理的倾向，及关于其子雅各布（Jacob）的发育日记等，实开后世之儿童研究、实验心理学等研究之端绪。（3）新意义的直观主义之思想，实为后世之直观教学的媒介。本来直观主义的思想，在前已见于拉特克、夸美纽斯等著书中，但直观的真义尚未确立，且其解释亦属被动的。但裴氏则进而主张自动的、构成的性质，且以语、形、数三者为直观之要素。此法后经第斯多惠（Diesterweg）及裴斯泰洛齐派的继承者，逐渐传播于各国。（4）形式的陶冶及一般的陶冶之思想，大有影响于后来的教育。此中虽有不正当之点，总之对于实质的陶冶主义，氏是特别促进形式的陶冶之发达。（5）是启发主义的影响。此点无论欧美与中国的教育界，均觉流行。

（乙）教育实际方面的影响：（1）普通教育（国民教育）上的影响，（2）下层人民教育（贫民、孤儿等）上的影响，（3）家庭教育上的影响，（4）作业教育上的影响，（5）感化教育上的影响（即氏所谓爱的教育），（6）师范教育上的影响（如氏之在伊弗东及布格多夫所设之教员养成所等），（7）新教学上之影响等。

第三节　裴斯泰洛齐学派

（一）裴斯泰洛齐教育的传播

裴氏的新教育，虽不大受本国瑞士的欢迎，但在德国则有极大势力。在本国所以不欢迎者，是由于宗教上的原因。盖当时瑞士一部是属罗马旧教的势力，他部则行新教，但两者均对于固执己见之裴氏不甚过问。至其所以盛于德国者，盖因德意志诸邦，当时被拿破仑蹂躏后，均欲恢复国力，而裴氏的教育是属团体主义、爱国主义的，其教育方法亦为直观主义、活动主义、作业主义等，故认为最适于战败国的善后教育。其中尤以普鲁士为最热心输入。

普鲁士政府曾派多数的教育家，参观伊弗东学校，普王腓特烈·威廉三世，且捐资以助《裴斯泰洛齐全集》之发刊。又如赫尔巴特，在 23 岁时曾往布格多夫学校参观。普鲁士最初介绍裴氏的思想者则为洪堡，前既言之矣。

又不唯德国为然，即俄国亦曾输入。当1818年《裴斯泰洛齐全集》刊行之际，俄皇亚历山大一世，捐5000卢布助之。且圣彼得堡竟设“裴斯泰洛齐学院”。即意大利的那不勒斯、西班牙之马德里，亦有类似的学院建设。

英吉利亦传播裴氏的教育法，此乃由梅奥（Mayo）兄妹二人，输入实物教学、直观教学等思想。更传及美国方面，而发生奥斯威戈运动（Oswego Movement）。此乃1860年，以纽约州之奥斯威戈的师范学校为中心而起的，是一种裴斯泰洛齐主义之普及彻底运动。

（二）裴斯泰洛齐学派

裴氏的直接弟子中，十分成名者甚少，因此，并无祖述其思想而从事宣传之人，只有将此种思想或施于实用上，或传于后世耳。其中著名者有4人，即欧维尔伯格、丁特、哈尼施、第斯多惠。

（1）欧维尔伯格（Bernhard Heinrich Overberg）者，德国人，生于1754年，卒于1826年。氏为旧教的僧侣，以1783年为缅斯达的师范学校校长，在职四十余年，尽力于教育之改革，著有《学校教学指针》一书。曾研究泛爱派之罗考及裴斯泰洛齐等学说，应用问答的教学形式、直观的说话及巧妙的说明等于实际教育上。

（2）丁特（Gustav Friedrich Dinter），以1760年生于德国萨克森州，至1832年逝世。曾在莱比锡大学研究哲学与神学，后历充牧师、师范校长及视学官等职。氏极端崇拜苏格拉底及裴斯泰洛齐，谓裴氏为下级之王，而苏氏为上级之王。即称赞苏氏的产婆术，且介绍裴氏的新教育法入德国。著有《根据苏格拉底法之教师用的圣经》一书。

（3）哈尼施（Christian Wilhelm Harnisch）者，德国威斯诺克人，以1787年生，1864年卒，曾从布礼文博士研究裴氏的教育法，极端崇拜，称裴氏为“精神之父”。历充各处师范校长，其学校名为“模范学校”，名震全欧。

（4）第斯多惠（Friedrich Adolf Wilhelm Diesterweg）者，德

国人，以1790年生，1866年殁。8岁丧母，养于父及叔父之手。少时就学于乡间，后入大学研究哲学、数学、历史等。其日记中历述乡间的教学法是机械的，彼因不慊于枯燥无味的拉丁语与独断的宗教教学等，故向山川林野等自然界研究。大学毕业后，历充家庭教师与学校教师及师范校长等职，亦为裴氏的教育法崇拜之一人。1846年，正值裴氏诞生百年纪念日，乃大鼓吹裴氏的主义。此外，或刊行教育杂志，或组织教员会议，或充教育代表的议员，在德国初等教育界大尽力，故世称之为“近世德国普通教育之父”。

氏的教育思想，是得自裴氏，但哈尼施仅代表裴氏之宗教的方面，而第氏则代表裴氏之合理的方面。著有《德国教师之指导》一书。其教育理想是在养成“能为真善美三方面自发的活动之人”。而此种理想中，又包含两个观念：①为国民的养成，②为个人的启发。此即裴氏之“团体的市民之完成”的理想，且在教学上，亦采用自己活动主义、启发主义、自然主义等，以图各种性能之调和发展。

氏所主张的教学原则，是从下述之四方面规定：

（甲）以儿童为根据的原则有13款：①顺自然以教学。②顺儿童发育之阶段以教学。③教学须从根本上使无缺陷。④教学须适切。⑤教学须为直观的。⑥由近及远、由简至复、由易至难、由既知推及未知。⑦勿流于专门科学的，只属初步的。⑧须进求形式的目的。⑨只选适于儿童的教材。⑩须确实的记忆之。⑪ 须先从一般的陶冶着手。⑫ 须使儿童惯于勤劳。⑬ 注意于个性。

（乙）以教学为根据的原则有11款：①教材须从主观的见地排列。②须巩固基础。③由本而及于末。④各教材须分为一定的阶级及小全体。⑤以后处理的教材，须预告示之。⑥以前处理的教材，须使其再现。⑦实质上有关系的教材，须彼此互相联络。⑧教材须就各方面讨论之。⑨须由事物而后进于定理。⑩先教实物而后及于符号。⑪教学的内容，须及于科学所能到达之地点。

（丙）以外部的关系为根据的原则有3款：①各教科须顺序的处置。②须考虑儿童未来的状态。③须适合于开化程度。

（丁）以教师为根据的原则有5款：①教学须使其有兴味。②须注全力以教。③教材须使适于儿童之口。④决不可停止。⑤教师须一为己身计，二为儿童计，努力于运动及发展方面。

氏对于宗教上有卓越的意见，即主张宗教与教育的分离。其言如下："信仰若视为真理的认识，则不可以之强迫儿童，盖因其对于真理之自然的关系有妨害也。倘有教师，以信仰为一种义务而命令儿童，是使儿童生出不自然的感想，斯可谓之压制者、强迫者。是徒令淳朴的精神陷于昏惑而已。"氏因此主张须脱离寺院的监督权，并要求教育与教学理法须摆脱宗教的独断。此在当时实可认为放胆的言论。

最后，关于教师之资格，氏则规定以下 7 种必要条件：①富于敬神之念；②至诚而忠于职务；③不问在学校之内外，均可为人模范；④努力于自己的修养；⑤与同僚相亲爱，服从校规；⑥关于儿童之训育，以如父母的真挚精神行之；⑦对于教术上精熟。

第四节　施莱尔马赫

（一）略传

施莱尔马赫（Friedrich Ernst Daniel Schleiermacher）者，以 1768 年生于德国布雷斯劳（Breslau），至 1834 年殁。父为新教之牧师，母亦信仰甚深，故氏少时受宗教的感化不少。1783 年，与其弟同入尼斯基（Niesky）宗教团体的学校，在此受宗教训练 2 年，且读希腊、罗马之书，修一般的学术。1785 年，进入马尔德堡附近之巴尔比（Barby）宗教学校，即为同团体之大学。不料斯校之教育，绝对以宗教性质为限，不许自由考究，氏大不慊意，竟私阅禁读之书，且听其他大学的学生之讲谈，故为学校监督的注视线之所集，氏益觉不快，请其父许以转学。其父不但不允，且断绝学费。时适其叔父为哈勒大学神学教授，彼往依之，因困于学资，乃励行独学主义，研究柏拉图与数学及哲学史等。1788 年，其叔辞教授职，转赴托罗泽（Torotzen）为牧师，彼仍从之。1790 年，在柏林受神学的试验，及格〔后〕被聘为多那（Dohno）伯爵之家庭教师。1793 年，再回柏林，为孤儿院与学校等教师，以得学资，同时复入中等教育养成的神学校。其后则为说教师，此时大从事于精神修养，多获知己之友。1800 年，著《门诺罗基》（*Monologe*）一书，且为宫廷的说教师。1804 年，为哈勒大学之编外教授兼大学说教师。至 1807 年，因拿破仑命该大学解散，氏遂复回柏林。1808 年，与友人之寡妇订婚，至翌年春间结婚。1810 年，柏林大学创办，乃为该大学教授。此时之前后，大鼓吹爱国精神，尽力于青年的陶冶。1814 年，为学士院哲学部之干事，兼在内务部供职。至 66 岁时逝世。

（二）施莱尔马赫的立场

氏本属神学家，且其实际事业亦多与教会有关系。但对于教育极有兴味。且曾在柏林大学讲授教育学。所谓施莱尔马赫的教育学者，即集此时的讲义而成。氏又为热心的爱国家，每对于青年及一般民众作热烈的宣传。此点足证明彼非属单纯的学究。因为在国民教育上多尽力，故逝世时全国大表哀悼之忱，其葬仪殆拟于王侯。氏在教育史上的立场，是属于广义的社会教育学家。

（三）对于教育及教育学的见解

氏视教育为社会上前代的成员与后代的成员之一种传递关系，故同时认教育上当以社会的事象为研究之对象。其次复认教育学不外是一种“应用的伦理学”而否认其具有科学的普遍性。彼乃说明其理由曰：“教育学者，是将教育之推究的原则应用于实地上者，一方是受儿童的状态与后来的生活所限制，故非一定的。在此种心理的、历史的条件之不定中，实无普遍的教育学成立之可能。”此种否认教育科学之可能的论调，后来竟引起狄尔泰（Wilhelm Dilthey）的“教育学之普遍性否认论”。

（四）教育理想论

氏关于个人对社会的思想，乃属团体本位、社会本位的。即视个人常为全体之一部、社会之一员。不过彼亦非如极端的论者，徒注重社会方面而忽视个人之存在价值也。从此种立场，即以规定教育目的。

氏言："教育者，是社会之前代的成员，授后代的成员以自己所有之精神财产，一则使接受者知所宝贵，以适应于现实的团体，二则更补充团体之不完全状态，须保持能改善前代之遗风的个性。"此中所包含之教育理想，即是使被教育者成为共同生活团体之良善有为的人物。所谓良善有为者，并不是指盲目的适应现实社会之个人而言，实须具特异个性，能补救社会缺点使其成为完全化方可。此点是大可注意的。

氏之所谓团体，又分为以下四种：（1）国家团体，（2）家族团体与社交团体，（3）寺院团体，（4）言语团体即知识界。故氏的教育理想，在养成国家、都市、家族、宗教团体等之良善有为的人物。

施氏的教育目的观，既如上述，是兼顾个人与社会两方面。至关于个人方面的内容，则与裴氏同样，欲谋性能之调和发展。因此，极尊重个人之自由与爱，此点亦证明彼是属于新人文主义者。

关于"教育理想究应以现在为主抑以将来为主"之一问题，氏则主张调和之论调曰："与未来有关系的教育，同时非要令现在满足不可。"从此种见解，所以，氏主张最初的教育（即低年级）须在游戏中行之，殆儿童年长，喜欢课业，始渐将游戏与课业两者区分。此亦与近日的教育家主张低年级之游戏与教育相结合的见解相同。

（五）教育方法论

氏的教育方法，是兼抑制与助长二者。"抑制"云者，是施于与教育目的相背驰的不良势力中；"助长"云者，是施于与教育目的相契合的良好势力中。抑制又分为二途：（1）是对于不良势力，特别庇护年幼者使之勿近；（2）对于稍长者则不使之拒避，直养成抵抗力以当之。助长亦分二途：(1) 若希望特殊的人格最多发现时，则不得不尊重自由生活；(2) 反之，若与个人的特性之发现无关时，则须遵守规律的、法则的生活。

总之，氏是主张抑制与助长二者适当用之，以达于上述之教育目的。

（六）教育划期论

施氏在教育上划分三期，以论各期适当之教育方法如下：

（1）第一期，是自初生以至受公共教育时为止，是家庭教育时代。此又分两期：前期是自初生至言语能力之显著时；后期是自此以后。在前期教育上应注意之点，其在身体方面，则须从营养、保温、运动上留心，使养护周到。在精神方面，则陶冶其自发的爱情，磨练其感官，使言语与事物相连络。后期的教育所应注意者，是言语的练习、规律的精神之养成、宗教心之涵养等。言语须与观念结合；规律的精神，须作家庭之习惯以养之；宗教心当以对于父母之亲爱、畏敬之念为基础，自然导之以进于信仰。宗教的知识，此期尚属不必要的。

（2）第二期，是普通的学校教育时期。氏认因社会上有种种关系，故有施行差别的教育之必要，其教育机关可分为平民学校、市民学校、高等学校预备校三者。平民学校是收容机械的劳动业者之子弟。在训育上教以自己节制、适应团体、秩序的生活习惯等，并授以生活所必需的智能。教科为习字、读书、历史、地理、美术、博物（以上是被动的教科），及自然的事物之知觉、言语、图画、手工、体操（以上是自动的教科）。市民学校是以养成实业界的领袖，即使役机械劳动者的人员为主。此种学校比于平民学校是时间更延长，教材的范围亦更广泛。教学的形式，亦以训练论理的判断为主眼，而以国语、外国语、数学为适当之教科。在实质方面，则课以历史、地理、物理、化学、博物等。高等学校预备校（即文科中学），是以养成社会各方面之指导者、支配者为主。故教育上之着眼点，当在攻究事物之原理以明其应用，即注重科学的教育。故氏认文科中学之任务，在于深远的历史精神之培养，对于真与善之推究的精神之陶冶，除现代语外，应兼授古代语，历史上亦追及古代史，大体上实施高等学术之普通教育。

（3）第三期，是为完成的教育期。此期对于平民学校毕业者，则施以补习教育，即职业的陶冶与学科的陶冶并行。对于市民学校毕业者则施以特殊的专门教育，即高等的工业陶冶。即兼顾一般的陶冶、职业的智能、公共的训练三者。对于文科中学毕业者，则施以大学教育。大学之组织，是以哲学科为基础，藉此以锻炼推理力，他方面则更修专门的学科。在训育上，则涵养独立自由的精神，使他日居社会的枢要地位时，能遵守规律，实行秩序的模范的生活。

（七）施氏对于后来的教育之影响

氏的教育思想，对于后世的教育有两种大贡献：（1）是其社会本位的教育说，为引起现代的社会教育学之一因。裴斯泰洛齐虽亦具有团体主义的教育观，但理论上不如施氏之明晰。氏直认教育为“社会之前代者与后代者之文化授受的关系”，标出旗帜鲜明的社会本位教育。（2）为对于现代之历史的教育学（文化教育学）的影响。原来历史的或文化的思想，斯普朗格（Spranger）是继承狄尔泰等，而狄尔泰又绍述施氏的思想。狄尔泰谓时代与国家的理想各有不同，故一般的教育学无成立之可能，此实由于施氏根据历史主义的立场否认教育科之普遍性的思想而来。

第五章

国家社会主义的教育

第一节　国家社会主义的教育之真相

（一）国家社会主义教育的概念

国家社会主义的教育云者，亦简称为“国家主义的教育”，即以特称为“国家”（State）的社会之进步发展为目的的教育也。“国家的社会”云者，亦即指政治的社会而言。其中是以权力为中心，而构成有机的组织之社会。亦即是具有一定的土地、人民、主权而有恒久的统治组织之社会。

“国家”的意义，既作如上的看法，则国家与社会之间自不能无异同，而国家主义的教育与社会本位主义的教育，其概念亦不能无异同。然则此两者的教育之异同何在？先就其同者而言，则国家亦属社会之一种，是则国家主义的教育亦不外是社会本位主义的教育之一种，故此处有“国家的社会主义教育”之称。又国家之中既包含有都市社会、乡土社会等在内，则国家的社会主义教育之中，自然是包含市民教育、乡土教育等在内。

但国家主义与社会本位主义两者，决非完全属于同一的概念。

（1）社会的概念，是较国家的概念更属广义的。因具有较广的意义，所以，其中兼包家族的社会、邻保的社会、乡土的社会、市民的社会、国家的社会、人类的社会等在内。总之，凡属二人以上的结合，具有共通的目的者，则不问其他条件如何，均可称为“社会的”或“社会本位的”。然而，国家的社会并无如此广泛的性质。（2）社会与国家的机构统一之中心，是彼此不同。国家是由政治的价值（权力）而统一，而社会则由种种价值而统一。例如，学会固属一种社会团体，此则以爱慕真理为中心而统一的；宗教团体则以“圣”的价值为中心而统一的；人类社会或国际团体等，则以“人道”为中心而统一的；实业团体则以“利”为中心而统一的。以上是两者之重要的差异点。然则社会本位的教育，其内容是因时因地而异；国家主义的教育，其内容是一定的、具体的，此两者所以不同。

（二）国家主义的教育之来由

此种教育主义是特起于19世纪的，例如，费希特、福伊勒等教育思想是也。裴斯泰洛齐虽亦属爱国精神盛旺之一人，具有国家教育的思想，但未成为国家社会主义的，只可认为广义之社会的、团体的教育思想而已。但费希特与福伊勒等，则明确的唱出国家主义，所以特设一章以论之。

19世纪特见此种教育思想之勃兴，其理由实非单从理论上而来，乃由实际的需要而来。即以拿破仑的战争为中心，当时引起欧洲各国间的战争，为维持各民族及各国家之独立与尊严计，及为积极的谋帝国主义之实现计，自然需要此种教育也。其证据之最明显者，即是德意志特为此种教育之先驱，是可深长思矣。

第二节　费希特

（一）略传

费希特（Johann Gottlieb Fichte）者，德国人，以1762年生，1814年卒。父为丝带（Ribbon）制造业者。氏少时，沉默寡言，大好读书，富于记忆力。七八岁时，为某贵族所器重，故受教育于其手。12岁入米仙的贵族学校，后转入波尔达的贵族学校。18岁入耶拿大学，习神学，欲为牧师；但在中途，忽转习哲学，深究“自由与必然的问题”。

但其后因受保护的贵族已死，氏遂不得不讲求自活之途，自1784至1788年间，历充家庭教师。后受康德之知遇，于1794年为耶拿大学教授，继续5年间，因宗教问题而辞职。遂赴柏林，从事于著述与演讲，至1805年，受聘为爱朗根大学教授。但当时普鲁士为拿破仑军所败，国家濒于危亡，氏遂辞职，以辩士的资格从军，志欲鼓励士气。但此志竟不得允许，乃避乱于柯尼斯堡，更往哥本哈根。此时研究裴氏的教育法，正欲从教育上挽回国力。遂于1807年，在柏林前后作14次的公开讲演，激励萎靡的民心。其演说辞名为《敬告德意志国民》（*Reden an die Deutsche Nätion =Addresses to the German Nation*），是自1807年冬季始至1808年，经过拿破仑的军官检查，认为无危险的，始许其印刷。氏在此演说辞中，是以自己的理想为经，裴氏的教育思想为纬，抱满腔的热血，以振其爱国心。其国家主义的教育论，至是始实现。

1810年，与施莱尔马赫及洪堡等协力创办柏林大学，且为该校教授，复为最初的校长，担任哲学的讲授。不幸于1814年，因其妻患战地疫疾，氏在看护中竟被传染，先于其妻而死。

（二）对国民演说的内容

氏的教育思想，见于《敬告德意志国民》之中。此非成为系统的，是亦因氏究非教育学者，乃是哲学者、伦理学者之故。此中是力言从学术之振作、道德之振兴，藉以激发爱国心而挽回国运者。为专致意于爱国心养成之故。其论调不免多少有偏狭之嫌，但此实可表明其爱国主义的思想。其讲演之内容，大致如下：（1）前讲之回想与本讲之梗概。（2）关于新教育之一般的本质。（3）新教育的叙述之二。（4）德意志人与其他日耳曼民族之主要的差异。（5）从上述的差异所生之结果。（6）历史上所表现的德意志人之特性。（7）关于民族的本性与德意志的资质之深刻的研究。（8）何谓真正的国民？何谓祖国的爱？（9）德意志之新的国民教育，究应与现实之何方面相结合？（10）关于德意志国民教育之更详细的说明。（11）此种教育案，更赖何人实施之？（12）为贯彻吾人的旨趣时所应采的手段。（13）前讲的继续。（14）结论。

（三）教育思想

氏的教育思想，是在国家主义的教育。即根据道德的、国家的主眼以陶冶国民，使战败的德意志复兴，发挥民族固有的本质，并以促宇宙之道德的秩序之进行。氏承认，当时德意志的民心为卑劣的利己主义、个人主义所束缚。惟其是属利己主义，故单计目前的苦乐利害，忘却人类之本质的高尚精神。惟其是属个人主义，故缺乏全体的团体行动，呈四分五裂之状。此即为受拿破仑所支配之原因。

真正的道德生活，是赖个人在社会团体之中，作无限的自由活动，以发挥自我的本性。换言之，即在社会团体的生活中，藉个己的自由活动以完成其职分，此为吾人的本领，亦为道德之最高原理。而此种生活，非为永远的不可，此即对于宇宙之道德的秩序及其进行上之贡献，亦即为不朽的生命之所在。

从以上的叙述观察，则氏之教育目的，乃在养成“具有自由意志，肯为国家社会服务，捐弃私欲与私利，促成宇宙之道德的秩序之人”。惟藉此种目的，乃能使个人完成道德的生活，同时尽救国之任务。氏以为国家之兴亡，端赖于国民教育之如何，而国家组织的各个人分子之价值如何，亦视教育之良窳而决定。本此意义，则国家实有励行新教育，且负其指导与管理的权责之必要。即国家须使教育普及于全民，须使未来的新国民悉行受教，倘有拒而不受者，国家当出于强迫之途。此即氏之义务教育论。

（四）教育方法

欲达到上述的教育目的，其方法当如何？氏以为新教育之实施，须打开精神之眼，使国民肯为世界之道德的秩序而牺牲，以追求永远的生命。所谓新教育者，即指裴斯泰洛齐的教育法而言。不过，其中仍非全部采用裴氏的教育法。例如，关于身体各部的知识之授与及徒弄言语等倾向，是在所反对。但如关于不论社会阶级之如何，均施行国民全体的教育，以自己的活动为根本，重视直观教学，重视爱情，使学习与作业相结合等，则认为是裴氏的贵重思想，悉行采用。

氏以为“爱”是教育的基础，人自初生即禀受爱的冲动。“爱”之对于事物而发，则为认知的爱，引起学习上的愉快，若与理性的团体相结合，则为行动上的爱，从而产生道德的生活。氏又以为教育上须排除社会的恶影响，为免儿童与腐败的社会接触计，须置之于教师及监督者之下，以达到相当年龄为止。又承认学习与作业有结合之必要，是不特因手技的作业，其本身已成为一种目的，且为独立的人格之基础，养成不赖他力而能独立处世之自信力。至于作业的种类，则为耕作、园艺、牧畜及对于学校团体有益之手技等。

以上是费希特的教育说之大要，原不是有组织的教育学，只因忧国之热情自然流露，故特倡此种国家主义的教育耳。其要点在于，以自己的活动为中心之精神生活，同时以民族与国家为伦理的善之具体的实现机关，故其论据可认为正当的。在方法上，则以爱为教育之基础，从腐败的社会中拯救儿童，在某时期内应受教师或监督者之完全指导，并主张学习与作业之联结等，均是自裴氏的思想而来，可认为极得当的。但从反方面观察，亦有两种缺点：（1）国家主义中，不免多少有趋于极端与偏狭之嫌；（2）且趋于太严格的道德主义，其结果完全否认赏罚之效用。

第三节　福伊勒

（一）略传

福伊勒（Alfred Fouillée）者，是法国之社会学家、哲学家，对于教育上亦有丰富的思想。以1838年生于曼恩—卢瓦尔州，曾就学于邻州之拉巴尔中学，进至大学，则专修哲学、伦理学、社会学、教育学等科。其后历充各处的中等学校教师，进至波尔多大学哲学教授。1872年，提出博士论文合格，不久，转充巴黎高等师范学校的教授。1879年，因身体不适，乃辞职，移往地中海养疴。

1886年，曾在法国教育会演说，演题为《友爱之情与学校》。其要旨如下："法国虽以自由、平等、友爱三者号称于世，但现在却甚缺乏友爱之情。共和国本不可一日无此，而今竟缺之。友爱者何？即国民全体相爱相助也。苟无此友爱之情。则法兰西之共和政治诚属危险。因此，不能不从学校中积极养之"。观此则可知氏实属热心的爱国家，惜其人已死矣。

（二）教育思想

氏著有《国家教育论》（*L' Enseignement au Point de vue Nationale*）一书，是在普法战争后出版。承认法国战败之大原因，是在于教育的缺陷；欲挽回国势，非改良教育不可。因此，大鼓吹国家主义的教育。大致与德国之费希特相似。

氏谓一切的观念，均具有实现的倾向。竞争与淘汰，不特生物界为然，即观念界亦有然。强者与适者，是压倒弱者与不适者而实现。

儿童的精神界，实成为如是的观念竞争场。从此点观察，则“教育者，实司观念之增殖与淘汰的作用”。此是从进化论、心理学的见地以解释教育之意义者。

至于氏的教育目的论，则以为人类社会中最确实的团体是为国家。国家亦与个人同样，其自身具有本能与天职。实现此种本能与天职，即为国家之目的。故教育一面是为种类计，同时亦为国家之进步发达计。

一国与他国之间，亦见有形上与无形上的生存竞争之起伏。换言之，即国家之进步发达上，亦与生物界同样，具有自然淘汰的作用。无形上的竞争者，是指观念界、理想界的竞争而言。即理想高尚的国家，比于理想低下的国家，是为精神界之强者。从此点言，教育须养成国民之高尚理想与坚固的志操，使国家适于生存竞争，而图进步发达。可见，氏的教育理想乃在于国家社会主义上。

（三）教育方法

氏关于教育方法，可括为以下三要点：

（1）为国家之进步发达计，有养成个人的牺牲心、爱国心之必要。尤以共和国如法兰西者为然。欲养成此种精神，则教学上有置重于超越利害关系的人文学科及哲学之必要。所以，氏特别重视古典与哲学。

（2）为国民的特质之发挥。因为个人各有特殊的个性与天才，不可不发挥。而国家与国民间，亦各有特长与天才。例如，英国之长，在于商业与殖民；美国之长，在于自由与工业是也；至于法国的长处，应在人道主义的文学、艺术、哲学等之发挥。

（3）为体育之注重。氏引德国叔本华（Schopenhauer）之言曰：“产生强健子女之妇人，其对于人类之贡献，比于参与理学士的试验及格者为尤大。”此即重视健康的价值之一证。氏以为，就个人论，虽有身体虚弱而能发挥卓越的精神力者。但从社会上、国家上、人种上看，其中组织之单位的个人分子，倘身体不健，未闻其社会、种族或国家可以兴隆者。总之，费希特是在德国战败后而倡国家主义的教育，福伊勒则在法国战败后而倡同样的教育，二者易地则皆然也。

第六章

科学的功利主义的教育

第一节　实证主义之勃兴

（一）实证主义的思潮之勃兴

新人文主义与浪漫主义（Romanticism）的思潮，在19世纪初叶已达于极点。例如，谢林（Schelling，1775～1854）、黑格尔（Hegel，1770～1831）的哲学是也。但日中则亏，月盈则缺，乃天道之常，此种思潮，在前半期之末叶已趋于颓运，至后半期中叶，殆已无人顾问。反之，从新勃兴者，则为实证主义的思潮。

"实证主义"（Positivism）之勃兴也，有两大原因：（1）由于新人文主义乃至浪漫主义之内部的缺陷。原来新人文主义及浪漫主义，其思潮的倾向实为文学的、哲学的，均属于主情的、想像的、思辨的、理想的。此种性质倾向之形成，原有相当理由，并不得算为谬误的，不过发达到极点，自然逸出限界，踏入不正当的领域。所谓不正当的领域云者，即指其竟以此种主义规定自然界、现实的世界乃至理性的境域也。此不得不认为僭越。例如，黑格尔所言："此世界中若有与自己的哲学不一致的事情，并不是自己的哲学错谬，乃是事实的现象之不正确。”此不得不认为理想主义上一个伟大的武断。总之，主情的、想像的、思辨的、理想的新人文主义与浪漫主义，若将其关系的范域与体系扩大，则必生出一种背理与破绽。此诚为促实证主义抬头之一个间接原因。

（2）由于自然科学之进步与实证的研究方法之流行，遂生出科学万能、实证万能的思想。照前所说，19世纪是自然科学与实证的研究方法之异常发达的时代。其中，如生物学、进化论等尤觉发达，又经培根提倡科学的研究方法以后，科学界是渐由经验的而进于实验的研究矣。其结果是促进科学的精神，万事均认为无不可以实证者。于是，哲学的、思辨的、想像的学风自然舍弃，即新人文主义与浪漫主义自然奚落，此尤为实证主义抬头之积极原因。

（二）实证主义之意义与特质

实证主义者，从字义上言，即“对于一切事实，均以从事实上证明为本旨”，亦即与“单凭想像、思辨而为非事实的判断之反对”。

实证主义，是具有以下四种主要的特质：

（1）为自然科学主义。学问上是有哲学与科学之分，而科学中更有思辨科学与自然科学（事实科学）之分。然而，实证主义的立场，则以为凡属哲学或思辨科学等，均凭想像与思辨，实不足置信。所可信者，惟有以事实为对象，从事实上论证之自然科学而已，狄波里蒙与斯宾塞等，遂从此点立论，谓“本体”究属不可知的，学问之对象，实以可知的世界，即自然界、事实界为限云。

（2）其研究方法是实证的。实证的云者，照前所说，即是“实地证明”之意。实地证明云者，即吾人之知觉与悟性上可认为事实的，或依据一定之法则，并无何种疑惑，可以说明之意。

（3）为主智的、机械的。此与新人文主义、浪漫主义之重视情绪、想像、意志、观念等，解释世界与人生为有机的大异。实证主义是以智的认识为武器，以自然科学的方法为准据。故其倾向是属于主智主义、机械主义的。且因其尊重自然的实在，故必然生出唯物的倾向。此所以实证主义的教育成为实利主义的。

（4）为自然主义、现实主义。实证主义只认存在（Sien）的世界为可信的世界，至若当为（Sollen）的世界，乃至形而上的本体的世界，则直认为理想的世界、不可知的世界矣。故学问的对象，亦认为以存在的世界为限，于是世界观、人生观均从自然的现实的经验乃至法则而出，以其为绝对的可信也。此所以对于理想主义而为自然主义、现实主义也。亦即可认为对于浪漫主义之情绪的、想像的方面之大反动。

总之，广义的实证主义是具有上述之四种特征。

（三）实证主义教育之勃兴

实证主义既代浪漫主义而兴，遂影响于世界观与人生观上，而实证主义的教育亦新抬头。实证主义的教育云者，即视教育现象与其他之科学现象同样，可以实证的方法处置，且可以建树实地的规范（法则）。例如，英国斯宾塞之科学的功利的教育，法国之雅克托（Jacotot）之教育均属此例。此种教育思潮，自 19 世纪末叶以至 20 世纪间，曾引起伯尔格曼的教育，更引起现代的实验教育学。

更有一言，此种教育思潮，若从思想史上探索其渊源，则实可溯及十六七世纪之实学主义、实利主义、经验主义、自然主义等，以上诸种主义，再经过自然科学的完全洗礼，遂成 19 世纪之实证主义的教育。

第二节　斯宾塞

（一）略传

斯宾塞（Herbert Spencer）者，英国德比（Derby）郡人，生于 1820 年，卒于 1903 年。父为学校之教师。13 岁时，在家庭受教育。17岁时，为铁路之技士，继续八年间，性好自然的研究，尤好学问，自修自然科学中之进化论、生物学等。自铁路辞职后，专志于学术研究，且从事于杂志的编辑，着手组织自己的哲学。其过人处，是在未曾受正式的学校教育，完全以独学而成伟大的学者。1860年，始着手于《综合哲学》（*Synthetic Philosophy*）的组织，经四十年的悠长岁月，始完成此种伟著。是书内容颇广泛，涉及第一原理、生物学原理、心理学原理、伦理学原理等。学风是以进化论（Evolution Theory）为基础，是属实证主义的。

氏关于教育饶有兴味，于1861年著《教育论》。是书是撮合四篇论文而成：（1）为“知识的比较价值论”（*What Knowledge is of Most Worth*？），（2）为“智育论”，（3）为“德育论”，（4）为“体育论”。此四篇论文，是自1854至1859年间所写的，至1861年始合为一卷出版。是以生物学、进化论等为基础，论及实证的、功利的教育，故特称之为“科学的、功利的教育”。

（二）教育目的论

氏的教育目的论，完全属于科学的、功利的。彼以为人生的生活活动必兼具以下五种要素，始得认为完全状态。此五种要素是：（1）关于直接保存自己的活动。（2）关于间接保存自己的活动，（3）关于子孙教养的活动，（4）维持社会的、政治的关系之活动，（5）关于利用休闲之种种活动。而经营此种活动，则需赖知识，盖无知识则此种生活活动不能实现也（此即主智主义）。然则究当选择何种知识？换言之，即是何种知识比较价值最大？所以，《教育论》之第一篇，劈头就将五种知识比较其价值高下。结局是认实质的知识为最有价值，此所以既为主智主义，同时又兼具功利主义的色彩，更且不离个人主义的窠臼。

氏以为古代的人，对于衣食住等生活问题极少关心，因其为自由人也。彼等所关心之对象，乃在生活的装饰，即美的观念最重要，其结果是重视形式的知识。但至近代，则生出正与此相反的倾向，而重视实质的知识矣。实质的知识云者，即注重实用实益，不重外观与美饰，故在教育上亦倾向于功利主义。

氏据以上的论调，遂揭出关于完全生活之准备上所必需之五种知识。第一种关于直接保存自己活动上所必需的知识，是为生理、卫生。第二种关于间接保存自己的活动上所必需的知识，是为数学、物理学、化学、生物学、社会学等。第三种关于子孙教养等知识，是为育儿法及心理学。第四种关于社会的、政治的生活之准备的知识，是为关于历史及社会等自然史（即规律的社会史）。第五种关于休闲生活的知识，是为美术、绘画、音乐、文学之类。此即斯宾塞之教科选择论。

其次则为关于此种知识之价值轻重问题，氏则认为，当以“幸福”（亦即功利）一概念为标准而权衡之。换言之，即能与吾人以较大幸福的知识，则其实质的价值亦较大，因而重视之；反之，则逐渐轻视。至关于“幸福”一概念之内容，氏则纯以生物学的、实用的见地论断之，因而照前记五种知识的次第排列。

此种知识价值之轻重论，亦即是教材价值之轻重论，其中是有极堪注意的重要观念在焉。即在生物主义、功利主义之外，兼包“个人主义”的观念也。试观其将保存自己的知识列在第一，即可深明其故矣。此正个人本位的生活准备主义的教育论，换言之，即为将来的完全生活准备之故，始授以此种功利的知识。生活准备的教育，曾经“教育即生活”论者如杜威一流之非难，此亦堪注意。

（三）智育论

智育（Intellectual Education）者，即知识的教育之意。斯宾塞以为个人欲成为生活上之优胜者，则关于身体发育与健康等知识实居首要，至关于陶冶对外的感觉，是占次要。本此见地，氏特称赞裴氏的实物教学、启发的教学。但关于教学的顺序，则认裴氏对于心意发达之研究尚未充分，故有失当之处。真正的教学顺序，当依据进化的原则。进化的原则云者，是由简而繁、由不确定以至确定（由混沌而至整齐）、由具体而进于抽象。因此，当以一般进化的法则为教学的法则。此外，尚言务要轻减儿童的担负，免至过劳，俾得愉快的学习。

（四）德育论

德育（Moral Instruction）者，即德性涵养之教育。氏关于此方面，则排斥中世纪之苛酷的干涉主义，主张在自然的方法之下，养成自律自由之风。因采自然的德育主义，故不喜责罚，尤认体罚为有害无益的，只承认“自然的惩罚”（Natural Punishment）是无害的。自然的惩罚者，即对于某种不恰当之行为自己招徕之天然惩戒也。例如，因好弄火而肇焚如之祸是也。但此种思想，非氏之独创，实已见于卢梭的训育思想中。

（五）体育论

体育（Physical Education）者，即身体的教育。斯宾塞对于赫尔巴特之轻视体育表示不满意，反为大重视之。氏言：“吾人不但要能耐精神的劳作，且要能耐身体的劳作。即欲营完全的生活，须先为完全的动物方可。”关于方法上，则采洛克之养护法，即自然的方法、锻炼的方法，而作以下之主张：“关于儿童之饮食衣服，须随所欲而与之，万物委于自然。”

氏以上所言，其主旨是在改良当时英国的教育，故不能单从学术上的见地而评其价值。就大体上言，其中可分出长短两面批评。长处是在：（1）在功利的生活观之下，主张生活准备的教育；（2）从自然主义上施行实际的教育；（3）试行从前所未见的教科价值之评判。总之其中虽有偏于功利主义之嫌，究可认为一种卓见。至其短处则在：（1）单顾及生活之准备，而忘却“教育即生活”之本义；（2）过重功利主义，而轻视精神的、理想的方面。（3）倾于个人主义、主智主义，轻视社会的、善美的陶冶，此亦未得认为正当；（4）即在自然的惩罚论、自然的体育论中，在教育上亦有可认为未得适切之点。

（六）斯宾塞派及其影响

斯宾塞的教育思想，因其简单明了，且得时代的要领，故英美两国间，生出相当的后继者，例如，贝恩（Bain）、约霍诺特（Johonnot）等是也。约氏曾著有《教学之原理与实际》（*Principles and Practice of Teaching*），鼓吹自然主义、功利主义的教育。现在中国的教育界，关于教育方法上分为智育、德育、体育等，是受斯宾塞的教育影响，亦犹管理、训练、教学等的分类，是受赫尔巴特的影响也。

第七章

其他的教育思想

此处所谓“其他的教育 思想”云者，是指本期的教育家，其思想不入本篇自第二章至第六章所述各系统中者也。此种教育家，若将其思想作枝枝节节的分析，未尝不可认为某一点是得自某人而来，或某部分是属于某一派；但以全体论，则并不如是之简单，是极复杂的。所以，特别设一专章以论之。例如，福禄培尔、贝内克、雅克托、维尔曼等教育思想是也。

第一节　福禄培尔

（一）福禄培尔的立场

普通的教育史上，是列福禄培尔属于裴斯泰洛齐一派，认为同属社会的人道主义者。本来福氏曾赴伊弗东研究裴氏的教育法两年，受其影响不少。但从他方面观察，又未尝不可认福氏为卢梭的后继者，更就其主张精神与身体同一，而以象征主义的哲学思想为背景，且以恩物为幼稚园教育的方法等言；又可认其为谢林等等浪漫哲学的应用者，再就其教育理想中之重视“神”的观念而言，是属宗教主义的。准此，则其思想之要素，实至繁赜，若单摭其片面，遽认为属于何派，诚未得当。盖彼对于各方面均有关系，则在理论上不便单列入何派也。本此理由，兹特分别论之。

（二）略传

福禄培尔（Friedrich Wilhelm August Froebel）者，德国奥伯魏斯巴赫（Oberwessbach）人，以1782年生，1852年卒。父为牧师，年仅一岁，其母见背，故在继母之家，由姊与仆之手鞠育成人。因此，氏居常郁郁不乐，往往离家，而以亲近大自然为唯一之慰藉。其后终身从事于幼稚教育者，或即由此时之感愤而来。

既出乡村学校，至11岁时，入一市立小学。14岁时毕业，便从事于林业的奉公，此间大得自然研究的机会，对于植物学、数学等甚觉有趣。后得林业主人的补助，乃入耶拿大学，研究数学、自然科学等，时1800年也。但因学资不继，竟至中途辍学，复从事于林业。其后为农场的监督者。1805年，氏23岁，往法兰克福，欲从事于建筑业，适遇格吕纳（Crüner）博士，为模范学校校长，劝氏勿事建筑，遂转方针而为学校教师矣。此福氏从事于教育生活之第一着。

当时裴斯泰洛齐之声名大著，氏曾往伊弗东三星期间，参观其教育，归而再就教职者2年。自1808年至1810年间，氏为某贵族之家庭教师，乃率儿童2人再访裴氏于伊弗东，研究其教育者2年，始回本国。氏因此觉得自己之学识不足，乃于1811年入格廷根大学，研究自然科学等，复转柏林大学，听施莱尔马赫的讲义。1813年，时德国正受拿破仑之侵略，乃参加自由独立的战争，为义勇兵。1814年，回柏林，曾为矿物博物馆之理事。至1816年，因其兄逝世，乃携侄二人至格利斯海姆，其后复迁往卡伊尔霍（Keilhau），依据裴氏主义，实施以自然发育为主之教育。此校继续办理至1829年，因太过注重国民教育方面，竟受祸，加以经济不继，乃停办。

1831年，氏往瑞士，设学校于瓦尔滕泽（Wartensee）城，但因土地狭窄，又于1833年迁往维利绍（Wilhsau）。又自1834年至1835年间，为布格多夫的孤儿院长，召集教师70人，举行讲习会。1836年，因其妻有病，乃回德国。1840年，在勃兰根堡（Blankenburg）始设幼稚园，此即为其创始的新教育机关。自此幼稚园设立，福氏之名传达四方，不幸1851年，为普鲁士政府所忌，由教育部长劳默尔（Von Raumer）命其闭校。此盖因对于福氏之人格与主义（误认为社会主义者）之误解而来。氏对于此虽竭力声辩，然竟无效，遂于忧愤之余，度其残生，至70岁逝世。

（三）福氏的幼稚园事业

福氏一方面为教育思想家，同时亦为著名的教育实际家，其不朽之勋业，乃在于幼稚园之创设。氏之在勃兰根堡设幼稚园的动机，盖由于在瑞士布格多夫时期，得到孤儿教育上的经验之故。即为孤儿院长时，一面教4岁至6岁的孤儿，一面与其教师辈相识，乃感到就学以前的幼儿，世人竟等闲视之，诚属教育上之不利也。幼稚园之取义盖以幼儿比于植物，教师比于园丁，学校比于花园，教育比于培植的过程也。但在勃兰根堡设校之当时，尚未用此名，直至1840年，即值印刷术发明之四百周年纪念日，乃正式名为“Kindergarten”。

最初所设之幼稚园，仅为勃兰根堡之一民房，规模极简陋。但氏自1837年以来，屡从杂志上、讲演上、实地上大加宣传，其旨趣渐为世人所知。后来勃兰根堡之幼稚园，虽因经费缺乏而停闭，但氏关于幼儿保育的企念，愈觉浓熟，故在卡伊尔霍时，即尽力于保姆之培育，1848年以后，专心于幼儿之保育与女子之教育矣。世间称氏为“幼儿之友”者，实始于此时期。

福氏之最大的恩人，当推缪罗—温德豪森男爵夫人（Baroness Bertha Von Marenholtz Bülow-Wendhausen, 1810 ~ 1893）。夫人是才学兼备的。当1849年，福氏屡经失败，始遇夫人，自称为“老愚者”（An Old Fool）。夫人大表同情，乃尽一生之力以助之。氏因此得再在马林塔尔城设一幼稚园，其状态如下：第一部—是为3岁以下的幼儿之保育所；第二部—是为3岁以上6岁之下之幼儿保育所；第三—部为保姆养成所；第四部—幼儿游戏的研究所；第五部—幼儿教育者及父母之有志者的会集所及杂志发行所。但此计划太大，因绌于经费，仅得幼儿保育所与保姆养成所两部实现。夫人又善为福氏宣传，先渡英讲演，设幼稚园于伦敦，从此更普及于巴黎、意大利、瑞士、荷兰、比利时。此种思想，当时虽不容于贵族专政之德、奥两国，反受英、法、瑞士及美国等欢迎。但自1860年以后，德国亦解禁，而幼稚园渐发达矣。英法两国以前本有“幼儿学校”（Infant School），但自幼稚园发达后，此种幼儿学校渐衰。

（四）根本的教育思想

在未述福氏的幼儿教育思想之前，兹先述其关于一般教育的根本思想。氏所著之《人类的教育》（*Die Menschenerziehung=The Education of Man*），可窥其思想之一斑。氏谓“心与物在本质上是同一的”。所谓本质者，正如黑格尔所言之“理性”（Logos），是自己发展的。此种思想，虽由黑格尔、谢林等之浪漫哲学、同一哲学而来，但就人类而论，则指从自己的活动中自然发挥之本质言。福氏之教育思想，即在于此种本质之调和发展，使成为适合神心的人。简言之，即在造就可为神的肖像之人。福氏以为神之创造人类，既使其肖己，则人类亦须模仿神之创造性，以创制实物。

照上所言，则福氏的教育理想，实包含神性的发展、调和的发展两层意义在内。此外还有社会团体本位在内。福氏言：“人必须与人结合”，故彼认“共同”之一概念极重要。可见，氏之教育理想，非单为个人的完成，且涉及社会方面。所以，虽受卢梭的影响，而此点却与卢梭大异。可彼之本身，实为一爱国者，观其充当义勇兵，及在卡伊尔霍学校时代，曾实行国民教育、爱国主义的教育，斯可知矣。

至关于教育方法上，其见解是由上述之同一哲学，即“心物一元的人性观”中演绎而来。人的本质是属于自己活动，故教育方法上不得不重视“自己活动”（Self-activity）与“发表”（Expression）。且心物既同一，则身体的活动之发表、浸假即成为精神的启发。从此点言，教育自当重视身心两者结合的动作，即所谓“劳作”矣。故氏认作业与游戏为教育上最重要之手段。游戏不特为本体发展上之自己活动的手段，且从社会方面观察，又使人与人相结合，而成互助协作的社会性。作业亦同样能生出身心交互的影响。

（五）幼儿教育之目的及方法

氏关于幼稚园教育之目的，可从其在1843年所刊之《关于德意志幼稚园》的报告中窥之。其中有言："幼稚园是收容在学龄以前即自3岁至6岁之幼童，用家庭的方法，以助长其身体之发育与精神上诸性能之发展，养成良善习惯为目的。"此外，则其副目的，乃在于补救家庭中养护之欠缺，轻减母亲的负担，陶冶幼儿之社交性（协同心），并为女教师之培养上设想。

总之，主要目的是在，使幼儿及早进于教育的生活，消极的是使其在学龄前免却害恶与危险，积极的是使其从萌芽状态即向正当的、完全的途径进展，以期养成合于前述之理想人。

在方法上，则用游戏、唱歌、作业等，使幼儿的发表动作与自己活动盛旺，使昏睡的童蒙精神逐渐醒觉。游戏又分为"运动的游戏"与"精神的游戏"两者。前者所以图身体之发达与感官的练习，后者所以图精神之开发及手指之运用。至于游戏之种类，在前者则有行进、飞行、回转、舞蹈等，后者则为"恩物"的游戏。

（六）恩物

恩物（Gabe，英语Gaby或Gift）者，即"恩赐物"之义，是由父母赠与爱儿玩弄的。福氏特创此种为"恩物"，为幼儿之游戏工具。福氏自谓此种恩物，不特为游具，且含有一种哲学意义在其中，即是以真理为一种象征的学习具。

福氏以为自然（森罗万象）若单从外观上言，只属具体的感觉的现象而已。但从内观上言，实为宇宙本体（即神之意志，亦即是Logos）之外部的表现，实为具有幽玄意义的象征。从此点考察，则自然界实为神性之认识上之大学校。即整个的自然界，不外是一种恩物而已。然而此自然界乃属森罗万有的，即是万物散陈，极难从其中把捉真理，故虽适于成人的思想，而不适于幼儿的思想。因此，不能不特为幼儿之故而整理之，使其成为教育化，而后提供之。此恩物之所由创制也。

福氏本此见地，乃制成种种恩物，意欲将自然界所属之一切性质、形状、法则，咸使其象征化。故氏之恩物，实为自然之了解与神意及真理把捉之键钥也。

恩物之种类，从广义上言，则有20种；从狭义上言则只是10种；但幼儿最好玩者，则只有6种而已。

所谓20种云者，其名目如下：(1）六毬，(2）三体，(3）积木，(4）积木，(5）积木，(6）积木，(7）排板，(8）组板与连板，(9）排箸，(10）粒，(11）刺纸，(12）缝纸，(13）书法，(14）剪纸，(15）粘纸，(16）织纸，(17）组纸，(18）叠纸，(19）豆细工，(20）粘土细工。狭义的恩物，即指自第一种至第十种而言，因为自第十一种以下，可认为是作业或手工。又其中是以第一种至第六种，为幼儿所最爱玩者。本来此种恩物，实非由福氏自已一次想出，实由其门下弟子逐渐增至20种者。兹仅择6种解说之。

第一种恩物，是用颜色的丝线包成6个毬，复以丝线垂系之，逐一陈现于幼儿之前。幼儿注意时，可得到关于形状与色彩等知觉。又藉球之活动，而得到运动的印象。

第二种恩物，是由球体、正方体、圆柱三者而成，藉此三者之种种处置，可了解空间、形状、运动等法则。

第三种恩物，虽仅属积木，其实便于儿童发明用的。例如，将一个正方体从长阔高均截为二等分时，则成为8个正方体。今以此种小个体，一则可使其构成知识的形体（例如，二等分则为2个、四等分则为4个之类）；二则可使其组成实物的形体（侧如，椅子、梯子之类），三则可使其组成美的形体（例如，模型之类）。

第四种恩物，虽同属积木，但其本来的用意，是将一正方体从纵面作二等分，再从横面作四等分，如此则成为8个长方体。从此可作与前同样之三种办法。

第五种及第六种恩物，是4岁以上儿童用的。前者是将一正方体，长阔高各三等分，共成27个小方形体，内3个则以一对角线而三分之，其他3个更以两对角线而四分之。后者则将一立方体分为27个长板形体，将其中6个二等分，成为12个短的长板形体，其他3个均作二等分，则成为6个柱形体。其用法是将此种形体构造几何形体、实物形体及美的更复杂的形体。

以上是福氏的教育概要，兹得摭其长短而论之。以言其长处，则有以下诸点：（1）将裴氏的直观原则发展，进步到自己活动的原则。（2）熟察儿童的生活，从心理的法则上想出游戏的种类与玩具（此虽仍未得为完全的）。（3）注重构成的作业。（4）使与自然接触的机会增加。（5）创设幼稚园，以保姆替代生母的任务。此均可认为较裴氏更进一步的，亦即其长处。至于其短处，则有以下诸点：（1）是其根本思想的象征主义，大有可批评之处。氏是信奉心物一元的同一主义，即承认心物两者之并行关系，在某程度言，是无可非议的。但竟以此应用于恩物方面，以为弄恩物即可以认识神性，此点实在不能无批评而遽接纳。（2）为游戏与作业之混同。氏从生活准备的见地，太过滥用游戏之名，强幼儿以诸种作业。

（七）福氏对于后来的教育之影响

福氏的教育思想影响于后来者，其要有三：(1) 为活动主义思想之影响。此如美国帕克（Parker）的思想，即直接采用之，而杜威又采仿帕克，是间接受福氏的影响矣。（2）为福氏幼稚园教育对于后来的幼儿教育之影响。例如，当时则已有缪罗－温德豪森男爵夫人之援助，其后则有各国之采仿。英国于1874年，已将此种组织采入公立学校中；法国则自1870年以后，在小学校之下设有“母亲学校”；美国及其他诸国亦多模仿。即如意国之蒙台梭利女士，受其影响尤深。（3）对于女教员培养上的影响，氏承认女子在幼儿教育上有大价值，故曾设保姆养成所，此种机关次第发达，不单关于保姆方面，即如小学及其他学校的女教师亦日多。此点更不能不推福氏之伟功。

第二节　贝内克

（一）贝内克的立场

氏生值19世纪之前半期，即黑格尔与赫尔巴特的思想繁盛时期，而屹然在学问上采对抗的阵势者。而与二人相反之成分，乃在于其立脚地纯属心理主义之一点。黑格尔是绝对的观念论者，赫尔巴特是多元的观念论者，但二人之采形而上学的立场，则同一也。即二人均属思辨的、论理的。但贝内克则照以下所述，则属于以内部经验为基础的心理学，即是以一切哲学的科学为基础之心理主义。心理主义即为经验主义、科学主义。故氏在出发点上，即与黑格尔及赫尔巴特异趣。

（二）略传

贝内克（Friedrich Edwart Beneke）者，以1798年生于柏林，至1854年卒。父为法学家，母为文学家及牧师之女。氏12岁时入中学校，15岁毕业，以志愿兵的资格，参加独立自由战争。1816年入哈勒大学，翌年转柏林大学，专究神学与哲学。在柏林大学时期，听施莱尔马赫的讲义大为感动，但对于神学却起怀疑。1820年以来，遂舍弃神学而专心于哲学，著《认识论纲要》及《经验的心理学纲要》等书。

不久，遂为柏林大学之私讲师。1823年，竟被该大学逐出，事因当时彼所主张之经验的、科学的心理学，与正在全盛时期之黑格尔的思想不相容之故；此外，又因氏的著书，间为认为与当时基督教的信仰相背驰者。氏欲转往莱比锡大学开讲，亦不见容，卒往格廷根大学，始达目的。留此者约自1823年至1827年间。此时著有《心理学》及其他诸种书籍，在学界上声誉渐广。1827年，柏林大学始许其为私讲师；至1832年，黑格尔既殁，始任为员外教授。1835年，著有《教育及教授学》（*Erzies hung sund Unterrichtslehre*）一书，氏终身不娶。至 1854 年逝世，其死因不明。此可见氏实为怀才不遇之学者，诚因遭当时学阀与宗教之忌也。

（三）根本思想

氏在哲学上是反对黑格尔与赫尔巴特。却从英格兰、苏格兰的哲学家中及康德、施莱尔马赫、叔本华等思想中，吸取其适于己说的部分，而建树经验主义的、心理主义的哲学。尤柏奕的哲学史中，评贝内克有言："吾人虽能藉自己的意识，可以完全确实认识自己，至对于外界，则唯有藉感官而得不完全的认识耳。贝内克确信吾人唯在感官的现象之下，始能理会与吾人心的生活相类似之事物的本质，故专建设内部经验之心理哲学。"总之，贝内克是认自己意识即内部经验所能知之事物，始为确实无疑的，故以此为哲学之出发点，而叙述此种内部经验者则为心理学，因此又认心理学为一切哲学的诸科学之基础。

氏以为心理学非如赫尔巴特之所估量，乃建树于形而上学之上者。反之，形而上学却建在心理学之上。但氏承认悟性、裁断力、想像力等，均非属于生得的能力，此则与赫氏同意。又承认并无所谓先天的观念。要之精神虽为非物质的多数力之系统，但不能因此遽认其为非能力，只可认为一种"原能力"（Overmögen）。心理学的研究法，是应与自然科学同一的。

氏承认，心理的活动有以下四种根本过程：（1）刺激受领的过程，（2）新原能力之构成的过程，（3）可动的要素平均（相互转移）的过程，（4）类似之复合体牵引的过程。第一种过程，谓精神因刺激而生感觉知觉，此基于原能力之领受作用而来。第二种过程，谓吾人之精神，将感官的刺激变化而构成新的原能力，亦犹植物摄取营养而变为新的势力也。第三种过程，谓原能力与刺激之结合密切时，则由一方而可以转移于他方也。即一种观念，可藉他种观念之联想而再生，情绪之能扩大观念界，即由于此。氏又承认，观念一旦达于意识阈，则不会消失，而变为无意识的意识（即潜在意识）。至于第四种过程，即指类化作用言。

至关于感情与意志（欲求），究作如何解释？氏以为，感情者，是刺激与原能力的关系而生。即刺激太少时则不快。刺激充分时则愉快。欲求者，是愉快的记忆；自我者，是曾经发生的观念之复合云。据此，则贝内克的心理学，实为主智的心理学。

关于伦理学上的意见，氏以为道德者，是基于感情中所表现之心的官能价值之关系而起。善云者，是吾人之行为不得对于一人，且对于人人均能赍得有价值的影响而言。此种思想，是与康德所谓“汝的行为之格率，须可为万人普遍的行为之格率”同意。总之，不外是认客观的、妥当的价值为善。

（四）教育及教育学

氏对于教育学上大有兴味。彼承认教育学当建设于伦理学及心理学的基础上，此点是与赫尔巴特相同。至于教育之目的，则认为在于“抽引未成熟的理性而进于成熟的地位”。理性之抽引云者，不外是德性完成或人格陶冶之义，此亦大致与康德及赫尔巴特同。

关于教育与教学两者，氏之意见如次：“教育是以人格之培养为主，与冲动的生活倾向、感情、努力（意志）等有关。而教学则关于观念的世界，即使儿童熟习于知觉，表现构成及论理的考察等作用，比较的是属于表面的作用。”

此种论调，明明是为矫正赫氏之非而发，盖赫氏认教学之目的是在于道德的性格之陶冶；偏重于教育的教学，而轻视其他的教学作用；从而将教育与教学两者严加区别，教育是在人格之养成，而教学只在认识之形成也。贝内克虽亦重视教育的教学，但认两者的关系，在理论上言，实属非本质的、副贰的，并非如赫氏的观法。

（五）教学顺序及形式陶冶之否认

氏的教学顺序论，其中可注意之点三：（1）为感觉的印象之构成，此实从前述的心理学说而来，即承认教学须使儿童从直观上得到强有力的印象。（2）为习得的事项之自由复起。即结合已得的观念而分为部类与系列，便于自由复起。（3）为独立的意识之创造。此即将已经构成的意识，引之使其发展，更创造新意识。据此，则氏是承认教学的顺序，自然当视教学的材料与儿童的个性而决定，因此，反对赫氏所倡之形式的阶段。

贝内克的教学思想中，尤堪注意者，是在反对“一般的形式陶冶”之一点。氏言：“数学上之敏锐的思维力，与关于政治、道德、社会等问题之解决能力，是不相并行的。经过多样练习的观念，虽有特别滞留性，但吾人决不能遽认为一种观念之力，对于他种观念上亦有效。”又曰：“拉丁语之记忆，决不是能令一般的记忆力都增强，只能令单语的记忆力增强耳。”此种反对一般的形式陶冶论，亦即是反对当时最有势力之“能力心理学”（Facuity Psychology）说，是大要注意的。须知当时教育大家如裴斯泰洛齐，亦笃信“能力心理学”，承认一般的形式陶冶之价值，并采用形式主义的心力陶冶法。据现在实验心理学上研究的结果，亦承认一般的形式的陶冶思想是误的。

（六）教材选择论

氏关于教材的选择，揭出以下的四条件：（1）须以儿童之能力与兴味为主，此是为使类化作用正确与容易之故。（2）须顾虑年龄、性别、两亲之生活状态等。（3）须适应个人的特异性，即顾到个人之精神与身体上的特别情形。（4）须顾到教材本身的性质。

氏所最注重的学科，是为言语科，此可见其具有新人文主义的倾向。第二重视者则为数学。第三重视者是可为其学科之基础的科学。第四是适于实际生活的科学。第五是在学术研究上有价值的科学。第六是情操的教科，凡有使身体与道德健全之效的科学。

（七）德育及体育论

氏承认儿童之自然状态，无所谓道德的，亦无所谓不道德的，实在有可向任何方面发展之可能性。故其德育论有言：“教育者在德育上之任务，第一是对于一切生活关系，决定其价值，并促成适应的能力；第二在决定下等的价值，并阻止儿童对于此方面的努力。故教育者对于儿童，一面要从积极方面养成种族上所遗之道德的规范，他方又要从消极上阻止其恶印象与影响。”此贝内克从经验的心理学上所必然达到的论调。关于身体上，则视为与精神不可分离之单一体，因而重视养护，以期两者之调和发达。

（八）贝内克的价值

氏实为坎坷不遇之学者，在哲学上则被黑格尔一派压倒，在教育学上亦为赫尔巴特派的声誉所蔽，世无有顾盼之者。但氏的心理学与教育学中，竟有比赫氏更优越之点，例如，在心理学上，则排除形而上学的不纯粹性，从经验的发生上说明心的现象，并且指摘一般的形式陶冶之妄，及中心统合法与形式的阶段之不正确，及注重儿童之自己活动，指出儿童之心的缺陷，为教育病理学之先驱等均是也。殊其是在哲学上，对于黑格尔之思辨的形而上学，提示心理主义的意见，确可认为一大棒喝。

（九）贝内克派

贝内克的教育思想，有两个教育家继承之，即多烈莱与狄提斯二人。狄提斯是哲学博士，曾充师范学校校长、奥地利下议院议员等职，其服膺贝内克之学说最深。其教育目的，在于养成“有健全的身体，富于知识、智慧深透、快泼而且审美之性情，有高洁之道念及实行之意志力的人”。总之，是属于反赫尔巴特派之一人。

第三节　维尔曼

（一）维尔曼的立场

维尔曼在教育史上的地位，实在可说是捉摸不定的。例如，彼在1869年著《教育学讲义》时期，则纯属赫尔巴特派的学徒；但自1882年至1888年间著《教化学》时，则又变为社会的教育学徒；又在教育理想上，则采旧教主义的立场，而主张宗教的完成，与其他多数的社会的教育主义者异趣；然而，在《教化学》的方法论中，却又多包含赫尔巴特派思想的痕迹。所以，可认为无论何种色彩，都是俱收并蓄的一个学者。故或以之列入赫尔巴特派中，或以之列入社会的教育学派中，更或以之列入宗教的教育学派中。无论何种推猜，均属一方的，而非全面的。

以余的观察，维尔曼实在为完全表现19世纪后半期的教育思想界之特色。盖19世纪后半期的教育思想界，一面既有赫尔巴特之个人的教育学，而与裴斯泰洛齐、施莱尔马赫、费希特等社会的国家的教育学相对立；他面则有实证主义、功利主义、道德的教育学等，在此两派对峙的阵势中，欲采第三派的公平的立场，实非如维尔曼之采折衷调和主义不可。然则维尔曼实可认为19世纪后半期的教育界之经典的缩图。

既作如是观，则维尔曼实在不当视为19世纪后半期的教育界之经典的缩图。属于任何一派，只可另设折衷派或中庸派，而彼即可算为此派中之第一人。故此处特分离叙述之。维尔曼本属一有价值的学者，多数的教育史上往往轻轻论列，实未得当。

（二）略传

维尔曼（Otto Willmann）者，波兰之黎撒（Lissa）人，生于1839年，现已逝世。最后是就赫尔巴特派之齐勒学教育学，后往维也纳。为贝内克之代表者狄提斯所设之教育研究所的教授，转为巴拉克大学教授，讲授哲学及教育学，且兼该大学附属之教育研究所所长。直到 1903 年，始以年老辞职，退隐于奥国之萨尔茨堡（Salzburg）。

氏是一优秀的学者，有许多著书与论文。其中，关于教育之代表作，则有自 1882 年至 1888 年间所著《教化学》（*Didaktik als Bildungslehre*）二卷。其他则有 1898 年所著之《教育学的科学之成立》。最先则于 1868 年，在皈依赫尔巴特派时，则著有《教育学讲义》，此属前期的。

（三）教育与教化之意义

氏特将“Erziehung”（教育）与“Bildung”（教化或陶冶）两语严加区别。氏言：“教育云者，是由成熟的人，以保护的、代理的态度，指导儿童的努力（意志），导之进于道德状态，传递社会固有之德智的生活内容于后继者之一种作用”，“至于教化或陶冶云者，不问是由自己的活动，或由他人的指导，总是采集一般的、基础的文化材料，以构成内部之智的内容。”

以上所说，是认教育为社会使儿童进于道德化的过程，教化是智能与识见之内部构成的过程。则前者之意义是近于训育方面，后者是近于教学方面。

氏在所著《科学的教育学之成立》一书中，其解释教育之义则为“使幼小的野蛮人（指儿童言）变为开化人”。观此则可知氏之解释，非如赫尔巴特之认为单属于个人的，乃属于社会的，所以，称之为社会的教育主义者。

氏之对于社会的倾向，其显明之证据尤在于以下数语：“吾人惟视教育与教学，乃是人之全教育的及教化的活动之大集合现象，换言之，即是社会的现象，而后可成为科学。教育与教化之学，最初须结合个人与社会的见地，将个人的见地与社会的、历史的事情作正确的考察，乃可完成其任务。”此即表明教育之社会的性质，亦即认教育学非为社会的教育学不可。

（四）教化的动机

氏在未论教化的理想之前，先论及“教化的动机”。因而分出其中有六种动机：（1）自发的直接的动机，（2）间接的动机，（3）修饰的动机，（4）道德的动机，（5）社会的动机，（6）宗教的动机。现在加以说明。第一种自发的、直接的动机云者，是指“为学习而学习”等纯粹动机而言，亦即是一种直接兴味，凡儿童之自然的学习与成人爱慕真理等即此也。第二种间接的动机，亦称间接的兴味，即教化之目标，置于名誉、利益、财产等间接的动机之上，此虽属有意识的，但因其是间接的，所以，与其他之动机异。第三种修饰的动机，即为自己的人格之修饰而受教化者，希腊古代的教育与人文主义的教育中，具体表现此种动机。第四种道德的动机，是以个人之道德的完成为主眼，如赫尔巴特的教育是。第五种社会的动机，即是教化之目的，在于社会之共存，换言之，亦即是一时代之文化传于次时代，以图社会之进步发达。第六种宗教的动机，即视教化事业为神所赐，因此，具有敬神与肖神之意志。以上六种动机之中，氏又认第一种为无意识的动机，第二种至第六种为有意识的动机；更以第三、第四两种为人格的兴味，第五、第六两种为超人格的兴味；复综括此两者为高等兴味。

氏更将此六种动机，各加以价值的评判。即凡选择一个动机时，须以此种评判为标准。例如，自发的动机，氏认为是人心之根源的，且为教化之自然的基础，故不得不尊重之。本此意义，则中世纪的教育完全忽视此种动机，诚属不当。但若卢梭之单以此种为唯一之动机，亦属未妥。此因将自发的动机之价值视作太大故也。总之，善的动机，则当采此，至于非的动机，则当抑制此，应在道德的范围的斟酌治用。至于间接的兴味则如何？在某意义上本当许之，但因其原属主我的性质，故不能无限制的采用之。只当在道德的支配下而许之。至于修饰的兴味，亦与前者同样，在其使人格优美丰富上言，是有价值的，但若陷于快乐、游戏等则亦属主我的，所以亦要在道德支配之下而许之。

至若个人的道德的动机又如何？此比于前三者是更纯化的，其价值亦因而更高。但单涉于个人的，则仍未能脱尽主我的弊点，须再进而为社会伦理的动机。社会伦理的动机，氏认为已经达到十分之九的满意，盖以此种动机为教化之动机时，则教化之目的大致已达。但其中尚觉有一点不足者，即在于宗教信仰的要素之缺乏也，因此，未得达到最纯粹的状态。易言之，即是“画龙尚未点睛”的状态。

氏既历评五种动机之后，殿以宗教的动机，认为最正当。其言曰：“教化之真正的动机，在于具有宗教兴味之社会伦理的努力。”观以上的教化动机点，则可明认维尔曼的最后立脚点是在于宗教。

（五）教化的理想

观以上的动机论，吾人已可推知维尔曼的教化理想之所在。但再追问既受此种教化之人，果具有何种性质？氏则举出以下四点答复：(1）须具有知识。但此种知识须为活的知识。所谓活的知识云者，须具有统一性，而同时是多方面的、永续的，且包有“识见”方可。且须关于过去与现在两方面的知识，既不偏于世界主义，亦不偏于爱国主义方可。(2）具有知识，同时要具有行事的技术方可。技术云者，是兼指言语、生活上的技能、艺术等言。(3）须为道德的。氏谓无道德的人，无论具何种知识技术，亦犹无柱石之室，早晚不安。知识技术必赖道德始能发挥其本领，正犹有柱石之室则一切建造物始得安稳也。氏认德目中之最切要者，为睿智、自治、正义三者。(4）须具有宗教心。因为宗教心之内容为“爱”，此较于社会伦理上的正义更进一步，道德必至于此始得完全。

总之，氏的教化理想，是在养成“具有活知识与优秀技术，体现个人的、社会的道德，更由高尚的宗教心即所谓爱者以总括之之人。”

（六）教化之主观的与客观的要素

维尔曼谓教化是从主观与客观、形式与内容、知识与材料等的交互关系处而表现。虽则往往因各人之注重点不同，因而分出主观的、形式的、心力的教化与客观的、实质的、材料的教化两种，但实在不能偏于一方。因为主观、形式、心力等，固属教化之原动力方面，而客观、实质、材料等，其本身又自有价值也。准此，教化固要着眼于个人的精神发达，同时又要着眼于社会的精神财产。此即教授学上之所谓形式的陶冶与实质的陶冶之调和。关于此点，氏曾有言："增进智力之活动使其高尚，固属教化事业上之重要者。但单顾及此点，而忽视其他，仍属不当。教化不单在谋精神之发达，其目的又在选择有价值的真正内容，使精神全体浸润方可。学术、技艺等，不是单作教化之工具始有价值，实在可为教化目的之所有的财产。此种财产之领有，亦属教化之一方面"云。

（七）教化的材料

氏以为从广义上言，则生活内容之一切均为教化的材料。但从狭义上言，并非一切材料均在教化之完成上有同样的重要性。盖其中可分出基本材料与补助材料也。氏因此将材料分为学校的学术、博识的学术与技能三者。

（1）学校的学术云者，是指从来学校中所授与者而言，在练习与教学上是所必需的。自然是要多大的时间与努力。属于此类的学科：①为语〔言〕学，②为数学，③为哲学及神学。氏认此四者为基本的教科。

（2）属于博识的学术中者，①历史，②地理及地志，③理科，④杂识等。氏认此等为补助的教科或通俗科学。

（3）属于技能方面者，①为音乐，②为图画、手工、体操等。总括以上所述，则维尔曼的教材论正如下表：

教化的材料
- ——基础的教科—（学校科学）—（实质的、形式的）言语、神学、哲学、数学。
- ——补助的教科—（博识科学）—实科（实质的）—历史、地理及地志、理科、杂识。
- ——技能科—（通俗的艺术）—（形式的）—音乐、图画、手工、体操。

（八）教学阶段论

氏承认教学有以下三阶段：（1）受领，（2）理会（即精神的彻底），（3）应用。此三阶段，若以他种用语表示之，或称为注视、了解、练习，或称为直观、了解、施行，或称为知识、理会、技能。第一之受领，是为经验的要件；第二之理会，是为合理的要件；第三之应用，是为技术的要件，以表示之则如次：

教学阶段
- ——受领（注视、直观、知识）——经验的要件
- ——理会（精神的彻底或了解）——合理的要件
- ——应用（练习、施行、技能）——技能的要件

最后，尚有一言者，维尔曼所著的《教化学》，实可认为教授学书上之完善致密者，尤以第二卷之内容，可认为教授学之本论，其中第一篇论教化之目的，第二篇论教化之内容，第三篇论教化之事业，第四篇论教化之制度，实不愧为“学”字之名称。

总括维尔曼的教育说之美点，彼虽自赫尔巴特派出发，却悟个人主义的教育之非，特倡社会本位的教育，所说稳健中正、思路整然，是其长处。但有一点尚成问题者，则氏因为旧教徒（Roman Catholic派）之故，竟以宗教主义为教育之终极理想，本此意义而倡社会的教育学，果可为教育之一般的规范欤？吾人因此，仍有研究纯粹的社会的教育学之必要。

第四节　雅克托

以上所举诸教育学家，是属19世纪中之代表的，故其教育思想不容不叙述，此外尚应注意的，则有雅克托、孔佩雷、罗利、戴林格、贝恩诸人，以下略记之。

（一）略传

雅克托（Jean Joseph Jacotot）者，法国人，生于1770年，卒于1840年。家贫故不能多受学校教育，少时以独学为主。19岁时，为古典的教师；25岁为工业学校副校长。亦曾充律师、军官、炮队长等职。其后竟为古典语、东洋语、数学、法律等的教授。因属于拿破仑党，故1818年被法政府驱逐，逃往比利时。其特殊贡献处，是在言语教学新法之发明。

（二）模范语法之创始

雅克托不是教育家，而是教学法的大家。其中尤以在语言教学上，特开“模范语法”（Normal Wörtermethode）之基础，大著名于世。此法的创始之来因如次：当氏为罗峰大学法语教授时，学生中有只识比利时方言及荷兰语，其他的外国语则一无所知。氏乃特为此种学生想出一个新的言语教学法。彼将威那伦所著之小说《泰莱麦克》（*Télémaque*）用作教科书，一面为法国原文，他面为荷兰的译文，藉此以学习法文，其方法是选出模范的语句，加以精细的分析，使学者正确了解语言的基本要素。后世的模范语法实仿此。

（三）教育思想

氏关于人类的本质，有如下的意见：（1）一般人皆有平等的学习能力。（2）一般人均具有可教性，其不知者亦可教而知。氏遂以此种见解为出发，特别注重自学自习、质问讨考、相互研究等。氏言：“教师是学生之学习的监视者。”此种思想，实与现在之“自学辅导主义”相通。

关于教学事项，则分以下三者：（1）事实，（2）推论（科学），（3）学者本身所能达到的造诣，即艺术。关于事实上，则当由直觉（直接经验）而学；至于科学，则当用自学自习即自己发明的方法而学；关于艺术，则当由实地体验或实际行为而习得。

关于教学方法上，氏认为应遵守以下两个基本原则：（1）一切事物，必与其他事物有多少关系；（2）既学习某事物时，当使其他事物与之发生关系而习之。氏本此见解，遂认学习、反复、反省等为教学上之最大要件。即在学习之中，须使一切均成完全的、彻底的、永久不动的；在反复上则须将已习者加以不断的练习；在反省上则须将所已习者省察体验，使其终成为己有。

以上是雅克托关于教学上的意见，虽在其所言人类的本质与教学的原则中，不免有空想的、武断的成分，然其以自学自习为本体，特别提倡，实属得窾的。

第五节　贝恩

贝恩（Alexander Bain）者，苏格兰人，以1818年生，1903年逝世。氏曾为大学教授，关于心理学、论理学的著书颇多。在心理学上是属于联想派，在教育上则受斯宾塞的影响颇多，欲从经验上的见地组织教育学，著有《科学的教育》一书。

氏的教育说中最堪注意者，一则主张须将体育置在教育以外；二则将职业教育搁在教育科学之范围外；三则认教育上之最大要务，乃在于使儿童的记忆力强。

第六节　罗利

罗利（Simon Somerville Laurie）者，英国的哲学者及教育学者。生于1829年，卒于1903年。曾为苏格兰的爱丁堡大学教育学教授。格拉斯哥大学教授米高·约翰曾言："教育只可成为理论，不能成为科学。"罗利则反对之，谓教育可成为科学，因为世人所注意。欲知氏的教育说，可观其所著《教育组织》（*The Institutes of Education*）一书。是书解释教育之本义为"各人尽一己之力而实现人类的理想”。至于教育目的，则认为人类须从理性以实现道德的及与神接近之心灵的生活。至于教育的方法，则认为，(1)要使儿童对于事物及其关系判断得当，(2)培养道德的观念即行为的动机，(3)使视道德的观念为法则而遵奉之，并养成实践的义务心，对于神有相当之认识，若是则理想、意志与行为可以一致。要之氏的教育说，是从黑格尔而来，乃属理性的、道德的教育说。

第七节 戴林格

戴林格(Döring)者，德国人，以1834年生，1912年卒。曾充柏林文科中学校校长，兼柏林大学讲师，讲授教育学。欲知其教育说，当参考其在1894年刊行之《教育学系统纲要》(*System der Pädagogik im Umriss*)。

氏的教育意见，大要如下：(1)教育者，是长成者对于未长成者所施之继续的影响，此种影响，亦计及周围的人之幸福为目的。(2)教育理想之内容，无论对于个人或社会，均在于圆满的幸福。所谓圆满的幸福，是指与正义不相悖的幸福而言，亦即是两者相调和之理想的社会状态言。(3)氏反对狄尔泰等承认普遍的教育学之不可能，谓教育学实属可能的，并说明其可能之理由如下：“狄尔泰等所倡之普遍的教育学之不可能论是〔错〕误的。吾人明明是可以将成为历史的部分与人之所以为人的部分区别之，而后者即为教育之真目的。即是吾人尽可预想能实现人之所以为人的社会，并且以实现的事态为教育上之普遍目的。”

关于方法上，氏则将教育之任务分为三：(1)为对于学生的现在状态之监护，(2)使狭义的教育便于施行的监护，(3)对于学生将来的状态之监护。对于第一种的任务，则当从游戏、保育、教学、训育四者注意；对于第二种任务，则当从保育、道德的习惯及道德的熏陶上注意；对于第三种任务，则当从训育、保育、练习、教学四者注意。保育云者，是对于儿童身心上根本的需要，其有害者则避之，有益者则趋向之。总之，戴林格是主张一种社会的教育学，但仍未免完全摆脱赫尔巴特的圈套。

第八节　孔佩雷

孔佩雷（Cabriel Compayre）者，法国人，1843年生，入20世纪后方逝世。初就中学校学习，至1862年，入巴黎之高等师范学校，专攻哲学。毕业后，为中学教师。1874年，提出文学博士的论文，得学士会的奖赏，为图卢兹大学哲学教授，时年三十二，此时氏已从事于教育学的研究。1881年，由德龙省选为议员；1885年复当选。至1889年，为里昂大学校长，且与教育部方面有关系。

孔氏本为哲学家，但对于心理学、教育学、教学法、教育史、伦理学等，无不得手，其关于儿童心理学之研究大有贡献，斯点实为少数人所知者。著书有：(1)《16世纪后法国教育学说史批判》，(2)《国民教育及道德教育之初步》，(3)《国民教科教授书》，(4)《教育史》，(5)《教育之理论及实际》，(6)《教育学入门》，(7)《道德之理论及实际》等。译书则有贝恩著之《演绎及归纳的论理》与赫胥黎（Huxley）及休谟（Hume）等译本。

孔氏的教育说，是一种折衷调和的教育说，既不偏于功利，亦不专重道德，不偏重心意之启发，且顾及身体之发育养护。即兼顾德、智、体三育者。此可视为稳健中正而适于实际者。

第八章

19 世纪的教育之实际

第一节　德国教育之实际

德国的学校教育，在 1808 年内务部新设教育局以前，是由高等学务委员会监督的。但一入 19 世纪，德国受法国的压迫，大觉有振兴教育之必要。普鲁士的宰相施特恩（Von Stein），受皇后的谕旨，对于大中小学校教育尤其国民教育大加振兴。洪堡实为最初之教育局长，对于国民教育及柏林大学之创设非常尽力。前既言之矣。洪氏的铜像现矗立于柏林大学门前。普鲁士的教育局，脱离内务部而成为教育部者，实始于 1817 年。

（一）初等教育

照前篇所述，普鲁士的小学，1754 年颁布八学年的义务教育制，同时规定小学教员须经师范学校毕业。至 19 世纪时，则专从内容之改良方面着手。采用裴斯泰洛齐主义及教学方法，以改进国民教育。即改革之眉目如次：（1）小学校完全归国家的管辖，（2）改良教学法，（3）师范学校之改良，此为 19 世纪初叶之主要事项。其不久引起反动时代，竟视裴斯泰洛齐主义为危险的。1854 年，普鲁士教育部长劳默尔颁布《师范学校令》、《师范学校预科令》、《小学校令》三者，特别注重宗教，欲以矫正新人文主义及裴斯泰洛齐主义。又 1872 年，教育部长霍尔克依据《一般的规定》(Allgemeine Bestimmungen)，改正小学校与师范学校制度。此为革命以前的普鲁士小学校令。自 1889 年德皇威廉二世即位后，为实现帝国主义计，其教育益成现代的、国民的。

（二）中等教育

19 世纪初叶德国的中等教育，是新人文主义的教育。自由独立战争时期实达于极点。但其后发生反动，1840 年间，学校卫生问题起，结果特注重体操科。宗教科亦因保守主义的势力，大有复旧的形势。前世纪初现的实科学校，渐为世人所欢迎。1849 年的教育会议议决，将文科中学分为下级（六级、五级、四级）与上级（三级、二级、一级），上级中每级各占两学年。

1850 年，改正《中等学校令》，文科中学定为 9 年，实科中学定为 8 年，但是年，罗多韦塞长教育部，实行反动的教育政策，大称赞英国的公众学校制度。1856 年的中等学校教案中，竟将自然科学与国语的时间减少，而增加宗教科的时间；规定各学年的授业时间，以每星期 30 小时以内为限。此时，实科中学方面自然发达，竟分为第一种、第二种、第三种。第一种的修业年限为 9 年，其毕业生可入大学研究数学、自然科学及近代语等。

1882 年，经教育会议的结果，将中等教育之全部规定改正，定为文科中学（Gymnasium）、文实中学（Realgymnasium）、高等实科学校（Oberrealschule）三种，直至最近。1889 年，教育会议开会，德皇威廉二世亲临教育部，有以下之谕旨：（1）以宗教教学为德育之中心，（2）注重近代的历史尤其是〔德〕国史，（3）以养成现代的德意志国民为本体。至 19 世纪末叶，则有“改良学校”（Reformschule）新起，即将 Realgymnasium 之下级与 Realschule 之下级相沟通者。

关于中等学校教员之资格，根据1826年的规定，则对于大学毕业者之具有教学志愿者，课以教学的实习，而后采用。

（三）大学

大学制度中，在19世纪时率先改革者，是文科之独立。在18世纪以前，文科只为入神学、法学、医学等学部之预备教育，但至19世纪，则脱却预备的性质，与其他的分科大学同样，成为独立的专门分科大学矣。此大可记录之一点。且自由研究实为大学教育之本质，此时亦完全确立。此皆由于新人文主义的理想而来。学位的制度亦加修正，除神学一科外，均限于博士之一种，大学的校长及学长，由教授中的互选而定，均以一年为交代期，大学的学生团体亦盛，均以爱国精神之发挥为主。

（四）实业教育

德国的实业教育，至19世纪逐渐发达，此因受1851年伦敦的万国博览会的刺激而来。1869年，普鲁士的农务部长开实业教育会议，其结果制定《工业学校规程》。又自1878年至1885年间，实业学校移归教育部管辖，以图普通教育及实业教育之统一。南部地方，实业补习学校次第发达，市立与私立的工业学校渐改为国立的。程度竟有增至与工科大学相等者。此外，高等商业学校亦兴。至20世纪后，经凯兴斯泰纳等提倡之力，而实业补习学校非常发达矣。

（五）女子教育

德国的女子教育，虽则比于其他的文明国略有逊色，但至20世纪后则有女子高等预备校（Lyceum）之设，此为大学入学资格之准备者，是大可注意。此外，尚有高等女学校，修业年限为10年，毕业后再经预备校3年，始升入大学。又在高等女学校之上，更有“妇女学校”（Frauenschule），修业年限2年，授以一般需要的学科及家事科。

第二节　法国教育之实际

（一）政治上的变迁与学制的改废

自18世纪末至19世纪间，法国的政界，诚属多事之秋，革命后复加以革命，故教育制度亦变迁不已。政治、社会、经济上的改革，自然赍得教育的改革。在1789年的革命时，教育的议论大兴，政治家塔列兰（Taileyrand）的教育案提出尚未通过，直至次届的立法会议始通过。但卒未见诸实行。1792年，孔多塞（Condorcet，1743～1794）以公立学校委员会之名义，将教育案报告于国民会议。此案是定学校教育为小学校、中学校、高等小学校、Lycées、专门学校五种，但此案仍不见实行。又同年议决解散宗教团体，以国费开办学校。1793年，解散大学，代以专门学校，此为后来高等工业学校之前身。1795年，为培养师资计，在巴黎设师范学校。

1802年，颁定拿破仑学制，分为三级：（1）小学校，（2）中等学校及Lycées，（3）专门学校。此制不设大学者，一则因拿破仑不喜大学之自由教育，二则因为有士兵养成之必要而来。但至1806年，帝国大学之制度发生，至1808年始颁布此种法令。帝国大学者，是特为全国教育之中央集权起见而设，其长官（校长）同时为管辖全国学务之教育部长，但实际上大学教育仍不见施行。

迨至复古时代，又将拿破仑的学制一变，教育再归旧教徒之手。1815年，竟设地方的大学17处，但翌年拿破仑归国后，仍恢复帝国大学制，罢免库森（Victor Cousin，1792～1868）与基佐（Francois Pierre Guillaume Guizot，1787～1874）等教授。1833年，经过革命的结果，师范学校复开设，小学校根据自由主义而组织，高等小学校亦同时设立。此时基佐为教育部长，氏实有“法国小学制度建设者”（Creator of the Franch Primary School System）之称，故此法令亦称为《基佐法令》。1836年，设女子小学；1845年，设高等教育会议。

及拿破仑三世即位，与旧教徒握手，藉教育部长费里（Jules

Ferry）之力，始规复大学。费里督励小学校教育，提倡实科。总之，法国的教育，直至第三共和国建设以前，均属动摇无常的。

普法战争后，第三共和国兴。1879年，共和党占绝对的多数。同年，为培养小学师资计，决议建设师范学校。1881年，小学校的教育实行免费。1882年，颁布义务教育制，且公布小学校规程。至是而法国的小学校，始确立近代的基础。

（二）现行制度

法国在欧战后，教育制度虽有多少改变，但大体仍与欧战前无异。现行的学制如下：（1）小学校，（2）高等小学校，（3）中等学校，即男女生之lycée，（4）大学，（5）师范学校及高等师范学校，（6）其他学校。

小学校分为初等科（7岁～9岁），中等科（9岁～11岁），高等科（11岁～13岁）三阶段。但其下尚设有两年的幼稚科，收容五六岁的儿童。义务教育，普通是以至13岁为止，但十一二岁的儿童，经过试验合格，亦后免除义务。高等小学教育，是2年乃至3年，亦有设补习科者。此处，尚有幼稚学校，收容2岁至6岁的幼儿。

男子的lycée的修业年限为7年，4年的小学校毕业者入之，亦有附设4年的预科者。此7年中是分为第一、第二两期，第一期为4年，第二期为3年。女子的lycée修业年限为5年，亦分两期，第一期3年，第二期2年。

大学制度，自1896年以后几乎完全与德国同样。是为综合制度，完全的大学，设有法、医、文、理四科。教员养成的机关，计有男女高等师范学校及男女师范学校。此外，尚有职业学校与其他的专门学校。

第三节 英国教育之实际

（一）初等教育

就学校教育方面观，19 世纪的英国，实较于欧洲各国进步最迟的，其中尤以初等教育为然。此中最大的理由有三：（1）因视教育为家庭与教会的事业，国家未尝积极干涉之故。（2）因社会的舆论，尤其是贵族院方面是极端保守的，却视民众陷于无智状态，对于个人与社会国家方面反为便利。（3）因事实上往往由家庭或慈善团体施行教育至某程度，然后归社会、国家办理。

英国无产阶级的初等教育，大都是由慈善的私立团体兴办而来。此等私立团体之代表者有三：（1）星期学校协会，（2）大英国及海外（学校）协会，（3）贫民教育振兴国民协会。以下略将此三种机关之概要述之。

星期学校协会（The Sunday School Union）照前篇所述，是起于 1730 年间。最初是流行于威尔士（Wales）地方。至 1780 年，经过雷克斯（Robert Raikes）、斯托克（John Stock）等热心家之力，传播于英格兰，各宗教团多着手办理，异常发达。至 1803 年，为维持发展计，组织特别团体，即星期学校协会是也。此种学校，以宗教的教学为主，加课读书、写字等。1834 年，曼彻斯特的星期学校，除星期日外，尚加两夜的授课，每星期平均授业时数是 5 小时半。

大英国及海外学校协会（The British and Foreign School Society）者，起于 1808 年，此特为援助兰格斯特（Lancaster）于 1798 年所创的“教生学校”（Monitorial School）而设的。教生学校亦称组长组织的学校。援助此种学校之人，大多是对于奴隶废除、监狱改良等社会问题、教育问题之饶有兴味者。至 1814 年，始定此种协会名称，组织颇大，国王与贵族等亦在赞成之列。

贫民教育振兴国民协会（The National Society for Promoting the Education of the Poor）者，起于 1811 年，是因属于“国立教会”的人，为对抗兰格斯特的学校而设者。因为兰格斯特是属于自由基督教主义者，故其学校是无宗派主义，因此引起国王、贵族及诸色人等之协助。国立教会的人嫉视之，为对抗计而组织此种协会。此会怂恿贝尔（Bell）氏设校与兰格斯特对抗。贝尔在先已经施行"教生学校"者。现在将此种"组长组织"细加说明。此因贝尔与兰格斯特二人所创者，故亦称为"贝尔－兰格斯特"（Bell-Lancaster System）。此外亦称为"助教法"、"相互教学法"、"马德加斯制"等。此制之组织，是择年长而又成绩优良之学生为助教，在教师监督之下，以教其他学生。即将一团学生分为几组，每组配以一助教，助教是将自己从教师处所学者，以传于其他学生。且又使助教中之最优秀者，指导其他的助教，教师从而监督之。

贝尔的方法，与兰格斯特的方法是大同小异的，但后者比于前者，能用更多数的助教，且在新入学生之指导、教具之准备及利用于教学以外诸方面等，是与前法不同。此种方法，大有节省学校经费之效，故英美两国多采用之。

此种私立慈善团体，虽竞相兴学，颇有补益于初等教育之发展，但究竟不能达到满足程度。其证据，例如在1818年的调查，发现于英国的儿童教育状态，平均失学的儿童中，每4人中占3人。

本来英国的政府，并非永久对于儿童教育毫无关心的。例如，1802年，则制定工厂律，对于儿童之健康、道德与无教育的状态，颇有补救，又如，1833年，对于"大英国及海外教育协会"与"贫民教育振兴国民协会"等，每年支出2万磅，为校舍建筑费之补助。此为国家对于小学教育支出补助金之最先例。又1839年，女王维多利亚（Queen Victoria）特设教育上的枢密顾问委员会，使监督补助金分配事务。自1846年以后，除小学校校舍建筑的补助金外，尚支出学校维持的补助金。以上所述的枢密顾问委员会，后来成为教育部设立的端绪。并且受国家补助的学校，一律要受政府的监督。至1839年，并设师范学校。

1870年，国会许可地方学校区（Local School Board），得从租税中征收教育费，同时许以对于地方团体之补助及监督之权。不特如此，并且经过此律颁布后，政府的教育监督官厅，倘发现某地方的小学校数未足用时，则命地方学校区增设；同时学校区亦得因此而征收费用。此种学校，是不许施行特殊教派的宗教教学。又公立学校，得令自 5 岁以至 13 岁间之儿童入学。

自 1870 年以后，有关于童工律的新规定，计自是年始，禁止工厂雇用未满 10 岁之幼童，翌年则延长至 11 岁。自 1899 年至 1900 年间，村落地方，虽能雇用 11 岁以上的儿童，但同时要使其继续就学直至 13 岁，每年上课 254 次以上。倘不能照此时数上课时，则在 12 岁以下，决不能许其豁免就学义务。1898 年，有郡教育会的组织，许以小学校及实业学校之经营权。1899 年，教育部改革，除初等教育以外，并监督中等教育与工业教育。此外，自然科学与美术部亦归并。现行的小学校规程，是经 1902 年所修正的。

细观现行的小学校规程，关于学年等，教育部别无何种规定。普通是以 7 岁以下为幼稚生；7 岁以上则分为七级，通称为“小学生”，但 3 岁以下的幼童，不得称为小学生；16 岁以上者，则不许仍在小学的学籍中。此外，尚没有修业年限 3 年的高等小学校。

（二）中等教育

英国的中等教育，直至 19 世纪初叶，完全采自由放任态度，并无何等保护监督。其时仅设有贵族式的公众学校（Public School）、受贫民委员会补助的文法学校（Grammer School）及其他少数的中等学校而已。1840 年所制定的法律，是规定文法学校必须教古典，入学程度不得降低。中等学校竟被如此忽视，纯属自由放任者，盖因视其与一般人民无关系故也。

在此时期，大为中等教育与高等教育尽力者，则有马修·阿诺德（Mathew Arnold，1822 ~ 1888）。氏乃著名教育家托马斯·阿诺德（Thomas Arnold）之子，自 1851 至 1866 年间，曾为视学。曾视察法、德、瑞士、意大利等教育制度，力言英国有由国家之手使中等与高等教育成为组织化之必要。自 1872 年有科学学校（Science School）之组织，1888 年有郡教育会（County Council）之组织后，实业学校遂如春笋之勃生。但此时中学仍属不备，至 1902 年，始觉成为问题，因此发行补助金。

根据现行的法规，则中等程度的学校，本来入学年龄为 12 岁以上，至 16 岁为止。但英国的中等学校，实际上种数甚繁，修业年限参差不一，故年龄无一定。公众学校，则以实施自 12 岁至 18 岁六年间的教育为通例。教科的内容，本来注重古典，直至最近，始授近世语与自然科学等。

（三）大学

牛津与剑桥两大学，在 19 世纪以前早为代表的大学，自后始有新式的大学出现。此种新式大学，置重近代语与自然科学等，其内部组织，最初是向专门教育方面进行，年限是自 4 年至 5 年间。例如，Kings College〔国王学院〕（1831），Leeds〔利兹〕（1876）、Bristol〔布里斯托尔〕（1876）、Sheffield〔谢菲尔德〕（1880）、Birmingham〔伯明翰〕（1880）、Liverpool〔利物浦〕（1882）等大学均是。此外，尚有女子大学兴起。

（四）师资训练

小学校的教员是在师范学校（Training College）正式养成，修业年限 3 年，毕业者亦得经考试而取学士（Bachelor）的学位。此外，亦有称为“教生”（Pupil Teacher）者，是半日在小学校授业，半日在师范学校研究者。关于中等学校教员，则并无何种规定，多数是由具有学士的学位以上者充当。

第四节　美国教育之实际

（一）合众国的教育沿革

自哥伦布发现新大陆（1492 年）后，美洲遂为欧洲诸国之殖民地。英国人是自 16 世纪末年着手探险，至 1606 年，始在弗吉尼亚州设“英国殖民公司”。于是南部则以弗吉尼亚为中心，北部则以马萨诸塞为中心，作成东部海岸地方 13 州之殖民地。此即今日北美合众国之始基。其后脱离英国独立，而为世界之一大共和国。

往美国殖民的英国人，对于教育上是非常热心。盖因此种移民中，多属清教徒（Puritans），彼辈自 17 世纪初叶，为改革宗教之故，受本国的迫害，因避难而往新大陆，故欲在宗教上、政治上、教育上，建设自由的、理想的国家。因有此等关系，所以，对于宗教与教育极热心。兹将几处殖民地当时教育的发达情形略述之。

弗吉尼亚（Virginia）地方之殖民，均是忠实的将本国社会状态移殖于新大陆。故彼辈之社会与生活，既属贵族主义，同时又属自由放任主义，划然区分为地主阶级与非地主阶级。故教育上最初亦属贵族式、古典式、半僧院式，注全力于中等教育与大学教育方面，小学教育不大热心。1619 年，为创设专门学校之故，特发出二千磅的资金与一万英亩的土地。此种企图，当时因西印度土人之叛乱而中止。至 1624 年，始成一间专门学校，此实由帕尔默（Sir Edwin Palmer）爵士之尽力而来。是校亦因种种事情而又中绝。迨 1692 年，始设威廉·玛利专门学校（William and Marry College），因此拨出二千磅的资金及二万英亩的土地。英王亦为维持该校计，特许以在殖民地征收教育费之权。此实为弗吉尼亚地方的专门学校之嚆矢，其后复设有数间英国式的中等学校。

至于小学校方面，则以私立者为限。教师多属女流之辈，否则由牧师之手，专行宗教的教学。公立的小学校，当时尚属绝无。纽约（New York）地方，当时尚称为“新荷兰”（New Holland），盖自 1621 年至 1674 年间，正受荷兰的支配，最初是设有教区学校

（Parochial Schools）。此地的人民，与弗吉尼亚之自由放任主义正相反对，正式设立有组织的小学校。教区学校者，由若干教会联络而设立之学校也。是依证据加尔文一派的教育思想，即是荷兰式的。关于学校之监督、考试与小学教员之任命等，则由“荷兰改革教会”司之，其权是由国家赋与者。学校的经费，是由市镇乡的联合团体负担。此种学校，以新阿姆斯特丹（New Amsterdam，即新荷京之义，纽约之旧名）为中心，各地多有建设。自 1674 年，受英国的支配后，则成为自由放任主义，化为英格兰式。

宾夕法尼亚（Pennsylvania）地方，是在前述两地之中间，此地各教派各自设校。因为此地方为威廉·佩恩（William Penn）氏所开辟，故“友爱派”（Quakers or Society of Friends）的势力甚盛。因移民的种类甚复杂，几乎遍及全欧人民，故不能设划一的学校，而设“各个教派的学校”（Denominational Schools）。18 世纪初叶，各教派的团体，均为维持自派的学校教育，一律由教会发给补助费。

新英格兰（New England）地方中，尤以马萨诸塞州（Massachusetts）之清教徒为多，对于教育上亦最热心，彼辈大多数是属于独立的中等阶级，是民主主义的、中央集权的。因此较于全美任何地方，均率先建设公立学校（Public Schools）。彼等依据“一般人均为神之子”的信仰、富于团体的互助精神，所以生出一种独特的教育组织。此即所谓“准市的组织”（Township System）。

1647 年，规定凡有 50 户的小市（Town），则设一小学校，犯此规定者课以 5 磅的罚金，有 200 户的小镇，则设一文法学校。至于学校之维持，则藉学费与地方的教育税，但尚未达到义务教育的程度。

关于高等教育的设施，则 1636 年设有哈佛专门学校（Havard College），此为合众国最早之专门学校，从英国开始移民仅数年间即行设立者。

以上是殖民时教育状况之厓略。但至 18 世纪的末年，此种地方脱离祖国而独立，至 19 世纪中叶，则经南北战争，逐渐形成统一的国家。在这个过渡时期的教育，是在散乱状态，公立学校的制度尚未发生，虽然有人提议小学校有设立基金及校舍之必要，但各州尚未颁布正式法律。且马萨诸塞及新英格兰诸州中，反呈衰颓之势。

合众国的教育，直待至19世纪中叶以后之第三期（第一期是殖民时期，第二期是从独立以迄南北战争告终以后），始有显著的进步。其理由实由经过此期，方达到州权的确立，民主主义的发展，经济力的充实，文化的进展及著名的教育家之产生也。而此种教育家之先驱者，实萃于新英〔格〕兰。新英格兰有贺拉斯·曼（Horace Mann，1796～1859）、巴纳德（Henry Barnard，1811～1900）等教育家，以教育立国相鼓吹，作种种策划，使公立学校制度实现。巴纳德实为合众国最初之教育总监督。

纽约州则设州立师范学校，努力于师资之培养；至于中部诸州，则不但将公立学校主义普及于中小学校方面，且扩及大学方面。遂有"大学扩充运动"（University Extension Work）。又不惟大中小学校，即他种学校亦次第设立，遂呈今日之盛况。

（二）教育理想及行政组织

美国的教育理想，是以其传统的精神为基本而构成的。此种传统的精神，即为开国之祖的清教徒主义的精神。一言以蔽之，即是民主主义（Democracy）。民主主义云者，是以自由平等为内容之一种观念形态。此种民主主义，见于政治上，则为共和国体、自治制度；见于社会上，则生出自由平等的、无阶级的社会组织。从此点观察，则美国的教育，在主观上言，则欲养成自由自治的人；从社会的、客观的方面言，则以谋人格上平等无阶级性之社会，及共和的民主国之进步发展为目的。

教育行政的组织，亦完全根据此种精神而定，故一面为自由主义，他面为民众主义。美国最高之教育行政机关，是在于各州的教育厅（State Board of Education）。盖因美国是联邦组织，以州为单位，州有独立掌管教育之权也。虽则中央政府设有教育司（Bureau of Education），但只管理事务。如制教育统计、编辑教育资料、报告海外的教育状况等，并无立法权与监督权也。此所以各州的教育厅，因中央尚无统辖全国之教育部，成为最高机关。

州教育厅有督学乃至视导员等，此外尚有教育评议〔委〕员会，司州内之教育立法权与监督权。其组织是各州略有不同。大抵是州行政长官与督学等为当然的评议员；此外，尚有选出的评议员五六名乃至 30 名构成委员会。评议员与督学等之任务均有定，大抵是 2 年乃至 4 年。

州之下为县（County）与市，均设有教育局与督学，以监督县市内之中小学校。州之教育厅是制定根本的教育法令，县市则照此而自订细则施行。关于小学校方面，则县之中更分为学校区（School District），与以教育费筹措及教育税征收之权能。学校区是以镇村为单位，亦为合并数镇村为一单位者。有若干州，是不以县为教育行政之单位，更分为若干区域，设独立的督学。

关于学校系统，此亦因州与县各有不同。大体是以满 6 岁为小学校入学年龄，施行八年的教育。小学校之下，多设幼稚园；中学校是 4 年，多数是男女共学者，但亦有少数是男女分离者。中学校以授高等普通教育为本则，但亦有授实业科者；中学以上是有低级的单科大学（College），修业年限 4 年，亦有另设初级大学（Junior College），是属近年的事。此种低级的单科大学，除授高等普通教育外，兼授实业及其他专门学艺。其上则为大学。所谓新式的“六三三制”者，是将小学缩为 6 年，以最后之 2 年加上 1 年，改为初级中学（Junior High School），其上则有高级中学（Senior High School），修业年限各 3 年。总之，美国的学校系统，是幼稚园、小学校、中学校、初级大学、大学本科等。

（三）小学教育的现状

服前所述，美国的公立小学校教育，是各州、县、市间不一律，故全国无共通的制度，但实际上是大同小异。即是 8 年的义务制，免费的教育，又 5 岁开始就学者，亦有为聋哑儿童设特别学校者。例如，加利福尼亚（California）州，对于 8 年义务教育尚未完了之儿童，则虽至21岁，仍不免除其义务。但私立学校，则对于年龄一层不甚限制。

教科书虽非划一，然亦是大同小异。例如，三藩市（San Francisco）的小学校，其科目大致如下：读法、书法、缀法、正字法、算术、地理、博物、言语及文法、美国史、法制、体育（包含生理卫生之大要）、道德及作法、音乐、图画及初等薄记、动物爱护等。此外，尚有加设科目如手工、家事等。

其次，关于土人、黑人及移民的儿童教育，此处可略言之。对于土人，则使限居一定地域，禁其与白人出入，施以低度的实业的学科为主之小学校教育。对于黑人的儿童，则有与白人同校者，亦有分校而教者；大抵东美方面是多同校，西美方面是多分校，但学校的规定与教科的内容等，则无论黄、白、黑种人，大致是同一的。关于移民教育，实为美国极难解决之一问题，不得已乃在小学校中开特别的"世界学级"（Cosmopolitan Class）以教之，年长者则设"夜学"（Night Schools）以教之，教科中亦加入移民之母国国语。

美国小学教育今尚有一大缺点者，是在城市的小学教育虽周到，设备亦充足，但乡村的小学极不完备，其组织多属"单级的"（One-room Schools）。而乡村此种小学校儿童，实占全国小学儿童之6%。

（四）中等教育现状

美国的中学校，现制通称"High School"。其中又有"八四制"与"六三制"两种。后者是改良的，即分中学为初中（Junior）、高中（Senior）两级，但现仍以前者为多。"八四制"之中学，是收容14岁至18岁之学生，修业年限4年，为公立免费的，以男女共学为通则，其中包含职业性质的学科。亦有私立的中学，但居极少数，今日的学校总数中，公立者居80%。美国的中学校发展过程，可划为三时期：（1）第一期为文法学校时期（自殖民时期至18世纪末），（2）第二期为阿加德米（Academy）时期（自18世纪至19世纪中叶），（3）第三期是中学（High School）时期，即自19世纪中叶迄今。第一、第二期是摹仿英国的中学时期。第三期始为独立时期。现在美国的中学，一方面为本身完成的教育，他方面又为专门学校的预备教育。

中学校之组织，大要分两种：（1）分科制度（Group System），（2）选科制度（Elective System）。前者是在中学中分为若干科，各科中又定每学年所应教之科目；后者是列出多数科目，令学生自由选修。私立的中学校，多与小学校连续的，故修业年限较长，往往共为9年，分为上中下三级。

（五）大学教育的现状

美国的高等教育机关，计有专门学校与大学两种，而大学中又分出两种形式。今分论之。（1）专门学校（College）是起于殖民时期，乃属一种低级的大学。（2）是为德国式的大学，此在南北战争以后所设的，在专门学校之上，可称为狭义的大学。（3）至于州立的大学，是兼专门学校与大学两种性质而备之。此种大学之来由，是因美国的专门学校与大学，多属私立的性质，且又集中于东部诸州，至于中部及西部，则无完备的私立大学，各州为文化发达之均匀计，不得不设此种州立大学，为一州之文教中心。

专门学校是收容中学毕业者，施以4年的教育，本来是为一般陶冶的学校，今则以教专门学艺为主。故其毕业生，亦得到下述种种的学位名称：Bachelor of Arts、Bachelor of Science、Bachelor of Literature、Bachelor of Agriculture等。至于大学方面，除少数狭义的大学外，一般私立、州立的大学，多兼具专门部与大学本部两者。私立大学中，如哥伦比亚大学（Columbia），则于College之上，设有哲学科大学、政治科大学、理科大学、法科大学、医科大学、矿科大学、工科大学、新闻科大学、工艺科大学、教育科大学（Teacher's College，亦称师范院）等。至于哈佛大学（Havard），则于College之上，设有文理科大学、应用化学科大学、商科大学、神学科大学、法科大学、医科大学。

其在州立大学，则于College之中多设分科，其上更设狭义的大学，施行高等的专门教育。至如加州大学（University of California，简称U.C.），则设农学校、教育学校、法律学校等，收容修满College的3年教育者，再授以2年或3年的专门教育。此又是一特例。

至于女子的高等教育，则由以下三种机关实施之：(1)男女共学的大学教育，(2)男子大学附设的女子大学，(3)独立的女子大学。独立的女子大学，其内容程度，大致与男子的College相同，故欲受最高的专门教育时，要再进男子的狭义的大学，实行共学。

（六）师范教育

美国的小学教员，是在师范学校养成之。中学教员，则要在College以上毕业，至于College的教员，则要在狭义的大学毕业。师范学校之修业年限为2年，收容中学的毕业生。有些地方，毕业后尚不得即为正式教员，须经3个月间的教学实习，成绩优良始得为正教员。

至于中学教员，则在州立与私立之College养成之，美国的大学与College，关于教育方面之研究颇盛，即如文科、理科的学生中，亦多有志愿为教员者，故多数的大学，大抵设有担任教育学科的教授3名，一人担任教育原理，一人担任教育史，一人担任教育行政。但纽约州与密歇根（Michigan）州等，均设有Normal College，此与高等师范学校的程度相当，从此养成中学教员者亦有之。

College的教员，是由狭义的大学之毕业生中采用之。多数的大学，为养成此种教员及督学计，特设有教育大学或师范院。如哥伦比亚大学与芝加哥大学之Teacher's College是也。此种师范院，有附设的小学校与中学校，以便于实地研究与教学实习。

第五节　本期著名的教育实际家

（一）法国的著名教育家

19 世纪法国著名的教育家，如拉·夏洛泰、塔列兰、孔多塞等，均以政治家而与教育问题有关，大有贡献于教育上之发达。

（1）拉·夏洛泰（La Chalotais）者，法人，以 1701 年生，1784 年卒。氏在法国教育上之功绩，乃在其为驱逐厄斯伊达派之先锋。又曾著《国家教育论》，其中力说学问之重要、从来的教学法之错谬、教师之必要的资格、国民教育之急需及关于少年的学案等。罗兰（Rolland）与杜尔哥（Turgot）等国民教育思想，多由此处脱胎而来。

（2）塔列兰（Taileyrand）者，法国大革命时代的大政治家中之一人，以 1754 年生，1828 年卒。氏对于拉·夏洛泰的主张多表同情，但惋惜其有未透彻之处，故特发表热烈的意见云："新政治（即指共和政治）之标帜的自由平等，唯藉教育使个人之差异减少始能达到。然而，向来的教育，一则缺乏普及性，二则方法不完全，三则所教者与未来的生活相隔阂，四则教育方式多属寺院的、出世的，因此，毕业无从达到新政治的理想。"又曰："教育权能应属于国家，不应委于宗教团体之手。国家须致意于初等、中等、高等的一般学校，学费是应豁免的。"又曰："教学之目的，是在于一般的陶冶。但关于法律、道德、国语等学科，则须格外注意。至于女子教育，则当以长于家政为理想，若使其长于政治活动，则与其天职相背驰。"

氏将此种思想草成《教育案》，提交 1798 年的宪法会议中，至翌年的立法会议时，始将原案通过。

（3）孔多塞（Condorcet）者，亦属同时代大政治家中之一人，以 1743 年生，1794 年卒。氏虽属政治家，但对于数学、哲学均有相当之造诣，且对于教育亦有精深的理解与高卓的识见。氏曰："教育者，是共和政治的基本要素之一，苟无教育，则自由与平等皆濒于危险。又教育不特为自由平等之必须的基础，且为道德及人道之进步上所必经之出发点，故教育不论对于男女均须一律施之。又教育须与政治、教权等脱离，完全自由方可。教材不可偏于文学方面，实有加入科学之必要。”氏根据此种思想，因政府之嘱托，曾草一《教育案》提交于立法会议中（参照第二节）。

（二）英国著名的教育家

19 世纪英国著名的教育实际家，托马斯·阿诺德、贝尔、兰格斯特、雷克斯等。

（1）托马斯·阿诺德（Thomas Arnold）者，以 1795 年生，1842 年卒。父为税关长，早死，历经其母与婶母鞠育。少受温彻斯特的公众学校教育，升入牛津大学，毕业后在泰晤士河畔（Thames）开一私塾，以便入大学者之预备，至 1828 年，为拉格比（Rugby）的公众学校校长，从事于教育之改良，大收伟功。1841 年，被推为牛津大学教授，不幸翌年竟以病卒。

氏鉴于当时的公众学校陷于偏智主义、古典主义，思有以改善之，乃自定学校的教育方针如下：①宗教的道德的教育，②绅士的行为，③智识与才能之养成，④教学上虽亦尊重古典，但同时重视近代语、近世史、数学等。教学方法上，则注重学生之自学，即以自己读书、自己思想为本体，藉暗示以作指导。

训育是最注重的，以引导学生臻于自治为主，以信任学生之人格为训育之要诀。氏之口头禅即为“余当然是信汝”。故学生亦出于“毋作诳语，校长是信任吾徒”等态度。但一旦发现学生有出于非绅士的行为者，则严格待遇，毫不宽假。

氏在拉格比任职继续 14 年，竟使该校成为模范的公众学校，吾人试参考《探布朗的学校生活》（*Tom Brown's School Days*）一书，便可见氏对于当时的学童之感化之大矣。英国的公众学校，藉此种刺激为一转机，其后大加改良。温彻斯特及哈罗等公众学校，率先摹仿（拉格比），其后竟影响及全英国及美国的公众学校。此种成功之原因，乃由于氏之热烈的宗教精神、爱自由之念、诲人不倦的努力。一言以蔽之，即如裴斯泰洛齐之陶冶精神的纯洁与旺盛，及意志之确乎不拔也。拉格比的校舍，现时尚有巨大的纪念树围绕，实为此教育伟人的功绩之诏告。

氏之子为马修·阿诺德（Mathew Arnold）曾为著名的视学官，对于英国的普通教育之发达上大有贡献，已见于本章第三节所述矣。

（2）贝尔（Andrew Bell）者，苏格兰之圣安德鲁斯（St. Andrews）人，以1753年生，1832年卒。大学毕业后，即往印度，在马德拉斯（Madras）为牧师，旁兼士兵孤儿院之监督。偶在该处见儿童在砂上写字互相教学的情状，得此暗示，归国后，遂在学校实施“相互的教学法”。1791年，竟有关于此方面的著事，着手宣传矣。1805年，与同时主张“相互的教学法”之兰格斯特协力，以谋此法之发达及传布，但不久两人分手，氏为对抗兰氏计，特创“贫民教育振兴国民协会”。贝尔以谋此“相互的教学法”普及于小学为毕生之事业，故在英国所博得之声誉，实在出乎兰氏之上。

（3）兰格斯特（Joseph Lancaster）者，伦敦人，以1778年生，1838年卒。氏属于友爱派（Quakers）的教团，1798年曾设贫民学校，但因学生人数激增，故于1801年，想出一种经济的教学法，即“相互的教学法”而实施之。国王及王后均颁赐补助金，即“大英国及海外学校协会”亦援助之。但其后因与该协会不相容，乃于1818年东渡美国。美国的“相互的教学法”之发达，实由氏开其端。但在美仍不得其所，卒至在纽约被暗杀。“相互的教学法”，即是同时藉两人之力而发达，故世称之为“贝尔－兰格斯特制”。

（4）雷克斯（Robert Raikes）者，以1735年生，1811年卒。氏早已倾心于社会问题，以为社会上罪恶的主因，与幼时的教育大有关系，故感到贫民教育之必要，欲设立星期学校以救之。本来英国星期学校之起源，乃在1769年汉纳·贝尔（Hanna Bell）女士在伦敦附近所设者，故雷克斯原不是创始人。但促此种学校之发达，则当以氏为首功，此所以有“星期学校之父”的称号。

（三）美国著名的教育家

美国的教育，直至19世纪始大发达，正如以上所述。此中原因，一面固由国家对于教育的努力而来，他面亦因此时教育名家辈出之故。其中著名者，如贺拉斯·曼、巴纳德、佩奇、约翰诺特、帕克等。

（1）贺拉斯·曼（Horace Mann）者，为马萨诸塞州人，以1796年生，1859年卒。家世农业，13岁时丧父，由严格的母亲之手养育。少年青年时代，均刻苦励学。20岁时，入布朗（Brown）大学，毕业后曾为该大学古典教授，后习法律科。至27岁时为律师。其后为州会议员者多年，对于教育、宗教、慈善、禁酒等问题大尽力。1837年，为马萨诸塞州最后之教育厅长，在职12年，对于普通教育之振兴上贡献颇大。此外，尚发行杂志名为 *Common School Journal*〔《公立学校杂志》〕，鼓吹教育上的新思想，又为谋普及裴斯泰洛齐主义于师范学校计，特捐私费购教学用具。

氏的教育思想，可综括之为以下十项：①教育应贯彻一般社会阶级而普及之。②教育应脱离宗教势力而建设于科学之上，其方法则以裴斯泰洛齐的方法为宜。③教育不应偏于特定的教派，即是应奖励真正的宗教。④教育应为各种生活的准备，其终极目的当在于道德的、社会的人物之养成。⑤教育以宽和为旨，须顺儿童之个性而施，体罚务须屏除。⑥校舍上的采光与通气宜完全周到，凡关于新教育上所必需之设备如图书馆、博物馆等，均须应有尽有。⑦教育须赖优良师资始能施行，故师范学校之设，诚属急务。⑧教育既为男女生在所必受，故男女教师均属必需。⑨教育者宜常开会议，以交换教育意见。⑩为求教育之完备计，国家决不宜吝惜经费。

（2）巴纳德（Henry Barnard）者，康涅狄格（Connecticut）州人，以1811年生，1900年卒。是与贺拉斯·曼并称的教育改良家。19岁时，在耶鲁大学优等毕业。漫游欧洲，访裴斯泰洛齐派的教育家而归。充当律师，旁兼州之立法部员，尽力于教育厅之设立，迨其既成，乃为厅长，于教育大有贡献。设教员养成的机关，捐资发刊教育杂志，其功绩与贺氏略相伯仲。1858年，为威斯康星（Wisconsin）大学校长，又为约翰（John）大学校长。1867年，美京中央教育司成，擢为司长。实为今日联邦教育司之基础。此外，如努力于裴斯泰洛齐主义之宣传，亦属不可忘的功绩。

（3）佩奇（David Perkins Page）者，新英格兰人，以1810年生，1848年卒。以独学而为小学教员。1838年，其演说辞名为《两亲及教师之义务》，大为贺拉斯·曼所赏识。1840年，奥尔巴尼（Albany）的师范学校成立，经贺氏与巴氏两人之推荐，遂为该校校长，但以积极奋斗之故，有害于健康，竟以38岁之壮年夭死，惜哉！

氏著有《教学之理论与实际》（*Theory and Practice of Teaching*）一书，实可称为美国最初之教育学书，故大受欢迎，销售十万册以上。

其教学思想，特称为“注入摘出法”，是谋注入与启发两者之调和的，是采用裴斯泰洛齐的教学法之长处，而主张发展的教学法者。

（4）谢尔登（Edward Austin Scheldon）者，纽约人，补习法律，因有碍于健康，遂废学，充奥斯威戈（Oswego）的贫民学校教师。后曾为视学，辞职而在奥斯威戈办师范学校，自为校长。氏为裴斯泰洛齐之大崇拜家，为扩充其主义于美国计，由英国特聘裴斯泰洛齐派的教育家琼斯女士（Miss Jones）及克鲁西（Hermann Crüsi）等，从事于此种主义之宣传。所谓“奥斯威戈的运动”者即此也。

（5）约翰诺特（James Johnnot）亦是著名的教育家，生于1822年，卒于1888年。师范学校毕业后，历充各地的教师，后为密苏里（Missouri）州瓦连斯堡师范学校校长。其后为纽约的督学。余见斯宾塞项下所述。

（6）帕克（Colonel Francis Warland Parker）者，美国新英格兰之贝德福（ Bedford）人，以1837年生，1902年卒。初为小学校教师，南北战争之际，从军为上校（Colonel），后为师范学校校长，留学德国，研究裴斯泰洛齐、福禄培尔、赫尔巴特等教育思想。归国后，供职于马萨诸塞州之昆西，并为该地的运动之主脑者。所谓“昆西运动”者，是欲采用自然科学家之研究法于实际教育上的运动也。此运动与前述之“奥斯威戈运动”同为美国教育史上之著名的史事。氏又曾倡“地理中心的统合法”，其意以为地理科一方面既与自然科学有关，他方面又与人文科学有关。盖动、植、矿物等，既属大地所生；而物理、化学之现象，亦与地理关系；且历史的事实，无不与地理有关；而一切人文的事情，又靡不与历史有关。故氏承认地理一科最适于为统合各科教材之中心。

氏又倡“活动主义的教学法”，此见于其所著《初等学校一般的教学法》(*General Method of Teaching in the Elementary School*)一书中。此书述“自动”(Self-activity)、“统觉”(Apperception)，“预备”(Preparation)三者为教学上之三大原则，美国的教育界因此始注意于儿童的活动。此三原则之中，统觉与预备二者，是属于赫尔巴特的观念，而自动则非赫氏的观念，乃属福禄培尔的观念。“自动”之一观念，既经帕克提倡后，复得杜威的发挥光大，遂成美国教育上之一大特色。其后帕克又曾为库克的师范校长，退职后则从事于芝加哥(Chicago)学院之经营。现在的芝加哥大学(University of Chicago)，是为此学院与杜威的实验学校之继续。

第九章

19 世纪的教育总评

本世纪的教育，比于 18 世纪，无论理论的、思想的方面，或实际方面均觉有大大的进步发展，此亦因大教育家与大思想家辈出之故。在思想方面，则从以前的个人主义转移到社会本位主义，竟有提倡国家主义者。本世纪之代表的教育理想，实为美的人文主义之完成、理性的道德主义之完成、社会的人文主义之完成、科学的功利主义之完成四者，此外，尚有继续宗教主义之传统，以宗教的完成为教育理想者。更有以一般的性能之调和的完成，为陶冶之主观形态者，此实属本世纪之进步的思想。此实为希腊、罗马的思想之复活，乃受人文主义与新人文主义之影响而来。关于教学方法上，则从教师本位的观念转到儿童本身的观念上，于是自 17 世纪以来的活动主义、直观主义、启发主义等，遂成为教育与教学上确乎不拔的常经。更进一步，则有勤劳主义、作业主义等思想与方法之表现。

更就教育之理论的、组织的方面观，亦觉大有进步。例如，科学的教育学之成立、教学阶段的原则之成立等，均应特为注意。

至关于实际教育方面，各国的初等教育完全面目一新，大体上已臻于整备之域；中等教育与大学教育方面，基础亦渐巩固。实业教育与特殊儿童教育，从此发轫。又除英国之外，各国已实际颁行国民的义务教育。女子教育亦次第发达，逐渐可以追踪男子的教育。教育行政方面，各国的制度亦大致完备。师范教育亦发达，优良师资之供给，已大开门径。关于教科与教材上，则因时代之进步，除古典的、人文主义的教材之外，近代的语言、自然科学的、技能的、职业的教材，其价值渐高，在课程上亦占相当之地位。关于学校之经营与设施上，则因教育经费之次第增加，于是校舍、校具、教具，乃至一般教育上、卫生上的设施，渐见进步。

教师之地位既渐高，而大中小学校的学生人数亦大增加。由是而一步一步逐渐踏上“20 世纪为教育世纪”之途。

最后尚有一言者，在 19 世纪之后半，西洋的教育史上，可算为有显著的进步者，当推美国与英国的教育。此点是不容忽视的。欧洲大战后，美国一跃而为世界教育之指导国，岂无故哉？

第五编　现代的教育

第一章

欧战以前的教育

第一节　总论

此处所谓“现代”者，是指自19世纪末叶以迄于现在（1934年）而言。此间虽只四五十年之历史，但吾人从某方面考察，不妨将其划分为两期，即以欧战为界线，划为欧战前的教育与欧战后的教育也。盖在此大战之前后，在思想上则见观念形态之变易；在社会上、文化上亦有许多性质形相之差池故也。

（一）欧战前的社会状态

本期的社会状态，实为19世纪的社会状态之继续及其彻底之期。此间可注意的主要的倾向有三：

（1）政治上则为帝国主义的完成期

即欧洲各国，继承19世纪之后专以富国强兵为务，虎视眈眈，窥伺敌国之虚，以图兼弱攻昧，其结果则成为国运之展张、领土之开扩、民族之合并。若英、若法、若德、若意、若俄殆靡有例外。吾人因此则见亚非利加与南洋之分割占领，或见东亚之被侵略，更或诸强之互相睥睨。其中，尤以德、俄两国，翻弄纵横捭阖之术最多。于是，教育上亦积极推进其国家本位主义（即是富国强兵主义）。

（2）社会上的资本主义的形成

资本主义者，照前编总论所说，是以资本为经济活动之基调，藉此购买劳力，经营生产事业，其剩余价值全部归于资本家之手，从此益谋富之增殖的一种经济组织。以马克思所用的公式表示之，则为货币—商品—货币的经济组织。其结果是，社会分为有产与无产两种阶级，有产者仗巨大的财力，为所欲为；无产者则永久沉沦于贫窭之中。加以此种资本万能主义，使社会上之上层建筑的一切文化改色。无论政治、道德、社会、法律、军事、教育等诸般组织，无一不为取便于资本家计。此即现代的社会组织。总之，资本主义是从19世纪末叶以迄欧战以前，以迅速的力量形成的，此属毫无疑义。无论其在好意的方面，或恶意的方面，总是影响于教育的一般领域。

（3）物质生活之兴盛

现代的生活之特色，就某意义上言，是由物质以进于物质的生活过程。中世纪所特有的精神的、理想的生活形态，殆将绝迹。个人从衷心上信仰宗教者，逐渐减少；反之，趋向于感觉的、享乐的、利己的、现世的方面，则逐日增加。

以上三种倾向，即帝国主义、资本主义、物质文明主义，其进步骎骎，正不知所届，其结果之引起世界大战也，实在意料之中。欧洲大战者，是自1914年7月开始，至1918年11月德国签押休战条约止，故亘5个年期。

（二）欧战前思想界的状态

自19世纪末叶以迄20世纪初叶即1910年间，欧美的思想界是极复杂。但大别之，则可分为实证主义与理想主义、个人主义与社会本位主义。

实证主义者，当然是继承19世纪后半〔期〕的实证主义而来。自然科学之进步发达直至20世纪亦毫无停止，故此实证主义亦转移到20世纪。此即哲学上一种唯物主义的世界观、人生观。其结果是产生黑格尔等的哲学，即在文学艺术上亦生出自然主义、写实主义。例如，法国自然主义的新艺术家之左拉（Émile Zola，1840 ~ 1903）及自然主义的殿将之莫泊桑（Guy de Maupassant，1850 ~ 1893）是，此二人均属著名的小说家。

但此种思想倾向达于极点时，则发生相反的思想倾向，是为理想主义与精神主义。虽则 20 世纪之理想主义，非为单纯的理想主义，是特称为“新理想主义”（Neo-idealismus）。新理想主义，单就其属于理想的之一种特色言，则与前代的理想主义大致有同一的倾向。即尊重精神过于物质，尊重观念过于实在，不以自然为基调，而以人类之精神为基调等均是。例如，哲学上之新康德派的哲学、文学艺术上之新浪漫主义（Neo-romantismus）之类。新理想主义与旧理想主义两者之差别点究何在？曰，两者虽同以情意为基调，但新理想主义，则非如旧理想主义或浪漫主义之堕于空想与单纯的情绪，而注重“智”与“现实”，即积极欲包含 19 世纪贵重的文化之一的自然科学或实证主义的要素。从此种意义言，则新理想主义或新浪漫主义，决非排智主义的，乃属超智主义的。非排现实主义的，乃属超现实主义的，此为解释 20 世纪之新理想主义时不可忘记之点。例如，德国之新康德派、马堡派及西南派等，在究极上虽均属主意主义的，但在其所以到此的过程中，则经过理性的考核而来，注重认识的批判。

新理想主义虽亦注重知识与现实，但其根源则仍在于理想。此即为 20 世纪新理想主义之着眼点。

新理想主义在程度内虽亦承认知识与现实的价值，但决不赞成极端的实证主义与自然科学万能说，谓世界与人生之奥义乃在于情意的、精神的方面。例如，倭铿的精神生活哲学、柏格森之创化哲学及新康德派之哲学，更如梅特林克（Maurice Maeterlinck，1862 ~ 1949）、霍普特曼（Gerhart Hauptmann）、托尔斯泰（Count Lev Tolstoy）等新浪漫的文艺思潮，皆属于广义的新理想主义中。

社会本位主义云者，是以社会或团体之全体为本位，以考究个人对社会之关系者。此亦属继承 19 世纪的一种思想。此思想若以特定的、具体的社会为对象时，则成为国家社会主义。原来社会本位主义，若以一般社会为对象时，则有成为世界主义、人道主义、国际主义等之可能性。伸言之，即下降则为国家社会主义，上升则为世界社会主义。此思想之表现于教育上者，则为“社会的教育学”。如纳托普等，则将社会本位的思想与理想主义相结合，特倡“社会的理想主义”（Sozialistische Idea lismus）。

个人主义者，是因反对此种社会本位主义而起，所以，20世纪的个人主义，亦称为“新个人主义”。此主义发源于卢梭，而尼采与爱伦·凯继承之。其在教育上主张者仍不少，容俟下述之。

以上实证主义对理想主义、社会本位主义对个人主义，是为现代前半期思想之梗概，但细分之，则其中又有各种不同的倾向。例如，就理想主义而论，其中（1）有以道德为主者，如倭铿、格林等是也；（2）有以艺术为主者，如柏格森是也；（3）有以宗教或文化全体为内容者，前者如托尔斯泰，后者德国西南派是也。又实证主义之中，亦分为心理学的与生物学的等，未必全是同一。总之，种种基调相错综，是现代思想之特征。

若以国别而言，则理想主义是以德国为中心，而发达于北欧；实证主义则发现于英、法、美等国。其中，尤以“实用主义”（Pragmatism）之发现，竟成为美国之新文化，此极堪注意。此种实证主义，在詹姆斯（William James）时期，大体是以英国的经验论、功利说、进化论为其中主要的成分，即是一种实证科学的哲学。但至杜威，则其中显然加入包含理想主义的要素，与从前之实用主义异趣矣。总之，美国的实用主义，可认为英国思想之美国化。其中具一种特别的意味与色彩。

（三）欧战前的教育

基调上既有如此的关系，故其上层建筑之教育亦被此种倾向所左右，一面发生理想主义的教育与实证主义的教育，他面又发生社会本位的教育与新个人主义的教育。而社会本位的教育中，又分出（1）

社会理想主义的教育（纳托普），（2）社会现实主义的教育（伯尔格曼），（3）国家公民主义的教育（凯兴斯泰纳）等。理想主义的教育之中，又分为伦理宗教的人格教育、艺术的教育等。实证主义的教育之中，又分为勤劳作业主义与实验的教育学等。个人主义的教育之中，又分为超个人主义的教育、个人主义的教育、儿童本位的个性中心的教育，自由教育等。

第二节　社会本位主义的教育

（一）社会本位的教育之由来

在19世纪末叶以前，早已有社会本位的教育思想发现，例如，裴斯泰洛齐、施莱尔马赫等之社会人文主义的教育，及费希特、福伊勒等之国家社会主义的教育均是。此种思想之发生，其主要理由实在于当时社会国家之情状，即是根据社会国家之实际的要求，特倡社会本位的教育，此可认为现代社会的教育之先驱，但至19世纪之末叶，则社会本位的教育，已得到充分之学术根据，认为教育非属社会本位的不可矣。所谓学术之基础云者：(1) 为历史的研究之结果，(2) 为生物学与进化论之结果，(3) 为社会意识的研究与哲学上之研究的结果。其中又当然是因社会实际已经发达，故益令此种思想根深蒂固。于是，维尔曼为此种思想之先驱，而伯尔格曼、纳托普等教育家、教育学者大主张之。此即现代之“社会的教育学”。

（二）社会的教育学之概念

社会的教育学之真相，试观以下的叙述自明。此处先将其根本概念言之。社会云者，并非如18世纪之理性主义者所推猜，以为是属于机械的个人之机械的集合体。反之，却为有机的实在，最初便成为全一体的实在。以单就生物学上之“种族”观之，固可明了，即从历史的研究上亦可明了，更证诸哲学上个别与全体、特殊与普遍的关系上，亦可明了。如此看来，则个人对社会的关系，不得不与18世纪所估量者正反对。所谓正反对者，即指社会方面，究竟是属于全体的、根本的、永远的，个人方面，则为部分的、派生的、有限的。然则教育云者，倘仍如前人之所估量，个人单作个人的教育之完成，则成为毫无意义矣。反之，当以全体的社会之进步为目的，即是以根本的、永远的为目的，从此考察个人的使命，发挥"社会的个人"之真义方可。如是，则社会方面固可发挥，而个人方面亦可发挥独特的价值，此诚现代之社会本位教育的新主张。虽则其中仍有或从生物学的见地出发，或从社会意识或哲学上的见地出发，故彼此所说各有不同。然彼此均从上述的考察，以解释个人对社会的关系，此点可认为20世纪一般主张社会本位的教育学者之所同。

（三）社会的教育学者

现代之社会本位的教育学者中，其色彩最鲜明者有二人，即伯尔格曼与纳托普是也，今述二人的学说见地。

（1）伯尔格曼

①略传

伯尔格曼（Paul Bergemann）者，德国石勒苏益格（Schleswig）州之洛温堡（Lŏwenberg）人，生于1862年。初受业于本地的文科中学。毕业后，则入柏林、哈勒、耶拿等大学，研究哲学、教育学、言语学等，至1892年，得博士学位。其时曾为耶拿大学附设之教育练习所教头，因与莱因教授之教育意见不合，遂辞职，专从事于著述。1904年，为石勒苏益格州之斯特利哥（Striegau）高等女学校校长。

氏之著书颇多，其中代表的著作，是1894年所著之《科学的教育学之基础的进化的伦理学》（*Die Evolutionistische Ethiksals Grundlage der Wissenschaftlichen Pädagogik*），1898年之《社会的教育学纲要》（*Aphorismen Zur Socialen Pädagogik*），1900年之《社会的教育学》（*Socialen Padagogik auf Erfahrungs*

WissenschaftLicher Grundlage und Mit Hife oder Induktiven Methode als Universatische oder kultur Padagogik）等。此外，尚有《教育的心理学教科书》（*Lehrbuch der Pädagogischen Psychologie*）及《文化哲学之伦理学》（*Ethikals KuZtur Philosophie*）二书，前者是1901年出版，后者是1904年出版。

②教育学的组织

关于科学的教育学之组织，氏亦与赫尔巴特同样，认为教育目的应从伦理学上定，教育方法应从心理学上定。但所谓伦理学与心理学，则与赫氏所言者不同，乃指进化的伦理学与科学的心理学而言。进化的伦理学云者，是一种进化的社会伦理学，亦即是应用进化论的解释于社会进化上者。至于科学的心理学之性质，则见于氏所著之《教育的心理学教科书》中。

氏之所以特称教育学为"社会的教育学"者，其理由如下。氏言："吾人不是个别的存在。凡承认个人有绝对的价值，只为本身而存在，价值决定之标准亦只在于自己等，均属误解。须知个人在生存上有种种关系，故其价值亦唯在此种关系中始能测定。个人之生活，无论肉体方面，或心灵方面，均完全从属于社会的。人不是单纯的一个人，乃是种族之本体、国民之本体，简言之，即是社会之本体。故所谓'文化，云者，亦不外是社会生活的产物而已。故社会全体发展之进路，实决定个人进步的方面而指示其目的。"此即言个人既为社会的，则教育自当从社会的见地上考察，同时教育学亦不能不认为具有社会的性质。

③教育之意义及可能性

氏解释教育之意义有云："教育是成熟者使未成熟者达到与自己同样状态之一种作用。故此种作用，不问未成熟者之好恶如何，亦须顾及将来之利益与社会之最善，所以，其中不能不具有强制性质。"可见氏的教育意义观，是完全社会本位的。

至关于教育之可能性，氏之见解则如下："教育虽大受遗传与天性之制约，但其可能性仍属显而易见。何者？一则因类固具有智的心情的向上之可能性，且社会方面亦有使个人之知识高尚、道德优良之力量。”

④教育目的

氏对于教育目的论的态度，是在于以生物学为基础之进化的社会伦理观。此点是向来的教育目的论，与单从宗教、哲学上之超经验的世界中演绎而来的大异。氏言：“教育之目的，不能不从生活之目的上计算。然而，所谓生活云者，从吾人的认识之范围内言，一面是要保有现实的特色，他面又常具有进化发展性。从无意识的生活上，则产出有意识的生活；从自然的生活中，则产出文化的生活。因此，生活之最高显现的文化生活，是逐渐向醇化上推进。然则生活之目的是在于文化之创造与发展；从而教育之目的，亦不能不在于文化之推进。”因此，氏承认教育之直接任务，乃在养成民族的文化人、国家社会的文化人。

关于此种文化人之资格，氏则说明如下：“被教育者当离开教育者之手时，须健康而有活力，在时代的生活上，具有能参与国民开化事业的力量，且有欣然参与的意志。此种人方为国家有用的公民、人类社会之有益的成员，因此，此种人在经济上、政治上、法律的见识上，乃至道德、宗教、兴味上，均须与该时代之最高、最良的标准一致。”

⑤教育的方法

为达到上述之目的计，氏则承认养护、练习、教学、训育、游戏五者为必要的手段。养护云者，非单为身体之发达锻炼计，实要兼顾精神上之正当的养育保护。身体保护上之所应注意者，固在于体格之康强，同时亦在于感官方面之养护。至于气力与投巧，亦有养成之必要。体操与手工为陶冶之利器。精神方面，则须注意儿童之过劳。

练习云者，是补足养护之一种教育手段。其注意之要项，乃在于手部、发声器官、感官、注意力、记忆力、直观力、思维力等之锻炼及礼仪作法等之实习。教学云者，是智的生活上之一种陶冶手段，以知识之增进及能力之发展为其任务。教学之中，又可分为“临机的教学”与“系统的教学”两种。前者是就儿童之所见所闻而施直接指导；后者是属于狭义的教学，为达到此种目的计，须注意于有价值的教材之选择与排列，及考虑教学的方法。学校的教材，是应包括历史、社会科（国家学、法律学、经济学）、道德及宗教、理科、数学、语学等。教学方法上，当依照期待之引起、期待之满足、记忆之确定等三阶段。

训育云者，是指从习惯上养成公私之德而言。关于主我的冲动上之训育，则当养成节制、勤勉、俭约、名誉尊重等德性；关于利他的冲动之训育上，则当养成正义与好意等德性。至于习惯养成之有效的手段，乃在于交际、示范及赏罚。游戏云者，是自己进求快乐之主我的冲动之一。其中分为四种：一是运动的冲动，二是造形的冲动，三是音调的冲动，四是说话的冲动。游戏能给人以美感的快乐，固能助长身心上一般的力，同时可以培养德性，故不得不重视。

除以上的主张外，氏更注意于社会教育（民众教育）方面。其提出之要点，则为私生儿的教育、图书馆教育、国民丛书之刊行、通俗讲演、民众大学、博物馆教育等。又对于学校教育方面，为养成社会的公共精神计，氏则主张废除宗教科，而代以社会科、修身科。

⑥伯氏的学说之价值及影响

氏在学力上与关于教育学之见识上，虽不能与纳托普相比。但其学说之长处，亦有以下诸点：一是在教育研究上，特别注重于经验的事实，尤其是生物学上的进化论，藉此以提倡科学的教育学。此可认为卓见之一。二是主张社会的教育学，直欲扩充其教化理想于民众教育方面，又其卓见之二。三是指出赫尔巴特的教育学上之谬点，大有裨益于斯学之研究上。但就反方面言，亦有以下的短处：一是教育之基础科学，单认为是在于生物学或进化论方面。二是其主张之社会的教育学，是偏于现实的、实证的方面，而忘却“规范”之一面。三是太偏于社会本位，而轻视个人之人格方面。四是殆认学校只为知识授受之场所，而以品性陶冶方面专委于家庭。

（2）纳托普

①略传及在哲学史、教育史上之地位

纳托普（Paul Natorp）者，德国杜塞尔多夫（Düsseldorf）人，以1854年生，1924年卒。自1885年后，为马堡（Marburg）大学

教授，以讲授哲学及教育学而著名之一学者。

氏在哲学史上的地位，是为“新康德派”（Neu-Kantianismus）哲学之中坚人物。“新康德派”云者，是在19世纪之末叶，因反对唯物论、实证主义而起，以“返于康德”一语为标榜，直至20世纪乃至现在犹保持相当势力之一学派。从广义上言，则鲍尔生（Friedrich Paulsen，1846～1908）及倭铿（Rudolf Eucken，1846～1926）亦属此派之中；但就狭义上言，则单指继承康德的认识论、以谋改造发展之“马堡派”及德国“西南学派”而言。纳托普即为马堡派之一中坚分子，与柯亨（Hermann Cohen，1842～1917）共称为此派之代表者。氏的哲学（认识论），实受柯亨的影响甚多。氏在教育史上的地位，一则为反赫尔巴特主义者，二则为社会的教育学之主倡者。但彼所主张之社会的教育学，却与伯尔格曼大异其趣。伯氏是主张以进化论为基础之经验的、生物学的、社会的教育学。然而，纳托普则以意识之本性及先验的理念等为基础，倡出演绎的、哲学的、社会的教育学。此两者之所以大差池也。

且纳托普的教育学，实具有多方面的意义。以言其从社会的见地起点，固可认其为社会的教育学。但就学风（Methode）方面上言，又可认为批判的教育学乃至先验的教育学。就此，又具有哲学的教育学乃至教育哲学的性质。何者？因其建设教育学时，注重于认识批判方面，假定先验的理性，欲成一种先验理想主义的教育学说故也。

更且其教育学是以意志为中心，又以理性的自由为目的，从此点言，似又可以意志教育说、自由教育说视之。所以，氏的教育学说，既包含如许多方的意义，从而称呼上、解释上各不同。氏在教育上的学说，实在远溯于柏拉图，近采于裴斯泰洛齐，而落叶归根处则仍在于康德。

②著书

氏既为哲学家，同时又为教育学家，故其著书亦多涉及此两方面。兹就其在教育方面的主要著作言之：一是1889年著有《赫尔巴特、裴斯泰洛齐及现今教育学的任务》（*Herbart, Pestalozzi und Dieheutigen Aufgaben der Erziehungslehre*），　此书是攻击赫氏的学说，而特称扬裴氏者。二是1899年著有《社会的教育学》（*Sozialpädagogik*），此书论及理念论即意识的本性，从而谈到自己主张之社会的教育学。欲知氏的学统与其教育学说，此书实属不可少之一名著。又在其将死之数年前，曾著有《社会的理想主义》一书，亦大可供此方面的参考。此外，尚有*Allgemeine Pädagogik in Leitsätzenzu Akademischen Vorbesumugen*、*Gesammelte Abhandlungen zur Sozialpädagogik*、*Volkskultur und Persönlichkeitskultur*。

③根本思想

纳托普的教育思想，是涉及多方面的意义，且议论深远，欲彻底了解之，实有洞悉其思想的背景之必要，不得不将其心理学说与认识论略为叙述。

一是心理学说

纳氏对于"意识"二字之解释，非如赫尔巴特之认为是以观念（表象）为要素而构成的。赫氏以为意识之全域是以智的表象为基础，从表象与表象的关系中，生出感情与意志等作用。纳氏则否认此说，谓意识之根源实在于"意志"，意志是发动的、生产的。智的作用毕竟亦藉意志的作用始能发挥其本性（理论的认识），即不能不有赖于意志之统一的活动。又不但智的方面为然，即感情方面，亦藉意志之力，愈发挥其本性而化为纯粹化。但吾人对于纳氏此说，慎勿误解。纳氏本来亦如康德之承认意识中分为智、情、意三方面，不过认意志究竟是其中之本质与根柢耳，并非谓意志之中，即已包含知识与感情也。

纳氏又将意志从广义上分析为三种：一是冲动的意志，二是选择的意志，三是理性的意志。冲动的意志是单属一种能动的力量，并未含有善恶之意义，亦未达到价值选择的境域。所以，可为盲目的意志、突进的意志，总之是只与单一的观念即感性相结合，是属于意志之原始状态。至于选择的意志者，是更高一段，从其要素构造上说明，即由悟性（理解性）与前述之冲动相结合而成的。其特质是在选择的自由活动，故在心理学上可称为自由意志。但此种自由意志，仍未臻于绝对的普遍妥当性。最后，所谓理性的意志，是属最高级的，以前二者为内容，与先验的理性（即此派认为普遍妥当的意识）相结合而构成的。此属于绝对的自由意志，凡所发动，靡有不善的。总之，纳氏是承认意志的发达，是经过冲动的、选择的、理性的三阶段。

以上是单关于意志的说明。此外，关于智与情方面，氏亦认为有与此相应之发达三阶段。例如，智的方面，则分为感性、悟性、理性三阶段；感情方面，则分为情绪、情操、纯粹感情三阶段是也。而此三者，不但为阶段的相应相关，且在意识的正常状态中，彼此互相结合。纳氏根据此种主意的心理学，遂生出意志本位的教育说。

二是认识论

纳氏关于认识论的思想，实为其批评的教育学、社会的教育学、先验理想主义的教育说等之骨干，是不可不注意的。纳氏以为陶冶与学习，要不外是认识之形成，而其中又兼理论的认识与实践的认识两者。但所谓认识，并非如经验论者之推量，是单为外界的摹写或单由外部的经验而来，亦非由生得的先天的观念构成。然则认识之可能性果何在？曰，是由于意识之构成的活动而来。构成的活动云者，是指某事物使意识成为发动的、构成有意义之一全体而言。换言之，是一种创造的、生产的活动。此种主张之主义之当然的论调。

但纳氏之所谓意识，即是认识构成之主体的意识，并非指各个人从经验上所得来之现实的意识而言，乃指具有“先验之理性”（Transzendentalevernunft）而言。盖各个人之现实的意识，不外是经验的产物，倘认此为最高之意识，不免陷于“经验产生经验”的矛盾。纵使承认此种意识有成立之可能，究其极亦不过属于主观的、个人的，不能达到普遍妥当性。于是，氏遂假定凡使经验成为可能的意识，非属超个人的、先验的、理论的意识不可，因此乃康德的哲学上的所谓先验的理性之说。此种意识，在“新康德派”是认为先于经验的、万人普遍的，其本身为自律自由的。

至于氏所谓某种事物使意识成为发动的云者，此种事物，氏认为非“实在”的，亦非属于“乌有”的，却属于一定“假定”（Das

Gegebene）的。盖“实在”乃属理性活动的结果，而此则非在“实在”之前不可。此当认为是浑沌的、无规定的感觉，亦即是认识的构成之素质。

④陶冶及陶冶理想

纳氏以为欲表示教育之全体任务，与其用“教育”（Erziehen）一语，不如用“陶冶”或“教化”（Bildung）之语较觉适切。然则所谓“陶冶”者，照氏的解释，是使浑沌的事物进而具有一定之形，从复杂中而得统一，以成为理想的实现体而言。更简言之，则陶冶云者，是含有“自然之理性化”或“现实之理想化”的意义。假定儿童之心理，是属于自然的性情或冲动的本能时，则所谓理性化云者，是使先验的理性所指导之真、善、美能实现于儿童者是也。亦即是从儿童之多样的素质为出发，使其达到统一，是即为人类之完全的、理想的状态。

准此以观，而纳氏之“陶冶理想论”，即吾人普通所称为“教育目的论”矣。纳氏以为“理想”，乃属先验的，并非由时间、空间的范畴内所构成之经验的概念，乃属论理的、超经验的概念。此明明是与伯尔格曼之见解相反对，伯氏以为理想不外是由事物的经验上所归纳之心理的概念而已。再就理想的性质言，若单作其是经验的看，便成为一种固定的、具体的，即与普通之所谓“目的”同意，其努力亦以达到某程度即可为止境。但纳氏则谓理想并非如此，因此，理想者是先验的理性所要求之纯粹概念，单可认为真善美的方向，有无限的统一性，是属活动的、当为的。因此，理想无论如何实现，仍实现不尽。此所以在文化上能继续其不断的生产过程。

氏根据“此种理想”的解释，故对于陶冶的理想，亦作以下之观察。即认陶冶之理想，在于先验的理性（亦即是人类的本质之意志之内在价值），换言之，即是“自由”之无限的发挥与创造。自由云者，亦指自我的自由、人格的自由而言。所谓自由之实现，亦不外是本质之发挥、人格之纯化。从此可以扩大自体之统一性，而使人性究极之意义更深远。然则纳氏之陶冶理想，简言之，是在自由人格之创造。但此处尚需一言者。纳氏之陶冶理想，并非属于个人主义的。因为普通的个人主义，是以经验的、实在的个人为目的的，以图自由的发达。然而，纳氏之陶冶理想，虽以个人之内在的、先验的意志为出发，而此意志，乃属理性之自由的，具有客观的、社会之普遍妥当的性质，决非属于心理的、经验的个人主义。

总之，纳氏的陶冶理想，乃在“意志自由之发挥与创造”，其结果则为理想的人格之陶冶、文化人之养成、社会的个人之发展。

⑤社会的教育学之主张

既明纳氏的陶冶理想，再兹进而说明其所主张之社会的教育学。氏谓教育学，若单照赫氏的观察，只以伦理学、心理学两科为基础，则其建设仍未完成。盖因陶冶理想之决定，仅靠伦理学仍觉不足，此外尚有需要论理学与美学之处。即是陶冶的理想，既与“善”有关，同时亦与“真”、“美”均有关。总之，须视教育学为哲学的科学，始得完全云。

又谓教育学不当单从个人的见地上研究，因为教育现象既属社会的现象之一，自不能不从社会的见地上研究之。彼又将“社会的教育学”之概念说明如次：“社会的教育学者，与其谓为是教育学之一部，无宁谓为是关于教育之全任务上的一种特殊见解。即不外是关于教育目的与教材之决定，不以个人为主而以团体为主之一种教育学也。个人的与团体的两种见地之区别点有二：一是决定的教育力，单从各教育者之个性上看取欤？抑从团体上看取，单认各教育者只为团体之故而教育欤？二是视教育之效果，乃在于个人特质之育成，从而置全力于个人方面欤？抑视为乃在于团体的育成，个人只受团体之一成员的相当陶冶欤？社会的教育学者，不外承认个人教育之一切主要方面，均具有社会的条件，同时使社会生活，从人类的理想而构成，亦即以此为个人的教育之依归。”

以上所说，见于莱因所编《教育辞典》中纳氏之自述，此解释社会的教育学之概念极明了者。然则氏之认教育为社会的现象，从而主张社会的教育学，其理由果何在？氏关于此问题，则从以下两种观点解答：一是从社会生活上的观点，二是从意识之根本法则上的观点。

关于前一观点，氏之言如下：

“学者往往采个人主义的见地，而认自己具有无限的独立性与权能，此实误也。因为先有社会，始有个性，所谓个性与个人者，是因与其他的个性或个人作精神的交通所生的结果。故吾人不是离却社会而可以独立存在的。个性譬犹物理学上之原子，只是一种抽象物。个人苟无社会，则其个性无由产生。伦理学者若偏重个性，竟忘却个性乃属抽象的观念，而赋予具体的意义时，则非陷于利己主义的恶结果不可。”

此即视社会为全体的、实在的，而个人则为抽象的、非具体的实在也（此当然是从精神的内容上言，非从肉体上言）。至关于后一观点，氏之言则如下：

“意识若从其内容方面观，则所谓意识内容云者，并非指积聚外界所注入的分量言。意识原属理性的意志，乃具有统一性，藉此统一性之力，而意识之内容始得同化。此种意识统一作用，实有一定理法。而此种理法（即先验的理性之法则）是万人共通的（因是先验的之故），非个人所得私有的，因此，自己不能绝对的独占意识之内容。本此意识，则意识内容亦即陶冶内容者，实属共通的财产。然则徒重视个人之先天的特性，从而绝对的主张自己中心论者，可谓对于哲学上、心理学上的考察不充分。再就意识的发展上观之，则知意识中又具有连续的理法，‘连续性’（Continuitat）者，与前述之统一性相伴随，使意识扩充者也。彼我间的各个意识，无论在时间上或空间上，均是互相关联而发展的。意识与意识，不是互相摈拒，却是互相接引。意识即是藉此种关连与统一而发展，则不得不认其为具有社会的进展性。生活不外是意志，亦即是统一的意识之时间的、空间的连续而已。凡对于他人而施教育云，并不是外部的知识之注入，却是意识之内部活动，藉连续与统一之理法而扩大其内容，以达于理性所指示的状态，而臻于纯化与普遍化之境。此即陶冶内容之普遍的意义”。

以上是纳氏从意识之根本法则上考察，因而承认教育不得不为社会的。简言之，即承认意识是依据统一性与连续性的原理，而为关联的、同化的以渐达于最高状态。因此，个人的意识，是藉社会化与普遍化而益显扬价值，卒成为真正的自我意识；又社会的意识，亦因包摄一切的个人意识而统一之，益进于广大的状态。二者原属二而一、一而二者也。陶冶之根源，实在于兹。

⑥陶冶的内容及其机关

陶冶云者，即是藉意识之自己活动，而达到“当为”之实现。然则所谓陶冶之内容云者，果指何物而言？此实指意识之对象的社会生活内容，即是“文化”（Kultur）而言。文化云者，即社会意识所产生之有价值的生活内容也。而文化又可分为三种：一为科学者，是理论的认识之结晶品；二为道德者，是实践的认识之成果；三为艺术者，是创造的直观之产物。至于个人方面，亦有智、情、意三种机能，与此三者相对应。而此两者互相融合之处，则见理想化的社会教育之施行。

三者文化之外，又有所谓“宗教”，此与科学、道德、艺术之性质不同，实可认为包括前三者之另一种形而上的文化也。因此，陶冶之内容共有四种，此即纳托普之教材论。

在未说及陶冶方法之前，有先述氏对于陶冶机关的思想之必要。氏承认社会即为陶冶之最适宜的机关。因为意识之机能，既分为冲动（感性）、意志（悟性）、理性三者，故社会亦具有三种生活机能：一为社会之勤劳生活，二为社会对于勤劳之统整活动，三为对于此种统整活动，复据理想的批判，加以再度的统整活动。代表此三种机能，即为生产者（农、工、商）、法制者与陶冶者。但纳氏并非如柏拉图之认此三者为固定的社会阶级，只从分业的认为是社会职业上的种别。氏谓与此三种机能相配之陶冶机关，即为家庭、学校、公社（Verein）。家庭者，可认为经济的有机体之细胞。家庭的陶冶任务，是对于在冲动的感觉的生活时期之儿童，施以如裴斯泰洛齐所主张之感觉与手的陶冶，即以直接的勤劳为主眼。此种陶冶，在他方面又与智的、道德的、美的、宗教的陶冶有关。

至于法制的陶冶，以由学校施之为最宜。学校实为一小国家，亦即为公民社会之缩图。此处最能训练儿童之意志成为社会化。故学校当成为无阶级差别性的国民学校。至于公社，是成人团体中自由组织的机关，亦即是自己的自由修养机关，其中可包括高级的学校与职业团体、集会等。从此点言，则最高学级之大学，实应向各阶级公开。

⑦陶冶的方法

照前所述，则陶冶实分为智、情、意三方面，而与真、善、美相对应（宗教的陶冶是除外）。但照纳氏的见解，则意识之中心却在于意志，故意志的陶冶，自属基本的。盖因智的方面之感性、悟性、理性，与情的方面之情绪、情操、纯粹感情等，均认为不外是意志之冲动，所以，从事于理性的意志之陶冶，则此等均与之对应关联而发展也。于是，纳氏遂开展其独特的意志教育论。

氏以为意志陶冶之可能性，在于习惯或实行（Vebung）与教训（Lebre）。而此两者，须紧密的结合，且须在共同的社会生活中行之。为充分施行此两者计，须用以下三种手段或过程：一是兴味或动机之提醒。即在陶冶之出发时，刺激其基础的冲动，使意志趋向于价值方面是也。二是为价值之把捉。即对于已醒觉的冲动，更与以方向之统一，使其把持价值（善），以启发其对于规范与法则之敏感。此亦即是自由意志之养成的手段。三是对于意识的实行，与以更高的统一方向，即理性的自觉。换言之，即完全的自由之获得。

氏又以为此种意志陶冶之三阶段，亦可适用于智的陶冶上。即智的陶冶亦可分为：第一阶段是为感性的陶冶，是当从个别的认识上或每种直观上，以诱导其感性。第二阶段是为悟性的陶冶，亦即是概念的陶冶，此乃将个别的认识使成为系列的而提高之。第三阶段是为理性的认识之完成。又对于美的陶冶，亦可分以下三种阶段：第一阶段为官能的基础陶冶，所以促自由构成的感情之发达。以游戏间行之为宜。即是挑拨美的冲动，提醒美的意识。第二阶段为美感之普遍陶冶。第三阶段更使其进于纯粹感情的状态，完全把捉美的理想。至于宗教的陶冶亦可同样：第一阶段为朴素的信仰。第二阶段为与真、善、美对立的信仰。第三阶段为超越的、真的信仰之确立。

以上是论陶冶的方法。此外，纳氏又主张教师当采陶冶之三种阶段：一是示范（Vortun），二是共动（Mittum），三是演习

（Nachtu）。示范云者，即指示范例以便于兴味之引起，即前述之动机提醒的手段。共动云者，是藉儿童之自己陶冶与教师之辅导而把捉价值之内容也。此可视为前述第二阶段之一方便。演习云者，是将获得的价值加以检证或应用，以期透彻精熟。此可视为上述第三阶段之一方便。

⑧纳氏的教育学之价值及其影响

纳托普的教育学，是一种哲学的教育学。盖因其以马堡派的认识哲学为基础，专以教育之形式的、普遍的、理想的方面为对象，而求理论的组织之整齐者也。故从以下诸特点言，则可认其是一种完整的教育哲学：一是视社会与个人的关系为一元的，及从意识与文化之相依存的关系而建树社会的教育学。二是兼采论理、伦理、心理、艺术诸科为陶冶的基础科学。三是从主意主义的立场上，而以意志教育为陶冶之中心。四是根据自由意志发展的法则，承认三段的教育过程，更主张三种教育阶段与方便。此均属不能不承认之点，所以成为一种完整的教育哲学。

但吾人从更广大的、更根本的立场以考察教育时，又不能不感到氏的主张有不完不备之点。其不完不备之处果何在？曰，是在于其单假定理想的社会而主张理想的教育，竟离却现实的社会与教育的事实，从而变为无内容的、超现实的教育学。此点亦因其所采先验的理想主义的哲学所必然达到的归结。

吾人转从教育学之对象的教育事实上观，则觉最稳妥的教育学，乃在于形式与内容之结合、普遍与特殊之融和、理想（价值）与现实之接近。盖必如此，乃成为在理论上与实际上均成为有价值的教育学。然而，纳氏的教育学，只提供理想之一面，却与具体的方面隔离颇远，此所以令吾人未得满意。反观现代新兴之历史的教育学，非合理主义之文化教育学、现象学的教育学等，均较纳氏的教育学更切近实际。然则此种先验主义的教育学，在学问上或可认为一种珍贵品，惜不能认为最切实的、最优良的教育学。

第三节 新个人主义的教育

（一）新个人主义教育的概念

新个人主义的教育，是从 19 世纪末叶以迄现代间所发生之主情意主义乃至儿童本位之一种自由教育也。其与 18 世纪启蒙时代的个人主义相比，所同者是在于彼此均主张个人本位的教育；而所异者，则在前者属于主智的、功利的乃至道德的（如康德、赫尔巴特），而后者则为主情意的、人文主义的、艺术的。新个人主义的特色中，大部分采自卢梭的思想而来，盖卢梭亦正属主情主义、自然主义、自由主义的个人思想也。然其与卢梭者，则又在于兼采新人文主义的思想，且受生物学与进化论的思想之影响。

（二）新个人主义教育之由来

新个人主义教育之勃兴，从内部言，则为个人的教育之进步发达；从外部言，则为对于社会的教育、国家主义的教育之反动，尤以反对划一主义及干涉主义为其兴起之直接原因。

新个人主义的教育思想之中，其最著名者则有尼采与爱伦·凯二人，此外则有古尔里特（Ludwig Gurlitt）、博恩斯（Bonns）、帕多（Pudor）、沙雷尔曼（Scharrelmann）等。以下单以尼采及爱伦·凯为代表，而叙述其思想。

（1）尼采

①略传

尼采（Friedrich Wilhelm Nietzsche）者，德国人，以 1844 年生，1900 年卒。其家素笃于信仰，5 岁丧父，自 14 岁至 20 岁间，历受中等与高等教育，对于希腊文学与音乐上大有兴味。其后入波恩大学，研究神学、哲学、文献学等。在学甫一年，又转入莱比锡大学，爱读叔本华的著作，并喜瓦诺尔的音乐，至 1869 年为瑞士巴塞尔大学教授，讲授希腊民族文化史。1870 年，普法战争开始，加入志愿看护队中参战，阵中罹重病，再回巴塞尔，仍因不能恢复健康，遂弃教职，专事思索与著述，以度其后半生。至1889年，染麻痹狂症，以后十年间，在癫狂院直至于死。其著书中之著名者，则有《查拉度笃拉的如是观》(*A'os Sporach Zarathustra*)，此书可以探究其根本思想。此外，尚有巴塞尔大学时代的讲演，名为《我的教育制度之将来》。

②根本思想

尼采之所最忌者，是在划一、机械的平等及劣弱等，因此，排斥社会本位主义、庸俗主义及取便于劣弱者之基督教道德。却主张天才主义(个人文化主义)、个人主义、优强主义，所谓"超人主义"者即此也。

氏谓社会之真状态，是在于自然的、差别的不平等。社会是由性质完全不同之两种阶级构成，其一为选择的少数的优秀者，其一则为奴隶及庸人。此两者自古已继续其争斗的过程，至今仍复如是。自然人的性质，是顽强、粗暴、支配欲充溢，以继续其向上的争斗。社会之向上发展，是由于此少数之优强阶级，超越凡众而出于水平线之上。此即尼采之"超人主义"的人类社会观。

超人主义云者，是以"超人"(Vebermensch=Super Man)为人生之理想的一种主义。超人云者，是指一种出类拔萃之人，亦即完全至极的人。氏即以此种人为道德之理想，亦即为教化之理想。至其描写超人的资格则如下："超越凡俗社会，强毅有勇，优美而忠实，识见超群，不惧艰苦，思想丰富，能开辟新境界，不为相对的道德上之善恶观念所拘束，自为新价值之规定者，能勇往迈进至大至高的自由人格者。"

总之，氏承认自然的社会，是以伟大的超人为最宝贵，一切群众不过供作少数的超人发展其天才之手段而已。

③教育思想

尼采之道德教育思想，既在培养超人为社会之先导，是以文化之创造为主。在教育上，即是超人奖励的政策，故以超人与凡人间之悬隔愈大者为愈合〔理〕想，同时排斥保护庸众的政策。故认基督教对于劣弱者姑息的道德非真道德，攻击社会本位的庸俗教育、划一教育。氏言："吾人到处见群众是处于超人之下。精神界之王者所遗留之迹，可于国民的习惯、权利、信仰之上认出。此种超然之降世，非可听之自然的气数，宜故意努力养成之。然而，现代的教化完全与此不相适。盖因其导人入于错误的方向，使具有凶猛的野兽性之人，变为训服的家畜；自尊而有君主之器宇的人，使其降为志气颓丧之辈故也。总之，现时不但不能藉教育改善之，反使其转成恶化。"

氏更有讽刺当时中学教育之语，亦足以见其不喜庸俗教育、平等划一的教育之普及。其言如下：

> "现时的中学校，虽欲以极少之时间，使无数之少年能为国家服务，但高等教化与多数人民间是不能一致的。高等教化只可施于少数之特别优秀者。盖凡伟大与优美的文化，不能成为共同的财产。平等主义与划一教育，实在不能成为真正的教化，只是欲人在生存竞争上不致成为指导者，故欲救护之而指导之耳。真正的教化，不是专为世界的生存竞争、个人的欲求及功利主义起见，实超越凡此种种以上"云。

然则教化之方法当如何？氏言："当分设超人的教育与凡俗的教育两种制度。超人的教育，并不是对于低能者、虚弱者而表示怜悯与同情，实以优强者为目的之教育。其主义则以不压抑自由为原则，顺本能而使实行自己修养，改造内部生活，发挥至诚的德性，从哲学、艺术上锻炼精神，从古典上体验希腊、罗马人的世界观、人生观。"

总之，尼采的教育思想，不是单纯的个人主义，乃属贵族的个人主义、天才主义。其内容是主情意的、新人文主义的。此所以特称为自由主义、文化的英雄主义。

（2）爱伦·凯

①略传

爱伦·凯女士（Ellen Key），乃瑞典斯英兰州人，以1849年生，1926年卒。父为国会议员，属于急进派的论客，母为贤明之妇。女士幼时爱好自然，且长于运动竞技，且独立心极健。长则好文学，18岁时，精通易卜生的作品。23 岁，随父为秘书，漫游欧洲诸国，在思想上所得不少。30 岁时，始参与社会实际生活，从著书及演讲上，发表其清新犀利的思想，多关于妇人问题方面，并且实行宣传运动。其关于教育上之著书，则有《儿童世纪》（*Das Jahrhundert des Kindes*）。

女士的教育思想，是属个人主义的，是导源于洛克、卢梭、尼采诸人。但此外则加入科学的基础，即以达尔文的“进化论”及高尔顿（Francis Galton）的“优生学”（Eugenics）等知识为根据，《儿童世纪》一书之命名，盖因此书正在 1899 年除夕出版，宣言 20 世纪当为儿童世纪之故。此书原属文学评论的体裁，非属学术之书。

②根本思想

女士的教育思想中，包含以下之三种根本思想：

一为进化论的思想。女士曰：“人惟服膺进化论，感到自己对于后代的责任，始能对于人类之进步改良上有所贡献。”

二为优生学的思想。优生学云者，即是改良人种之一种学术，即谓为父母者，欲产强健优秀之子女，则有先求自己之身心强健优秀之必要。女士根据此种见解，遂反对身体不健康者之结婚与不伦的男女之结合，高唱真正意义的恋爱结婚，更论及妇人职业问题。换言之，即主张儿童有选择此种父母之权利。

三为儿童中心的思想。儿童中心的思想云者，是承认儿童具有自己发展之能力，须使其本自己的意志而活动，藉自己的思维力而思维，一切以自然为依归，许其自由学习的思想也。亦即是个人的、自由的、活动的思想。其源是发自卢梭等。此种思想之奥秘，是藏有性善的、主情意的儿童观。

③教育思想

女士从以上的立场，乃主张一种新教育。其教育理想是在于“新人”的养成。所谓新人者，是身心健全、自由独立、能创造清新的文化之人也。其教育之要旨，是在“伸长儿童之个别，尊重儿童之人格，就儿童之自然上，促其智的、道德的、创作的冲动之发达”。

至其教育主义，则为自然主义、自由主义。女士曰：“教育当使自然之性安稳徐缓的发展，教师当从旁监视，使周围的关系能助长自然的活动便可。”此即反对从来的外部干涉主义、注入主义，悉听自然的成行，以遂其内部发展，教育者之真正意义，乃在于成为恳切的旁观者，协助者。

关于教育与教学之实际上，则有如下之论调：“废除学级的一般的陶冶，施以适于自由学习的设备，收容9岁、10岁乃至十五六岁的儿童，以气质、天性相同者约12人为一团，教科书纯听儿童自由选择，实行自学自习。在一时期的学习，须集中精神于一种教科。不问贫富如何，一律励行男女共学制。关于课业之种类，则以国语、数学初步、地理、历史、自然科学概要等为必修科，此外文学、美术亦属重要，至于体操，则不问学校或家庭，均绝对禁之。不指定教科书，惟在学校设丰备的图书馆，任儿童自由讲诵，顺个人之天赋，使其逐渐自修。此外，学校又设有学校园与手工场，一以养其审美心，一以伸张其作业能力。一切考试均废除，只用对话，以测验平常的学绩，须给教师以多额的薪金，开以升进之途，减少每年课业时间，给以休养，使得自由而行其所信。”

④女士的教育思想之影响

女士的《儿童世纪》，为社会各方面的人所爱读，不特欧洲为然，即美国与东洋亦受其影响。大足以供儿童之爱护上及家庭的父母教育上之反省。对于教育界方面，则在儿童中心主义上大有影响，即如道尔顿制等，亦多少将此种思想实现。

现再以女士的教育思想为中心，简单考核个人主义教育的价值。此种思想之要素，在于个性尊重、自然及自由之重视等，就某意义上言，本非错谬，但其矫枉过正处，则难免发生如下诸纰谬：一是关于个人与社会上，缺乏正确的认识。此点当以纳托普之见解为正。二是个性与人格之混同。个性只是人格之素质或原料，在伦理上不得遽认个性便是人格。此点是由混视自然与价值而来。三是至就自然主义而论，自然的本身不能遽认为价值，因此，不能以之为教育规范。

再就自由主义言，倘属伦理的自由尚可，至于自然的、心理的自由，则不成为教育上之价值。总之，女士的思想，可认为一种反动的思想，在理想主义、社会本位主义等变为硬化、划一化时，可认此种思想有注射的价值。

第四节　国家公民的教育

（一）国家公民教育的概念

19世纪时，在广义的社会本位主义中，产出国家主义的教育，此思想至20世纪时，成为更具体的、更实际的形式，此即“国家公民教育”(Staatsbürgerliche Erziehung)，简称“公民教育”。

国家公民的教育者，不是个人主义的教育，而为团体主义的。从这一点言，是属广义的社会本位主义教育之一种。但既采国家社会主义，故又不得与社会的教育学同视。反觉其与19世纪之国家主义教育关系较深。然而，国家公民的教育，乃不是国家至上主义的教育。盖因国家至上主义，往往蔑视个人方面，不惜加以压抑；而国家公民的教育，一面固顺从国家社会，而他面仍承认人格之尊严，有发挥个性之必要者也，总之，此种教育，承认顺应与创造之二面，为真正公民的要件。

（二）国家公民教育之由来

现代国家公民教育之勃兴，一面固由于社会的教育学之影响，但他面乃基因于更实际的要求，简言之，即是现代的国家社会之要求。此种要求何由而起？从外面的理由言之，则由自19世纪以降，国与国相对峙，欲使自国占优越的国际地位，非养成活泼有为的公民不可。且在个人方面，若非先成为良善有为的公民，固不能达到自己之实现，结果实成为百无一就的状态。更从内容上积极方面言，现代国家社会之所要求者，是在政治、经济、道德上有健全的志操与信念，并具活泼有为的智能之人。此因19世纪以后，社会主义与共产主义等次第显现，一方面则个人的利己的倾向日见强大，他方面则空虚的人道主义、世界主义亦甚嚣尘上，逐渐失却坚实的公民志操与信仰，此所以要求上述的文化。

以上是国家公民教育勃兴之主因，而高唱此种教育者，实为凯兴斯泰纳、卢尔曼等。

（三）凯兴斯泰纳

（1）略传

凯兴斯泰纳（Georg Kerschensteiner）者，德国慕尼黑（München）人，以1854年生于一市民之家，最近已经逝世。1866年，入教员养成的预备学校，1871年毕业，乃从事于实际教育。自1877年秋间至1881年，在慕尼黑大学与高等工业学校研究数学及物理学。同年，受数学检定试验及格，遂充各处的中学教员。1895年，为慕尼黑市之学务官，其博得著名的教育家之声誉，实由此始。

（2）著书及立场

氏著书颇多，其关于国家公民教育者为：①《国家公民教育之概念》（*Der Begriff der Staatsbürgerlich Erziehung*），②《德意志青年的公民教育》（*Staatsbürgerliche Erziehung der Deutschen Jugend*），③《学校组织之根本问题》（*Grund frage der Schulorganisation*）。

氏的立场，一面是教育实际家，他面亦兼有学者的色彩，尤以其晚年为然。曾升至慕尼黑大学的名誉教授。其在教育史上之功绩，则在提倡公民教育与作业教育，及尽力于补习教育方面。从思想上与实际上，对于20世纪初叶的教育大有改革。世认为20世纪教育改革者中之一伟人，洵不愧矣。其教育思想，不特影响于德国，实对于世界有贡献。

氏的教育思想，在晚年时竟与文化哲学结缘，渐达到文化教育学的壁垒，此极堪注意之点。即是从实际教育论出发，最后竟得到文化教育学的背景，此不能认为是其变说，乃其思想之进步也。

（3）公民教育的理想

氏以为国家者是导人入于道德生活的一种人类团体。从此点言，则国家既为理想的组织，至其道义方面，则为外部的最高之善，亦即为各个人之内部的善（即道德的人格）之实现机关。国家的理想为何？曰，分为以下二方面："一则对于内外之敌，确保其独立，以增进国民身心上之幸福。二则国家本身须进而为道义的团体，影响于其他诸国。如是，渐次实现一个人道的国家于世界上。"

然则公民者何？氏之解答如下："公民者，不外是前述的国家中有用之一员。"即能了解上述之道义的国家文化的国家之本质，具有参与此种理想实现上之知识、德性、能力之人。以上是单从国家方面规定公民的资格。再从个人方面考察，则此种公民，决不致与个人的目的相背远。盖因国家之理想，既在于道义与文化，此与各个人的理想未尝不合致也。且个人亦必须从国家上始能达到自己的实现，即是各个人必须为文化的国家公民，方能实现其善念也。此即凯氏的公民教育思想。

氏更将此种理想之内容剖析，而规定公民所应具之资格如下：①对于国家及国家的任务有相当之理解与见识。②经济的、职业的能率优越。③道德上的堪能，此可认为公民陶冶之主要方面。

（4）公民教育的方法

氏在公民教育方法中，认为有以下三种必要的手段：①为公民教学，此以法制的知识及识见上之养成等为主。②为经济的、职业的智能之教学及训练。③为公民的道德之教学及训练。关于公民应有之道德，氏则主张要养成爱国心、牺牲心、忠实心、勤俭心、忍耐心、欣悦、熟练等德性。

在养成上述之知识、技能、道德中，氏又主张须注意于内外两种基本要件，同时采勤劳作业主义为手段。外的要件之所当注意者，则在关于社会之经济、政治、民众教育等状态之考虑。即在经济上当谋及工资、劳动时间、住宅及其他之改善；在政治方面，则开放学校，以谋教育机会均等，促进向学之念；在教化上，则提高一般民众之教养程度，特注意于妇女的教育，使其对于家庭教育上有良好的影响。以上诸种改善若能达到，大可增进公民教育之能率。

内的要件云者，是指对于人类两种行动之注意言。所谓两种行动，即是“自爱”与“爱他”的行动，教育上须由儿童之自爱逐渐导其爱他，以谋两者之道德的结合。若是，则自己保存与为社会牺牲的观念可以调和，为人类谋幸福的意志亦因而强固。

最后再就勤劳作业主义的方法言之，凯氏以为此种方法，可以消灭自利心与惰慢心，同时促进利他心与努力。此种勤劳作业，氏认为是团体的勤劳主义，藉此种型式而施行教学与训练，可培养意志与品性的根柢，成为将来的良善有为之公民。即从此可以养成私德、公德及职业的效率。实施此种教育之机关，一为补习学校，其次为小学校，至于中学校与专门学校，亦在某程度内可以实施。氏承认小学校明明是公民教育的学校，其言曰：“小学校之目的，在于公民之养成。公民之要道，一在于认识自己的职务，二则了解对于国家的任务，三则具有实行其所知之强固的意志，四则在养成能遂行此种意志之身心能力。”氏本此意见，进而论及教材与学校组织有改善之必要。

（5）晚年的思想倾向

氏所主张之国家公民教育，至晚年则带有调和的倾向，反动的色彩渐稀薄。盖氏之最初的思想，对于个人的教育、一般的陶冶、主智主义等之反动的色彩极浓厚，照前所述，即以国家的、职业的、手足之勤劳的方面为主。但自其论敌高迪希（Gaudig）逝世后及文化教育学勃兴以来，氏的思想渐达于圆融之境，其所发表之议论，类多主张国家主义的教育与人格教育、职业主义与一般陶冶主义、肉体的劳作与精神的劳作等之调和矣。故其言曰：“不依据个性，则无从而实现价值，又非取得价值，则个性亦无从而实现。”又言：“欲养成具体的、实地的人，其方法当如何？除却依据斯普朗格的生活形式之外，别无他法。换言之，一面顾及个性的类型，他面又顾及文化的形式，从两者之归一融合处，可认出具体的、实地的成分。”此可认为是〔从〕文化教育学的见地上解释公民教育者。

（四）其他的国家公民教育主倡者

现代提倡国家公民教育的学者中，除凯兴斯泰纳外，尚有谢林

（Schelling）、梅塞（Messer）、乌诺尔德（Unold）、卢尔曼（Paul Rühlmann）、弗尔斯特（Foerster）等。以上诸人中，谢林与梅塞二人，关于公民概念的见地，大致与凯氏相同。卢尔曼则解公民教育为政治教育，其内容专重法制的知识之授与及政治的道德之训练方面。乌诺尔德则解为近代国家公民之造就，其主要内容：一在日常须知的智能之授与，二为公民科之授与，三为职业预备的智识之授与等。弗尔斯特的公民教育是特别的，认为主要的任务是在公民的品性之养成。

关于国家公民的教育的概念，诸家本无一定的见解。此种思想倡于德而盛于美，至美国当然是养成适于共和政体的公民为主，其中注重社会及地方上之服务，故于一般的公民学（Civics）之外，更加入“地方公民学”（Community Civics）一科，亦缘美国是联邦制，各州间乃至各县的公民义务，彼此间容有不同也。至于德国，在欧战前之提倡公民教育者，大率以养成立宪政治的公民为主；但在欧战后，则又趋重于共和政治的公民陶冶矣。

故在欧战以前，德国人对于公民教育的概念，从广义上解释，则以养成立宪主义的理想国民为其内容；从狭义上解释，则只认为国民教育上之一要素乃至一特殊方面而已。即指政治的教育、近代社会的教育等而言。此种教育，在国民教育充分普及的国家中，本无特别置重的必要，但在未甚普及的国家，自当格外提倡。其中尤以共同社会的训练、自治的教育、政治的教育等，乃为近代国家公民在履行任务上之不容或缺者。此处只要注意者，是在慎勿堕于隘狭的国家主义，单为目前现实的国家需要计，变作划一的教育也。盖真正的公民之养成，一方须顾及对于现实的国家之顺应，他方仍须具有超越的、理想的人格生活之创造力。

第五节　人格的教育

（一）人格的教育之由来

自19世纪末叶以来，社会本位的教育与个人主义的教育相对峙，一方面是坐见自然主义、实证主义的教育势力之膨大。介在此数者之间从而指摘其非者，则有一个新教育见地，是为人格的教育，人格的教育云者，是以“人格”为教育原理之一种思想。惟其以此为教育原理，故一方面与理想有关，他方面又与方法有关。

（二）人格的教育之概念

人格的教育之立场，首先是反对社会本位的教育之划一主义的倾向。其中尤反对专以适应现在的国家之现实主义的社会国家教育。盖因其多数人变为划一化、杀灭个性之故。但人格的教育，对是真正的社会即理想的社会之教育是不反对的。因为人是属社会的，具有普遍妥当的生活体之一面故也。

其次，则反对个人主义的教育。盖因个人主义的教育忘却人类之共通的、社会的、普遍的方面，单主张无限制的、自然的个性之发挥，原属谬见也。但对于真的个性即人格的个性，反极重视之，希望其自由发展。从此种意义言，则人格的教育，亦可认为一种广义的个人主义（超个人主义）的教育。

最后，人格的教育之所最反对者，则为主智主义、自然主义、实证主义等。盖因此种主义，视人类单为自然的存在、唯物的存在，使其品格下跻于动物，而忘却人之所以为人的精神与理想方面故也。

人格的教育之积极的立场，是在新理想主义的哲学与新浪漫主义的思潮。因此，在现代的世界观、人生观之上，树立人格主义的教育观，以图个人主义教育及社会本位教育之调和，从自然主义、实证主义的拘束中，解放人生与教育，从此建筑真实的教育，造成有品格的个人及有光辉的文化社会。新理想主义者，其基调为主情意主义，以内在的普遍性即康德所谓超个人的自我为根据。故其主要倾向，明明是伦理的、宗教的。又人格的教育，他方面既又与新浪漫主义有关，此所以兼具情意的、艺术的色彩。

（三）人格的教育学者

人格的教育之代表，一为布德氏，乃根据新理想主义而鼓吹人格的教育者。其次为林德氏。此等人的学术系统，不外在于新人文主义乃至新浪漫主义的哲学，以下顺序述各人的教育思想。

（1）倭铿

①略传

倭铿的新理想主义哲学，实为人格教育的基础，兹最先述之。倭铿（Rudolf Eucken）者，普鲁士人，以1846年生，1920年卒。曾在格廷根及柏林大学研究语学、史学、哲学等。毕业后，充中学教师5年。至1871年，为瑞士巴塞尔大学教授。1874年，转为耶拿大学教授。著书颇多，其代表的为：《精神生活的统一》（*Die Einheit des Geisteslebens*）、《新理想主义的哲学》（*Der Kampf um einen gestigen Lebensinhalt*）、《宗教之真谛》（*Der Wahrheitsgehalt der Religion*）。

②新理想主义

倭铿是哲学家，在哲学史上的地位，是属于新康德派。康德的哲学，已藉马堡派之柯亨、纳托普等及西南学派之文德尔班、李凯尔特等复活而发展之矣。倭铿所复活者，是关于文化精神方面，康德之超个人的自我之伦理宗教方面。故特称为耶拿派或文化精神派。

倭铿之新理想主义哲学，亦名为“精神生活哲学”。“精神生活”（Geistes Leben）云者，是全体的、内面的、本质的生命也。惟其为全体的，所以有普遍一体的、宇宙的、超个人的、无限的、永远的性质。惟其为内面的，所以为内容的、自发的、本源的、创造的。又全体的与内面的两种性质相合，则成为独立自存、自由自主。此种精神生活，实为宇宙之形而上学的本质，而与外部的、断片的、物质的、尚未成为自己所有之自然相战，从而征服之、同化之，续行无限的活动。此种精神生活是超越个人的生活，直欲追踪历史的生活。

以上是倭铿的精神生活之概念，兹再简述之则如下：一是人心中唯一之实在，即是精神生活。二是此种实在，即为自我之根源，同时为宇宙之本质。三是此乃内部的、全体的实在，永远成为自律的、统一的、价值创造的活动之主体。四是继续不断地征服自然与物质而同化之，以创造文化的世界。五是所谓人格者，即是此种精神生活征服感性与冲动本能等，使人性之全体进于道德的状态。六是凡学问、道德、艺术、宗教等文化，不外是此种精神生活表现于历史上。

然则倭铿的哲学，是生命主义、主情意主义（超主智主义），同时是超个人主义、普遍主义、理想主义、自由主义、价值创造主义等。

（2）布德

①略传

布德（Gerhard Budde）者，德国人，现尚生存，曾得哲学博士学位。10年前，曾为汉诺威之女子专门学校教授，兼充该处高等工业学校之教育学私教授。在哲学上的立场，是属于新理想主义；在教育学上，则以倭铿精神生活哲学为根据，而倡人格的教育学，此为世间所知者。其代表的著作，则有《纯理的教育学》（*Noologische Pädogogik*）一书。此外，旧著中则有《基于倭铿哲学的中等学校教育学根本建设之尝试》一书，此亦为了解其所主倡的人格教育上所不可缺者。此外更有《现今教育理想之推移》、《近时的陶冶问题》等。

②各种教育之批评

氏既基于倭铿哲学而倡人格的教育学，于是，对于主智的教育说、社会的教育说、个人的教育说、实证主义的教育说等，均有批评。一是对于主智的教育之批评如下："此乃由偏重思维方面之黑格尔一派的哲学思想而来。知识与思维只属于人生之一部，决不是包摄全般生活。知识虽能表示形式，而不能形成生活之内容，故不能单以此为陶冶之理想。"二是其对于社会的教育主义，则批评如下："近时社会的教育说甚嚣尘上，是以社会之进步发展为目的，养成个人对于公共服务之能力。但此究竟不能认为是充分的，因为自立的精神生活之确立，实属先决问题，苟此尚未达到，则社会之进步乃至共同的勤劳，是不能完成。且若偏据此种主义，总不免于划一均等的倾向。若是，则被教育者之本身的精神，不能充分发达伸长；且此种主义，往往称赞赍得社会之功利实益的人，其结果亦有害于精神生活（此处是指凯兴斯泰纳等人而言）。照以上所说，则社会本位的教育，诚未得当。”三是对于个人的教育之批评如下：“此种思想，竟将感觉的自我与人格混视，其结果是容许个人之无限的开放发展。如是，反成教育上之荼毒。此种主义，乍见似与人格的教育相肖，其实是似而非的。”四是对于实证主义、实际主义的批评如下：“此种主义，并非表示陶冶的理想。因为实证主义是以事物之确认及记载说明等为本领，实际主义则阐明致人生幸福的方法，二者均未曾表示赅括的陶冶理想”云。

③教育的理想

布德既历评诸种教育后，乃向人格的概念中探究教育之原理，即承认“人格的教育”为最根本的、最包括的。然而何为人格？氏则谓人格之核心，即是倭铿所称之精神生活，此乃自己生活之本质，非外界之附属品，是包括各种活动能力而统一之者。其本质是在于能动的、创造的、向上的诸点。故氏遂下“人格”之定义曰：“人格者，是人类从自然之机械的状态脱出，进于独立不羁状态之自己活动的统一体。”布德从此种见地，规定自己的教育理想即人格的教育之目的曰：“教育之真目的，在于陶冶创造上述的人格。”

④教育的方法

然则陶冶创造上述的人格之途径当如何？布德则排斥主智主义，欲藉主情意主义及谋个人之自由发展而达成之。彼关于教学与训育上有言：“对于知识主义须加以限制，废除注入式的教学、记忆的偏重等，扩充观念界，使判断正确、意志巩固；在训育上，采有秩序的自由主义，以养成自治的习惯。”关于个性发挥上则言：“人格与品性，惟在个性发展上得自由之保障时始显。故吾人深惧自由之误用，生活不可流于偏狭的、束缚的。若竟养成标本式的人物、标本式的种族，轻视个别的、独特的性能之发展，诚属大谬。社会并无阻碍个人之精神生活的自由构成之权利。以社会为主的教育，是以养成划一的、中庸的人物为理想，但此种见解，明明是使个人的存在恶劣，以精神生活为一种方便，显属错谬。生活之真正保障者，乃在于卓越的个人、优秀的人格。此种人格，不是社会之忠仆，乃是社会之主人翁。”

总之，布德的教育思想，其着眼处是在自由自律的人格之创造，惜其所说，仍不免于肤浅耳。

（3）林德

①略传

林德（Ernst Linde）亦是德国提倡人格的教育学者，曾为哥达的小学校长，旁兼《德国教育新闻》的主笔，大有贡献于教育界。其著书有《人格的教育学》（*Persönlichkeits Pädagogik*）、《自然与精神》（*Natur und Geist*）、《现时教育上的论争》（*Pädagogische Streitfragen der Gegenwart*）等。

氏所倡之人格的教育学，其系统与布德略异，并不是汲倭铿的思潮之道德的人格教育学，乃绍述新人文主义与浪漫主义之学统的人格教育学，其中是富于艺术的色彩。此外，氏的教育思想，又受希尔德布兰德（Heinrich Rudolph Hildebrand，1824 ~ 1894）的影响甚大。

②教育理想

林德对于现时教育上的论争，发出以下之人格主义的生活观：“人类之生活，具有自然的方面与精神的方面。自然的方面是藉冲动、欲望、情绪等而活动，精神的方面是藉规范、理性、良心等而活动。吾人若单顺从前者而生活，则与动物等无择别，但依从后者而生活，始能实现人类的生活本色。故欲成为真正的人，则当以高尚的精神生活力，统御低劣的自然生活，发挥人格之存在的本质。”

此种思想，是从理想主义的哲学，尤其是谢林等而来。至关于人格的内容，氏认为应具以下四种特质：一是热诚能感，二是个性显著，三是生动独创，四是操守贞固。

所谓热诚能感云者，是指心情温热、富于热诚与感动性而言。若单具冷静的理性，欲以是感人，实未得认为真正的人格者。至于个性显著云者，即指人格之中，必须具有独特的、显著的个性也。本此意义而言，则无个性之处即无人格。但林德之所谓个性，并非指畸人的变态的个性言，是指具有普遍妥当之价值的个性言。生动独创云者，是指人格之富于创作力、能制造新的价值言。本此意义言，则凡俗人之受外力支配，作附和雷同及偶像崇拜等生活均不能为自己的价值之规定者，因亦不能视为完全的人格者。至于操守贞固云者，是指品性确立、内部充实、抵抗力强、志操健实，虽处逆境，亦屹然不动者而言。氏认为，真正的人格者，必须具有以上四种特质，亦即为林德的教育理想之所在。

③教育的方法

氏关于教育方法的意见，曾在其所著《人格的教育学》中述之，是书一名为《对于现代之方法过重者的警告》。氏谓教育之主要途径，非在于教学与训育等手段上，实在于教师之人格，即是在于师生间人格的交感中，故曰："人格的教育云者，是视教师之人格为教育之主要手段，即以养成学生之人格，为教育之主要目的。"氏因此又分为：教师之人格与训育上的关系、教师之人格与教学上的关系、儿童的人格与学习上的关系等，以说明人格在教育方法上之重要。

其一是其论人格在训育上之重要性有言："教师之人格在教育上占重要之地位者，殆无庸细说。而尤以在训育上为最显著。古来教育上是极重视模范，倘模范不足，则训诫与赏罚等，实无若何价值。"

其二是其论人格在教学上之重要性云："从来的教学，不外是或以材料为主，或以方法为主。近日教学上因过重方法的结果，遂生出形式主义的弊端。裴斯泰洛齐之子女教育的标准方法，赫尔巴特派之形式的阶段法等，均欲表示其理想的方法者。但近人因重视教法，而忽视教师人格，于是教学的结果流于末技，而失却本来的生命。此诚大误。"教师的人格在教学上之重要，单观其具有上述之四种要素与否，便可明了。例如，教师缺乏热诚能感的资质时，则不能使教学的方法生动、教学的影响深挚及死的教材活跃。又若教师之个性不显明时，则教学上实缺乏生命。因为教师之活动，恰如艺术家的创作活动，必须自己的个性有适当的表现，方能引起学生之人格反应，而收良好的结果，否则到底属于不可能。再就生动独创而言，此即表示教学上不当单作教材之机械的传达，必须使其教材恰犹从教师的精神创出，如是，始能令教法亦同时活动，使学生将所得之内容成为己有。此即生动独创的作用。最后，再就操守贞固上言，教学必须有统一，然后能活用多歧的教材，构成学生人格的核心，所以，教师要志操贞固品性健实。

其三，以上是言教师的人格在教学方法上之重要，此处更言学生的人格在学习上之重要，其论如下："第一，教学的材料若属冷淡的，必不为学生所欢迎。故有引起其心情与兴趣之必要。此心情即为心意生育之所，亦即为自我生活之根柢，故必须使学生之人格活跃。第二，教材当为直觉的。盖学生原住在具体的世界中，而此具体的世界之把捉，舍从直觉之外无由。照此种见解，则须力避抽象的教学。即如修身科的教学，亦不宜单作理论式授之，倘用诗歌或故事等形式授之，则大可鼓舞其情操。此种直觉，即为内部的、生命的直接把捉，亦即人格主义之核心。第三，须引起学生活泼自由态度。教学上若加以相当之诙谐，则大可促进活泼自由态度，此对于师生之人格交换上大有效力。准此，教学与学习上，均有尊重学生的人格之必要。"

其四，对于人格教育学的非难之辩解。当时的人对于人格的教育有种种非难，林德乃发出以下之辩解："现有怪责人格的教育学为忽视方法者，但吾人实在并非如此。只是人格的教育学，所反对者乃在于方法的过重，因为教学方法的根柢，首当求之于人格上。又有怪责人格的教育学为排智主义者，此亦属误解。人格的教育学虽属于主情意主义，即以心情为第一，非如向来之以知识为第一，但并不是绝对排斥知识。大凡正确的知识，即是悟性的陶冶，吾人之重视之也，实在未尝落人后"云。观此，则氏所主倡之人格教育学的真相自可大明。

（4）其他的人格教育说

除布德与林德二人外，主张人格的教育学者，德国尚有弗尔斯特、伊兹奈（Itschner）、凯斯特纳（Kästner）等。

弗尔斯特是慕尼黑大学之哲学、教育学教授，为有名之德国伦理教化运动者。著有《学校与品性》（*Schule und Charakter*）一书，提倡道德的品性之建立，可认为一种道德的人格教育说。氏谓无论从社会文化上、智育上、职业教育乃至艺术教育上着想，无一不以人格之培养为基础。故教育不能以道德的品性之陶冶为第一义云。

伊兹奈著有《教授学》（*Unterrichtsiehre*）一书，谓人格的教育是在谋感性与灵性、自然与精神二种生活之调和，从此创造人格的生活。氏言："人格者，是个人从自然的机制独立、完全为自由之状态。"故人格实具有以下四种特质：①自己固有之特质，即个性。②意志之固执的操守，即性格。③不为威武与暴压所屈服之自己的主张。④恒久的内容。教学之目的，即在养成具有此种特质之人格。至于教学方法，则以人类天赋所有之构成力（Gestalungskraft）为基础，加以辅助作用使其完成为人格。教学之任务，一在引伸创作之力，一在使了解生活意义。前者为形式的原理，后者为实质的原理。教学之顺序则分为以下三阶段：①第一段为领受，亦即直观；②第二段为人格之支配教材，亦即是认识；③第三段为处理，亦即发表。在此种顺序之下，氏是反对其他一部分之人格教育论者，纯以教学之能事委于教师的自由人格，而忽视客观的原则者。

凯斯特纳的人格教育说，见于其所著《社会的教育学与新理想主义》（*Sozial Pädagogik und Neuidealismus*）一书。氏对于纳托普、乌诺尔德、伯尔格曼等进化的社会的教育学，大加攻击，尤以对于伯采氏之攻击最烈。因此，认社会的教育学为无足采，从而主张自己的人格教育学说。其内容是从倭铿的新理想主义来，主张征服自然，确立精神生活，从而构成人格的生活。方法上则采裴斯泰洛齐的勤劳动作主义。谓教育的阶段，即当以精神生活之发展阶段为根据：①为制作的阶段，②为黎明的阶段，③为更新的阶段。

最后，再就人格的教育学之价值言之。此派虽以主观为基调，而超越个人的、心理的、自然的立场，以普遍的、妥当的自我即所谓精神生活为立脚点，脱却新个人主义的弊端，此点是正确的。又从人格主义的立场，主张情意主义，从而高唱创造主义、合理的自由主义、理想的个性之伸张，亦属至当。又在教育方法上，重视教师与学生之人格，此均属不错。但此派实际上是个人主义的、良心主义的，往往轻视客观的法则、教学的理论与技术等，是其大缺点。

第六节　艺术的教育

（一）艺术的教育之概念

现在理想主义的教育中，特有美的乃至艺术的教育之一种，吾人单观艺术教育或此种教育运动之发生，即可深明其故矣。现代的艺术教育中，有以下两种思想：（1）以文化价值中之美（Das Shöne）乃至艺术（Kunst）为人生价值之重要的一方面，故认教育上亦须重视此点。（2）以教育活动比于一种艺术活动，故认教育亦须依据艺术原理之美学的规范而施行者。前者可认为是“以艺术为目的”的教育，后者可认为是“以艺术为手段”的教育；前者是提高美育的价值，后者即是美的教育学。

（二）艺术的教育之由来

现代的艺术教育，从思想上观，可认为19世纪之美的新人文主义之继续或复活，并经过近代初期之人文主义而与希腊、罗马之审美主义有关系。但从实际上观，实以认为是对于19世纪后半之实证主义、主智主义、功利主义、机械主义等之反动，可谓正确。盖自19世纪后半以来，因为知识与功利偏重之故，没却“美”与“艺术”等在教育上之价值，社会人生既失其常态，于是美与艺术的渴望油然而生，教育问题亦注意及此。此种气运之促进，又因1856年自伦敦开万国博览会后，其余各地所开之博览会的出品，其艺术极劣，遂使英、德两国的有识者引为深忧，于是美术改良运动，先起于英国，而德国及其他诸国继之，于是美术博物馆、工艺馆、美术学校等次第设立。他方面又有艺术教育运动之发生，以德国汉堡为中心，此种艺术注重之趋势，遂与日俱盛。对于一般思想界之影响，则有主情意主义之抬头，及创作发表的倾向日盛，艺术主义的教育亦随而发展。此外，经济上亦大需要美术的工艺品矣。

（三）艺术的教育论者

艺术教育之主倡者中，当以朗格、韦伯等为代表，其中又当以英国罗斯金为此种思想之先驱。以后顺序说明此诸人之美的教育思想。

（1）罗斯金

①略传

罗斯金（John Ruskin）者，以其出生之年代言，是属于 19 世纪的人物，并且不当特视之为艺术教育家，但其思想及言论大有影响于现代的艺术教育，此是无可否认者。本此意义，故认其为现代艺术教育运动之先驱者。

罗斯金是英国人，以 1819 年生，1900 年卒。曾入牛津大学，早已长于诗文，且对于绘画之批评，眼光极高。其后数年间，漫游欧洲大陆，特研究意大利的艺术而归。1858 年，为剑桥之美术学校教授，其后转为牛津大学之美术教授。

②艺术教育思想

氏承认现代之社会的、国民的堕落之原因，实由于艺术界之堕落。本此见地，遂欲培养真挚的艺术心，以振起社会国家之气运。其言曰："惟有至诚忠实的心情，乃能产出真正的艺术作品。吾人与真正的艺术作品接近时，能增进精神上的活力、健康及欢忭的感情者，正为此故。作品内所笼罩之诚实的牺牲精神，实使该作品成为不朽的宝物。此种牺牲精神之产生，有二种预备条件：一为对于各事具有止于至善的确实意志，二为确信作业与努力的增进，即为善的向上之表征。昔人的作业是属于极端勤劳的，故经献身的全部努力而成之作品不少。但至现代，则人格的全力的制作品已归于绝无，大都是以金钱为目的，视报酬额之高下而伸缩其劳力。且光明正大的心情，尤为艺术上之不可缺的；若翻弄技巧，作虚伪的装饰，以炫表面之美，实属自降品格，而使情操腐败之行为。此种恶风，常在机械的作业中见之，诚宜返于正当的手工。总之，良善的作业，是起因于手的自由作业”云。

氏又论艺术的作业之必要云：“欲挽救现代社会的堕落，不得不由于作业。作业不特为生计上所必需，且对于一般社会、一般阶级，均属必要的教育手段。但作业之中，分为艺术的作业与机械的作业两者。前者是适于人类，与以威严与势力，使其精神高尚；后者反使人类失其价值，流于粗野鄙倍。不良的实业主义与分业制度，实破坏纯粹的作业，使作业者不得幸福，使下层社会与上流社会均趋于颓败。往时职工的忠诚与熟练已灭亡，其朴实、满足、幸福之情亦消失。数百万人毫无欢欣之状，无爱情，唯作机械的工作以度一生，只为一时的生活而劳作。故作业上已无信仰的表现，亦无发表的希望。凡经吾人之手所成的一切作业中，已无人类作业之特征的人格的烙痕。对于行动上的责任感亦经灭亡，亦并无对于后代尽其制作之责的义务心。总之，无作业的生活是罪恶，而无艺术的作业是鄙野。艺术是具有调和的势力，能减少阶级的差别。艺术的人生观，因其具有忠实虔敬之情，故唯藉此乃能解救现时教化之灭裂与颓敝。”

总之，罗斯金之说，是对于19世纪过重功利的社会，欲从高尚的艺术作内部的救济，其中具有热烈的情绪，但非专为学校的艺术教育而发，乃属对于一般社会的艺术教育论。

③继承者

继承罗斯金的思想，而为艺术教育者，则有莫里斯（William Moris）。

（2）朗格

①略传

朗格（Konrad Lange）者，德国之美学家，以1855年生，为蒂宾根大学教授，对于晚近艺术教育上大有贡献。其著书有：《德国青年艺术教育》（*Die Künstlerische Erziehung der Deatschen Jugend*）、《艺术教育之本质》（*Das Wesen der Künstlerischen*）等，兹将前书中所述的思想论之。

②艺术教育思想

《德国青年艺术教育》一书中有言："吾人实生于杌陧不宁的时代，祖国正在冷风吹荡中，自己沉思的状态、愉快的感觉生活、对于审美的高尚生活，至今已不复见。艺术的萌芽未及茁长，已被风所摧，于是个人的势力之自由发展，实属不可能。艺术能使倾颓的土地复归于繁荣，吾人实不宜将已开的艺术之花摘去。一国为维持国力，不致仰给他人计，非养成艺术的人材不可，此乃一国生存之外部的条件。德国如欲脱离对于他国的隶属性，不得不谋经济的进步发展。现在吾国虽已成为工业大国，然而经济的生活，必藉国民的艺术进步，方得迅速的、有效的增进。若认艺术只对于少数人有关系，乃属一种娱乐的美术品，未必有实地的利益，此诚属误解。艺术在人类多数的活动中，是比较的能以少量的材料生出高尚的价值者。在人类制作的范围内，天才的发表，是以在艺术上为能得到最高价值的报酬。一国之民从多方面发展其艺术能力，因此，比于他国，在经济上占得更优越地位者，当以法国的国民为先例。吾人之目的，不是在直接养成艺术家，而在养成具有美的鉴赏力之民众。此种鉴赏家，实为专门艺术家与普通民众间之渡桥。"

朗格的艺术教育论，是主张启发国民一般的审美意识，提高艺术的制作与观摩，一以防遏外国品的输入，一以促进本国的制造品，以图国家经济之发展。

（3）韦伯

德国之韦伯（Ernst Weber），是以教育活动为一种艺术之活动，本此见地，欲以艺术的理论为根据而组织教育学者。观其所著《教育学之基础科学的美学》（*Aesthetik Als Pädagogische Grundwissenschaft*）一书，即论及此点。

①教育与艺术

氏视教育为一种艺术，因而论及"美的教育学"之立场如下："教育不外是引导被教育者使臻于自己活动的地位，换言之，即养成继续生长的人。自己活动是能令人类的本质自由发展。然则欲助长此种主观的、个人的自己活动之发展，果需要何种教育学？单靠指示一般原理的教育学，当然是不足的。因此，实在不能不有赖于美的教育学之指示。”

氏因此认教育学共有三种：一为一般原理的教育学，二为对于教育之实际给以理论的基础之教育学，三为指导教育动作之实习的教育学。“一般的教育学”云者，例如，赫尔巴特的教育学（理论的教育学）是，此即为教育全体之理论的教育学，亦是建设于伦理学、心理学、文明史、卫生学等基础上之哲学的教育学也。第二种是为“科学的教育学”，是关及教育实际上的一般理法之学，此为夸美纽斯、裴斯泰洛齐等所苦心推构之教育学。第三种教育学，实不能称为纯正科学，只是属于直觉的、艺术的领域之实际教育术（Art）。

②美的教育学

美的教育学究属于何者？曰：是属于第三种之教育学。照以上所说，则可见韦伯之所谓“美的教育学”者，与普通之所谓一般的教育学、理论的教育学、系统的教育学等异趣，亦不是一种教授学，实可称为“教育术”或“教育动作学”。

既称为“术”与“动作”，自然不成为“学”。故氏因此亦言：“直觉的、艺术的教育术，原不能称为纯正的科学。”但氏仍依据美学的、艺术的规范，从事于教育学之建设。此种企图，果属可能与不可能，是另一问题。总之，韦伯是以理想派的美学者伏尔盖特（Johann Volkelt，1848）所指示之四种美的根本规范，从事于其建设。

③美的规范与教育

伏尔盖特之美学规范，又可分为客观与主观两方面述之。

（甲）从客观的符号上表述，此四种规范则如下：一是形式与内容之一致，二是在人生上有价值之内容，三是为假象界的美，四是为有机的统一体之美的对象。所谓形式与内容之一致者，盖谓形式与内容若不一致，则不能令人发生美感也。例如，画美女时，若以画村女所用的粗线，则不能令人觉得美女之秀丽。此规范在教育上利用时，例如，教学事项与儿童之心理不适应，则不能收效是也。所谓在人生上有价值的内容云者，即指人之所感为美者，必在人生上有相当的价值，盖人类的兴味，毕竟在于人类的本身，所以，凡将人类以外的事物教儿童，欲引起其兴味者，必须以人生有关的事物为出发点方可，但此处所言的价值，非属实利的、道德的，乃从美的意义而言。所谓假象界的美（或假想的美）云者，谓实物不在目前，而俨如目击其实境之美也。此不能不藉艺术的想像力，盖想像原属艺术之一要素也。所谓有机的统一云者，即指美术品各部分调和相称，有一定的比例，方无损于全体之美也。此规范在教育上之应用，例如，教材之互相联络是也。

（乙）从主观上表述，此四种规范则如下：一是感情热烈的直观，二是感情表象之扩大，三是关系活动之昂进，四是实感之沉降。所谓感情热烈的直观云者，谓凡欣赏美术时，若感情冷淡，则不能有美感之享乐。此规范在教育上之利用，例如，道德的训导，必藉教师之热情而收功；又如，教地理一科，若加以旅行的经验为解释，更令学生有趣是也。所谓感情表象之扩大云者，谓赏玩美术时，须将观念逐渐扩大方能感其美，否则美感薄弱。所谓关系活动之昂进者，谓教育的活动，逐渐藉教师之人格与热烈的感情而统一也。但此种统一，非理论的统一，乃人格的统一。所谓实感之沉降云者，谓当审美时，须将对于实象的情感逐渐遣散，仅以假象的情感充满意识方可。不然，若实感昂进，反令美感沉降矣。

氏在美的教育学之结论中，述及教师之资格如下："艺术的教育家，在言语及态度上，须有构成之能力，尤贵长于雄辩及谈论。图画及制作上，亦须具优秀之才。"

现在总评艺术教育的价值。上述诸教育家，因鉴于自 18 世纪以来，主智主义、功利主义、狭隘的道德主义的教育论者，早已唾弃审美的、艺术的教育于不顾，今欲作规复的运动，诚属正当。故此诸人的主张，在教育理想上，是重新高唱"美"的价值，与"真"、"善"两者相辅而行；在方法上则特别重视艺术的教材，亦无可非议。但有一部分的议者，意流于艺术至上主义或美术万能主义，则又属谬见。盖从价值的领域上言，实不能无限界也。至于教育学的，其中采入美的要素，原属正当的。但若奉美学的法则为教育之最高原理，则又误矣。因为教育学是一种独立的学问，既不是如施莱尔马赫之所谓是应用的伦理学，亦不是如韦伯之认为应用的美学也。然则韦伯之“美的教育学”，纵使单认为是属前述之第三种的教育学，仍不得谓为正当。吾人总不能忘记“教育毕竟是教育”。

第七节　实验的教育学

（一）实验教育学之概念

以上自本章第二节至第六节之所述者，均是关于教育之主义方针，即是关于内容上的叙述。但自19世纪末叶以迄现在，有许多教育家承认教育学的“方法”（Methode）非为实验的不可，于是，“实验教育学”（Experimentec Pedagogy）的思潮以兴。此处所谓教育学的方法云者，是指研究教育问题而组织教育学的方法言。

（二）实验教育学的由来

此种思潮之兴起，盖受19世纪以来实证主义的学问之影响。即排除思辨的、形而上学的武断态度，基于客观的事项，用严密的科学方法，欲以树立确固的教育或教法之理法。从此点言，则实验的教育学，可认为是属于实证主义的教育系统。而此种思想勃兴之直接原因，实由晚近的实验心理学之发达、医学卫生学之发达及关于儿童与青年等研究之发达。因此，竟有人批评实验教育学即为实验心理学的教育论矣。

（三）实验教育学者

实验教育学之提倡者为德国之拉伊及梅伊曼。但此种倾向，由德国传入美国教育界之后，生出许多实验的教育研究者，从前本以德国为中心，现在反有以美国为中心之势。以下介绍其中主要的代表者之说。

（1）拉伊

①略传

拉伊（Wilhelm August Lay）者，德人，1862年生，1927年卒。小学毕业后，从事于家业。父死后，则入师范学校，毕业后，曾为小学教员，兼在弗赖堡大学研究博物学、哲学、数学、教育学等，且听闵斯特贝格（Münsterberg）的心理学讲义，大有影响于其教育思想。1892年，著《理科教学法》一书，大为母校某教师赏识，遂荐拔之。此后，专从事于教学法之实验的研究，至1903年著《实验教授学》（*Experimentelle Didaktik*）。因此书出版，哈勒大学遂赠以名誉博士学位。1905年，与柯尼斯堡大学教授梅伊曼共同发刊《实验教育学》的杂志，但自1907年以后，与梅伊曼不睦，遂辞该杂志的职务。著书甚多，以上述之《实验教授学》为其代表作。

②实验的教授学

何为实验教育学？拉伊说明之如下："吾人当翻阅教学法的教科书或关于教学术的书籍时，往往觉得关于同一的教材，竟有揭出反对的或互相矛盾的原则。其中，尤以初步的算术教学、缀法教学、外国语教学、图画教学为然。……自裴斯泰洛齐以来，综观各科教学法之历史，其中甚少一般承认的教学原则。即此种原则，又因时代或个人的关系，或用或废。虽经数十百之学者与教育家，运用赅博的知识、丰富的技术、心理学的修养，欲谋其统一，但至今尚未能尽除其矛盾。何为其然也？盖因未曾从实验上确立教育与教学上之客观的原则。吾人当从实际上出发，作实验的研究，从此而建设实验教育学尤其是实验教授学。"以上是述实验教育学之必要。

氏更在奥国发行的某杂志上，论及实验教育学之性质如下："新教育学（即实验教育学）与旧教育学两者，其经验与发现的方法是不同的，旧教育学只以自己的观察及其他简单的观察为根据，所以其方法不完全。教育者单就自己观察，则不免缺乏普遍的价值。又因其单关于成人方面的研究，所以不能阐明儿童的心状。欲矫正此种观察，必须客观的研究法即所谓实验法。吾人承认旧教育学之主观的方法，可以藉新教育学之客观的、实验的方法而补足之、完成之。”

实验的教育学之研究上，必须具备下述之三阶段：一是就一问题构成假定，二是根据此假定而行实验，三是将其结果应用于实际上。……实验教育学决非敌视旧教育学，当其构成假定时，是大有借助于旧教育学云。

照上所说，可以明了实验教育学云者，乃从实验方法而组织者，是具有客观的妥当性之教育学。拉伊是本此意旨而著成《实验教授学》。该书共十六章，内容如下：第一章，筋肉感觉及一般的运动。第二章，儿童之动向运动及游戏。第三章，感觉及表象之运动。第四章，发表运动、感情及感动。第五章，注意及其运动。第六章，观念联合及类化。第七章，事实教学及言语教学。第八章，直观式与记忆式。第九章，想像作用。第十章，思维作用。第十一章，暗示。第十二章，练习及记忆。第十三章，意志活动。第十四章，意志的陶冶。第十五章，统一的教学、事实的教学、适应自然与文化的教学。第十六章，实验教授学之本义及价值。

照此目录一观，可见该书之大部分及属实验心理学的范围。否则亦只可当作实验心理学的教育论而已。虽则其中有事实的教学、言语的教学及第十四章有智的意志陶冶、道德的意志陶冶、美的意志陶冶、宗教的意志陶冶等，但皆可视为实验心理学之应用于教育方面而已。教授学之实验的研究，本应是要涉及教学与学习的一般事项，以教育学的见地论述之。然而，氏的实验教授学，其内容不出于实验心理学的范围。只有一点，可算为极贵重的，即是全书均以意志本位及发表主义的思想贯彻之。此明明是受闵斯特贝尔格的筋肉运动主义之影响而来。拉伊从发表主义的立场，乃唱出直观、类化、发表等教学三阶段说，改正赫尔巴特派之教学阶段说。至关于教科的分类上，氏则发表极复杂的意见。

（2）梅伊曼

①略传

梅伊曼（Ernst Meumann）者，德国人，以1862年生，至1915年53岁时逝世。曾入莱比锡大学，在冯特（Wundt）教授之下，专治实验心理学，1889 年，得博士学位。同年即为该大学讲师。1900 年，转为苏黎世大学心理学教授。又 1907 年，转任明斯特大学教授。1908 年，转任哈勒大学教授，最后为汉堡之公开讲演所教授。

②著书及学术上的立场

梅伊曼是专研究实验心理学的，但亦研究美学与教育学，且为“实验教育学”（Experimentelle Pädagogik）之提倡者。1905 年，与拉伊合办教育杂志《实验教育学》号，至 1907 年，因与拉伊不睦而分手。其在实验教育学之学养，实非拉伊所能及。

氏关于实验教育学上之代表的著作，则有《实验教育学讲义》（*Vorlesungen Zur Einfürung in Die Experimentelle Pädagogik*）及《实验教育学纲要》（*Abriss der Experimentelle Pädagogik*）二书，后者是 1914 年出版的。

③实验教育学之概念

氏论实验教育学之意义云：“教育学当然是一个独立科学。因其本身具有特别的考察点故也。从来教育学有两个部门：一为叙述的、说明的科学之教育学，二为组织的科学之教育学。前者是记载与说明教育之基础的事实，与一般的科学同样，故具有普遍的性质。后者则反之，是将此种事实的知识与一般教育概念相结合，而成为组织的。但此方面往往因时代的文化状态及国家社会的事情而规定。然则实验教育学果属于何者？当然是属于记载说明的科学之性质云。”

其次论及实验教育学与旧的教育学之差异点云：“从来的教育学，虽努力于规范之提供，但毕竟是缺乏规范上重要的科学基础。即是单作概念的科学、规范的科学观，而忘却事实关系上经验的建设。规范本应立在事实的基础之上，然而赫尔巴特与福禄培尔，均单作演绎的说法，忘却事实的方面。实验的教育学，正欲补救此种缺点者。”参观以上两段引语，可见梅伊曼之所谓实验教育学的性质。

至关于实验教育学的范围，氏更说明如下：“实验教育学者，是对于一切问题以儿童之研究为基调，从而阐明之者也。其研究之范围如下：（一）考究儿童精神及身体的状态，（二）考究关于教师之活动的法则，（三）考究关于教学方法及学制问题等。即以实验的方法，研究此种问题，即为实验教育学之主要任务。”“若将上述的研究对象分析，则当如次：（一）学校儿童身心发达之研究。（二）追寻各儿童精神能力发达之迹。（三）个性之研究。（四）规定个人之禀赋，即个性之能力。（五）儿童的学校作业之研究，即作业的技术及其经济、学校作业与家庭作业之比较等。（六）各教科上儿童作业的研究。（七）教师之活动的研究。”

现再将其所著《实验教育学纲要》列出的事项举之则如次：前篇——根据经验的儿童学之教育学建设。第一章，儿童学概论。第二章，关于儿童身体发达的实验研究及其教育的意义。第三章，儿童各种精神能力的发达。第四章，儿童的个性与禀赋之差异的研究。后篇——根据学校儿童作业分析之教育学建设。第一章，精神的作业概论。第二章，作业分论及实验教授学之任务。第三章，实验教育学之将来。

梅伊曼的《实验教育学》比于拉伊的《实验教授学》，学养上是大胜一筹，其中尤以关于精神作业之经济等论说最有价值。至于在精神作业分论中，则将读法、书法、算术、图画等教科从心理、生理上作科学的分析，以其分析的结果为基础，而述教学的方法。总可算为极贵重的研究。

兹综评实验教育学的价值。从内容上言，实验教育学之起兴，原在欲得到实际价值之丰富的教育规范。因此，不得不算为有重要价值。盖教育之规范与法则，愈具有实证的、经验的基础，则其内容亦愈觉真正。但实验教育学亦自有限界，盖其所研究者，只是“存在”的世界里。而教育学之全盘任务，则除“实在”的研究外，还要加入“当为”的研究。当为的研究，乃由于人类之价值意识中所生者。因此，梅伊曼之认实验教育学只是一种特殊的教育学，颇觉中肯。至若拉伊，则殆认实验教育学为一般的教育学之性质，则误矣。此亦因“实在”与“当为”两者之不能混而为一也。

第二章

欧战后的教育

第一节　总论

（一）欧战后社会的倾向

1914 年爆发之欧洲大战，殆令全世界卷入旋涡，成为空前未有的大动乱，其中实包含种种意义。英国哲学家罗素（Bertrand Russell）则从心理哲学上批判，认为是由人类之“所有欲”而生的惨劫；又有某批评家，则认为是由美、德、法三国间之资本主义的大冲突而来。更或认为是 19 世纪以来帝国主义之最后的大算帐；又或认为是军国主义（Militarism）与和平主义（人道主义）的思想之争斗；最后，更有认为是狭隘的民族主义、国家主义的教育所必然赍得的结果。凡此种种推猜，不过揭示其中一面的实情而已。总之，此五年间之划期的大战乱，前后分出迥然不同的时期，无论经济、政治、军事、外交、教育乃至一般思想界，均大有变革，是事实的。

先言社会上的变动，则其主要趋向如下：（1）在 19 世纪时已达极点的帝国主义（包括军国主义）的国家社会，其成行已陷于穷途，乃一转而变为和平主义、国际协调主义的社会机构。试观国际联盟会之设，隐然成为超越国家的组织；又如根据民族自决之原则，而世界上竟有新民族及新国家之出现，此均其明证也。（2）资本主义的社会机构逐渐崩坏，而民本主义甚或共产主义的社会机构之新生。例如，帝国主义、贵族主义的俄罗斯帝国，经1917年的革命，竟由无产阶级而建树共产主义的苏维埃联邦，此其一证也。又如，昔日以德皇为盟主之德意志联邦帝国，经1918年革命，竟成为德意志共和国矣。其他的国家，纵使未达到政治上大革命的程度，然社会组织已逐渐趋向民本主义的色彩，社会生活形式亦次第改变，此不得不认为空前的大变化矣。

（二）思想界的倾向

欧战后的思想界，是随社会现实的倾向而有以下之变化：（1）自由平等思想之发生。（2）国际协调、社会联带、互相扶助等和平思想之发生。（3）反对资本主义之无产阶级本位的思想之勃兴。（4）对于观念论的、理想主义的思想，则有唯物论的、实证主义的思想之抬头。

自由平等、共存共荣、无产阶级的、唯物主义的四种色彩，在欧战后实弥漫于全球的思想界。凡帝国主义、资本主义等之没落，社会主义的社会机构之出现等，均可认为此种思想之必然的产物。现代的实证主义、唯物主义等思想，明明是19世纪时此种思想之继续与复活。此种思想现在特与无产阶级主义相结托，亦犹观念论、理想主义等思想之与资本主义之相结缘也。其结果则发生宗教之驱逐或解消等运动，形成经济中心的社会观、人生观。

（三）教育界的倾向

欧战后的教育界，可认为现实的社会与思想界之缩图，一面既保留从来原有的诸种教育思想，他方又发生趋向时代潮流的新教育，呈错综纷纶之势。从前原有的教育云者，即前章所述之社会本位的教育、新个人主义的教育、人格的教育、国家公民的教育、实验的教育等。至于新兴的教育，则有民本主义的教育、文化的教育、社会主义（共产主义）的教育等，以下分节述之。

第二节　民本主义的教育

（一）民本主义的解释

（1）民本主义的概念

民本主义（Democracy）一语，或译为社会民主主义，更或译为国家社会主义，均无不可。本来是属于政治上的用语，亦属于政治上之一种体制，即指政权由人民公意而行使之政制也。美国总统林肯之所谓“民治、民有、民享”者，即指此而言。但在今日，此语之用途甚广泛，除政治以外，凡经济、社会、教育等，均靡不使用之。故单照向来的惯例，译为民主主义或民治主义等，不免有偏涉政治范围之嫌，宁可改用“民本主义”，似较洽于其他各方面。

民本主义之特色，乃在于平等主义。此种平等，在政治上则为专制政治、贵族政治之反对，在经济上则为资本主义之反对，在社会上则为无特权、无阶级的社会组织，在教育上则为“机会均等的教育”（Equality of Educational Opportunities）。

（2）民本主义与教育

教育的实施上，以民本主义为标榜之国家，现在当推美国及德意志共和国。至若苏俄，则励行更彻底的、更严密的社会主义亦即是共产主义，故两者当区别论之。从民本主义的立场，而组织教育理论者，则为美国之杜威。

（二）杜威

（1）略传

杜威（John Dewey）者，美国新英格兰佛蒙特（Vermont）州柏灵顿人，以1859年生，今尚存在。20岁时，在佛蒙特大学毕业。其后二年间，曾为乡村学校教师。1884年，得哲学博士学位，历充密歇根大学及芝加哥大学教授，现为哥伦比亚大学教授。

（2）著书及学术的立场

杜威为现代美国之伟大的哲学家及教育学家，其在哲学、教育学上之立场，是“实用主义”（ Pragmatism）的。但应注意者，杜威之“实用主义”，特称为“芝加哥派”，与詹姆斯（Dr. William James）之实用主义殆属于英国嫡系者大异其趣。盖因杜威的实用主义之中，包含黑格尔等的思想即理想主义派的成分在其中，故二者不可以不辨也。故在教育上的立场，彼实非单纯的实用主义，一面既为社会的教育学，他面又具理想主义的要素。只关于哲学或教育的方法上，则主张实验主义，此点则与詹姆斯同。

杜威之著书颇多，兹特举其关于教育者如次：《民本主义与教育》（*Democracy and Education*）、《学校与社会》（*The School and Society*），《思维术》（*How we Think*）、《创造的智力》（*Creative Intelligence*）、《明日之学校》（*School of Tomorrow*）等。《学校与社会》一书，虽属旧本，但颇能领会其教育思想之要旁，极觉简明。《民本主义与教育》一书，可窥见其根本思想及其教育学说之组织，亦属重要。最后之《明日之学校》一书，乃氏与其女伊夫琳（Evelyn）合著的。

（3）根本思想

在述杜威的教育学说之前，有略述其根本思想之必要，兹特从三方面述之：

①氏的哲学观

杜威以为哲学的任务，非在于“为真理而求真理”，其实一切事物，罔非为生活而存在。故言哲学而离却“生活”，则失其存在之意义。从此点言，则德国之观念论的、先验主义的哲学，实属仙人主义的一种理论的游戏。然则杜威所主张的哲学究属何种性质？是在“生活改善方法的一般指示”。所谓“一般指示”云者，是用以区别哲学与科学之语。盖科学仅指示生活改善之一面，而哲学则从全体的见地，为一般的、根本的指示也。氏又将自己的哲学与德国派之先验主义的哲学相比较，而言曰：“先验主义、理想主义的哲学，是专制主义、君主主义的哲学。盖因其不承认经验的要素即多元，亦即民众之存在价值，单承认先验理性之绝对的机能，专将其价值提高也（可参照康德及新康德派的哲学）。然而，实用主义的哲学是属经验主义的，在其出发点上，则承认一切经验有平等价值，且属多元论的。故吾人的哲学，乃民本主义的，是从经验中而生出睿智的。此种睿智，譬犹民主国的总统，在公人的资格上虽为当选的领袖，而在私人的资格上，仍属一个庶民。换言之，即睿智的本身，仍属一种经验，与其他的经验无异。”观此，则杜威之哲学思想中，完全表现民本主义的精神。

②氏的认识论（知识论）

杜威从实用主义的见解，承认知识是属一种工具，乃倡“工具主义”（Instrumentalism）。试观以下的论，便明其真意：“吾人最初之所得者，乃为直接的、具体的、根本的生活经验。此种经验继续活动，如水之流，不知所届。其内容是属异质的多元性。但此种生活之流，忽被某种原因阻碍，遂生出反省的世界，而起‘何故’的意识。经过思维、讨究、判断等，而后生出知识。故最初之自我的本质，乃属情意的（主情意主义），但在生活的过程中发生经验的障碍时，始派生一种‘智’的机能。一旦既入反省、思维即所谓‘智’的生活，仍属前进无已的。‘智’的作用，实所以穷究生活停顿之理由，而排除其障碍（即解决问题），复返于最初之流动的、无意识的体验的状态，开始具体的生活之进行。在此种继续反省的生活过程中，自然达到全我的一般的睿智。准此，则知识云者，实属行动中的工具，要不外为生活起见，而为实用主义的”云。观此，则凡氏所主张之“知识的工具主义”、“真理的实用主义”、行动主义、经验主义等均可明了。

③关于个人与社会关系的思想

杜威言："个人是存在于社会中，但社会除却个人，亦不存在。社会云者，只指个人间之目的、信仰、希望、知识等相同之点而言。即是个人间的精神结合体，厥名为社会。"此外，是更谓个人是有限的、社会是无限的，故社会对个人之关系是相关的，不能不为自由平等之民本主义的。

④教育的意义

氏在《民本主义与教育》一书中，从各方面考究教育之意义。例如，其一，教育者，是生活之更新；其二，教育者，是经验之连续的改造；其三，教育是社会之适应等。命名虽不一，而其根本意义则同。总之，是认教育之本义，乃在"个人与社会之不断的改造过程"。

⑤教育之目的

杜威是承认教育上不能成立普遍的目的，其理由是因教育之具体的目的，即在于被教育者之生活中，且不能看透悠远的将来，而预为之规定也。纵使承认有预定之可能，然如此立定之悠远的一般的目的，究属抽象的、形式的，在实际教育上殆无何等价值。

然则杜威竟承认教育目的之完全不能成立欤？是又不然，彼实在有如下之教育目的观："教育目的是包含于被教育者之生活过程中。生活是不断的、连续的发展，故将各时期、各过程之生活充实的生长，即为下期生活之最良的预备。舍此以外，殆无其他真实的教育目的。"

此种思想，即为具体的现在充实主义，换言之，即为"教育即生活论"(Education is Life)，亦即是现实一元论、连续的发展论、过程尊重论。

根据此种教育目的观，氏遂大反对生活准备主义。生活准备主义者，可以斯宾塞的教育目的观为代表。是将现在与未来切断，视人生为二元的。认价值与理想唯在于未来，即成人时代的未来，至于现在的少年期，本身无何等价值，只当作未来准备之手段，始有价值。因此，不惜牺牲现在，专顾及未来的教育。杜威反对之曰："此种思想，实不明了人生为连续发展的过程，现在的生活，其本身即有价值。凡被教育者受此种准备主义的教育后，将来成人之时，必追怨少年时代自己的生活之不幸”云。

以上是杜威的教育目的论之一面（即教育即生活之目的观），他面尚有民本主义的教育目的论。氏以为个人与社会，诚属二而一、一而二的，且生活亦非单属个人的，实属社会关系的。故社会实为教育目的之一面。然而，理想的社会，非为民本主义的不可。民本主义的社会云者，并非徒尊敬君主王侯，而以人民为工具的社会，乃属人人各有自由权，立在平等关系的社会，换言之，即民本主义哲学中所必然产生的社会。以实例言之，即指氏自己所属的美国社会。

从此言点，则杜威的教育思想，乃在养成民本主义的个人，从而促民本主义的社会之进步与发展而已。“民本主义的教育”之称呼，实由于此。

⑥教育的方法

杜威的教育方法论，是属儿童本位的、生活（行动）本位的。因此，在教材上，则尊重广义的手工与作业，教学法上则为实验主义（即其哲学的方法）、劳作主义。实验主义云者，是视学习当作问题的解决，为解决问题之故，则或用广义的“试与误法”（Trial and Errors），或用“由行而学”（Learning by Doing）的方法，更或用“团体作业法”。故主张以自学自习为本位的教学法，但他面仍认教师之指导为必要。然则杜威之自学主义，决不是放任主义或单纯的自由主义。至于在训练上，则重视社会的训练。

⑦杜威的价值及其影响

氏的教育说，固有大大的优点，亦有大大的缺点。先言其优点：其一，从动的哲学上，认地位（Situation）是一元的，因而解决向来认为对立的社会对个人的问题，提供一个新见地。故氏之教育说，既非个人本位的，亦非单属社会本位的，是两面兼有的。其二，氏的教育论，非如纳托普之纯属形式的、无内容的，却为内容充实的、现实的，对于实际教育上极为适切的指导，此当然是由实用主义而来。其三，从发生主义、行动主义乃至知行合一主义上，改正向来之静的、主智的教育思想，从而主张教育即生活及过去、现在、未来之连续统一等新见解。其四，从其主意主义、行动主义出发，在方法上则生出“由行而学”主义、劳作主义，乃至过程尊重的教育、问题解决之学习方法等，均于教育上大有贡献。至其缺点，则：一是单从生物学的考察，认儿童之本性与生物一般相同，而忘却崇高的理性之一面。又于价值论与文化论上，单顾及实用主义、现实主义，而轻视理想方面。二是关于教育目的论上，单承认过程的、动的目的，只顾发展与进步之一面，而排斥价值判断之客观标准，所以无从达到普遍妥当的教育目的，竟堕于教育即生活的教育等论调。三是手工中心主义，亦属不妥当，盖因各教科自有独立之价值，赫尔巴特派之中心统合法，亦有同样纰谬。且杜威之作业主义，是偏重于手足方面的作业，关于精神陶冶方面，自不能无疏忽。四是“由行而学”一语，本来当解作实验与实行之尊重的意义，但须知此亦有可能与不可能之别。孟子曰：“挟泰山以超北海，是不能也，非不为也；为长者折枝，是不为也，非不能也。”故吾人在解释“由行而学”一语时，当辨别不能者与不为者之形方可。

至于杜威的教育学说，对于现代的教育，实在发生不少的影响。从思想方面言：其一，作业主义，早已影响于德国之凯兴斯泰纳，从而影响全世界。其二，动的教育之思想，与教育即生活之思想，中国人亦受其影响不少。其三，又其教育学说之全体，对于美国的教育，总有多少之直接或间接的影响。从实际方面言，则有过程（Process）本位的教育思想，令小学校方面对于低年级、中年级、高年级等分别注意，从此而设计教学法、道尔顿制、作业学校等，均注重此点。此外，还生出学校社会化的运动、试与误之实验主义的学习等。然则杜威之实用主义的教育学，正与纳托普之理想主义的教育学成为对照。

第三节　文化的教育

（一）文化教育学之意义

文化教育学（Kultur Pädagogik）者，是欲从历史的文化之立场，以解决教育问题者也。详言之，即是“认教育为文化现象之一，求教育原理于历史的、社会的文化上，并以文化为陶冶的材料，欲以养成文化之传承及创造的个人”者也。

（二）文化教育学之由来

文化的教育思想，本已见于洪堡、施莱尔马赫、维尔曼、狄尔泰等之思想中，但现代之所谓“文化教育学”者，是采集此种人的教育思想为基础，他面复加文化哲学、精神科学派之心理学等见解，而建树新教育学于其上者也。

（三）文化教育学之立场与特色

文化教育学在教育史及教育学之立场，是对于合理主义的教育学而以非合理主义相标榜，对于个人的教育乃至倭铿派之人格的教育学，则更重视历史的、社会的文化。惟其为非合理主义的，所以，特别尊重生命与体验。此点是与新康德派之严别自然与理性两者，偏重理性之论理的活动等，大有区别。因此，从全体上观察，文化的教育学是极调和的、极中庸的。

文化的教育学，实具有以下之三种主要特色：一是视教育现象为历史的现象乃至文化的现象，反对合理主义之一般妥当的、普遍的教育学，视教育学为历史的科学之一。二是从超经验的、体验的世界中，使存在与价值、自然与精神等归于合一，欲以建树具体的、普遍的教育学。李特曰：“当为的规定，不能离却存在的理解；反之，存在的理解，亦不能离当为的规定而独立”。三是受狄尔泰之精神科学的影响，谓自然科学之方法是在于说明，精神科学之方法是在于理解，因此，认教育学为精神之学乃至文化哲学。本此见地，竟欲以理解为基础，而建设“理解的教育学”。

（四）文化教育学者

今日可认为文化教育学者之中，则有斯普朗格、李特（Theodor Litt,1880～）、施特恩（Erich Stern, 1889～）、弗里休森—科勒（Max Frischeisen-Köhler，1878～）等。其中以斯普朗格为代表。所应注意者，此种教育学的学说，至今未有定形，只当拭目以观其后。

（1）狄尔泰

欲领悟文化教育学之渊源，须先了解狄尔泰之心理学及哲学（世界观之学）。亦犹研究人格的教育学时，有了解倭铿的精神生活哲学之必要也。

①略传

狄尔泰（Wilhelm Dilthey）者，德国人，以1833年生，1911年卒。曾在柏林大学等习神学、史学、哲学，至1866年为巴塞尔大学教授。1882年，转为柏林大学教授，著书颇多。其在哲学史上的立场，是在继承赫尔德（Herder）等历史派的学统，欲组织哲史哲学（文化哲学）之一点。其著书中尤以《精神科学论》为著名。“精神科学”一语，用作现代之意义者，当以氏为始。

②精神科学论

氏言，学问之对象的精神与自然两者，是完全异趣的。自然是机械的、因果的、无关联的；而精神的世界，正与此相反，是为有目的的、具体的、全一的。“有目的的”云者，谓其是属于价值创造的、个性的、特殊的、以一次为限的之意义。

自然与精神的性质，既有上述之差异，故其研究之学问亦互异。前者为自然科学，后者则为精神科学。精神科学之基础为何？即为心理学。但此处所指之心理学，是与向来之自然科学的心理学不同。自然科学的心理学，是将对象分析为若干要素，更将此种要素结合之，从要素之构成上说明精神。若是，实在不能把捉有目的的、具体的、有全一的关联之精神世界。故氏曰："自然只可说明的，而精神则须用理解的。"因自名其心理学为"构造心理学"（Struktur Psychologie），而称从来之自然科学的心理学为"要素心理学"（Psychologie aus Elemente），将两者区别之。

构造心理学即狄尔泰之精神科学的心理学者，果属何种性质？此乃将精神之构造关联记载分析之心理学也。精神构造之记载分析云者，非如向来的"要素心理学"之欲以诸种要素而组织全体者，乃欲把捉具体的、全一的精神向各方面发展之真相者也。换言之，即关于具体的、全一的精神，当其目的实现之际，果表示何种形态乎？其全部内容果何如乎？此则从体验的方法而理解之，从而将精神的构造关联记载而分析之者也。

再将狄尔泰所谓"理解"（Verstehen）之一语说明之，氏以为广义的认识，惟藉对象的把捉（Gegenständische Auffassen）与理解之二作用始可能。对象的把捉云者，即是藉直观、表象、思维三者认识对象也。理解是更进一步，从内面的、全体的把捉对象之本质。

理解的心理者，是在包含自他的一大体验的舞台上（精神的世界，原是一大关联的世界），以自己的体验为基，而以对象之感觉的表征为媒介，从而直觉其中所包含对象之意义（即指价值），以达于理解。此时最重要的作用，是为同情、想像、直感作用等，至于感情之移入等作用，亦常有之。理解既是在于对象之意义与本质的把捉，故当从目的的见地观察。而目的之成立，是由于价值之批判与规范之决定而来。故理解或体验，亦称为"由价值而把捉价值的作用"。精神科学上，是以此种理解为手段，以行精神之记载分析。

③文化论

关于精神科学之内容方面即文化问题上，狄尔泰之意见果如何？氏以为吾人之直接得自禀赋者则为体验。此种体验，原非自然，亦非精神。然从外观之，则成为自然的、物质界的表现；自内观之，则又成为直接生活即精神界的表现。从此意义言，实可认自然界与精神界，是在体验的世界内而互相关联的。再从精神界即生活而言，此亦继续发展的，其中具有诸种构造，可为发展之根柢的。

生活即是精神，不特是与自然、物质方面有关联，且其本身亦具有构造的关联（Strukturzuzammenhang）。构造的关联云者，即是有机的组织关系，亦即是目的关系的机构。今将其记载分析之：一为时间上的构造关联，亦即是历史的构造关联；二为空间的构造关联，亦即是社会的构造关联。而历史的、社会的两者更相结合，称为文化的构造关联。

如此说来，可见精神生活的世界，不外是历史的、社会的。又精神生活中，更具一种“发展的构造关联”，此即趋向某种目的乃至价值，而为根源的统一活动者也。亦即所谓创造。精神的世界，既具有如许的构造关联，诚属广大无边。然而，个人的生活只是此种广大无边的生活之表现于有限的范畴中而已。但虽属有限，然实与上述之广大无边的精神沟通脉络，所以当然亦具有广大无边之可能性。因此，有限的个人生活，其原形是狭隘的、不完全的，欲使其成为全体性，则个人的生活实有成为历史化、社会化之必要。此种历史化、社会化，质言之，亦即是“文化化”，此即为各个人欲达于悠久无疆的生活所必由之途径也。“文化（Kultur）生活”云者，实各个人的生活趋向此超个人、超时代的目的而前进，逐步达于价值的标准。至所谓“文化体系”（System der Kultur）云者，是指个人之精神活动与此种持续的目的相结合，而成一大目的之关联者也。至于此种目的成为持续的原因，而使各人之意志结合，构成一全体时，是谓之“外的社会组织”。

狄尔泰之意，以为文化体系，是藉全人的活动而继续与创造，至于外的社会组织，则以民族为基本单位，继承而发展之。而此两者又有相即不离的关系。即文化体系，是藉外的社会组织而发展；外的社会组织，又藉具有文化的构造关联之吾人的精神生活，继续输送血液，始得繁荣。

总括言之，狄尔泰的精神科学，不外属于“理解的心理学”，而其文化论，是以体验为基础之一种历史的、社会的精神生活论。

（2）斯普朗格

①略传及著作

斯普朗格（Eduard Spranger）者，德国人，以1882年生，本年53岁。1909年，为柏林大学讲师。1911年，转为莱比锡大学编外教授；翌年为正教授。1920年，转为柏林大学教授，讲授哲学与教育学，以迄于今。

关于教育上的著书：《洪堡氏与人文主义理想》（*Wilhelm von Humboldt und die Humani tätsidee*）、《生活形式》（*Lebens formen*）、《文化与教育》（*Kultur und Erziehung*）等。

②斯普朗格的学统

斯氏的学问系统，是绍述狄尔泰的精神科学系统，但非徒祖述而已，实又促其发展。此外，更有重要的思想系统，即绍述鲍尔生（Friedrich Paulsen，1846 ~ 1908）的思想是也。斯氏的心理学，是采用狄尔泰的精神科学的方法，而又采鲍尔生的见解，认教育学是一种文化科学。

③教育学论

斯氏谓教育学是文化科学，既为社会的，同时又为价值的。科学的教育学，须发现文化与教育之相互依存的关系，将文化社会之复杂构造析为教育的要素，以指示教育的规范，此其主要任务也。此种教育学，须研究陶冶的理念、陶冶性、教育者、陶冶社会四者。所谓陶冶的理念云者，即教育理想论，是当从陶冶之根本形式出发，考核历史上诸理想，以树立可为准据的理念也。所谓陶冶性云者，是指从教育的立场上，研究被教育者之心理，亦即教学与训育等方法之考核。至于教育者论，是研究陶冶者之生活形式与其本质。所谓陶冶社会者，即是教育机关之组织的讨论。

④陶冶论

斯氏谓陶冶（教育）即是“文化之存续发展”，此本为施莱尔马赫的见解，斯氏特采用之耳。斯氏下陶冶之定义曰：“陶冶云者，是将一切能与被教育者之自己发展的精神素质及生活范域发生关系之客观的价值，尽量采入，诉于被教育者之体验、心情与创作能力，而使其生长之谓也。”

此种陶冶观中，实包含四种重要观念：其一，视陶冶为价值与人格的意识间之关系，即指文化之移植或价值之感受而言。可见斯氏不是属于自然主义，乃属理想主义的，又不是属于个人主义，乃兼社会方面的考虑。其二，氏又非主张单纯的文化移植或价值感受，乃主张将陶冶之内容，切身体验，使成为己有，逐渐将人格扩大，亦犹树木之年轮，逐年扩大也。本此意义，则氏之陶冶观，非单属实质的陶冶主义，非单养成认识事物的腐儒。其三，氏的陶冶的，非属部分的构成，乃属全体的构成。此亦是精神科学的心理学之必然的要求，非为全人格的、有联盟的陶冶不可。凡所授与的内容，若属孤立的状态，则不能得融通自在性，因亦不成为体验的。其四，真正的陶冶，非与各个人的生活构造适应不可，此亦因被教育者之个性与生活情形各殊故也。

以上是斯氏的陶冶观之构成的要素，总之，是以“体验”为必要的方法，此点可认为极有价值的思想。此外，斯氏更言须以“爱”为动机，及须养成文化的实行能力。

⑤陶冶价值论

斯氏的文化教育学中之陶冶理想，是在于价值。因此，凡属的价值中如：理论的价值（真）、技术的价值（利）、艺术的价值（美）、社会的价值（爱及狭义的善）、宗教的价值（圣）等，均与陶冶之理想内容有关系。但斯氏以为此种客观的价值的本身，尚未成为陶冶价值。此虽作为文化价值时，间接上与陶冶有关，但欲使其成为真正的陶冶价值，尚须经过主观化的洗礼方可。主观化云者，是依据被教育者之陶冶性而成为具体化，亦即是被教育者化。陶冶性之中，有发达过程性（时期性）、个性及性别等。根据此种原理，使其成为主观化、具体普遍化，与被教育者之生活构造成为紧密的合致之状态，始得认为陶冶价值，亦即是严密意义的教育理想。天真烂漫的童年，对于幼儿是具有极大的陶冶价值，但对于青年人，则不成为陶冶价值。又凡与被教育者之个性最适的文化内容，是陶冶价值之最富的，因此，不得不以此为本人的陶冶之中心价值。

以上是关于陶冶价值的一般见解。实际上，斯氏分为三阶段而论之：一为基础的、一般的陶冶之价值。在此阶段，则以儿童之乡土为中心，从而给以关于科学、技术、道德、国家、艺术、宗教等一般的精神财产。二为职业的陶冶价值，即在精神文化之中，采其与自己个性合致者，以营适于本分的社会活动。三为综合以上二者，而为更高的、一般的陶冶价值。此三种陶冶阶段论，已足表现陶冶价值之主要的形态。

⑥陶冶方法论

斯氏以为陶冶的方法，应在陶冶性充分研究之后而定之。“陶冶性”（Bildsamheit）者何？从主观上言之，则为“自成性”；从客观上言之，则为“可教性”。氏言：“陶冶性云者，是自己发展的个人精神之特质，亦即是陶冶之可能性。因有此种性质，所以，体验、自律的教育、他律的教育等成为可能，从个人的精神上生出有人格的、文化的价值之财产。”而陶冶性之内容，则为自己发动性、发达过程性、个性、性别等。其次，关于陶冶的材料，氏则认为一切客观的价值材料，如科学、技术、艺术、道德、宗教、政治等，均在某意义上可成为陶冶材料，但其中最富于陶冶价值者，则为与陶冶性有直接的、中心的关系之材料云。

至关于狭义的陶冶方法，氏则认为，要融合六种生活型式（Lebensformen）与六种个性类型（Die Typen der Individualitat），以养成个性的同时是普泛的、体验的文化人为主，依据精神科学的心理学方法即所谓理解的方法，以从事于教学学习。“理解”云者，或称为“了解”，即是以自己的体验而得他种体验，以一种价值而把捉他种价值（即文化之意义）之超认识的方法。此种方法之可能，盖因精神界实为一大关联的世界，及精神生活原为价值实现的世界之故也。

⑦文化教育学的价值

现在综评文化教育学之优点与缺点。其优点处之可认者：一是比从来教育学之学的见地，更具有高一段的活跃的根源（体验），从此欲建设新的第三的教育学。所谓“第三的教育学”云者，是指兼具理想与现实、普遍与特殊、主观与客观等之教育学而言。二是其结果是承认生活与文化，一面具有历史性、客观性，他面又认为具有主观与客观（社会）两者的关联性。如是，既不偏于个人主义，亦不陷于社会本位，更非如新康德派之徒偏于理念与形式，实为两面兼到、内容丰富的教育学。三是想出了解心理学，即以此为基础，从而想出把捉文化之具体的全一的教育方法。四是如此的教育与教学，自然是体验性质极丰富，能提供吾人所要求的教育理论。体验的性质丰富云者，是指陶冶之意义、目的、方法、形式与内容、理想与现实、社会与个人等各方面，均成为紧密的结合之意。试观斯氏等的陶冶意义观、陶冶价值观、生活形式对于个性类型等说，自可了如。

故文化教育学者，可认为各方面妥当的、中庸的教育学，又因具有独特的见地，更可名为“新教育学”。或谓其为单属一种折衷调和的学问，此实非中肯，盖其中确有独特的第三的见地。

然则文化教育学之缺点又何在？某批评家谓其是属于一种形而上的教育学，缺乏认识论的基础。更有评论家谓其从非合理主义、历史主义出发，决不能达到一般的妥当性。本来文化教育学，承认“生”是属天赋的，“体验”是超认识的，从此两点言，固可认为是形而上学的。但须知无论何种哲学，在究极处，总不能不采用某种假定或极限的概念。即如新康德派等，其理论虽言是由于认识批判的结果，但究极处不能不以先验的理性为一种假定。由此观之，则新康德派之假定与文化教育学派之假定，所差不过在五十步与百步间耳。况且哲学一门学问，实在不妨具有种种性质倾向，因为哲学究竟是哲学，总以包罗真理愈广者愈能满足求真之意识故也。更进一步言，哲学究竟是不能不达于形而上学的领域，若谓认识论即能包括哲学之全部，诚属大误。

故文化教育学之从“生”与“体验”等形而上学的概念出发，正属无妨。况且“生”与“体验”等，对于吾人原为直接的、内在的、全我的关系乎？批判原是“分析”之意，而分析实在是破坏实在之全一性与形态性，其结果遂不免脱离实在的生命性矣。哲学如不能把捉实在之全一性、生命之本质等，实未能尽其使命。批判主义就此点言，乃属倒行逆施的。

至关于第二种的非难，谓非合理主义、历史主义之中，不能得到一般的客观妥当性。文化教育学者与精神科学派的学者，大多引“类型”之说或黑格尔所主张之“客观的精神”思想以相反驳。“类型说”云者，意谓将历史的生活互相比较时，则能发现较为具体的、一般的类型。若将此说应用于教育上，则相信教育之理想与形式亦可以规定类型。至于黑格尔之客观的精神思想，即视历史的文化非单为个人的精神之表现，却认为超个人的精神之客观化，亦即是客观的精神之表现。若依据此种观点，则不能不承认历史的文化是具有一般性矣。

第四节　社会主义的教育

（一）社会主义的概念

此处所谓“社会主义”（Socialism）者，是指严密意义的社会主义言，即是以共产主义（Communism）为内容的社会主义。所以特加注释者，盖因广义的社会主义中实包举：（1）社会民主主义（Social Democracy），（2）共产主义，（3）集产主义（Collectivism），（4）工团主义（Syndicalism），（5）基尔特社会主义（Guild Socialism）等，各有不同性质的内容故也。但此数者之中，现今与教育上最有关系，且在思想上、实际上比较的构成体系者，则为共产主义一种。苏俄的教育思想与教育实际，正属此种主义。本节是专叙述共产主义的教育。

社会民主主义，实际上是行于革命后的德意志共和国中，不特此主义尚未提出特定的教育理论。又如集产主义、工团主义、基尔特社会主义等，则以关于经济方面为主，非教育的观念形态，所以亦不叙述。

（二）社会主义的由来

社会主义（广义的）的思想与实际，原不是现代特有的产物，其历史颇旧。例如，斯巴达之立法家雷克尔格斯在社会政策上曾欲施行一种社会主义；又如，雅典之哲学家柏拉图，在所著《理想国》中，不特主张财产归公有，即妇女亦归公有矣。又自罗马以后，地方自治制中有所谓“自治团体”（Commune）者，则实行此种思想。直至近代，则为法国之圣西门（Saint-Simon）、傅立叶（Charles Fourier），英国之欧文（Robert Owen）等空想的社会主义者，则大鼓吹此种思想。不宁唯是，即在实际的事实，则如中国周代之井田制，就某意义上言，亦未尝不可认为一种共产主义之实施。至如美国奈伊达河畔的共产村，则不特土地、生产品等归公有，即妻女亦属公有制。然则社会主义，自古以来，实非属稀奇的事。

现代的社会主义之所以特称为“科学的社会主义”者，是基因于社会主义学者及运动家之马克思（Heinrich Karl Marx）的学说之故。马克思是犹太种的德国人，以1815年生，1883年卒。因著《资本论》（*Das Capital*）一书而著名，其学说是特称为“马克思主义”（Marxism）。“社会民主主义”者，本来亦是由马克思主义中发生的，但是尊奉第二国际的指导精神，而排斥共产主义，在社会主义上是采稳健的立场。而共产主义则以马克思的嫡系即所谓纯粹的马克思主义自任，尊奉第三国际的指导精神而欲实现之。

现代社会主义之勃兴，其原因何在？（1）是由于晚近的实证科学之发达而来。此种实证科学既进步，故于从来空想的、思辨的社会思想中，提供一种科学的基础。（2）是由于社会科学与社会哲学之进步而来。经济学、社会学等之进步，对于社会的观念形态之构成上是大有贡献。其中尤以马克思的劳动价值说与反资本主义的经济学，对于社会主义影响更大。又关于社会本质之研究既进步，则生出个人主义的社会学中所未曾言及的思想，如共存共荣、互相扶助、社会联带、社会本位等思想，均日发达。且关于社会进化上之辩证法的发展等思想，亦与马克思主义以一种根底。辩证法的发展云者，是一种社会哲学的理法，认社会是循阶级斗争的途序，向“正”“反”“合”的过程而发展。(3)是对于资本主义的经济之反抗。资本主义的经济组织，是对于资本家，而对于劳动者方面则为不公平之组织。(4)是对于有产阶级本位的政治机构之反抗。‘有产阶级既独占经济的价值，遂伸手而攫得政权，益为自己的阶级谋利益，其结果是成为压迫阶级，从而引起反抗。(5)是对于不合理的阶级的社会组织之反抗。有产阶级既握金权与政权，遂占社会上的优越阶级。而无产者因此欲起改革运动，冀达于无阶级性的平等的状态。

(三)现代社会主义的理想

社会主义勃兴之原因，既如上述，然则社会主义家，究竟以造成何种人生社会为理想乎？关于此一问题，则社会民主主义与共产主义(狭义的社会主义)之间，观念各有不同。就共产主义言：(1)在经济上则打倒资本主义，关于生产分配上一切权利，均收归无产者之手，以图造成共产的经济机构。(2)在政治上则反对帝国主义与专制政治等，颁布无产阶级专政的共和政治。(3)在社会上则欲组织无阶级性的万人同等的社会。以具体之例言，则造成如现在苏俄之经济、政治、社会等状态是也。而其手段则为非合法主义。至于社会民主主义方面，则较稳健，采合法主义的手段，承认私有财产制，以人民全体(有产阶级亦包在内)为对象，欲造成自由的、公平的社会组织。此其与共产主义不同之点。

(四)社会主义的教育思想家

现在旗帜最鲜明的社会主义教育思想与理论，则有英国保罗之无产阶级文化论及苏俄平克维奇之教育说等，兹顺序述之。

(1)保罗

①略传及著书

保罗(Ceder Paul)者，是英国中旗帜最鲜明之马克思主义乃至列宁主义的教育论者，而为现代发表共产主义教育论最初之一人。氏于1920年著《创造的回转》(*Creative Revolution: A Study of Communist Ergatocracy*),1921年著《无产阶级文化论》(*Proletcult= Proletorian Culture*之略)。前者是为共产主义宣传之书,后者是为共产主义教化论之主张。

②无产阶级的文化之意义及性质

氏谓无产阶级的文化,非一般的文化之义,乃属一种阶级的文化,属于与资产阶级的文化相对抗之性质。氏言:"文化或教化,往往在特定的境遇与特定的生活样式之下,而具有特殊的色彩。从来所称为一般的文化者,若细检其内容,只属于资产阶级之特定的文化。从来的文化既只为代表资产阶级的文化,自不能不生出无产阶级的文化与之对抗。但因无产阶级现时正在发展的途中,未达到成长的程度,故无产阶级的文化现在不过是初着手的,尚未完成,故大有培养之必要"云。

至于无产阶级的文化与从来资产阶级的文化,所以不能不采阶级的、抗争的立场者,其理由果何在?氏以为有产阶级与无产阶级是属于利害完全相反的阶级,有不共戴天之势,故此两种文化内部含有对立的、抗争的、相杀的性质,到底不能使之两立云。

③教育革命之必要

至于教育革命之必要,果何在乎?氏则以为是由于文化与教育的关系而来。氏言:"文化与教育,虽有时可认为是同意义的,但两者决不是同一的。文化乃属于人生观或世界观,即是一种观念形态(Ideology),而教育是一种活动、一种行动。不过两者之关系是极密切。文化是藉教育而进步发展,教育则以文化为基础。然而,现在的文化是资产阶级的文化,因此,遂成为资产阶级独占的教育。为树立无产阶级的文化计,不得不将教育革命成为无产阶级的,藉此始能建设无产阶级的文化"云。

④无产阶级的文化之理想

氏所主张之理想如何?此与现在的苏俄同样,欲建设共产主义的经济社会、万人平等的社会生活、无产阶级的专政政治,从反方面言,则打倒资本主义附带的生活情状。氏极口攻击资本家曰:"资本家是全部榨取劳动者之血肉仅留其骨之存在物。彼辈是盗取劳动者之一切，并雇佣以外的时间亦盗之。又不唯物质的货物，即更宝贵的货财亦盗之。此即劳动者之生命、自由与幸福。”又曰：“无产者须打倒现代有产阶级之暴戾，依据唯物史观的阶级斗争的必然心理，以图自己所属的阶级之向上发展。”

⑤无产阶级文化建设的方法

氏以为无产阶级文化之建设上，当分为两个指标：

一为无产民众本身的教育，二为无产阶级儿童的教育。关于无产民众的教育，氏之主张如下：“须令工蜂（即指劳动者）惊起，从无自觉的、麻醉的睡眠中醒觉，使其具有阶级的、抗争的意识，授以种种实践的手段，并建设劳动者的学校。”

至关于无产阶级儿童的教育，氏则主张依据新原理，建设学校，施以创造的、生命跃进的、艺术的、革命的教育。除马克思、列宁的社会主义的思想之外，更采柏格森与弗洛伊德（Freud）之精神分析学的思想，并采蒙台梭利女士的新教育法，以从事于儿童教育。氏言：“构成人格之中心核子者，是为潜在意识。若非将此种潜在意识控制（Control）之，则不能施行真正的教育。而控制潜在意识者，非在于知识，亦非在于意志，乃在于想像。能影响于想像者则为暗示。故不能不藉此暗示作用，以控制人格之中心核子的潜在意识。无产阶级文化的教育法，非以暗示为根本的自由教育不可。”

又曰：“教育之主要的任务，乃在对于儿童之有害的暗示，同时给以良好的暗示。”氏因此排斥注入主义的、记忆中心的教育法，而主张自由主义、自学主义的教育法。又曰：“儿童须自己教自己。”此种思想，是由弗洛伊德的精神分析学而来。

其次更论及蒙台梭利的教育法曰：“须使劳动者建设蒙台梭利式的幼儿学校，新自由主义的学校。须依据新社会主义运动的目的，继续该主义的主张，并使在小学年龄以下之儿童，亦能受共产主义的影响。”又曰：“汝等不能以儿童未来之所不欲者，而驱逐其阶级的意识。须使其研究与其兴味相一致，使其努力归于调和的，并调和其情绪的欲求。此乃无产阶级的教育法之原理”云。

观此，可见保罗的教育论，正欲实现马克思与列宁的社会主义、共产主义，色彩已甚明了。至其主义之是非，当属另一问题。氏本非教育学者，故其所说实无系统，关于方法论，则除主张暗示的教育法以外，别无其他的创见。

（2）平克维奇

①略传及著书

平克维奇（Albert P.Pinkevitch）者，是苏俄的教育家，为莫斯科国立第二大学校长（President of the Second State University of Moscow）。近年公布著书与论文不少，大为“社会主义的教育”努力。1928年正月，在《新时代》（*New Era*）杂志上发表《苏俄教育学基础的诸原理》。1929年，则著有《苏俄新教育》（*The New Education in the Soviet Republic*）一书。是书乃将在莫斯科大学对于学校劳动者（即教师）的讲稿撮集而成者，其英文译本，则由俄人美籍之柏麦特尔（Nicia Permutter）女士译成，纽约之John Day Co.〔约翰·戴公司〕出版，全书共400页。

兹就该书加以评判，其内容是涉及教育上各种问题，范围颇广泛，但所应注意者，此书只可认为是苏俄新教育的一种解释之书，与一般所谓“教育学”者是异趣。但就严密的意义论，现在社会主义之施行，即以苏俄为一个典型的国家，则此书实又可视为社会主义的教育思想之代表作。因此，该书实在不可以不述。

②学校及学校教师

氏关于学校之意义与教师之任务，则有以下之论调：“苏俄的学校，是斗争的无产阶级的学校，是特为最下层、最大多数的一般民众而设之学校。因此，学校之目的，是在养成革命战士之继承者。即以养成新社会之构成者，及敢作有为之革命家为主。因此，自然是具有阶级性，且高唱阶级性。”此即承认帝政时代的学校，是属特权阶级之特权教育的机关，今则从列宁主义的立场上，建设无产阶级的、革命家养成的、共产主义的、同时是社会主义的学校。

氏论教师之任务云：“教师者，是处于特殊的社会之下，不能不为特殊的社会服务者。即教育之活动，是不能不视现时国家之支配阶级（一阶级乃至数阶级）的要求而决定。”氏因此认教师是属一种劳动者，即学校劳动者。苏俄的教师之任务，即在于苏维埃共和国的使命之履行，亦即是在于养成共产主义的国家之有猷有为的人士。

③政治与教育的关系

氏对于政治与教育之关系的见解，与从来的见解异。从来多数人是承认教育应与政治分离，氏则以为此是一种欺瞒的迷论。其言如下：“从来承认学校应与政治离缘，此完全属于愚蠢的迷论。实在无论初等或高等的学校，当国家尚属存在之际，未曾有与政治完全离缘，即自今以后，此两者亦决不至于离缘。原来政治是国家的事情，同时亦非为学校的事情不可。学校而欲回避政治，是伪善的，是资本主义的教育者之呓语。征诸历史上，古代希腊的市民教育固全在国家的掌握中；法国革命时，亦认教育与国家之安宁幸福相一致。即在现时，美国与西欧诸国，亦以教育为国家之事。同样，俄国的大革命，亦以教育为国家的手段，以供革命履行的工具。至于教会（宗教）则如何？此实为现存制度之拥护者、支持者，资本主义社会之忠实的同盟者。不论何国的教会，其基础无一不建在悲惨的劳动者之榨取上，决不成为无产阶级的党与。今日的苏俄，已不受此种欺瞒。本此意义言，则学校应驱逐宗教，而对于政治则反要欢迎。”

④教育的理想

氏关于教育理想的见解，是与现在苏俄所规定之教育目的相同（参照以下第三章第二节）。苏俄现在之教育目的，是在养成“强健的、能动的、勇敢的，而具有独立思想与行动之人”，换言之，即是“通晓现在诸文化，为无产阶级乃至全人类的利益打算之创造者及战斗士”，一言蔽之，即在养成共产的国家社会有猷有为之人。其资格是：一是身体的健康，二是社会主义的训练，三是有猷有为。

⑤教育的方法

氏在教育方法上着眼点，是在社会化主义、自治主义、劳动主义、自学主义、男女共学主义数者，其言曰：“儿童须从邻保的市民中，吸收劳动阶级的精神”；“自治形式的集产主义思想，当然学校中、少年团及青年共产主义的组织中，力促其发展”。又曰："苏俄的学校，关于男女共学一点已不成问题"；"因为学校是劳动学校之故，所以不能不以生产为基础"；"又因为学校是社会主义的，所以不能不教以马克思的世界观，及社会革命的再建设上所必需的智能"。

兹再绍介其关于道德教育的思想。氏言："英美等资本的国家之道德，在苏俄的学校中完全不适用。盖因苏俄的学校，是为劳动者之理想及幸福而奋斗者，即为道德教育之基础。据列宁所言，凡为无产阶级奋斗而有效者，均可认为道德的。因此，真正的无产价级主义者，杀人未必为不道德，没收他人的财产亦未必为罪恶，盖因彼等从事于斗争时，实在有杀人及没收财产等不得已的急需也。"

（五）社会主义的教育总评

社会主义的教育思想，其间虽有优点，但亦有重大的缺点。以言其优点：其一，明白指摘资本主义的社会观（包含政治、经济）之弱点，认为不是社会人生之真正的观念形态。其二，因此欲以增进人类最大多数的无产阶级之福利的观念形态（亦即是社会主义的）代之。其三，其认为不得不实现社会主义的教育，虽有到底不能赞成之点，但其使社会人生与教育返于正常状态，此则不能不认为是合理的。

至于其短处：一为根本思想上之谬误。如彼辈在哲学上则采用唯物主义、实证主义，但此仅能规制社会人生之半面而已。人类社会，非徒有物质的机构，且有精神的、理想的方面。且彼等依据辩证法的论调，主张精神方面是物质方面之异质的发展，此不得认为表示全面的真理。精神与物质之问题，实属千古之谜，无论主张何方面均可。二为社会史观之谬误。彼等认一切社会机构与文化机构，均随经济的要素变化。虽则未尝无此种例，但自反方面观之，则社会机构、文化机构之随精神的要素如意识、理想而变革者亦有。总之，社会与文化是过于复杂，不能单从唯物的社会史观尽量说明。三为将社会与文化分为有产与无产二阶级，从而鼓吹阶级争斗，亦属谬误。社会虽可从概念上分为两阶级，但从实际上是极难如此分，反令社会愈复杂而已。试观贵族子弟之变为社会主义者，或无产者之为有产者投票则自明。争斗或者是生物界的现象，但决非人生的理想。人生的理想是在于互让、协调与圆满，倘将阶级争斗反复，则人类自然趋于灭亡，是不得不认为邪说矣。四为关于贫富之来因及生产分配的心理学上，是缺乏人性学的考察。一切是从人性及人格价值之优劣处发出。人类之智能既有优劣，性格亦有善恶，此实决定生产分量之大小及质地之如何，并且关及消费之如何。不劳而好饮酒，为社会之寄生虫者，与用优秀之智能而生产优秀之价值，同时节俭而储蓄之者，自不可同日而语。此实为贫富之第一分界线。不过，资本家之不合理的榨取与无限制之财产私有，确属罪恶。且无论谁人，既为社会之一分子，则其生活自当得社会之保障。从此意义而言，确有实行社会政策之必要。但若主张生产及分配之一切平等，私有财产之否认与共产主义等，此从人性学、心理学上观，毕竟属于不自然的，实际上难以推行顺遂。试观苏俄虽属社会主义的国家，但仍逐渐采入资本主义的要素，变更最初的企图乃至共产主义的机构，亦可自明。五为社会上机械的划一主义，究属一种空想，至于政治上的共和制，亦非世界上唯一的优良政制。国家组织与政治组织，本应以民族性及历史为基调而构成的。即就理论上言，共和政治固有长处，而立宪君主政治，亦自有其短长。总之，不在于政治的形式问题，而是在于人的问题。又关于社会平等之一问题，若属实质的平等主义，即真正的民本主义，是无可非议的，因为此乃承认性质上、价值上的差别，而为人格的平等主义也。但若流于形式的、划一的平等主义，则大不可也。

第三章

现代欧美教育之实际

第一节 总论

欧美文明国的学校教育，在19世纪时形态已将完整，教育制度亦将具备。但帝政时代的俄国，则程度相距颇远，直至欧战开始以前，无大进步，只在社会教育（民众教育）方面，则图书馆与博物馆等颇发达，通信教学、大学扩张运动、国民高等学校的教育及盲聋哑的特殊教育、实业教育等，均有进步。至在普通教育方面，则教学法与训育法均有进步，例如，赫尔巴特派的五段教学法，几乎流行全世界。其次则优秀儿童与低能儿童的教育法，亦见进步，特别的设施亦颇充足。就一般的大势论，欧战前的实际教育，可认为是19世纪之整备时期，内容完成时期。

但一入欧战时，全世界均有直接或间接的关系，经5年的长岁月而始结局，从此再见新教育的改造运动。其中尤可特别纪录者，则为俄国的教育革命，从此实施社会主义、共产主义的教育。又德意志共和国，亦施行社会民主主义的教育矣。以下特将各国的教育状况略述之。

第二节　苏俄的教育

（一）帝俄时代的教育概观

俄国除军事以外，在文化上可算为欧洲中进步最迟的国〔家〕。其在政治上，则经过长期的专制政体，教育上则采“民可使由之，不可使知之”的方针，除高等教育可作别论外，一般庶民的普遍教育，是极废弛。故无学文盲之徒，充牣于国中。小学校虽有，但修业年期仅 3 年间，其教育内容，只有教会用语、教会唱歌、祈祷、国语、算术、书法等，与 20 世纪其他诸国的国民教育内容相比，大觉相形见拙。

且俄国的人民，半数是异族，帝俄的政府不许设立用异族语教学的学校，其结果令异族的人民，实际上无受教化的机会与机关。此皆属专制主义的恶现象。

当时的中学校，仅为贵族子弟或资本家子弟预备进上级学校的教育场所，颇属于古典式的，教科上则重视拉丁语、希腊语、帝国史等。一般人不视中学校为平民学校，此点试观当时学务大臣戴里亚诺夫所言：“中学校并不是膳夫之子弟所入的学校”一语自明。至于中等的实业学校，更属式微。此因帝政时代的青年子弟，凡自中学以进于上级学校者，多欲为军人与官吏之故也。

以上是中、小学校的状况，至于大学及其他专门学校等，亦由大受政府的干涉，不能自由。公立图书〔馆〕中，是严禁贮存托尔斯泰、尼古拉佐夫等的著作，盖恐社会主义与无政府主义等思想之传播也。政府对于政治研究与学生运动等，常加以严厉的监督，且不时有无理的弹压。

克鲁普斯卡娅女士言：“举国人民，大部分是无教育者。”又布隆斯基氏曰：“20 世纪初期的俄国新兵，全体中有 60% 是无学文盲。”又据 1904 年，俄国极有权威之教育家克郎姆珍之调查言：“美国的全部国民中，有 23% 是在就学中，而俄国则仅有 3. 3% 的人数就学而已。”历观此数人之所说，不难推想俄国当时教育之式微。

（二）革命后的教育

1917年的革命后，帝政完全推翻，“苏维埃社会主义共和国俄罗斯联邦”的新国家名称出现。此为依照马克思主义而建设之共产主义、社会主义的国家，根本推翻从来的制度与组织。苏俄的《宪法》第十七条有以下之规定：“对于劳动者，须保证其有享受教育之实际机会。苏俄联邦，对于劳动者与贫民是给以一般免费的教育。”此即为对于无产阶级子弟的完全教育权之保障的条文。

又《宪法》第十八条有言：“苏联是根据不劳不得食的主义，认劳动是属于一切市民的义务。”于是，制定劳动平等的原则，同时定劳农主义的国〔家〕是苏维埃教育的原则，人民委员会（Commissariat）根据此种原则，遂命教育部宣布以下的教育宗旨：

> “吾人的学校所欲养成之目的的人物，是为快活、健康、耐于劳动、且有团体生活的习惯、了解自己在自然与社会上的地位、并知如何始适于时势的进运、为社会所需的成员，为劳动阶级的理想之坚决的拥护者，及共产社会之有为的建设者。”

苏俄根据以上的法规，在实际教育之各方面，遂驾驶彻底的革命之舵。其主要的改革，有如下诸项：（1）学校彻底驱逐宗教的势力。（2）允许异民族之设立异国语的学校。（3）男女共学。（4）下述的新制学校之设立。

（三）苏俄的学校

苏俄的新学校系统如下：（1）统一的劳动学校（7年乃至9年）。（2）职业学校（3年乃至4年）。此二者特称为社会教育，是作为义务教育实施。其上则有高等专门学校及大学，再上则有“研究所”（Institute），是与大学院相当的。此外，在学龄前的儿童教育机关，则有托儿所与幼稚园，成人教育机关则有劳动大学等。

统一的劳动学校，是一般教育的机关，亦是社会化的学校。其中分为前后两期，前期4年，从8岁始入，后期3年乃至5年。教科分三种：(1)自然(Nature，包括人类)，(2)劳动(Labor)，(3)社会(Society)。根据此三种中心，实施各种基础陶冶。在劳动与社会二方面，则授以政治、经济上一切社会科学的智能。

职业学校是收容统一劳动学校的毕业生，授以某种程度的专门知识与技能，加以体验，使完成一个劳动者。其中分为农业学校及都市职业学校，后者又分为工业、商业、交通、教育、行政等学校。从此种学校出，则为一个劳动者，即如官吏与教员，亦算入劳动者之列。

高等教育的机关，则分为高等专门学校、大学、劳动大学三种。其中以高等专门学校，为苏联之正式的高等教育机关。凡在职业学校毕业后，从事于某种劳动1年以上，经服务的机关推荐始得入学，课以理论、技术、体验三者，以养成技师程度的人为主。大学亦大致相同，但多属帝政时代的大学。又苏俄为养成社会主义的指导者计，特在莫斯科设有东方文化大学。

劳动大学，不是正规的大学，是特为劳动者而设者。学术研究所是纯粹的研究机关，同时亦作高等专门学校教育的培养机关，当然是以养成赤化的教员为主。

学生在校外，一定要从事于实际的劳动，是为体验的增进计。此即表示劳动本位主义。

第三节　德意志共和国的教育

德意志共和国之成立，是属1918年11月革命以后之事。该国教育的指导精神，非如苏俄之属于共产主义的，乃属社会民主主义的。此点应加以严密区别。但社会民主主义，仍属广义的一种社会主义，所以在教育上亦经种种的变革。

（一）革命前的德国教育之弊

帝国主义时代的德意志教育，实有三种弱点或不稳健的倾向：(1)主智主义，(2)教育之形式化，(3)非民本主义的而为贵族主义的。所谓主智主义云者，即是学习主义，偏于既成的概念的知识之授与及传达。至于形式化云者，亦即过于组织化、划一化，不易变动的。原来德国人是特别爱好组织与系统的国民，在教育上此种倾向尤甚，大有作茧自缚之势。非民本主义云者，即指其非自由平等主义而言。例如，学校之双轨制（Dual System），将贵族与平民的子弟分校之类是也。

（二）新德意志的教育

革命后的德国教育界，一洗帝政时代的弱点。

（1）为反主智主义的教育，尤其是勤劳的教育、生活的教育非常发达。劳作主义的教育早已为凯兴斯泰纳所倡，不过当时实际上未施行。直至最近，则勤劳学校、作业学校等林立。至于生活本位的教育之实施，则有田园学校（Landerziehungsheim）、共同社会学校（Gemeinschaftsschule）等出现，一反主智主义、学习主义的旧套。

（2）为对于组织化、划一化而转为自由主义的教育，例如，实验学校（Versuchsschule）及共同社会学校是也，现在实验学校的校数颇多，均是为发现将来的新教育计，特许其自由设施经营之一种试行学校也。至于自由学校（Freia Schule）则以奥托（Otto）所办者为始，私立学校中，以自由主义相标榜者甚多。

（3）为教育之民主化的倾向。民主化的倾向之例：一是在统一学校（Einheitsschule）制度之实现。查德意志共和国《宪法》第一百四十六条有言："公立学校制度，当建设在上下关联之有机的组织中，在共通的国民基础学校之上，当设中等及高等学校。"此即废除多年来的双轨制〔即于国民学校（Volkschule）之外，复设预备学校（Vorschule）者〕，至少在小学校最初之4年间，施行基础学校的无分贫富贵贱的平等教育。于是，积年的阶级差别性的教育制，竟经社会民主党之手始获解决，不过表面上实未曾用统一学校的名词耳。二是在从来的中学校之外，新设“上层学校”（Aufbauschule）与“德意志中等学校”（Deutsche Oberschule）两种中等学校，以供民众之要求，其格式是仍与从前同一的。三是对于中等及高等学校的学生，其有属于英才而家贫者，则由国家补给学资，此极便于无产阶级的子弟。四是关于学校的选择与宗教教育等，则改变向来之因袭的规制，顺民众的自由意志。即在革命以后，始许可无宗教的学校之设立，即教授宗教一科时，亦非如从前之专属教会的掌管，是由国家行之，且听学生与父兄之自由选择教派，此种倾向，均属社会民主的思潮之表现。五是社会化的倾向之显著。例如《宪法》第一百四十八条云：“各学校须顾及德意志的国民性与国际协调的精神”；“公立学校的教育上，彼此间意见纵属差异时，亦须不伤害彼此间的感想”等语，均属其一例。又如共同社会学校，竟视学校为一种共同生活团体，可见社会化与社会的训练之用意甚周到。此皆教育民主化之实例。

劳作化乃至生活化、自由化、民主化三者，实为现代德意志共和国教育之大特色，此外尚有民族的国家公民的教育之重视、合科教学之流行的特色。关于国民教育之重视一点，例如，中等学校之新设有“德意志科”，为新德意志人养成之中心学科。至于合科教学，不特行于小学校的低年级，亦有行至第四年级者，其在共同社会学校中，则各学年均实行之。

第四节　法英美的教育

（一）法国

法国在欧战后，在教育上改革之大者，当推以下诸端：

（1）为改革学制，以便于学校系统上之联络，谋教育上之机会均等。例如，改双轨制的学校而行统一学校制，使小学校与中学预备校之课程同一，成为民本主义的。因此，在中学预备校方面，从前是自9岁始，授以中学的学科，现在则至11岁始。

（2）又战后力图各种学校之联络。不特将小学校改为与预备学校同样，直与中学校联络，并且小学校中途的学生与中学校间，高等小学与中学校间，实业学校与中学校间，均已开联络之途。无论从何方面均得入中学校矣。此乃埃利欧内阁之大改革者。

（3）又奖学资金制度亦大扩张。1924年4月，当时政府已设定200万法郎之奖学金预算，使议会通过，其用意是在使无产阶级的子弟之优秀者，得以升入中等或高等学校。当时教育部长已令全国一齐试验，已将合格者陆续送入中学校矣。又法国的中学校，根据国语尊重的旨趣，对于拉丁语亦大尊重。议会遂议决以此为中学校重要之必修科，现时各中学最初之4年间，必有此一科。拉丁语之复兴，是由人文主义高唱本国文化之结果而来，亦可认为最流行的实用主义之一反动。此堪与德国之特设“德意志科”，以振兴国民精神者相比拟。

（二）英国

英国是保守的国家，即在欧战后，亦不见有重大的教育改造。其初等教育比于德、法、美三国确有逊色，此诚不能不为该国惜者。但战后最见显著的进步者，则为大学扩张运动，亦即是成人教育之发达。英国的大学扩张运动，是与丹麦的民众高等学校（Folk High School）齐名，均为世界所注意。此外，则为无产阶级的教化运动，渐见抬头，其结果是劳动大学到处设立。小学校方面，亦渐见有以新教育相标榜者矣。

（三）美国

美国的学校教育，自19世纪后半期以来，一跃而进于发展之途，至20世纪，即欧战前后，尤有长足的进步。原来美国人对于教育的观点，是与德国人异趣。德国人是关心于理想的教育，故教育哲学特见发达，美国人则关心于现实的教育，故实验教育学即教育之事实的研究等特见发达。是亦由于两国的国情使然。

现代美国教育界之主要的倾向，可说是非在教育哲学，非在教育制度，亦非在中等或高等的学校教育，乃专在于小学教育之实验的研究。例如，儿童心理的研究、教育测验与统计的研究等。前者是关于个性差别之研究，后者是关于成绩考查或报告之研究。利用此种研究成绩于学校改良上、学级编制上、教学法改良上等，其风甚盛。道尔顿制与文纳特卡制等，可认为均由此种研究而来。

至于教学法方面，可认为是以作业主义及自治训育等为主。美国的作业主义之盛行，试观一般风气，以"学习"当作问题之解决，更以问题之解决认为一种作业，从此而产生设计教学法（Project Method），则可深明其故。此外，如生活的教育、由行而学的教育、环境整备的教育，均为美国教育之特色。生活尊重与环境尊重之结果，遂成为教育的社会化。

总之，教育事实之科学的研究，实为教学、训育、设备、行政等各方面改良之张本，此乃美国现在教育界一齐所努力之焦点。